阅读的历史

〔新西兰〕史蒂文·罗杰·费希尔　著

李瑞林　贺　莺　杨晓华　译

党金学　校

商务印书馆
The Commercial Press
创于1897

2020 年·北京

Steven Roger Fischer

A HISTORY OF READING

目　　录

前　言

　　古往今来，不论长幼，谁都无法否认它的重要性。对于古埃及的官员来说，它是"水上之舟"；对于四千年之后心怀志向的尼日利亚小学生来说，它是"投射到幽暗深井里的一缕光"；对于我们大多数人来说，它永远是文明之声……此乃阅读。

　　今天，白领人士阅读的时间远多于饮食、梳妆、旅行、社交、娱乐或运动，每个工作日大概要阅读五到八个小时，唯有睡眠似乎可与此相提并论。电脑和网络又如何呢？电脑和网络是革命性的阅读手段。

　　然而，阅读不囿于工作和网络。阅读之于思想，正如音乐之于心灵。阅读给人以激励，给人以力量，使人陶醉，使人充实。白纸上、电脑屏幕上的那些小小的黑色符号，让我们感动而泣，让我们开启新生活，感受新观念、新见解，让我们的心灵得到启迪，让我们的生存井然有序，把我们与世间的万物相连。

　　毫无疑问，世间最神奇的事莫过于阅读。

　　《阅读的历史》是笔者为"寰宇"丛书撰写的三部曲中的最后一部，前两部分别是 1999 年的《语言的历史》和 2001 年的《写作的历史》。本书讲述阅读的神奇故事，描述阅读行为、阅读者及其社会环境，介绍阅读内容的诸多呈现方式，比如石头、骨头、树皮、墙壁、纪念碑、石碑、卷轴、手抄本、书本、屏幕和电子图书。本书重点论述西方阅读史，同时也追溯阅读在中国、朝鲜、日本、美洲和印度的发展历程。这部史书有助 8 于读者更加了解阅读的历史和现状，更加了解阅读将如何继续赋予人类灵感和力量。

　　阅读与写作密不可分，但两者是对立的，甚至激活的大脑区域也诚然不同。写作是一种技巧,阅读是一种智能。写作始于精心撰写,经几易其稿方可杀青,阅读的演进与人类对文字潜能的认知水平协同。写作史基于人类的观念借鉴和升华,阅读史关乎社会不断走向成熟的各个阶段。写作是表达,阅读是感染。写作是公共行为,阅读是个人行为。写作拘泥受限,阅读无拘无束。写作把瞬间凝固,阅读把瞬间延绵。

埃克塞特大学历史系主任、"寰宇"丛书的主编谢杰里米·布莱克先生1988年以来为丛书的撰写创造了优越的环境,并给予笔者极大的鼓励,最终使三部曲杀青付梓,在此特表谢忱。瑞克申图书公司的迈克尔·里曼先生提出丛书的选题,自始至终给予笔者莫大的支持,谨此表示衷心感谢。同时,我要向出色的责任编辑安德里亚·比罗里先生(前两部书的文字编辑)和大卫·罗斯先生(本书编辑)表示钦佩和谢意。

谨此向我的妻子塔姬表达我忠贞不渝的爱情。同时,也把此书献给我的挚友、文字大师琼·希薇·柯尔泽女士。

史蒂文·罗杰·费希尔

2002 年 10 月

于新西兰韦荷克岛

阿孟霍特普（Amenhotep, Son of Hapu），古埃及著
名书记员，正在阅读一部尚未全部打开的莎草纸书
卷。这尊雕塑可追溯至公元前 14 世纪。

第一章 不朽的见证

做一名书记员吧！

把此愿刻在你的心版，

让你的名字永世长存！

书卷胜于刻字的石碑。

人之逝去：尸骨化尘土，

族人别家园。

是书卷让后人把他追忆，

是读书人把他的故事传扬。[1]

"是读书人把他的故事传扬"，大约在公元前 1300 年，古埃及的书记员曾这样吟诵。在他们看来，"阅读"就是"朗诵"。从有文字记载的大部分历史来看，阅读就是说话。人们很早以前就意识到，口头指示、协议、记账之类的事情很容易被歪曲、引起争执或忘记。因此就需要一个特别的证人或"不朽的见证者"准确无误地回想交易的商品和数额，可以在任何时候应答疑问，以口头形式确认事实，进而终止争议。于是便诞生了书写形式，人类的声音转瞬间变成石刻。后来，城邦扩张，王国出现，书写之需求急剧增长，更为复杂且每每可读的书写形式应运而生。

阅读总是有别于书写。书写必须把口头语言转换或解构为表征符号,故以声音为先,而阅读则以意义为先。[2] 事实上,阅读能力与书写技巧几乎没有什么关系。

那么究竟什么是阅读呢？回答这一问题并非易事,因为阅读行为是变化的,而不是绝对的。根据现代最宽泛的定义,阅读当指"理解书写或印刷符号的能力"。读者"使用符号引导自己激活记忆中的信息,然后运用被激活的信息构建对作者所传达信息的合理解释"。[3] 然而,阅读并非仅此而已。最初,阅读只是一种简单能力,即从任何编码系统中获取视觉信息并理解其相应含义,后来才专指对书写在物体表面上的连续文本符号的理解。迄今,阅读亦包括从电子屏幕上获取编码信息的能力。毫无疑问,阅读的定义将继续演变,正如人类的其他能力一样,阅读是对人类自身进步的一种考量。

与人的感官一样,阅读涉及某种神奇而独特的东西,下述悖论恰好说明这一点。[4] 琼斯曾自学朗读希腊字母,但却不懂希腊文。安德罗波里斯自小一直讲希腊语,但却不识希腊字母。一天,安德罗波里斯收到一封希腊寄来的信,让琼斯念给他听。琼斯能读信,但不知道信中写了些什么。安德罗波里斯能听懂,但不认识字母。究竟他俩谁在阅读呢？答案是:两人都在阅读。

阅读不仅仅是给字母赋予声音,那只是低层次的。从根本上来讲,阅读关乎意义。从较高的认知层面来看,阅读无须借助任何声音,它所能传达的唯有意义。

这正是阅读的神奇之处。

正如英国著名的语言学家罗伊·哈里斯所言,阅读的多重过程"肯定不可避免地与特定的文化目的相关联,并且取决于某一特定文化独有的或已制度化的口述方式"。[5] 因此,基于我们现在对阅读的认识判断古代的"阅读"往往只是一种非理性比照。这种反向判断是无效的,因为从古迄今阅读对于不同的人意味着不同的东西。

阅读的起源由来已久。

从表面来看,阅读似乎与某些原始的认知扫描过程相生相伴,诸如追踪、编织、工具制作、浆果采集、面貌和性别识别等。大量的视觉数据,如形状、单位、图案、方位、序列等,随着认知过程转瞬间便了然于心。通讯专家认为,信息交换有五个阶段:产出、传输、接收、存储和重复。如果一个社会存在书写系统的话,那么这五个阶段要么以听觉方式呈现(听人读),就像口头交流一样,要么以视觉方式呈现,将视觉官能纳入阅读过程(盲人凭借的是触觉)。阅读常常是一个联觉过程,听觉和视觉两个感官并用。然而,最值得注意的是,习惯上听觉往往被架空,阅读依赖的只是视觉(或触觉)。

结果出现了两种相互矛盾的阅读理论。第一种理论把阅读视为语音(与某一语言的语音系统相关)线性过程,由一个个字母将各语言单元连接成更大的可理解单位,先形成话语,然后得以理解,这一理论得到认为阅读是一个绝对的语言过程的人的支持。第二种理论认为,字形或书写形式,不论是语标符号(文字符号)、音节符号(代表一个音节的书写符号),还是字母组合(字母系统中的符号),无须借助语言都可以产生意义,这一理论受到认为阅读是一个视觉语义过程的人的支持,他们认为整个字词和词组,甚至短句,都可以"一读而就",无须将其解构成一个个独立发音的字母。

然而,这两种理论都是正确的,因为它们所考察的是不同层次的阅读能力和/或阅读行为。也就是说,初级阅读的确是一个语音线性过程,而流利阅读则是一个视觉语义过程。

另外,还有人认为,历史上早期的阅读实际上是"听楔形文字,即凭借图形符号产生的幻象来理解话语,而不是通过视觉阅读存在于我们意识之中的音节"。[6]然而,"听觉幻象"理论显然与实验证据和已知的写作史论相悖:"耳朵"和"眼睛"需要任何可信的早期阅读理论的同等认可。这是因为阅读行为实际上是一个高度复杂的多层次大脑思维过程,需要基本要素和高层次单位的同时参与。学习性阅读

14　似乎与流利性阅读属于不同活动。就流利性阅读而言,阅读陌生文
字、外国文字或者不同的手写体、字体、手稿乃至整个书写系统,时常
需要借助学习策略。学习性阅读则需要借助先进的视觉策略把这些
形式予以内化。

这样一来,显然就有了两种不同类型的阅读,即字面阅读或间接阅
读(学习性)与视觉阅读或直接阅读(流利性)。每个人皆始于间接阅
读,给符号赋予声音。随后,多数学习者进入直接阅读阶段,给符号赋
予意义,进而上升到单位较大的符组(词组乃至短句)。某一字词或符
组,阅读者接触过几次之后,就会找到将符号和意义相结合的捷径,全
然超越声音层。唯有如此,有关成人流利性阅读的多数论述才会有合
理的解释。

经常阅读的人总会成为流利的阅读者,使用最少的声音获取最多
的意义。

由于缺少较长的文本及读者群体,直到古典时期才有了我们今天
所知的阅读。最早的阅读者看到的只是刻有印痕的木棍或记录口述内
容的符木,口头的东西由此变为可视。最初,有理由学习阅读的人极
少:唯有那些想要确认账目、核对标签或者辨识标记的人才会学习阅
读。他们适时学会了诵读各类账目明细、信件、法律文书、赞美歌和献
辞。古代从此出现了了不起的陶土和莎草纸文献,虽然其首要目的只
是监督、落实账目和合约,或让人记住那些口传的非凡故事。在最初的
三千年里,这种"不朽的证明"表现为口头文字。

最早的阅读者

追溯历史越是久远,阅读就越发不易。[7] 原始记录系统所包含的编
码只有少数使用者懂得。在多数情况下,古代"文学"所传达的只是可
15　以铭记的内容。阅读和书写并非两个自主的活动域,而是言语的最小

附属物,因而多生歧义。

　　虽然对记忆之物(记忆辅助手段)和图示(图形显示)进行解码被看作"阅读",但那仅仅是原始意义上的阅读。[8] 穴居人和现代智人都能读懂骨头凹痕的含义:那也许表示的是猎物、日期或月亮周期的记数。岩洞艺术被当作富含信息的图文故事来"阅读"。原始部落阅读树皮或兽皮上的那些冗长且详细的图画信息。早期的许多社会通常借助符木学习识数。发信号可以使人远距离阅读符号信息,如旗语、烽烟、点燃的火药、磨光的金属或其它装置的反光。印加人阅读不同色彩的结绳文字,以了解复杂的商品交易过程。古波利尼西亚人阅读绳结和刻痕,颂扬一代又一代族人。所有这些"阅读"都涉及事先规定的代码。它们传达的是某种已知意义,要么是一种行为(如岩洞艺术)或数值(如符木和绳结),要么是口头名称(如刻痕和绳串)。尽管如此,它们尚未达到完全意义上的书写标准。

　　从最普通的意义上说,书写就是标准化符号(字符、符号或符素)的排序,旨在"运用图形部分或全部地再现人类的言语、思想和其它事物"。[9] 这是对"神奇的书写"这一不受限制的东西所下的一个限制性定义,我们最好还是把"完全书写"作为一个操作模式,从而了解"完全书写"须满足的三个具体标准:

　　·完全书写必须以交际为目的;

　　·完全书写必须包含耐久表面或电子表面的人工图形标记;

　　·完全书写必须使用习惯上与发音言语(有意义的语音的系统排列)有关的标记,或使用电子编程来实现交际。

　　完全书写历时久远。

　　数千年间,人们使用指示性符号记录数量,例如用五颗鹅卵石代表五只羊,把每颗鹅卵石读成一只羊。早在一万年前,中石器时期的法国人在鹅卵石上画上十字、条纹以及其它图样,作为事物的代码供人视读,其意义如今已不为人知。长达大约八千年之久,中东的初级簿记系

16

统使用小型陶土代币或筹码,上面有各式各样的几何图形,由线条、十字形、圆形以及其它图样组成,一种代币代表某一特定商品,上面的图样代表商品的类别。

当时的美索不达米亚人把这种像便条一样的代币放在特制的陶土"信封"(bullae)里,信封外表的图案与代币的图案相同,让人一眼就能认出商品的类别;另外上面还有排列有序的点状或线条,代表商品的金额。最终出现的泥板记载了相似的簿记内容,使用随时可以辨识的图形符号来代表各种实物。随着时间的推移,这些象形图标准化了,变得较为抽象,但仍然保留其音值。随着苏美尔书记员开始使用系统的语音拼字法,书写形式发生了变化。也就是说,他们比较系统地使声音和符号(包括象形图)相协调,创造了构成书写系统的"符号"。这样一来,一个图案不再代表一件真实的商品,如一只羊,而是代表某一具体的音值。

苏美尔人对象形文字的表音性进行了有意识的探索,从而使不完全书写演变为完全书写。从此出现了真正的阅读形态,人们开始把有限的标准化符号系统中的符号解释为音值,至此可以传达完整的文本,而不仅仅是一个个孤立的字词,这意味着阅读已不是一对一的转换(物体对字词),而是按照逻辑顺序排列声音,创造人类的自然语言。此时,人们阅读的是语言,不再是图画。

至此,"完全书写"的三个标准得以满足。

在 5700—6000 年之前的美索不达米亚,符号变成声音,独立于系统外部的实体。这种思想很快传播开来,西至尼罗河,东至伊朗高原,甚至远至印度河流域。不同的语言和不同的社会需求迫切需要不同的表达形式。不论何处何地,书写皆被认为是积累和存储信息的一种极为有用的工具,使记账、物品存储和运输变得更为便捷,其记录名字、日期和地点的效果是人类记忆所不及的。早期的所有"阅读"无非是简码识别,而且总是以活动为导向。

美索不达米亚

在美索不达米亚,阅读始终是一种非常原始的工具。世界上最早的主动阅读者所看到的仅仅是一个结构简单的文本(名称、商品、金额),统治者一旦控制这种文本,就意味着被赋予了某种权力。苏美尔人把书写发展了起来,"不仅再现业已存在的口头文本,而且还将具体信息付诸记忆。"[10]很快现实中出现了满足不同用途的实体分类,例如名词(专有名词和商品)、形容词(品质、特性)、动词(动作、行为)和数字,这些词类按可理解的难易程度排列,通过定位产生意义。"阅读"要求将关联信息按照一定逻辑组合起来,而不是重组有声言语。最早的文本也许是不完全书写,但此类文本的阅读却是"完全阅读"。与书写不同,阅读不受语言限制:阅读首先是视觉的(非口头的)和概念的(非语言的)。

埃及人很早编制了象形文字和圣书符号,并把书写系统固定了下来。相形之下,苏美尔人许多世纪以来却一直拥有自己的象形文字和符号库,数量约为 1800 个,但结构松散、意义模糊。[11]后来,历经了一个简化和约定俗成的过程。随着舒如帕克(Shuruppak)泥板的出现和线性书写方式(逐行书写)的逐渐普及,公元前 2700 年至公元前 2350 年期间,其数量已减少至 800 个左右。到大约公元前 2500 年,苏美尔人书写系统中的图形元素几乎都变成了声音单位。到了大约公元前 2000 年,日常使用的语标符号大约只有 570 个。[12]

楔形文字代替了早先的象形文字,用芦苇笔(一种尖状书写工具)把字符刻入软泥即可写成。楔形文字逐步定型,最终丧失了其可辨识性。楔形文字也刻在石头、蜡品、象牙、金属甚或玻璃之上,但大多数美索不达米亚人阅读的都是刻写于黏土的楔形文字。埃及书记员往往把楔形文字用墨水写在莎草纸上,而这种做法在美索不达米亚人当中却

18

十分少见。美索不达米亚人阅读的首先是一种"黏土文字"。鉴于此，实际阅读时经常并不那么便利，泥板要易于掌握，就必须做成巴掌大小，以适于微型文本的书写。

苏美尔语中的"阅读"是 *šita*（*šit*，*šid*，*šed*），意思是"计数、计算、考虑、记忆、背诵、朗读"，美索不达米亚很少有人能达到这样的智能水平。公元前 2000 年前后，乌尔（Ur）地区最大的城市有 12000 人，但只有很少一部分人能读写，也许只有百分之一，最多也不过 120 人。从公元前 1850 年到公元前 1550 年，巴比伦城邦希拔（Sippar）约有 10000 居民，被命名的"书记员"（官方泥板书写人）也只有 185 名，其中 10 人为女性。[13] 从这些和类似的统计数据可以看出，不论什么时期，美索不达米亚诸城邦识字的人也不过数十人。

美索不达米亚人使用的泥板，大小如巴掌，上面刻有微型文本，难得一见。若是换成又大又笨重的泥板，那是十分不适于悠闲式阅读的。美索不达米亚书记员曾想方设法书写读者友好型文本，但几乎无一例外地失败了。从中我们可以得出"阅读大多是一种辛劳"的推断。也就是说，阅读不是一件孤立的、惬意的、缄默无言的事情，而是一种公共的、繁重的、放声的行为。写下来的文字通常旨在帮助人们回忆早已铭记于心的文本。美索不达米亚的所有文字，甚至包括书写的文字，都是公共的和口头的。书写已有上万年的传统，它是促成公共活动的一种手段，而其本身依旧并非是为了一种目的，即孤立地面对书写的文字。

泥板替加盖印鉴的人"说话"。例如，巴比伦的法官会把泥板的内容说成是它的"嘴巴"，宣称"听到"了泥板的声音（如同今天的法官看待宣誓书一样）。[14] 出庭证人无须争辩和质疑；否认自己的印鉴往往会遭到严惩。书写下来的声音就等于真正的声音。

19　　　　因为口头文字和书面文字完全相同。

到了大约公元前 2500 年，即东闪米特族的阿卡德人（East Semitic Akkadians）入侵苏美尔并日益崛起的 300 年之后，楔形文字业已完备,可以表达苏美尔语中的任何思想。阿卡德人因此继续使用楔形文字,与后来欧洲人保护古希腊语和古拉丁语的做法十分相似。在这一过程中,最关键的是按照约定俗成的方式确定了音节表。这是一组系统性符号,纯粹用来表示音节音值:如 *ti, mu, sa* 等等。[15]苏美尔人和阿卡德人借助这组可以学会的符号朗诵或吟诵个人的作品和"民族"文学。

巴比伦的整个传统是用苏美尔语和阿卡德语两种语言传承的。许多文本还编排了词汇和语法内容,这表明巴比伦社会在两种传统融合过程中所起的作用,以便保护古代遗产,确保古代文本的持续解读。直到大约公元100年,即阿卡德语的发展后期,阿卡德语还主要是书面语言,而不是口头语言。(作为口头语言,阿卡德语曾与巴比伦语和亚述语[Assyrian]有过一番竞争,最终融合在一起。一些学者认为,从语言学角度来看,阿卡德语的演化经历了几个不同阶段。)公元前721年至公元前633年,亚述帝国从埃及扩张到波斯湾,使用苏美尔-阿卡德楔形文字进行书写,从而使这些传统得以永续,也让邻国有所借鉴和适从。

大约在公元前550年至公元前350年期间,古波斯书记员也使用楔形文字,但目的是传承他们自己的印欧语言,即波斯语。波斯语大约有40个符号,每个符号皆有音节值(*ka*)和音素值(/k/)。[16]古波斯语书写符号可见于王室碑铭,但为数不多,其中最长的且最为重要的当数大流士一世(公元前550—前486年)的碑文。该碑用三种语言刻成,发现于伊朗西部的毕斯顿(Bisitun),碑文内容如下:

　　大流士国王曰:尔若见此碑铭或此雕刻,勿毁之。若有气力,
　　尔当护之,愿阿胡拉马兹达(Ahuramazdā)善待于尔。[17]

初始,阅读材料的物质形态取决于其直接目的。美索不达米亚早 20
期文本的长度取决于泥板的尺寸、版式、规格和轮廓(呈长方形,由若干

显著的单元组成,如人名)。早期泥板以单元分区,后来演化成直线书写,两面均有文字。

最早的文献(非账目往来记录)书写在大约一指长的正方形或长方形的泥板上,可以舒适地拿在手中阅读。一本"书"由几块泥板组成,很可能是按照一定顺序存放在木盒子或皮袋子里,便于逐块翻阅。公告、法规以及虚夸类宣传,如皇家的丧葬铭文,通常会刻写在尺寸非常大的石碑或泥板上,大多供公众查阅之用(像今天的公共图书馆或单位图书馆一样)。例如,公元前 12 世纪,位于底格里斯河之畔的亚述城(Assur)就有一块巨石,看上去有六个多平米,两面刻着《中亚述法典》(*Middle Assyrian Code of Laws*),文字呈纵向排列,引人注目,足见其权威性,令人敬畏之程度超过了它的阅读价值。[18]

那么谁来阅读呢? 阅读者主要是书记员。不过,在乌尔城的多数富人区的废墟中也发现了学校用的泥板,虽然阅读能力的普及程度尚不清楚,但这显然表明阅读已延伸到美索不达米亚人的家庭。[19]也许早在公元前第三个千年,读写能力已成为达官显贵的特征之一。也许正是这种能力才把贵族定位成一个与众不同的阶层。果真如此的话,阅读和书写一定经历了一个被人广为效仿的过程。

苏美尔书吏拥有受人敬重的权力,因而怀有高度责任感。他们知道,正是基于自己对一篇书写文本的解释,争议的账目或法律条文才得以公开澄清。书记女神尼萨巴(Nisaba)的象征是一支铁笔,因为书记员的首要职责是记录,而不是阅读和吟诵。由此可见,书记员首先是其所处时代的公证员,也是当时多数重要社会活动的公证速记员、行政秘书、政府官员。

21　　当然,正如我们今天所了解的那样,阅读未曾在至关重要的国家事务中发挥过什么作用。但从谷物运输到寺庙供奉,从简单信息到长篇赞美辞,以及城镇日常生活的繁杂活动等,一切皆因书记员的存在才变为现实。无论何处,口头交际总是优先,书面文字尚不像声音那样独立存在(这种现象直到公元前 4 世纪才在希腊出现,参见第二章）。长达数千年之久，阅读只是一种媒介，尚未成为一种渠道。正因为如此，我们才可以从美索不达米亚人的大多数信函中读到作者对书记员口授的如此原话："对我的主人这样说：某某谨上，您的仆人。"[20]书记员无法像我们今天这样把口头指示和口头信息分开。事实上，书记员之职责不准他们这么做……因为只有这样才不会吃官司。

　　然而，书记员不只是公证员、速记员、会计、档案员、秘书和官吏，他们还是主动阅读者。不识字的上司或赞助人，无论是建筑师、天文学家、商人还是传教士，都经常吩咐书记员读东西。书记员这么做不是基于职责要求，就是为了赚点小钱。如果眼睛老花了（即远视，大多数男人45岁之后往往出现的一种情况），他们就会一手拿着两支芦苇管，一手捧着小小的泥板，集中眼神辨识那些小得让人难受的楔形文字。也许，还可以给一只透明杯子盛满清水，把小小的泥板放在杯子后面，把细小的楔形文字放大了阅读。

　　今天，阅读古代书记员写下的那些信函之译本可为我们敞开一个神秘莫测的奇异世界，令人惊讶的是，其中充满着耳熟能详的人类情感和弱点。例如，大约公元前1700年，商人南尼在给乌尔城的生意伙伴伊阿-纳西尔的口述信件中如是写道：

　　你没有履行你对我的承诺。你把品质不好的铜锭摆在给我办事的人面前，还对他说："想要，就拿走；不要，就马上走人！"你把我当成什么人了，居然这般待我？我派去收钱的那些人，像我们一样都是绅士，可你却藐视不恭地对我，好几次把他们两手空空地打发了回来……你注意好了，从今往后我不会再要你提供的任何破铜锭了。我要在自家院里一个一个地挑选铜锭，你轻视我，我不会再要你的东西了。[21]

在公元前1700年的巴比伦，要想成为一名职业书记员，男孩须从6岁到 18 岁上书记员学校,每月上 24 天学,每天从清晨学到傍晚。[22] 他们不仅要学习阅读和书写业已消亡的苏美尔语和母语阿卡德语,还要学习历史、数学、宗教文学以及草拟法律合同,后者是其所选职业的主要活动之一。[23] 尽管他们的课程主要是读写,但大部分材料仍然是口头的,既不是写下来的,也不是读出来的。的确,巴比伦的绝大多数社会知识是口传下来的,而绝不是用泥板记录下来的。

出土的泥板可以重现书记员学校教授阅读的方法。阅读是通过书写学习的。首先,教师在小小的泥板的一面写上一个符号。然后,学生在背面一遍又一遍反复书写同一符号。接下来将两个符号组成一个完整的单词,学生照此反复练习。例如,在阿卡德语学校,单词 *ana*("to")包含两个音节,分别用符号 *a* 和 *na* 表示。(这种书写系统是一种音节书写符号系统,只允许这种约定俗成的配对。也就是说,没有单独的符号可以代替 *ana* 或 *an-*。)第三阶段学习谚语、格言、短句或名目,学生同样要翻转泥板,在背面反复抄写。

翻转泥板可以迫使学生将内容形象化,以便于重写。重要的是,形象化的学习是对机械模仿的超越,让学生能够成为独立的阅读者和书写者,把符号及其规约的组合形式铭刻在记忆之中。然而,学生必须有一个不仅能存储单个符号而且还能存储整个单词、名称、短语甚至整句的视觉体系。(这种阅读学习方法实际上就是西方教育家 18 世纪重新发现的"全词"教学法的一种形式。)

23　　一旦成为一名职业书记员,就有希望过上一种以记录交易,尤其是金融交易为主的生活。这要求书记员本人对口头协议和官方见证过程(即公证)进行准确记录。书记员学校毕业的学生会成为簿记员和会计,为商人、航运商或王室工作。(寺庙收到祭拜者的祭品,通常会开具收据。)掌握高深数学知识的高才生会成为备受尊重的土地测量员。就连中途退学或肄业的学生也会成为受人尊敬的写信人和读信人,几乎每个城镇和村庄集市的遮阳篷下都少不了他们。与今天不同的是,过去的书记员很少会成为社会上的作家,因为具有创造性的所有作品仍然是口头的,但这些口头创作的作品却是书记员有时遵命或按请求刻写在泥板上才得以保存的。

在美索不达米亚,学校里几乎所有的学生都是男孩,他们将来要担负家庭责任,或者也可成为职业书记员。值得注意的是,历史上首次在个人作品上签名的作者是一名女性,即恩赫德安纳公主(Princess Enheduanna)。她是阿卡德国王萨尔贡一世(King Sargon I of Akkad)的女儿,出生于公元前 2300 年,曾任月亮之神南那(Nanna)的女大祭司(High Priestess),创作了一系列颂扬爱情和战争女神依娜娜(Inanna)的歌曲。作为一名作者兼书记员,她在泥板的结尾部分写下了自己的名字。[24]此举非同凡响。

在古代的美索不达米亚,书记员往往会在文本末页写下一些附加信息,诸如他(有时是她)的姓名、地点、日期等,作为口头传播的正式证明。就阅读者而言,他们不是在"阅读文本",而是在聆听另一位需要声明身份的书记员同行的声音。大多数美索不达米亚的文书末页都以此箴言结尾:"让受过教育的向未受过教育的传达实事真情",[25]意思是掌握读写能力的人屈指可数,他们的社会责任重大,不应被忘记或轻视。

有些古代档案的考古发现,实属罕见,足以证明美索不达米亚人当时的阅读内容。[26]譬如,1973 年至 1976 年,在距叙利亚西北部阿勒颇(Aleppo)60 公里的提勒马迪克城(Tell Mardikh)的卫城考古挖掘过程中,考古学家出土了埃卜拉(Ebla)王宫(公元前 2400 年至前 2250 年),其中从行政区、觐见殿和皇家档案馆挖掘的泥板将近 17000 块。泥板的内容十分广泛,有历史、文学、农业、语言等,但主要是金融和经济。大多数泥板无疑关涉的是税收、贡品、国务信函、商旅、贸易、贸易使团等内容,主要供官吏、会计和书记员阅读,只有很少一部分泥板的内容与行政无关。从埃卜拉城的重要程度来看,我们可以设想当时的大城市在阅读什么样的材料。

乌鲁克三世(Uruk Ⅲ)统治时期(公元前 3000 年),也就是连续性文本诞生之前,苏美尔人业已编写了最早的阅读材料,名为"词汇"表。[27]大约公元前 2500 年,阿卡德人统治美索不达米亚,他们最初只用苏美尔语书写,至此才有了真正的书面文本。公元前 2334 年之后的萨尔贡一世时期才出现了用古阿卡德语写成的书面文本,[28]主要是一些赞美上帝的圣歌、祈求国王的歌谣、祭拜仪式上的挽歌和驱邪除魔的咒语,其中有一篇重要的苏美尔神话,描述了依娜娜前往阴间冥府的旅程。阿卡德的书记员还记录了苏美尔人给诸神的排位。乌鲁克国王恩莫卡(Enmerkar)、卢伽尔班达(Lugalbanda),特别是吉尔伽美什(Gilgamesh)的故事在史诗中占有主导地位。[29]

苏美尔-阿卡德书写系统表达的口头题材十分丰富,诸如史诗、法律、医药、烹饪、天文、数学、历史、宗教、爱情诗歌等,不一而足。[30]教谕性诗歌在古巴比伦尤为"流行"("流行"总是相对而言的),例如,汉谟拉比国王(King Hammurabi)时代(公元前 18 世纪)的阿卡德创世史诗颂扬的是主神马杜克(Marduk)。这些作品把史诗和圣歌合二为一,形成了一种并不十分协调的混合型文学文本。最重要的是,阿卡德文学以祈祷文和魔法咒语见长。大约在公元前 1000 年,阿卡德文学中渗入一种悲观主义情调,例如,"我要颂扬智慧之神"这首著名圣歌就是对正义之士遭遇的苦难和不公的哀叹。

还有一些书面文字是专门供超自然的神灵阅读的。例如,公元前第一个千年在尼普尔城(Nippur)(位于今天的伊拉克),人们购买刻有25 阿拉米语咒语的陶碗,并且相信朗读上面的咒语就可以把邪恶的魔鬼镇于碗下。也就是说,文字本身具有魔力,无需任何听众。

早于公元前第二个千年最初几个世纪的中东文本留存下来的为数不多。例如,大多数口头流传的吉尔伽美什诗歌直到公元前 1200 年才真正以书面形式记录下来,这部史诗讲述的是伟大的乌鲁克国王寻求长生不老却未能如愿的故事。最终的修订本出现在亚述帝国(Assyrian Empire)最后一个统治者亚述巴尼拔国王(King Ashurbanipal)(公元前 669 年至前 633 年在位）的图书馆里。

　　当然，大多数阅读涉及日常经济活动，当时的书记员阅读起来就像今天的白领人士一样轻松、高效。迄今为止，在美索不达米亚出土的 15 万件楔形文字文献中，簿记和行政记录超过 75％，最早的主要是些简单的货物、人名、付款的明细表，诸如此类。[31]

　　就像埃卜拉（Ebla）一样，美索不达米亚早期的所有中心城市都有"图书馆"。它们是存放档案和文件的地方，而不是我们今天所了解的图书库。这些唾手可及的信息库对于城邦的崛起和管理是不可或缺的。公元前第二个千年末，这些仓库收藏了泥板、莎草纸、木板、竹棒、丝绸或皮革，赋予美索不达米亚、埃及、伊朗高原、爱琴海、印度河流域、乌兹别克斯坦、塔吉克斯坦和中国中原地区的诸社会以力量。由于所有的阅读当时都是朗读，所以援引"像图书馆一样响亮"这一比喻时时处处都不为过。

　　苏美尔人把图书馆的分类编目人员称作"宇宙之授命者"。[32] 图书馆的分类编目意味着解构人类的经验。所有的分类编目都是主观的、任意的，是对书写作品的一种冒犯，也是对本质上具有普遍性和不可切分性的事物的一种冒犯。这种冒犯，每个时代皆有，并且通常都是借实用主义之名。按理说，生活本身是无法分类编目的，阅读亦应如此，可这并不切合实际。正如最早的读写社会所发现的那样，只有把无限的事物有限化才能更有益于获取信息。

　　亚述国王亚述巴尼拔在都城尼尼微（Nineveh）有一座楔形文字图书馆，迄今已经发现了 25000 块刻字的泥板。亚述巴尼拔敬仰书写，他本人能识字会读写，在当时的统治者中颇为鲜见。他自诩能"读懂挪亚时期大洪水泛滥之前写下的书板"，也就是说，他能读懂业已保存了许多世纪的古老文本。[33] 他宣称自己热爱阅读，这说明当时的人对读写能力十分崇拜。亚述巴尼拔甚至派人前往美索不达米亚各地为其宫廷图书馆搜寻书板。他写给一位名叫沙达努的官员的私人信件说明了这一点：

> 亚述国还没有抄本的珍贵泥板，你都给我找来。我刚才给寺
> 庙管事和波希帕的市长写了信，说你——沙达努——要把所
> 有的泥板收藏入库，还告诉他们说，任何人不得拒交手中的泥
> 板。你要是听说有适合宫廷收藏的任何书板或礼书，一定要
> 找到，切记保管好，并及时送回宫里。[34]

就这样，亚述巴尼拔积聚了一馆的泥板，收藏规模之大，当时十分
罕见。其中礼书所占比例也高得出奇，包括占星术、预兆和咒语等内
容，是认知、安抚和抑制众神的资源。亚述巴尼拔曾在其书信中清晰地
区分了"书板"和"礼书"，可见宗教阅读当时已何等重要。数学、医药、
天文、史诗、歌谣、圣歌、苏美尔-巴比伦双语词典等著作同样备受青睐。
毫无疑问，阅读在当时颇受推崇，被视为知识的源泉，是靠近和指引神
灵的途径。（如今，亚述巴尼拔的图书馆已成为了解苏美尔、巴比伦和
亚述古文化最为丰富的资料来源。）

一片大部分已残毁的医学书板上有如下一段启示：

> 鄙人是住在亚述巴尼拔官的众生之王，也就是亚述国之王。
> 拿布（Nabu）和塔什米塔姆（Tashmetum）两位神灵目光犀利，
> 赋予了我博大的智慧：我掌握最精湛的书写艺术，是之前的所
> 有君王所不及的；我掌握从头顶到脚趾的治疗方法；我重视选
> 择真传经典之外的东西和学习充满智慧的教诲。不论什么，
> 只要与尼努尔塔（Ninurta）神和古拉（Gula）神的医术有关，我
> 都会写在泥板上，经检查核对，然后存放于宫殿之中，以备研
> 读。[35]

这些文字正是亚述巴尼拔本人所写。由此可见，他大量收藏泥板

的最终目的就是为了"研读"。

正是由于其卓越的地位,亚述巴尼拔还经常收到来自亚述各地和国外的书信。王室秘书,也就是通常预先筛选国王所收信函的书吏,在其中一封信的末尾会读到这样一个颇有启示的恳求:"不论你是谁,哪怕是读这封信的书记员,也请你不要向我主国王陛下隐瞒任何事情,也好让贝尔(Bel)神和拿布(Nabu)神在国王面前为你美言。"[36] 在此,"阅读"同样被理解为"朗读、诵读"。在早期的社会,书面文字即口头文字,这就要求每一位书写秘书都必须高度忠诚。所以,巴比伦国王汉谟拉比的法典中规定,做伪证者将被处死,是合情合理的。这条法律针对的主要是书记员,即当时社会的主要见证人。

文字审查也时有发生,主要是清除刻写在公共纪念碑、寺庙和宫殿墙壁上的文字,以消解人们对某一杰出人物的记忆,此举被看成是最大的侮辱。同时,也有篡改文字的做法:要么直接刮掉重写(在硬质泥板上无法这样做,所以经常需要伪造);要么采取非直接的办法,重新编写一篇全新的文字,或曰"重写历史"。这样的事情发生之频繁,令人吃惊,其中有诸多原因:忠孝之争、兄弟之恨、氏族对抗、道德规范或宗教变更、侵略行为等。于是,阅读者读到的只能是新政体想让他们读的,这与擦掉的那些文字宣传一样往往与"客观事实"(现代人的夸大比喻)相去甚远。

古代阅读经常彰显深刻的人文性。汉谟拉比的一位高官的儿子在给其母亲的信中这样写道:

> 愿父亲和众神保佑您。绅士们的服装一年比一年好看。阿达迪迪那姆只不过是父亲的一个部下,可他的儿子已收到了两件新衣服,您却因为要给我弄一件衣服而心烦意乱。虽然他是收养的,我是您亲生的;可他母亲爱他,您却不爱我。[37]

28

阅读上面一段话以及其它许多同样生动感人的段落,我们渐渐意识到,美索不达米亚人的阅读涵盖了人类经验的全部内容。同时,我们还认识到,在书写的诞生之地,声音和符号仍然是合二为一的。基于此,我们才可较为直接地领会美索不达米亚阅读的深刻内涵。

埃及

埃及语中表示阅读的最常见的词汇是 *šdj*,亦含有"朗读"之意。鉴于此,本章开首引用了古埃及书记员曾说过的一句话:"让读书人把他的故事传扬。"古埃及的阅读同样也是一种口头行为,具有双重特征:其一,书写被认为是视觉言语;其二,所有的阅读实际上都是书记员兼见证人朗读的一个过程。

胡列安人(Hurrians)是公元前第二个千年的中期生活在近东地区的一个重要民族。从他们寄往埃及的一封用楔形文字写的泥板信中,我们读到:"我的信使,科里亚,这样说道:如此说着'您的兄弟,埃及之王尼摩利亚(Nimmoria)制作了一件了不起的礼物'。"[38] 同美索不达米亚一样,埃及的书面通信也不是我们今天所知的阅读,而是一种口头媒介的正式见证。所有信件通常都是这样开头的:"对某某人说,某某国的国王,我的兄长等等……",其中含有口授者给书记员的指示。在古埃及,书写的文字本身同样也不是目的,而是达到目的的一种手段或社会认可的媒介(尚且不是一种自主的渠道)。借助这一媒介,书记员就可替口授信息者说话。"真正"的信息不在写着楔形文字的泥板或莎草纸信件之中,而是在最终的口头传达过程,即由书记员给收信人朗读信息。

29 早在公元前 3300 年,埃及人就用墨水在莎草纸上书写,书写的语标(整词)"象形文字"有数百个。莎草纸时代见证了埃及城邦的崛起,历时三千年之久。然而,阅读和书写未必是文明的标准。早在公元前 4000 年,也就是完全书写出现之前,叙利亚东北部确实已有了城市活动。上埃及王国(Upper Egypt)、下埃及王国(Lower Egypt)或美索不达米亚城邦也都是在阅读和书写出现之后才逐步发展和走向繁荣的，最终成为伟大的帝国。可见两者之间并不存在直接的因果关系，但阅读和书写对经济发展的刺激作用是毋庸置疑的。[39]

阅读有助于信息的获取和控制，对此上埃及人似乎比开创完全书写的苏美尔人体会得还要深刻。埃及人从苏美尔人那里学会了连合字符、表音速记和线性书写这些概念之后，很快就把阅读和书写加以发展和运用。埃及人最重要的创新（有不少这样的创新）之一是截头表音法，即用一个符号代表词首的辅音字母，例如，用符号 ∧∧∧∧∧∧ 代表 *n*。（相反，苏美尔书记员用符号来代表整个音节，而不是单个辅音。）埃及的所有象形文字都是单词的"骨架"，阅读者只需加上适当的元音即可，这一点操本族语的阅读者借助语境就可轻易做到。[40]

早在公元前第四个千年，埃及人就阅读刻在岩石、石板、墓碑、圆柱体印章、罐塞子、陶器、象牙板、石制棒棒头以及其它东西之上的象形文字。据推测，早在这一时期他们就已开始经常用墨水在莎草纸上书写。不过，古埃及人阅读的大多不是象形文字（因为刻写、雕刻或涂绘象形文字过于费时），而是草书体（后来被称作"僧侣体"）。这种字体发展成为一种实用工具，用于书写信件、账目、货物标签等普通文档，到了公元前第二个千年，也用于书写文学文本。草书体与象形体使用的同一文字系统，是由象形体简化而来的，几乎主要用于书写莎草纸文本，但也见于石头、木头、石膏、皮革、亚麻布、陶片（刻字的陶瓷碎片）以及其它 30 表面。

埃及的文本有从右向左读的，有从左向右读的，也有自上而下读的。如果没有什么明显的理由需要选择别的方式的话，从右向左便是"默认"的阅读方向。公元前 3300 年至前 2500 年，这种方式固定了下来。在其后的两千年里，象形文字、僧侣体以及相应的阅读文本几乎没有发生任何变化。（从那时起，北非和中东的大多数阅读者一直沿用从右向左的阅读方式。）

学生一旦在书记员专科学校完成了几年的强化教育，阅读埃及象形文字和僧侣体文字就不再是一件难事了,当然其读写质量是有很大差别的(主要视阅读要求而定)。也许更为重要的是,莎草纸轻薄,易于折叠,便于手持和存放。人们才可以把莎草纸叠放在一起,卷成细长卷,即使是一部长篇作品,只要轻轻把长卷打开,就可以阅读。(这种便利的阅读在使用笨重泥板的美索不达米亚是没有的。)"世界上最古老的书"是关于第五朝(Fifth Dynasty)(公元前 2500 年至前 2350 年)的《普勒斯莎草纸》(Pruss Papyrus),是成书约 400 年之后的僧侣体转抄本。

不过,早在第三朝或第四朝时期,埃及就出现了连续性文本。尽管这种书写系统从理论上讲几乎可以用于任何目的,但埃及的书记员却没有充分发挥其功能。公元前 2150 年前后,也就是古王国的后期,出现了几种常用文本,如私人合同、法令法规、信函、长篇宗教文本、法术文本以及"传记体"铭文等。[41] 技术性文本很可能也已存在,但实质上的"文学"文本显然还未付诸莎草纸、木头或皮革等载体。所有的文类仍以口头形式为主,书写仅限于文字记录,尚不是创造性表达。

埃及学习过阅读的人为数不多。在埃及古代的相当一段时期,识字的人大概从未超过百分之一。埃及人口从古王国时期的约 100 万增长到希腊-罗马时代的 450 万(当时的大多数希腊居民都识字),鉴于此,整个王国识字的人或许只有 1—5 万人。[42] 这些有文化的人因为会读能写而与众不同,他们是社会的精英,与准精英的书记员一起占据了几乎所有的行政职位,但这也不是绝对的(因为多数人使用的是识字的奴隶)。与美索不达米亚不同的是,埃及的书记员从事的是实实在在的行政工作。即使在乡村,书记员也同样受人尊敬,有人雇用,百分之九十九的不识字的人往往都依赖书记员来读写。

当然,所有的埃及人都能"读懂"图形符号富集的铭文,如古底比斯(Thebes)的卢克索神殿(Temple of Luxor)墙壁上的文字,描绘的是公元前 1300 年拉姆西斯二世法老(Pharaoh Ramesses II)的弓箭手乘车冲锋、战胜赫梯人（Hittites）的故事。识字的一般人大概只能读懂铭文中的简单词汇，也许还能从可识别的象形文字组合中认出个别熟悉的人名。[43]最著名的人名经常出现在符号组合、长方形或椭圆形图案之中，如曼赫珀拉（Menkheperre）这个名字，它是图特摩斯三世（Thutmose III）（公元前1479—前1425年）姓名的第一个字。迄今，他的名字依旧留在数以千计的圣甲虫雕石之上。然而，能够完全读懂纪念碑铭文的埃及人屈指可数，恐怕500人中才会有1人，甚至还会更少。

　　古埃及能读写的人十分鲜见，大凡能读写者（或是其奴隶）乃属社会精英，颇受人敬重。埃及书记员的社会地位远高于美索不达米亚的书记员。四千年前，埃及官员杜阿-科提乘船沿尼罗河南行，送儿子佩皮去书记员学校上学，途中他给儿子说过这样的话：

> 你要专心学习文字，我见过有人因识字而活了命。看哪！没有什么比文字更崇高了。文字就像水上之舟。我要你爱你的母亲，更要你爱书写。我要引领你见识书写之美，它胜过一切职位，世间无与伦比。[44]

32

　　埃及的书记员是"一个高尚的职业"，正如杜阿-科提所言："书写材料和书卷能给书记员带来愉悦和财富。"许多书记员最后成为宫廷官员和大臣，跻身于帝国最富有和最有权势者之列。不过，大多数书记员身居次要地位，从事着平凡的工作。会识字懂读写是获得高贵地位的必要条件，具体的书写任务也常常是由业已真正获得此等地位的少数人下达的。埃及的书面信函中把"你"礼貌地称为"您的书记员"，就说明了这一点，表明地位低者受命为地位高的识字人朗读信函。[45]

　　与美索不达米亚一样，埃及的远视阅读者也借助阅读工具。近来有人认为，埃及人早在公元前第二个千年之初或许就已掌握了玻璃透镜的特殊性能,当时玻璃生产在尼罗河沿岸已十分普遍。远视阅读者的确有可能借助打磨成圆盘状的玻璃或透明水晶石阅读的。把盛满清水的玻璃杯放在莎草纸书卷的前面,可以放大字体,远视者完全可以辨识,这或许是古代的常识。古代遗存下来的许多玻璃器皿实际上既用于阅读,又用于饮酒。大多数玻璃器皿由作为社会精英(或其奴隶)的阅读者掌握。

几乎从一开始,埃及的书写就主要有两个目的,即用于行政管理和纪念性陈列。[46]然而,在书写引入埃及之后的头五百年里,连续性文本不为人所知。最早的书面记录实际上是"历史"本身的肇始,也仅仅是一些王朝纪年的简单名称而已。由于社会精英早已攫取了书写的社会权力,再者,埃及的大量阅读都是行政类的,阅读行为的实施者在社会上享有特权,因此精英地位完全等同于读写能力。[47](有证据表明,后期的诸位法老都能识字读写,这在美索不达米亚却十分少见。)[48]然而,埃及大量的行政文献资料遗存下来的少之又少。历经千年留存至今的主要是建筑物或铭文,它们仅反映了一小部分书写内容,根本无法代表埃及古代的大部分阅读内容。

埃及这个辉煌王国与书写(象形文字)联系十分紧密,其庙宇、陵墓、纪念碑和雕像等,处处都刻满了文字,而真正阅读这些文字的人却寥寥无几,这不能不说是历史上最具讽刺意义的事情。但是,公共文本只是用来示众的,而并非传递信息。当时能够真正读懂这些文本的人则是雕刻文字的人。铭文是为时代而写的、为可预见的"阅读者"写的,也是为未来的众多无名崇拜者写的,也许那些杰出的铭文作者当时就是这么设想的。

换言之,遗存下来的埃及象形文字很可能在其作者的有生之年从未有人阅读过,即使有人阅读,也为数不多,如刻写于木乃伊棺材、墓室墙壁、纪念碑柱体和雕像之上的那些象形文字。它们几乎全是献给生者和神灵的炫耀性宣传,或是献给来世之神和逝者的葬礼致辞,或是疾声唤醒亡灵的咒语。人们真正阅读的是堆积如山的写在莎草纸上的行政文书,而这些文书几乎已经全部失传。

埃及最早的文学文本,有别于行政文书,是藏于王室陵墓之中的《金字塔经文》(*Pyramid Texts*),[49]其中也包括铭刻在四朝和五朝金字塔墓室的墓葬文本。例如,位于塞加拉(Saqqara)的乌纳斯(Unas)金字塔的前室墙壁上就刻着公元前 25 世纪晚期的铭文,描写了墓主为了获得应有的地位而穿越阴间跻身众神之列的危险旅程。公元前 13 世纪的皇家陵墓建造者皮士杜能识字会读写,在为他自己修建的陵墓的天花板上写下了《致太阳神雷的祈祷文》(*Litany of Re*),祈祷文是一篇神圣之作,颂扬了太阳神穿梭天庭和地府的永恒旅程。描绘农夫、劳工等下层人的小雕像,上面刻着死者的名字,放置在富人墓中,表示来世仍为其效劳。所有这些神圣化的"言辞"反映了埃及最早记录的宗教信仰,都是在为来世求告、念咒驱邪,抑或为死者履行神圣职责,所以都是供神灵阅读的,而死者寻求的正是为神灵所接纳。这些言辞是法老或贵族"通往永恒的护照",不允许其他人阅读,也不是写给凡人的。这可真算是世界上最独断的专行了。

一个贵族的陵墓中保存着这样一篇文本:

> 行空的太阳神雷和月神透特(Thoth),请带上他一起走吧!让他与你同吃;与你同饮;与你同住;与你一起生活;像你一样强壮;与你一起远行。[50]

有关来世的类似阅读文本包括数以万计的石棺铭文和丧葬必有的《度亡经》(*Book of the Dead*)。《度亡经》属莎草纸卷本,是让亡灵随身带往来世的。另外,还有庙宇墙壁、石柱和雕像上面写给神明的那些铭文。例如,菲莱岛的伊希斯神庙的每一面内墙上都是文字和图案,描绘的是王室给具有一定文字水准的"不朽见证人"馈赠的礼物。

古王国后期,王室碑文上开始出现了更多的传记类信息,不再限于简单的一串头衔称号和插图说明。碑文上还有道德箴言、王室恩宠标志、社会规范声明等相关内容。[51]到了中古王国时期,书记员才开始记录重大事件。真正意义上的文学文本也开始出现,有"智慧"文学、叙事文学、圣歌、医学、巫术、数学、天文学和历法文本等。当然,从现代意义来看,这些文本皆不"流行",所以读者群很小,而且仅限于特定的社会阶层。古埃及文本的一个显著特点是,多数文本都是以特殊的音韵形式写成的,也就是说,其语言实现了形式化,每一形式由两到三个重音组成的独立单位构成。

新王国(the New Kingdom)时期出现了读者群较大的文学体裁。这一时期的许多莎草纸书卷中既有爱情诗,也有民间传说人物的简单故事。[52]另外,还出现了描述日常朝拜和祭祀仪式的宗教文本,也有汇集圣歌、神话和巫术套话的莎草纸书卷,还有历经千年遗存下来的医学(包括妇科学和兽医学)、数学、历史和词典编纂学(其中含有动物、植物、身体部位和地名附录,以方便记忆)等方面的文本。

正如美索不达米亚一样,教谕性文本尤其是指导现实生活的文本在埃及也十分盛行,如《阿门内姆哈特王之教谕》(*Teaching of King Amenemhet*)或后来颂扬谦逊和自制的《阿曼尼摩比智慧之书》(*Book of Wisdom of Amennemope*)。最著名的当数《一个忧郁者与自己心灵的对话》(*Conversation of a Melancholic with His Soul*),这也许是最深奥的古埃及文学遗产。之外,还有不计其数的作品或描述、或歌颂、或讽刺书记员学校的生活。当时,冒险与人间智慧兼容并蓄的史实故事也十分常见,如《辛努赫之史》(*History of Sinuhe*)。在之后的希腊时代,虚构的文学作品在埃及阅读者中享有特殊地位,用于宗教节日的戏剧文本相继出现,音律结构严谨的诗歌文本随处可见,从劳动歌谣到颂扬神灵或法老的赞歌应有尽有。(如有两部重要的埃及爱情诗集已流传至今。)

社会各阶层的信函始终是特别重要的阅读材料。公元前1500年前后,用小楔形文字刻写的外交信函泥板,形制较小,一只手便可携带,如巴比伦国王卡达斯曼-恩里尔(Kadasman-Enlil)发给埃及法老阿孟霍特普四世（Amenhotep IV）奥克亨那坦（Akhenaten）的请柬，内容如下：

> 鄙人乔迁之喜，请君莅临同饮。男宾女客皆有，各二十有五。[53]

此信源自一部书信集，汇集书信约 380 封，时间跨度约 30 年，18 世纪后期发现于特拉·埃尔-阿马尔纳（Tell El-Amarna），即古时的奥克亨那坦。这一时期后来被称为阿玛拿信札（Amarna Letters）时期，涵盖了奥克亨那坦（公元前 1353 年至前 1336 年）的全部统治时期。当时，埃及的文化和政治力量如日中天，是世界上最强盛的王国。这些书信是法老与邻国统治者或城镇各诸侯之间的往来信函。[36] 每封信的措辞都遵循严格的外交礼仪规范，开头经常是一些礼节性套语：

> 请告诉我的兄弟，埃及国王尼姆瑞亚（Nimmureya）[奥克亨那坦]，我爱我的女婿，他也爱我的："因此，密坦尼（Mitaani）的国王图什拉塔（Tushratta），你的岳父，他爱你，也爱你的兄弟（即阿里）。我一切安好。愿你也一切安好。愿你的家人、你的妻子、儿子、商人、战车、马匹、勇士、国家，一切的一切，只要是你的都安好无恙。"[54]

接下来，写信人要么提出请求，索要兵马、金钱、礼物或其它东西，要么告诉对方会馈赠什么礼品（但这种情况很少见）。图什拉塔在信中声明他要给奥克亨那坦送上一个妃子：

> 她出落得很成熟了，长的样子也很合朋友你的意。另外，你还会发现这次给你的礼物比以往的都要好。

《阿玛拿信札》全部用楔形文字写成,以古巴比伦语为主。巴比伦语是当时的外交和贸易语言,也是古代近东地区的通用语。不过回信时,法老会用埃及语向书记员口授,由书记员用墨水以僧侣体写在莎草纸上。然后,书记员将写好的信交给王室翻译,由他们翻译成古巴比伦语,再用楔形文字刻写在泥板上,最后交由宫廷信差。信使会很快动身赶赴收信人所在地,要求觐见,然后把信交给合适的官员,由官员呈交于收信人,必要时还要带上一名翻译,最后把信朗读给收信人听。

阿玛拿时期最令人伤感的信件是图坦卡蒙(Tutankhamun)的年轻遗孀安海塞帕坦(Ankhesenpaaten)写给赫梯国王苏皮卢里乌玛什(Suppuluiliumash)的那封信。当时,她顶着要嫁给30岁的指定继任者阿伊的压力:

> 我丈夫去世了,我没有儿子。他们谈到您,说您有好多个儿子。也许,您可以把您的某个儿子赐予我的,让他做我的丈夫。我不愿嫁给我那个叫阿伊的仆从。我不想让他做我的丈夫。

赫梯国王勉强同意了,可他的小儿子在前往埃及途中被刺身亡,最后安海塞帕坦可能因为担心性命难保,只好下嫁给了阿伊。

古埃及的阅读远不只是传达信息,文字的精神同样也要传达。与美索不达米亚那些实用型楔形文字不同的是,埃及的象形文字被认为是具有魔力的文字。阅读石棺、坟墓墙壁和天花板上的象形文字就是一种神谕,有助于信息内容的实现。同理,频繁毁损这些文字,即使高声朗读了,也无法召回主人的生命、功绩和社会精神力量,可见阅读这些东西本身就是一种创造性活动。

与美索不达米亚一样,埃及也有各类图书馆,宫殿、庙宇、行政中心,甚至识字的富人住宅里无处不有。在伊德福(Edfu)发现的始于公

元前 2000 年的图书分类总目显示,古埃及图书管理员曾尝试以分类方
式定义经验世界,如"木刻文本目录"、"地名和物名目录"、"庙宇文物目
录"等等。[55]

历经千年,埃及人把著名的书写文本以副本的形式传承了下来,副
本的内容总体上相当准确,其中以叙事性和教谕性作品最为著称,风格
是明显的"非口语"体(通常使用简短的属性类词语,可按韵律朗读),结
构清晰可辨。同等重要的还有广为阅读的法术类文本,其符咒的效力
取决于抄写的精确度。然而,古埃及从未谱写过具有推理性或分析性
的历史篇章,从未信奉过任何教规或教义(不论犹太教、基督教,还是伊
斯兰教,都是通过阅读才被人信奉的),也从未出现过一部具有本土特
征的口头史诗或宗教经文。埃及社会一直处于普通的居间地位,"得助
于读写,但却未因书写而改变"。[56]

书写文字的传播

美索不达米亚的书写观念和许多规约也向东方传播。对公元前
3000 年伊朗高原的原始-埃拉米特(Proto-Elamite)人来说,阅读就是
统计或计算。遗存下来的最长文本只有七行,记载的是给位于苏萨
的中央政府作为赋税上缴绵羊的事情。然而,早在五百年前,远在印
度河流域(Indus Valley)的人们就借用陶工的记号书写人名和/或地
名,后来显然发展成为印度河流域文明中(被认为是)语标音节文字
书写系统,在公元前 2500 年至前 1900 年间走向繁荣。也许,印度河
流域的书写材料主要是皮革或木头一类的易腐烂材料,所以后来都
腐烂了,没有留下任何痕迹。尽管这个丰富的文化没有留下书面作
品(即长篇的泥板、莎草纸书或铭文),但是无所不在的雕刻印章、短
小的泥板和彩陶板、青铜工具、骨头和象牙棒等等,通常每行只有两
三个符号,总共只有五个,说明这只是一种有限的、初级的"读写"形
态。在朵拉维拉古城(Dhrolavira)北门的一间侧室发现了一篇符号

38

高度超过 30 厘米的铭文,那或许是某种"公共标志"。在古印度河流域,阅读和书写主要用于确证和巩固经济权力,另外还与哈拉帕(Harappa)和摩亨朱达罗(Mohenjo-Daro)等重要中心城市的精英统治者有着密切联系。[57]

到公元前 2000 年,音节阅读,即按音节逐一阅读,丰富了黎凡特(Levant)的比布鲁斯(Byblos)的闪米特语、安纳托利亚(Anatolia)(今天的土耳其)的卢威语(Luwians)以及爱琴海地区最早的希腊文。事实上,希腊人是欧洲最早的阅读者,使用的书写文字不拘一格,如米诺斯(Minoan)人的象形文字和线形文字 A、迈锡尼人(Mycenaean)的线形文字 B、塞浦罗-米诺斯人(Cypro-Minoan)的音节文字以及塞浦路斯人的音节文字(Cypriote Syllabic Script)等,这些文字主要用于清点和记数。不过,也用于书写一些较长的文本,如献词、合同乃至王室公告等。

克里特著名的菲斯特斯圆盘(Phaistos Disk)是欧洲最早的文学作品,是爱琴海书写文字使用的一个明证。公元前 16 世纪烤制的这个黏土圆盘出土于 1908 年,直径 16 厘米,正背两面刻有 241 个象形文字音节符号,显然是用米诺斯希腊文书写的"动员公告"。[58]圆盘上的文本很短,不可能是文献记录:任何一个操本族语的人,都能很容易地记住文本内容。然而,作为王室公告盘,它旨在强化口头言语行为的有效性,其方式与后来的希伯来、基督教和伊斯兰教的阅读行为相似,即借助书面文字增强权力话语的分量。(例如,今天的教皇虽然对每篇经文已烂熟于心,但仍然要打开经书吟诵。)传令官手执菲斯特斯圆盘,与其说是在"宣旨",倒不如说是履行王室事务:就等于(可能就是)克里特之王迈诺斯(Minos)本人在说话。

是否有用史前的爱琴海文字写成的"文学作品"呢? 迄今尚未发现。也许,如圣歌、歌曲以及模仿希腊重要的贸易伙伴迦南人(Canaanites)和埃及人而创作的英雄史诗等文学作品的确有过书面文本,但都写在易腐烂的皮革和莎草纸上。当然,在这个早期的欧洲社会里,能读会写的人只有一小部分。再说,克诺索斯(Knossos)、菲斯特斯(Phaistos)、迈锡尼(Mycenae)、雅典及其它地方的初级图书馆也很少会超越时下的馆藏要求。"文学"本质上仍被看成是口头的东西。

不过,到了公元前 14 世纪至公元前 13 世纪,在黎凡特北部的乌加里特(Ugarit),也就是今天的拉斯沙姆拉(Ras Shamra),当地的书记员就已积极使用本土字母文字记录用楔形文字书写的神话、传说、礼仪、契约和成千上万的账目。不到三百年,腓尼基(Phoenicia)就开启了伟大的铭文时代,使用的是先进的辅音字母书写文字。比布鲁斯、提尔(Tyre)、西顿(Sidon)、贝鲁特(Beirut)、阿什克伦(Ashkelon)和其它沿海中心城市有成百上千的石碑,可谁又是碑文的读者呢? 要知道,这些地方当时能阅读的人很少,也许不超过百分之一。事实上,这些刻字的石碑与其说是让人阅读的,倒不如说是一种展示。统治者发布了书面声明,也就了事了,故无须聆听他的声音。

权力和威望得以彰显。

阿拉米语(Aramaic)书写是公元前 10 世纪从腓尼基语书写发展而来的。到公元前 8 世纪或前 7 世纪,阿拉米语已成为近东地区主要的语言和文字,即通用语,也最终成了波斯帝国(公元前 550 年至前 330 年)的官方语言。例如,波斯王大流士(Darius)也留下了不少刻字的文物。公元前 6 世纪,他在波斯波利斯的觐见厅安置了两块用三种语言写成的金匾(同时还复制了银匾),祈请至尊之神亚胡拉·马兹达保佑他自己和家眷。这些金匾像埃及庙宇和陵墓里的铭文一样,仅仅是写给神灵读的,只不过此时刻写在便携的小型贵重物品上罢了。

阿拉米语也取代了亚述楔形文字:相对于在软质泥板上书写而言,用墨水在皮革或莎草纸上书写楔形符号的做法备受青睐。黏土时代(the Age of Clay)走到了尽头,一去不复返。同样,阿拉米语"文本"大致上包括官文、普通行政文书、账目、簿记和铭文等。第一篇较长的文本是公元前 253 年至前 250 年阿育王颁布的著名法令,可见于印度斯坦(Hindustan)各地的石柱和岩石。

宗教和阅读

随着阅读和书写数量的增加,各地有视觉阅读能力的人逐渐取代了有口头诵读能力的人。(在西方、中东和中国,这一过程直到古典时期才基本完成。)宗教在这一演变过程中扮演了非常重要的角色。纵观历史,宗教是读写的一个主驱动力。教士身份的书记员是社会上最早的阅读者,随后才是精英学者和世俗的司仪和神父。正是他们拓展并丰富了阅读材料,最终引入了普通教育的概念。书写系统及其文本在当今世界的分布"远比语言谱系的分布更能清晰地反映世界宗教的分布",[59]这是阅读史上颇具启发性的一个事实。

因为书写是能高效吸取、保存和传达神圣知识的一种媒介,无须人类的口传,就能一字不差地保存广为传播、受人尊敬的名人教诲,所以宗教文学的阅读和书写才开始在社会中扮演更加显著的角色。宗教文学的阅读在西欧一直居于主导地位长达千余年之久。(在世界其它地方,尤其是伊斯兰国家,宗教文学仍是阅读的主导内容。)

公元前第一个千年里,宗教文学的阅读者主要是接受过书记员培训的教士。他们写下口述给他们的传说,然后在神圣的场所诵读。他们形成了一个特殊的精英阶层,凭借其特殊的社会地位影响、控制和把握社会方向。正是从此时起,"白纸黑字写着"这个词组才开始有了权威性,也就是实际上的神圣性,这种意识今天依然萦绕在我们的脑际。社会上识字的阅读者,即教士身份的书记员,同时也是评论员。由于其权威性,他们的评论后来变成经文:即至圣真言。

公元前第一个千年的后半期出现了大量的宗教读物,如佛教中源于口头传说的《巴利大藏经》(Pali Canon)。《巴利大藏经》是用多个国家佛教徒的宗规语言巴利语写成的,其中包含佛祖(公元前563年至前483年)的教谕。随着佛教的发展,用其它语言写成的可比较文本大量出现,在东亚的中国、朝鲜和日本尤为如此。同时,印度教依托汇编而成的《吠陀经》(Vēdas)也传播了开来。《吠陀经》是用梵文写的,其中的经文主要是按照"强调发音准确性"这一严格的口头传统保存下来的。事实上,多数宗教文本并未受到人们的直接敬重,人们真正敬重的只是口头传说。不过,书面文本在西方却受到了人们的敬重(参见第二章)。犹太人把敬重书面文本的这种习俗制度化,对许多世纪之后的基督教徒也有所启发。 42

直到公元前5世纪,阅读基本还是一种被动行为,主要涉猎账目、计数、公文急件、提货单、法律文书和有限的文学文本。除此之外,再没有别的东西可激发阅读者主动地解释和分析,人们阅读也只是为了检索简单的账目、信息或者回忆存储于记忆之中的某些东西。

有文字记载的传说、神话、咒语、圣歌和至圣真言为数不多,唯有口头传统才会受到"真正意义"上的敬重。不识字的人仍然靠心记口说,他们的记忆力是十分惊人的。当然,这种能力是与生俱来的,只有每天不再需要施展人类自然口语才能的识字者似乎才是例外,因为有了读写能力,口语才能才有所弱化。作为古时的第一批阅读者,会计员和簿记员已发现了可替代口语天赋的新方法。阅读重视的是视觉记忆,从而使高级语言结构的记忆成为可能,有助于掌握新颖的分类方法或技巧(如按字母顺序排序或使用截头表音法提示),以增强信息检索这一思维过程。

不过,随着埃及、西奈(Sinai)和迦南(Canaan)辅音字母书写法的传播,阅读打破了做簿记的书记员专为富人和权贵服务的这种垄断格局。人们不再需要在书记员学校苦读多年,只要学上几个月的简易字母表都可以阅读了。简易字母表也被外国语言所借鉴,通常只需些许的转换就可以表达本土的语音。许多不同国家的人,无论等级和阶层,如今都学会自己做簿记,阅读想读的任何东西。

人类对知识的渴求和对学问的热爱是早期阅读的燎原之火。也许,学习知识和拓展知识的需求很早就激发了人们对阅读的激情和敬重,这种激情和敬重随之传遍全球。人类优越于其它物种的其中一点就是检索和组织信息的能力,首先是通过发声言语,接着是书写,然后便是较为先进的阅读形式和途径。然而,读写是反应,而不是刺激。[60]因而,读写无法引发社会和认知变化(尽管也可能是某些变化必要的先决条件)。一旦出现更庞大、更复杂的社会,读写可以增强社会的精细化组织,主要通过辅助记忆和提供知识等方式(文档、档案、图书馆),其作用是人脑所不能及的。具有阅读能力的人可以超越交际活动的时空界限,还可以延长记忆时间,扩展记忆范围。

尽管早期的书记员尽其所能做记录、互通书信、识别商品,甚至刻写铭文赞美统治者,可是他们却很少将这种能力与口头言语行为区别开来,如记数记录员、信使和传令官的那些技能。在阅读发展的后期,实际上也就是在美索不达米亚文字臻至完善之后的三千年里,人们才认识到阅读的真正潜势。

与书面文字这个天赐之物相随的是专制。作为一种自主变化的结果,识字的人丧失了口头记忆、口头文化和口头自由。作为一种人为的权威,书面文字把自己强加于每个识字人的身上:就像一个暴君奴役虔诚的臣民一样。如今,我们已经完全丧失了自己的口头传统,根本意识不到这个暴君无所不在地征收苛捐杂税,我们的生活、思维、信仰,我们的敬重之情,都离不开书面文字,让我们忘却了世间存在的其它一切可能,我们所有的人不经意间成了阅读的附庸。

然而,多数人一致认为,我们付出了小小的代价,换来的却是生命中最伟大的奇迹,也就是人类对时空的驾驭。历史上已知的所有语言和文化唯有通过阅读才得以延续,进而以阅读这种方式继续参与人类的戏剧性活动。所有的语言,如苏美尔语、埃及语、阿卡德语、波斯语、梵语、古汉语、希腊语、希伯来语、拉丁语、古阿拉伯语以及其它几百种语言,都能证明人类共同经历的荣光和艰辛。

　　这种"不朽的证明"历经千年,最终演变成人类自己的声音。

上图为一尊石棺浮雕，公元 270 年后不久雕刻而成。描绘的是一位哲人正在阅读卷轴的情景。他也许就是曾在亚历山大城接受过熏陶的普罗提诺。

第二章　莎草纸之舌

餐时，我当着妻子和朋友的面，捧起一本书诵读。餐后，我们
一起欣赏喜剧，或者听人弹奏竖琴。之余，我们一起散步，其
中不乏博学的朋友。傍晚，大家谈天说地，不拘一格。即使是
最长的一天，也过得很快，饶有兴味。[1]

古罗马作家兼行政官小普林尼（Pliny the Younger）（公元 62—
113 年）尤以书信浩繁而著称。阅读至少在古罗马享有一定地位，至少
颇受贵族精英的青睐，小普林尼对此十分赞赏，因为几乎整个古典时期
的多数非重要的阅读都是娱乐和公告类的，并且通常都是由受过技艺
训练的仆从或奴隶朗读的。正如传记作家苏埃托尼乌斯（公元 75—
150 年）所述，奥古斯都大帝（公元前 63—公元 14 年）夜不成寐时，经常
会把读书人或讲故事的人召进宫。

　　古典时期，希腊教育的终极目标与其说是获取知识，倒不如说是培
养口才。古风时期之后，希腊人和罗马人开始广泛使用书面文字，但在
日常生活中仍然以使用口头文字为主。他们口授信函，听人背诵，听新
鲜事儿，或聆听奴隶阅读文学作品和来往信函，由此可见，主导古代地
中海社会的是口头话语，而不是书面文字。随着书写的骤然增多，不同
级别、不同阶层的罗马人和希腊人才开始手捧莎草纸书卷（蜡板）阅读
了起来。

　　也就是说,甚至连主人也都开始朗读起了莎草纸上的话语。

　　当然,绝大多数希腊人和罗马人一生很少或者根本没有接触过
46　阅读和写作,即便是间接的接触,也不曾有过。[2] 频繁接触阅读和写作
的贵族一般都喜欢让别人做这样的事情。由于他们没有阅读的积极
性,所以他们的阅读能力尚停留在初级水平。正如希腊历史学家狄
奥多罗斯·西库鲁斯(卒于公元前 21 年之后)所言,从希腊、罗马历
史伊始,居于统治地位的精英阶层每天都会接触阅读和写作,最终确
已达到了普及的程度,他们追求的只是阅读赋予的"崇高无上的感
觉"。然而,"读写之普及"仅仅是间接的,是在极少数人当中实现的,
也就是说,是在识字的奴隶当中实现的,因为是他们为其近乎半文盲
的贵族主子阅读。

　　美索不达米亚的完全书写臻至完善之后的三千年里出现了形形
色色的阅读材料。《死海古卷》(*Dead Sea Scrolls*)显示,中东孤立时
期的多数作品都是写在兽皮上的,尽管也曾使用黄金、白银、黄铜、青
铜一类材料书写过一些特殊文件。当今鲜见、古时多见的铭文以石
碑为书写材料,而日常阅读的绝大多数文本则是书写在蜡板上的,记
录了几乎所有的信函和日常生活细节,供人们诵读。板面耐磨性不
强,但凸起的边缘和坚硬的蜡面可保护里面的文字。即使是完整的
文学作品,也可用蜡板书写。尽管如此,书写材料中的佼佼者当数从
埃及引进的莎草纸。

　　在公元前的第二个千年里,希腊的克诺索斯、迈锡尼以及爱琴海
一带的其它中心城市也许就已经使用莎草纸,但这种习俗随后却逐
渐消失了。公元前 7 世纪前后,不计其数的希腊商贾把埃及的诺克
拉提斯(Naucratis)建成了繁华的希腊商业中心,莎草纸再次进入了
他们的日常生活。尽管如此,希腊将军兼历史学家色诺芬(公元前
431—前 355 年)创作《远征记》(*Anabasis*)之前,尚没有一位希腊作家
提及过莎草纸。直到公元前 4 世纪中期,海蜡斯(Hellas)当地的希腊
人才这样写道:看来"造价低廉的普通书写材料十分难得"[3]。早期的

希腊人有什么材料就用什么材料书写：陶瓷碎片、蜡板、各类兽皮、金箔、银箔、轻薄的铅纸，不一而足（事实上，铅纸是用来书写咒语的）。可是，阅读这些材料上的文字既不便捷，又不省力。因此，较长一点 47 的文学作品记载下来的寥寥无几。与以往一样，人们首先还得靠大脑来记忆。

　　莎草纸越来越为人们所熟悉，虽然作为书写材料依然价格不菲，但莎草纸的贸易却迅速发展了起来，从而促进了地中海东部沿岸的阅读和书写活动。埃及为希腊市场和后来的罗马市场提供了大量的莎草纸。这种需求使尼罗河流域形成了一个完备的造纸行业，支撑着数千家造纸作坊。最终，以交易莎草纸图书为主的书市在罗马发展了起来，随之出现了数十家出版商，雇用着成百上千的书记员和绘图员。即便如此，能买得起一本（卷）书的人还是寥寥无几。图书馆会购进一些书，要不然所有的书都会落到有钱的贵族手里。其实，书贵就贵在莎草纸上了：从埃及进口莎草纸的每个中间商都会加价。不过，既然莎草纸是交易的主要商品，就说明书籍和阅读在地中海沿岸乃至周边地区已司空见惯了。[4]

　　一张张莎草纸连装起来，就是一部书卷，阅读时得逐张打开才行。因此，出版长篇著作，至少在我们看来，是件相当"费劲"的事情。以荷马的《伊利亚特》为例，它可能是由互不相连的 24 部书卷组成，就如同 24 部独立的书一样。只是在很久以后，随着手抄本的出现，一部著作中的各卷才被重新理解为单一的"章节"。由于莎草纸书卷是依次按序排列的，就像今天的电脑屏幕翻页一样，所以阅读起来很不方便。由于古书的形制，读者自然而然会认为，阅读是有内在次序的一件事情。

　　然而，这种编排方式却特别适合有次序要求的口头阅读。正常连接的文本（无字词分隔，无标点，也无大小写之分）遵循的是自然语流。大声朗读便可把构成文本的各个特征解析出来，即意义视而难见，意义随声而生。尽管标点早已发明（由公元前 200 年拜占廷的阿里斯托芬

[Aristophane]发明），但主要是在意义不明的情形下使用，在公共场合可区分预期的语音和语调。在文本中可连贯使用的通用的标准化标点符号，大概在两千年以后或印刷术被传入西欧之后才流行起来。如今的标点符号几乎只传意而不发音，这种规则也只是在最近三百年里才确定的。

　　就早期的文本分隔方式而言，书记员往往是以句子和短语为单位书写的。哲罗姆（公元 347—420 年）从狄摩西尼（Demosthenes）和西塞罗的著作中发现了文本切分的方法，并且注意到文本切分"能使文章的意思更加明晰"。[5] 可见，哲罗姆是描述文本切分方法的第一人。运用此方法，可把文章分成若干意义连贯的单行，以便于读者的视觉识别。同时，可提示读者升高或降低声音，运用正确的语调表达意义。文本切分法的另一个优点是，它能使读者在浏览文本的同时轻而易举地检索内容，避免了古代文本经常连写给人带来的麻烦。

　　莎草纸书卷的贮存有两种方式：一种是把书卷放在单独的圆盒子里，每部书卷都插有一个单独的标签（埃及人用黏土标签；罗马人喜欢用莎草纸标签，后来用上了羊皮纸标签），每个盒子都按作者和相关主题分门别类。另一种是将书卷放置在开放的书架上，每一书卷的末端都贴有识别标签。到了公元 400 年，羊皮纸风行了起来，手抄书或装订书取代了莎草纸书卷。书卷摆放的方式，并不像我们今天这样，让书脊朝外，竖立放着，而是平放在书架上。

　　一旦学习阅读，就没有学不会的。纵观古代，专制统治者无法阻止人们识字读写，因而只能攻击其反对者或异己所阅读的书籍。正如美索不达米亚和埃及一样，欧洲最早的文学作品，不论是批评性的，还是颠覆性的，不论反省性的，还是纯粹哲理性的，都会让统治者怒火中烧。公元前 411 年，雅典人烧毁了早已亡故的希腊哲学家和数学家毕达哥拉斯（公元前 580 年—前 500 年）的著作。罗马大帝奥古斯都封杀了政治家兼诗人盖厄斯·科尔内留斯·加卢斯（公元前 69 年—前 26 年）和诗人奥维德（公元前 43 年—公元 17 年）的作品。加卢斯是罗马爱情挽歌的创始人，他宁肯自杀身亡也不愿离开罗马。奥维德是古罗马继贺拉斯之后备受推崇的诗人，曾被流放到托密（今天罗马尼亚的康斯坦萨），终身未获赦免。由于惧怕这些人名高盖主，卡利古拉大帝在位时期（公元 12—41 年；公元 37—41 年在位）颁布焚书令，将荷马的《伊利亚特》和《奥德赛》（是西方抄本最多的两本书）以及同时代的诗人维吉尔（公元前 70 年—前 19 年）和历史学家李维（公元前 59 年—公元12 年）这两位已故文学传奇人物的所有著作一焚而烬（不用说，这项法令无人理会）。公元 303 年，罗马大帝戴克里先（公元 245—313年）下令将所有的基督教书籍付之一炬，生怕这些东西会威胁到自己的皇权。

因为人们先是信奉具有地方色彩的宗教，之后才学习起了阅读技能，加之阅读与宗教庆典一直不搭界，所以阅读在形形色色的希腊和拉丁礼拜仪式中是无足轻重的。这些礼拜仪式毫不例外地使用口头语言，也从未有人将诸神说成或描写成阅读者。由于当时尚没有希腊或罗马"圣经"，因而很难找到像在朱迪亚地区发现的宙斯或朱庇特口述圣书的那些神话传说。（然而，意大利的埃特鲁斯坎人学会了希腊人的写作技能之后，便在艺术作品中把他们的神灵描绘成书记员或阅读者。）[6]

即便如此，书籍依然是博学的希腊人或罗马人最为珍视的财产，他们对书籍的钟爱不亚于对家庭、配偶或情侣的感情。

对于许多人来说，书籍甚至更为亲切，更为可爱。

希腊人

公元前 2000 年，音节书写从以四海为家的迦南人那里传到了爱琴海地区。从此，希腊人就开始了阅读。一千年之后，又借鉴了迦南人的后裔腓尼基人的辅音字母表。塞浦路斯的希腊文书记员因此受到激励，精心编制了一套完整的元音-辅音字母表（我们今天的写作方式[7]）。

起初,欧洲新的书写系统仅仅替代了烦琐含混的音节书写,主要用来在
兽皮上记账、记事、写短信。不久,出现了写在花瓶、金属、陶瓷碎片和
其它物品上的文字,而且文本越来越长。出土于雅典古城西门附近的
迪皮隆酒坛(Dipylon Jug)(公元前 730 年)记录了最早用希腊字母刻
写的铭文:"赐给舞姿最优美的人。"可以确信,那些篇幅较长的文本,如
荷马的《伊利亚特》和《奥德赛》,也都是这一时期前后书写的,而且很可
能是写在兽皮上的,尽管现存的最古老的莎草纸残片仅源自公元前 3
世纪。

　　希腊语中的 anagignōskō 一词取"我读,我认识,我大声朗读"之
意,在爱奥尼亚的希腊语中指"我说服,我劝说(让别人做事)"之意。
可见,希腊语当时对阅读的核心定义仍然是表示演讲、辩论的口语交
际。公元前 7 世纪,当希腊法典被刻成碑文时,西方的书写出现了决
定性的转折,被赋予了新的社会地位。公共建筑上出现的成文法典
超越了口语体,所有识文懂字的人都可朗读,而且可与他人分享。尽
管如此,与美索不达米亚和埃及的碑文一样,希腊公共铭文的主要目
的也是让人能看得见,而不一定是供人诵读的。铭文本身代表的就
是权威。

　　无疑,公元前 600 年之前,能阅读的希腊人寥寥无几。到公元前 6
世纪,识字的人开始多了起来,书写广泛应用于公共生活或半公共生活
之中。具体言之,刻写和公示法规的做法逐渐形成了气候,随之出现了
刻字的铸币、黑色饰纹花瓶和其它相关的新花样[8]。有人一直断想,到
公元前 500 年,大多数雅典人能够读懂城市各处公示的法律条文[9],然
而,这种情形是不大可能的,因为古风时期的希腊还算不上一个读写社
会。确切的情况是这样的,从雅典的贝壳流放法(即以临时流放为形式
的惩罚,由公民把坏人的名字刻写在贝壳或陶瓷残片上投票决定)可以
看出,约 15% 的雅典成年男性公民至少从公元前 480 年起就有了半识
字或稍高的文化程度,因为其中的许多人显然具有满足自身需要的书
写能力。从这一点可以看出,大约 5% 或更多的雅典成人,包括妇女和

奴隶在内,是识文懂字的。也就是说,20人当中就可能有一个具备了一定的读写能力,只是程度不同而已。

也就是在这一时期,由于阅读和书写的缘故,希腊神话史诗在公 51
众意识中开始分化为历史叙事体和"小说"体[10](一个全新的概念)两大类别。早在公元前700年前后,希腊诗人赫西俄德就尝试过以合理的时序编排传统神话的做法,与当时人们对时空概念和人类认知的时空定位的新认识是契合的。到公元前5世纪,阅读不再是统治者确证其权力的专行,而是正在迅速成为人们获取信息的一种"流行"工具。历史学家和政治家修昔底德(公元前460—前395年)在编纂编年史的过程中甚至宁信书面文献,而不信口头传说,从而创立了历史编纂学。[11]

这标志着人们认知阅读固有功能的范式发生了转变。至此,人们认识到,书面形式可以获取和保存许多文本,这是口头形式在某种程度上难以企及的。阅读可以让人在视觉上"成为"一个文本;博览群书甚至可以让人成为一个储藏众多作品的"活生生的图书馆"。直到公元前5世纪末,诗人依然崇奉缪斯女神,但当时的文法学家却掌握了希腊语,因而懂得如何阅读和阐释书面文本。哲学家柏拉图(公元前427—前347年)是苏格拉底(公元前470—前399年)的学生,也是亚里士多德(公元前384—前322年)的老师。正是在这位哲人的有生之年,希腊语的发展十分迅速,人们首次可以用语言充分表达抽象概念。[12]柏拉图对雅典社会所发生的一切了然于心,并把当时的革命性变化载入其著名的《费德鲁斯》(Phaedrus)对话之中。

下面这个引人入胜的故事发生在公元前5世纪末。青年费德鲁斯欲想给苏格拉底展示他具有把一个人"变成"一部文学作品的新本领。于是,他背诵了雷西亚斯(Lycias)写的一部关于情侣责任的作品(当时最受欢迎的一个主题),以期自己的背诵能给苏格拉底留下一些印象。然而,苏格拉底误以为费德鲁斯是把作品藏在长袍之下才背诵下来的,就要求这个年轻人诵读原文。同时,还告诫他说,"雷西亚斯本人在

场[13],我是不会让你当着我的面练你的口才的!"雷西亚斯的作品不仅
52 讲爱情,而且还讲写作艺术,鉴于此,苏格拉底作了如下的解释:

> 费德鲁斯,你可知道,写作之奇异,足以与绘画相比拟。画家
> 的作品呈现在我们面前,似生灵活现的东西,可是如果你探问
> 它们,它们却会保持沉默,摆出一副庄严的样子。书面文字与
> 此同理:它们似乎在和你说话,俨然才智不凡。可是如果你要
> 问它们说的是什么,而且期望得到答案,它们会一如既往地重
> 复着同样的话。可是一件事一旦被写了下来,不论什么内容,
> 都会到处流传的,既会传到能看懂的人的手里,同样也会传到
> 与它无关的人手里。文字本身并不知道如何与正直的人说
> 话,也不知道如何不与邪恶的人说话。文字如果遭遇虐待或
> 滥用,往往需要仰仗其父母[作者]的帮助,因为文字没有自卫
> 或自救的能力[14]。

　　苏格拉底认为,构成学习障碍的实际上是书籍(客体本身)而并非
其内容。在他看来,一个文本只能有一种"恰当"的解释。这种解释是
受过智能训练的人士共享的,而且唯有通过口传方式才可得以交流。
写作失去的东西太多,唯有声音才能表达"唯一正确"的释义。苏格拉
底一再主张,文本的解释是口头的,具有一维性;在未来数十年里,解释
文本的读者才会逐步由一维性向多维性转变。可见,苏格拉底并不认
可此次的阅读革命,继而一如既往地坚持口头传统,断然漠视一切形式
的写作。

　　正如有人曾断言的那样,苏格拉底的立场既非对阅读的责难,也非
对口语社会的绝对支持。他的批评主要针对的是,当时的希腊文书面
文字不足以再现希腊文的发声言语,尤其不能充分再现希腊文口语体
的重音音调特征。苏格拉底观点是正确的:他那个时代早期的写作,粗
制滥造,任凭歧义滋生,有碍交际。

　　自从有了书写的言语，读者就必须对文本进行阐释，或捕捉作者的意图，或理解新的东西。这种创造性的开放式阅读在口语社会是不存在的，因为意义在口语社会是即时的。口语体具有清晰度，有助于定义真理，苏格拉底因此希望书面文本的作者能保持这种风格。他坚持认为，"它［真理］写在听者的心上，让他能懂得真、善、美"。真理是听到的，而不是读到的。然而，保持口语体则意味着否认阅读潜在的多维性，而阅读的多维性不久之后却改变了整个西方社会。

　　苏格拉底的学生、传记作家柏拉图支持老师的观点。他拒绝接受书面化的哲学，甚至倡导采取立法手段来控制口头诗歌。然而，正如后来的许多人指出的那样，柏拉图却正是运用写作这个手段才维护了自己的事业。因此，许多人一直都认为，柏拉图只不过是以阐释或解释为方式提出"正确"使用写作的呼吁而已[15]。柏拉图的许多著作证明，有意识地使用写作这种媒介有助于思想本身的磨练和形成。写作是西方世界的新生事物，写作是全然超越口头言语行为能力的一种东西。如果说苏格拉底曾完全跻身于口语的世界，那么他的学生柏拉图则是一个戴着面具的十足的读者和作者。

　　纵然如此，柏拉图的理想国仍不会接纳诗人，反映了西方社会对虚构的文学作品普遍持有的不信任态度，这种情形当今依然存在。人们害怕虚构的东西，因为它代表的是无拘无束、无所不能的思想。显而易见，知识是以公众利益为导向的某种东西，而虚构的文学作品则缺乏这样的导向力量，因此总会引发怀疑和谴责。

　　事实上，在苏格拉底和柏拉图生活的那个年代，雅典几乎没有书写文本。人们尚没有认识到写作作为一种社会工具所具有的全部潜能。公元前5世纪，雅典出现了最早的书市，但个人阅读（莎草纸书卷）到公元前4世纪，也就是柏拉图的学生亚里士多德（苏格拉底死后15年出生）生活的那个时代似乎才相对"普及"了起来。与苏格拉底及其同时代的人相比，亚里士多德是个酷爱读书之人，甚至还为自己积累了一座图书馆，可以专门研究学问。

公元前 5 世纪至公元前 4 世纪是口头传统到书写传统的转折时
54 期（并非指由口语社会向读写社会转折，读写社会形态是近些年的一
种现象）。当苏格拉底的学生柏拉图和色诺芬用写作来保存老师的
口头教谕（也包括他排斥写作的有关教导）的时候，希波克拉底（公元
前 466—前 377 年）等新一代哲学家和内科医生也用同样的方式传播
新知识，这是传统的口头方式所不及的。此举适时引发了人们对书
面文本的创造性阐释，拓展了人类已有知识的潜能。譬如，希腊内科
医生、解剖学家、社会心理学家盖仑（公元 130—200 年）谈到希波克
拉底时曾这样写道，"我会解释［他的］那些晦涩难懂的知识，然后把
我自己的一些知识补充进去。我的知识是用他记录下来的那些方法
获得的"。[16]这才是阅读的本质所在，即理解文本，学习文本，然后构
建新文本。

到了公元前 4 世纪，西方社会对阅读和写作开始有了全新的认识。
雅典剧作家米南德（公元前 342—前 292 年）甚至坚持认为："阅读的人
领悟力倍增。"[17]当时，人们通常认为，书面文字不仅与口头文字同等重
要，而且甚至胜于口头文字。到公元前 4 世纪初，"希腊诸城市都有一
些居民往往花大量的时间阅读书面文本，写作活动影响了许多人的生
活"[18]。

从亚历山大大帝（公元前 323 年）到克娄帕特拉女王（公元前 30
年）驾崩，马其顿王朝的托勒密诸君（Ptolemies）一直统治着埃及，并鼓
励希腊城邦之间的贸易往来。希腊的海腊斯地区也主要因为有莎草
纸，写作之事才一度繁荣。莎草纸出现之前，伟大的文学作品通常都是
写在一张皮纸上才保存了下来。例如，亚里士多德的作品曾以书卷的
形式存于山洞。多亏一位爱书的人有先见之明，买了下来，才替后人挽
救了这些作品。否则，恐怕早就永远消失了。仅在公元前 4 世纪之后，
亚历山大（Alexanderia）的诸托勒密让希腊大规模进口莎草纸，文学在
该国才繁荣了起来，一部作品有了多个副本，供私人和公共图书馆收
藏，的确形成了一种书写文化。早期的书市兴起于公元前 5 世纪的雅

典，随着莎草纸的普及，兴盛于公元前 3 世纪。换言之，亚历山大大帝接管埃及，施行马其顿人的希腊式管理，不仅为欧洲的贸易开辟了北非 55 市场，而且依托莎草纸催生了书写文字的力量，加速了西方书写文化的形成，并产生了广泛的影响[19]。

　　到公元前 4 世纪末，由口头传播的社会知识已经决定性地转变成了书面传播。尤为重要的是，写作不仅仅记录和保存知识，而是使知识合法化、有效化。人们用写作这种具体的方式保存诗歌或教谕，使之广为传播，确立权威地位。阅读不再是简单的辅助记忆工具，而是传递、阐释和创造信息的自主途径。直到公元前 4 世纪后期，希腊人才开始像埃及人、黎凡特人、波斯人以及其他民族一样轻松有效地使用文字。即使在当时（罗马人后来亦如此），口头声明与书面文字就多数程序而言仍然被认为是具有同等效力的。

　　因此，希腊化时期的希腊人，尤其是埃及的统治者，就官僚机构如何使用读写曾做过详尽的安排，其详尽程度远远超过了之前的几个世纪。[20] 书面文字把所有的城邦连接了起来。更为重要的是，基础教育给社会注入了活力，至少有少数城邦得益于私人慈善家的资助，使自由男孩（和一些地方的自由女孩）可以到公立学校学习希腊语阅读和写作。

　　男孩和女孩都能接受义务教育是柏拉图理想国[21]的部分体现。然而，哲学家泰奥弗拉斯托斯（公元前 372—前 287 年）却背道而驰，认为女性只需学习家庭的基本职责，高级学习通常会把女性"变成懒惰、爱争吵的长舌妇"。事实上，希腊的娼妓和许多女奴完全可能识字，[22] 而典型的女贵族，也就是经常让女奴为自己诵读的那些女贵族，却不识字。早期的希腊文学校教育的男生总是多于女生。

　　学生 7 岁开始上学，14 岁毕业。[23] 阅读教学采用的是分析法，进展比较缓慢。首先学希腊字母，从 alpha［阿尔法］学到 omega［欧米伽］；然后倒着再学；再然后从两头同时学起：从 alpha-omega，beta-psi 学到最后的 mu-nu；之后是多音节操练；再下来是学习一个、两个到三个音

节的整词;最后学习词汇,其中包括难以阅读和发音的低频词汇(如技
术和医学术语)。数年之后,学生开始阅读连在一起的文本(首先是背
诵),文本选自名篇专集,内容为道德训诫:通常是荷马、欧里庇得斯和
其他个别人的。背诵如阅读一样重要,因为所谓阅读就是朗读。形式
修辞是一门以阅读为基础的高级课程。古希腊的教学十分严密,繁文
缛节,令人窒息。真正的启迪可能源自别处,一位好老师借给的书籍,
一位朋友的莎草纸专集,一位尊敬的长者动人的演说辞,都可给人启
迪。

　　私人教师教育的是有钱有势人家的子弟。比如,据《亚历山大大帝
传记》的作者、希腊哲学家普鲁塔克(公元 46—120 年)称,在亚里士多
德的教导下,亚历山大大帝最终成长为"一个酷爱各类学识的人"。[24]无
论走到哪里,他总是随身携带着荷马的《伊利亚特》和《奥德赛》两部书
卷。公元前 323 年,在巴比伦逝世的时候,他的手中还紧握着《伊利亚
特》的一个卷本。(与后世之人断气时手中依然拿着《圣经》或《古兰
经》的情形类似。)这些轶事证明,人们对书面文字越来越敬重,书面文
字早已成为涉及个人的、意义深远的东西。荷马的著作首先是古时的
"一个训练场域,新一代希腊人承袭了上一代人的品性"。[25](维吉尔的
史诗《埃涅阿斯纪》后来也以类似的方式塑造了罗马人的性格。)古时,
人们对这些作品,尤其是荷马的著作十分敬重,其敬重程度是今天的我
们难以体会到的。

　　已知最早的公共阅读始于希腊人。早在公元前 5 世纪,"希腊历史
之父"希罗多德(公元前 485—前 425 年),没有按照当时的习俗跋山涉
水从一个城市到另一个城市诵读自己的作品,而是在奥林匹克节日上
把作品呈现给聚集在一起的希腊人。从中我们一定可以认识到,希腊
和罗马的早期公共阅读依然保持着口头文学和书面文学之间的密切联
系,作者在一个小团体内诵读自己的作品,团体的每个人对他的作品也
十分熟悉。每个人既是读者,又是背诵者。他们借助音调、节奏、感情、
手势等诸多方式会给已有的某种解释留下一个权威的印记,同时,也会

剥夺书面文本所蕴涵的丰富的潜在意义。

公共阅读总是以听读文本为主，具有娱乐的性质。文本的内容并不是听众所直接关注的。一般而言，听众只关注表演者本人，包括他的声音、激情、外貌和气质。那是一个演讲的世界，也是一个口头表演的世界，采用的评价标准与我们今天所了解的"阅读"标准全然不同。写文章的人既是作者，又是读者。他是文本的化身，也时刻会替被动的听众考虑。

古时的医生甚至会开出"阅读"处方，让病人调养心神。当然，这类处方几乎全是要求病人听别人"阅读"的。不少希腊人（以及后来的罗马人）都养着一个受过专门训练的奴隶或男（女）自由民，他或她的唯一职责就是为主人朗读。要按节奏或韵律正确朗读诗歌和散文（两个不同的文体域），就一定得上学接受专门训练。文本的韵律、语音等特征与文本的内容同等重要。

到公元前 3 世纪，在亚历山大这个官僚化程度高、组织与管理有序、以希腊人为主体的社会里，写作在可以想象到的每一种社会活动中都发挥着作用，如销售啤酒、经营澡堂、承担粉刷工作、买卖烤制的扁豆等。[26]譬如，财政部长阿波罗尼乌斯（Apollonius）仅 33 天就收到了需要审阅的 434 份莎草纸文卷。由此可见，莎草纸贸易最早给书面文字赋予活力的地方才会有世界古代史上最伟大的文字殿堂：亚历山大图书馆（Library of Alexandria），[27]应该是不足为奇的。该图书馆后来非常驰名，以至于在残毁之后的一百五十年，诺克拉提斯（Naucratis）的阿特纳奥斯（Athnaeus）还这样写道："而且书籍的数量、图书馆的建设以及缪斯神殿（Hall of the Muses）的收藏，这一切早已深入所有人的记忆之中。就此我还有必要再说吗？"[28]在他看来，他的读者对相关基本知识是了解的。

亚历山大图书馆始建于亚历山大的继承人马其顿人托勒密一世（Ptolemy I Soter）（公元前 323—前 285 年在位）统治希腊时期。图书馆可能是城市博物馆的一座附属建筑。最初，莎草纸书卷只是存放在 58

凹室的书架上,凹室沿一个宽阔带顶的通道逐一排列。每个凹室可能按作者分类,有明显的标志。接着,每个书架一定会按副标题再分类。图书馆的目的是囊括人类的全部知识,以期代表人类对已知世界的记忆。甚至连亚里士多德自己的藏书也被及时安全地送到了亚历山大。

据称,到托勒密三世(Ptolemy I Euergetes)统治时期(公元前246—前221年),尚没有一个人能读完图书馆的藏书。经过了一百五十年,馆藏的莎草纸书约为50万部。此外,还有4万部被收藏在塞拉皮斯圣庙(Temple of Serapis)的库房里。馆藏的文学作品数量在亚历山大居于首位。

亚历山大图书馆何以如此庞大?其原因是,因为它是纳入制度的国有财产,享有皇家的资助。停泊在世界主要港口之一的亚历山大港的每艘船只必须交出携带的所有书卷供誊抄之用。在埃及的希腊使者也从别的希腊文图书馆借来书卷供人誊抄。有的图书馆被整体收购,有的遗赠给了后人。许多希腊人把自己的书卷交给图书馆,还有的人把书卷借给别人誊抄。一些骗子甚至向图书馆官员出售假冒的亚里士多德的论文(几个世纪之后才证明是赝品)。

如此浩瀚的图书馆的一大缺点是,没有超常的记忆力,谁也不能找到自己需要的东西,因为当时尚无有效的图书分类体系。北非出生的昔兰尼(Cyrene)人卡利马科斯(Callimachus)(公元前305—前240年)既是老师,又是作家、诗人和警句家。他正是在亚历山大图书馆,也就是他后来工作的地方,设计了世界上已知最早的一套合理的图书分类体系。卡利马科斯倡导清晰简明的写作风格,在罗得斯(Rhodes)人阿波罗尼乌斯(Appolonius)馆长(他的对手和劲敌)的带领下以全新的理念开展工作。与当时的希腊学者一样,他把图书馆视为全世界之楷模。

59　　分类完成之时,仅图书馆的目录就多达120部书卷(卡利马科斯到死也未能看到这样的结果)。藏书按主题被分为八类:戏剧、讲演、抒情诗、立法、医学、历史、哲学以及"其它"(值得注意的是,中世纪最重要的神学没有单列类别)。冗长的文本被抄写成若干短小的"卷本",以便读者轻松地阅读单个较小的莎草纸书卷。富有创新的是,书是按希腊字母顺序(alpha,beta,gamma,delta 等等)编目的。尽管希腊字母早已为人所知,但是用它编排如此庞大的书目尚属首次。

　　唯有此时,无论何处,图书馆已不仅仅是莎草纸书卷的库房,而是一个系统化的信息中心。人们早已认为,信息的可及性与信息本身同等重要。事实上,两者只有相互协调,才会产生最佳效果。如此一来,亚历山大图书馆成了地中海一带以书面文字为基础的一流学术中心。后来的所有图书馆都沿袭了亚历山大图书馆的模式。(今天亦然,只是有所改进罢了。)

　　此时出现了"小说"这种全新的文学体裁,从此开始征服世界数千年。完整保存下来的最早的一部小说大概出自公元 2 世纪,开头这样写道:"我是阿弗罗迪斯亚斯(Aphrodisias)人,名叫查理顿(Chariton),是阿忒纳哥拉斯(Athenagoras)律师的书记员。我给你讲述一个发生在锡拉库扎(Syracuse)的爱情故事……"此举开启了伟大的爱情故事时代,这类故事也就是后来为人所知的 *romance*(浪漫故事)(源自古法语 romanz,指"用民间语言创作的作品")。与今天的许多流行作品一样,古希腊小说宣扬冒险与爱情。一对出身名门的情侣,饱受不幸和别离之苦,却始终相信神明,相信自己,恪守爱的承诺,终于团聚相见,从此过上了幸福的生活。[29] 又如,朗戈斯(Longus)的小说《达夫尼斯和赫洛亚》(*Daphnis and Chloe*)大概出自公元 3 世纪前半叶,两个年轻爱侣为了实现真正的爱情而孜孜以求,他们的爱情故事如田园诗一般,让几个世纪的读者感动不已。(罗马贵族也喜爱小说,尤其是希腊文小说。)从现存的少量残片来判断,早期的希腊小说绝不是一种非常流行的文学体裁,显然只能算作消遣读物,主要目的是娱乐,语言十分讲究,面向的读者是受过教育的女性。(另一方面,男人似乎更喜欢史诗和戏剧,即战争和英雄题材。)这类小说在公元 6 世纪到 8 世纪失去了昔日的光华，到了公元 9 世纪至 11 世纪，拜占廷的学者重新恢复了它的风采，从而对阿拉伯、西班牙以及当时的泛欧洲读者产生了极大影响。

　　与某些历史学家的断言不同的是，阅读并没有给希腊人带来民主，也没有让他们学会理论科学或形式逻辑。换言之，阅读本身并没有改变人们的思维方式，然而，它的确激励了更多的人写出自己的所想，同时，也为上述预想或类似的设想扎根、发芽和茁壮成长提供了机遇。[30]

犹太人

　　早在公元前 7 世纪，中东的犹太人就在希腊人的引领下，成为第一批崇尚文化阅读并从中受益的民族。然而，与希腊人不同的是，他们赋予阅读这一活动以神圣的色彩。

　　先前的巴比伦人和亚述人极度敬重法术文本，因为这些文本包含有用的指示，有助于他们理解超自然力量，并利用超自然力量为个人的健康、财富或权势服务。这种敬重却从未引发人们对书面文字本身的敬重，换言之，这种敬重也从未引发人们对写作及其材料的崇奉。黎凡特地区的犹太人开启了崇奉书面文字的先河，从而为阅读开拓了一个全新的视角。[31]

　　事实上，书面文字成了犹太人身份的根本所在。继信仰上帝之后，学习（阅读和阐释"神圣"文本）就成了犹太人的另一职责。（但不允许乃至屡屡禁止犹太妇女阅读和写作，直到最近亦如此。）阅读和争论被视为理解神明的途径。唱赞美诗是古代中东地区常见的一种祷告形式，演变为一种完全基于书面文本的礼拜仪式。阅读神圣文本这种活动已是崇奉神明或者直接传达圣约的部分体现。这种新观念诞生于希伯来人的礼拜仪式，对信奉基督教的希腊人和罗马人也有所启迪。通过礼拜仪式，他们把阅读神圣文本这种做法以及有关书面文字的新观念传播到整个西方世界。犹太人对书面文字的赞美，是基督教创立的基础，也是基督教得以迅速传播的手段。当时，阅读甚至早已超越了教会的权威。

阅读已演化为神谕（the Word of God）。

新近有人提出，圣经中有关以色列的"起源和历史"的记载可追溯到约西亚王（King Josiah）统治时期（公元前 639—前 609 年），[32]这一观点与希伯来和阿拉米文献中有关黎凡特分化细节的描述十分吻合。约西亚王室再次规定，要以耶路撒冷圣殿（Temple of Jerusalem）为中心绝对信奉犹太人之神明。不过，约西亚王更宏伟的目标是把他的统治拓展到整个犹太地区和先前的北部王国。要实现这一目标，就需要从文学的角度创作一篇描述犹太人历史的连贯性叙事文本，以此作为清晰传达上帝意旨的工具。

如果上述解释正确的话，那么就意味着《摩西五经》（*Pentateuch*）（又称《托拉》或《旧约全书》首五卷）和所有关于《希伯来圣经》（*Hebrew Bible*）的史书无疑都是基于政治目的虚构的，都是在有关事件发生相当一段时间之后才编撰的。这些故事旨在用神秘的历史武装约西亚王现在的臣民和未来的臣民，培养民族的"犹太国"（Jewdom）意识，建立"犹太国"独有的神学。"巴比伦之囚"（Babylonian Exile）（公元前 597/586—前 538 年）事件期间，也就是犹太人以史无前例的方式借用阿拉米语书写形式表达希伯来语的时候，犹太人最终形成了一种成熟的民族意识。这种意识形成的时间或者会更晚一些，也可能形成于犹太（Judah）王国成为犹大（也译为"犹地亚"）（Judaea）之后的希腊化时期（Hellenistic period）。

写作即"神谕"的观念应是晚些时候才提出的，因为腓尼基人（Phoenician）和希腊人的簿记和管理记录几乎全是源自早期的希伯来书记员对原始做法的理解。至少在这个新兴"国家"早期历史的大部分时期，犹太人从未有过任何书写行为。只是到了公元前 9 世纪前后才出现了第一通用古希伯来文刻写的碑文，使用的是腓尼基语字母。从此,犹太人开始频繁使用书写文字,但主要用于簿记、管理、税收等领域,书写碑文或丧葬铭文的情况依然鲜见,人们对书写功能的了解也仅限于此。当时尚没有成文法,因为希伯来的法律是习惯法(也称"不成文法"),唯有经过城镇的长老口述才会产生效力。

同古代的其它语言一样,希伯来语中的"阅读"(qara')一词是多义的,除了强调阅读的基本意义即"诵读书面文本"之外,还包含"召唤、号召、背诵、宣告"等附加意义。尚没有一个单词能像英语中的"read"[阅读]一样涵盖这一活动的独特性,因为许多世纪以来这种独特性还没有得到普遍认同。

从书记员记录的账目到"为神明铭刻的碑文"不是一次飞跃,而是人类想象力的一次真正超越。耶和华要希伯来人制作约柜(Ark of the Covenant),把精心刻写的"摩西十诫"(Tables of the Law)珍藏起来,上帝的这一诫命目前可见于《申命记》(Deuteronomy)。《申命记》显然成书于公元前 7 世纪晚期,当时,犹太人在梳理一整馆的口头传说的同时,也在塑造自己的民族身份。馆藏的口头传说源自若干个时代,题材广泛多样,但往往自相矛盾。

上述说法有些混沌,但富于启发,为《旧约全书》或《希伯来圣经》的多次修订和再版提供了不少借鉴。其中最古老的是口头诗歌,如《雅歌》(Song of Songs)。《雅歌》再现了公元前第二个千年后期典型的世俗爱情诗歌或具有异域情调的诗歌。类似的古老文本还有历史事件记载,最初可能是用腓尼基文(后来用古希伯来文)写的,以此作为希伯来早期王权兴起的见证。

有关希伯来传说的许多书面文本曾竞相争艳:有证据表明,小的文学争论在远古时期一直都很活跃。然而,写作却尚未真正被"神圣化"。当所有的世俗势力在公元前 6 世纪瓦解时,宗教势力填补了这一社会真空,仿效巴比伦人的风俗习惯乃至书写文字。当时,巴比伦人讲阿拉米语,是社会的主流。正是在"巴比伦之囚"事件期间,耶路撒冷朝圣的礼拜仪式才被记录下来,祭司法典(priestly code)也才被正式修订。

此举一直延续到"巴比伦之囚"事件之后，直到公元前 5 世纪出现了相当权威的《摩西五经》或《旧约全书》版本。

就在"巴比伦之囚"事件发生之前，约西亚王似乎已开启了犹太人崇拜写作的先河。他率先推出传统写作的创新用法，获得了更大的政治权力。他颁布法令，宣称耶路撒冷圣殿是耶和华的唯一圣地。与此同时，约西亚王的一位大臣突然在圣殿里发现了（公元前 622 年）《申命记》的卷本，后来成为《旧约全书》的一部分，其中包含有关犹太人及其义务和责任的律法。此外，也记载了摩西的话语。据称，摩西曾说："我说的话，你们不应添加，也不应删减。我要你们按照上帝的旨意去践行。"

约西亚王把他的臣民聚集在一起，大声朗读"新发现"的文本，并说服他们与上帝订立新约。从此，写作开始经历了一个持久的神圣化过程，这是前所未有的。写作新近的商业化，文字的大众化，黎凡特和爱琴海地区的人们对书面文字的文化潜势的新认识，这一切才是当时写作神圣化的原因所在。

正如"简约主义"学者所暗示的那样，希伯来文到公元前 5 世纪才得以强化，如此晚的时间定位，从最经济的角度来看，也的确与当地出现的初级"读写"社会的已知历史相适应。当然，基于《托拉》（又称《托拉律法书》或《旧约全书》首五卷）的传统希伯来史总是把崇奉写作的时间定位在公元前第二个千年晚期。据称，当时摩西在西奈山上接受了《十诫》，也就是精心刻写在石碑上的《摩西十诫》（《出埃及记》，Exodus XIX-XX）。然而，这种说法却令人难以置信，因为犹太人也许没这么早就掌握了写作。如果说这种崇拜只会出现在公元前第一个千年的中期，并且与地中海地区形成的半读写社会处于同一时间，那才似乎更合乎情理。 64

随着写作的神圣化，书也成了一种隐喻。犹太人崇拜书面文字，谱写了一部新的民族史，也塑造了犹太民族的身份。正是在这种势头下，公元前 593 年，也就是尼布甲尼撒二世（Nebuchadnezzar）首次攻打耶路撒冷之后第三年,预言家以西结(Ezekiel)以耶和华之谕登上尼布甲尼撒二世的战车,告诫他说(《以西结书》Ⅱ,8—10):"张开你的嘴,吃我给你的东西,/我看着,瞧呀！一只手向我伸来,嗨,你瞧！手中是一书卷;/他在我面前把书摊开,书里书外都有文字,有哀号、有叹息,还有悲痛。"以西结生于牧师家族,谙熟腓尼基和阿拉米文学。他通常通过预言宣扬犹太律法典籍,最终描写的是耶路撒冷得以修复、新提倡的一神论这一"传统"信仰得以兑现的愿景。事实上,在他预言七年之后,也就是公元前586年,耶路撒冷被灭亡了,所有的犹太人被掳到了巴比伦。

　　"巴比伦之囚"事件之后,犹太人在以四海为家的巴比伦人的影响下,对阿拉米文字产生了新的理解和敬仰之情。此时,所有的犹太人都讲阿拉米语,阿拉米语正在成为强大的波斯帝国(公元前330—公元550年)的通用语。书记员们用阿拉米语编辑古老的希伯来传说和文本,转瞬间赋予了社会以新的意义。在犹太教徒聚会的场合,书记员们开始阅读并评述正在编辑的《托拉》(即《摩西五经》或《圣经·旧约全书》首五卷),后来成为传统的犹太教义的主体。书记员既是律法的重要阐释者,也是经文、述评和译文的编纂者,还是耶和华的代言人。他们也是犹太教的重要读者。

　　也正是从巴比伦返回犹大王国之后,犹太人才开始撰写圣书。这足以反映这一地区(即正在形成的犹大)的希腊化过程。当时,希腊的语言、文化和习俗与犹太人的新信仰在诸多方面产生了共鸣。《旧约全书》首五卷的传统书名分别是《创世记》(Genesis)、《出埃及记》(Exodus)、《利未记》(Leviticus)、《民数记》(Numbers)和《申命记》(Deuteronomy),源语主要是希腊语和拉丁语,足见这些经书编辑或校勘的日期较晚。

　　尽管如此,几乎所有的犹太人在远古时期都目不识丁,至少不懂希伯来语和阿拉米语。(但是,基于商业原因,许多人经常读写希腊语。)就诵读经文而言,多数人依靠庙宇的书记员或他们自己超凡的记忆。

只是在罗马皇帝韦斯巴芗(公元 69—70 年)统治时期才出现《圣经》的正本,一系列经文才被看作是"真经"最终确定下来。不久,在罗马犹地亚成为罗马巴勒斯坦的时候,《密西拿》(Mishnah)或被认可的《律法书》评注才以书面形式写了下来。当时,阅读主要集中在《希伯来圣经》前五卷。称之为《塔木德经》(Talmud)的口头述评和书面注释是用希伯来文(和阿拉米文)后来的变体记录下来的。在公元 4 世纪或 5 世纪,《塔木德经》(犹太宗法的起源,包括《密西拿》和《革马拉》)有了权威的书面文本,同期,罗马帝国也正在编纂成文法典。

《塔木德经》的信仰者认为,《希伯来圣经》蕴含丰富的意义,不断钻研此书是他们人生的主要目的。《密西拿》是一部探讨经文深层涵义的权威性文集,声称上帝在西奈山给摩西传授的《托拉》既有书面形式,也有口头形式。摩西于此苦心研究过 40 天,白天读经文,晚上思注释。在民族神话中,《托拉》不仅是一部完美的巨著(如同中世纪基督教徒心中的《圣经》和穆斯林心中的《古兰经》一样),而且还是一部颇具开放性的启示录:社会变革时总能从中学到有用的东西。换言之,文本必须同时兼备原始性(权威性)和可解释性(创造性),后者是对前者的无穷补充,从而使前者得以永存。

这种观念到文艺复兴时也被西欧所借鉴。

犹太人对书面文字的崇拜在以后的几个世纪走向了极端。比如,公元 6 世纪的《创造之书》(Sefer Yezirah)是现存的希伯来最早的四边形文本,融思维的系统性和推理性为一体,讲述的是上帝创造的世界有 32 个神秘的"智慧路径",由 10 个数字和 22 个字母组成。[33]宇宙的三个层面,即物质世界、时间和人,是"智慧路径"的直接产物。所有的创造之物都可视为一部由数字和字母构成的书。如果我们人类能"正确"解读这些数字和字母,按上帝的启示破解它们的组合,就同样可以创造生命。的确,哈纳尼(Hanani)和霍西亚(Hoshaiah)这两位《塔木德经》学者研读了《创造之书》之后,正如中世纪犹太人的一个传说中所述的那样,居然造出了一头三岁的小牛,可供他们食用一周。[34]

罗马人

意大利的埃特鲁斯坎人（Etrucans）从邻近的新殖民地希腊得到启发，首次使用希腊表音文字书写本民族的独特语言，然而，却始终未能发展起来一个读写社会，即使是初级水平的，也未能达到。他们的书写主要限于丧葬铭文、法律契约以及物品标记，或者也用于簿记和行政事务。在公元前的第一个千年里，如此限制使用书写的做法似乎对意大利半岛上源于埃特鲁斯坎文字的其它文字产生了影响，诸如利古里亚人（Ligurians）、勒蓬廷人（Lepontines）、雷蒂亚人（Rhaetians）、甘利诗亚斯人（Gallicians）、威尼斯人（Venetians）和奥斯坎人（Oscans）的文字。鉴于此，埃特鲁斯坎文字中只有一个分支最终发展成为使用广泛、传承久远的文字，即罗马人口头和书面皆用的拉丁文。

最早的拉丁文读物不外乎花瓶、金属物品上的主人名字、宗教献辞以及为数不多的短文。可以想到，罗马最早的国王和商人经常使用蜡板写信和记账。然而，内容较为丰富的碑文也只是在公元前 4 世纪才出现。当时，书写对于罗马政治和军事权力的效力至关重要。[35] 在整个67 共和国时期，书写的功能不断拓展。伴随着其它行省公元前 2 世纪至公元 1 世纪的罗马化进程，书写的功能和地域在共和国的后期急剧扩大。

新近的一些历史学家声称，古罗马人已具备"现代的"读写能力。这种说法尽管有些夸张，但书写在罗马帝国确实应用广泛。

> 罗马人使用书面收据，记录书面账目，书写政治口号，借助大量文件组织武装力量，记录公民档案，散发咒语文本，传播宣扬宗教信仰的书籍，在墙壁上书写辱骂或爱恋他人的文字，书写信件，使用大量文字追悼亡灵。[36]

尽管如此，罗马社会基本上仍以口述为主，依然认为阅读只是一种附属技巧，而不是一项主要技能。同样，拉丁文还做不到用一个单词表示一个独特行为。例如，legō[我读]也含有"我收集、汇集；选择、挑选；熟读、研究；读出、朗读、背诵"等意思。又如，ēvolvō[我读]这一动作还含有"我展开，打开；熟读，研究"之意，衍生于展开莎草纸书卷这一动作。公元前100年之前，罗马城会读写的居民可能不到十分之一；在整个罗马帝国，会读写的妇女不到二十分之一或三十分之一，可见，罗马还算不上是一个读写社会。

　　罗马书卷与希腊的一样，宽约25厘米，长6至10米，可记录相对较长的文本。（一部书卷的容量大体相当于今天的一本轻薄的平装书。）这就是莎草纸的优点，首先，可书写较长的作品；而此前使用的兽皮、木头、蜡品、陶器、象牙、金属、石头和树皮等通常只能记录简短的铭文。希腊的书卷通常是自上而下逐行连续书写的（就像今天的电脑屏幕一样）；相形之下，罗马的书卷（Volumen）是从左到右垂直书写的。这样，书卷一经打开，呈现出来的便是单"页"。希腊人通常是一手高于 68 另一手进行阅读，而罗马人则是把手放在两边阅读。

　　书卷的每一"页"（即展开的每个片段）都有两个平行栏，每栏25至45行，每行15至30个字母，每页共有750至2700个字母[37]（今天，以双倍行距打印出来的一页纸大约有1700个字母）。一般来讲，每行都有一定数量的字母。最早的莎草纸书卷的文字清晰易辨，甚至非常优雅，字体大小与书记员的劳务费相匹配。诗歌每行皆为史诗的六步格、抑扬三步格或戏剧式夸张诗句。散文的每一行有30个字母。短行易于识别单词，便于理解。

　　直到公元2世纪或3世纪，写拉丁文的人才用两个或三个点分隔单词。于是，连续性文本（scriptura continua）就成为一种传统。虽然标点众所周知，但并没有引起人们的重视。停顿，主要用于口头演讲，书面上通常只是在行中用一个空格表示。就像先前提到的那样，希腊文法家使用区别符号时，就在某个字母的上面或下面添加一个符号。早期的区别符号是帮助发音和重读的（就像今天的演员和新闻广播员暗示对方接言的尾白一样），但后来则用来区分单词、句子和段落。古代所有的标点都是基于修辞目的，而不是为了逻辑分析。（今天，标点符号主要与意思有关，而与发音无关，口头阅读结果变成了默读。）

　　阅读书卷并非易事，因为阅读的人须不停地展开卷轴。向前、向后翻读，或寻找具体的一段文字，都很费劲。没有目录，也没有索引。要合上卷轴，并把它妥善保存起来，就必须重新卷起。（漏掉哪一节没有卷起，哪一节就会损坏。）保存卷轴是一件既昂贵又细致的事情，要把卷轴放在远离孩子、狗以及其它有齿动物的地方，要防止小偷盗窃，要防止雨水或酒水溅在上面。一旦房子失火，毫无疑问，卷轴是继孩子之后首先要救出的东西。

69　　从苏格兰的喀里多尼亚（Caledonia）到土耳其东部的卡帕多西亚（Cappadocia），整个罗马帝国阅读的基本上是同一种书写体，大量的私人信件证明这是帝国通用的标准，一种一眼便可认出的罗马草书成为通用字体。在较短的一段时间里，仅一两划快速连笔就可写成一个字母，可见书写之频繁。最初，书写被当作一小部分寡头政治家挥舞的权力工具，但随着罗马征服的持续，版图的不断扩大，书写成为罗马帝国管理及日常通信方面常见的一种现象。

　　伟大演说家西塞罗（公元前 106—前 43 年）认为，对人类来说，看一篇文本要比仅仅听一下强得多，[38] 更有利于记忆。于是，罗马这个以口述为主的社会开始承认阅读具有的独特优势。尽管如此，多数罗马人依然认为，人类的言语至高无上。就多数程序性问题而言，如果说口头陈述没有书面陈述优越的话，但至少也旗鼓相当。其实，罗马人比希腊人更特别看重口述在城市生活中的作用。在这一点上，罗马人更像德国北部的人，而不大像他们在黎凡特的生意伙伴和臣民，尤其是犹太人。[39]

　　今天可以看到的多数读物也许是用拉丁文刻写的碑文，但这种自我强化世俗权力的内容仅占到古罗马阅读的很小一部分。至少就文学和教育而言，罗马的阅读就是希腊的阅读，罗马的教育就是希腊的教育。[40]只是在后来的几个世纪，拉丁文作家，尤其是维吉尔，才开始受人推崇。然而，对于罗马所有学生来说，学习读写几乎就是学习读写希腊文，接受的教育本身就是希腊教育。

但是，罗马与希腊也有所不同。希腊要求参与城市生活的人必须有相当高的文化水平，所以只有少数享受特权者才会有这样的机会。罗马从共和国后期（公元前 2 世纪至前 1 世纪）开始就体现了较强的公民代表性，多数公民积极参与各种形式的需要一定读写能力的公共活动，如读懂张贴的新法，识别候选人的姓名，在交给监察官的声明上签名，在投票板上填写姓名或其它标志符号等。罗马是由执政官管理的，也有起码具备一定读写能力的公民的支持。在罗马、罗马化的意大利其它地区和许多行省，多数贵族、为数不少的自由人和奴隶每天都读书写字，可见，罗马也许的确是第一个"阅读帝国"了。

当时，与其它地方（包括希腊）不同的是，书写在罗马帝国随处可见。硬币、石碑、墓碑、闹市的圣坛、界石、沟渠标志、里程碑上都有书写的文字，更不用说随处可见的商店招牌、海报、标语（游行队列用竹竿举起的）以及乱写的文字，如庞贝（Pompeii）公共墙壁上张贴的选举海报。（到了中世纪，公共场所几乎不再存在类似的书写现象。）罗马的多数家庭有记账的习惯，罗马军队的"繁文缛节几乎和现代军队的一样多"。[41]

我们可以从文德兰达（Vindolanda）了解一些情况：文德兰达是罗马以前的军事基地，位于英格兰北部的哈德良长城（Hadrian's Wall）一线。[42]1973 年以来，这里出土了大约两千份写在木制书板上的信件和文件，证明书写在古罗马社会十分盛行。文德兰达发掘的文献是古罗马规模最大的文卷，时间约在公元 85 年至 130 年之间。所有的文字都是由墨水写成或是用铁笔刻在蜡上的，记录了基地的普通人之间或与外界的通信内容。

在这样一个偏僻的地方发现了如此多的文件,足见罗马帝国时期人们的通信一定十分频繁。此时,书写还只用于私人之间的联系,但最终却维持了罗马人的社会网络和罗马文化,甚至在原始落后的异域亦不例外。[43]通信保证了军队的供给,也用于发布命令和传递重要情报。换言之,阅读和书写使罗马帝国保持了正常运行。最近,在英国威尔士的卡莱尔(Carlisle)、里波切斯特(Ribchester)和西尔里昂(Cearleon)等古罗马遗址上发现了几处类似的储藏木制书板的密室。由此看来,公元后的几个世纪里,阅读和书写的发展超越了贵族阶级的圈子,多数有读写能力的罗马人都亲自朗读,亲手书写信件。受过特别训练的奴隶、专业书记员和文员不再是读者群中的主体。

随着莎草纸书卷和后来的羊皮纸书卷的需求增加,书成了商品。当然,荷马和维吉尔的作品需求量最大。《圣经》一开始只是处于“付梓”前的散乱状态,到了公元4世纪,它才引起了人们的注意。(公元2世纪制定的阅读原则是,一个文本的最新版本可替代以前的版本。换句话说,一部著作的最新版本才是“钦定”版本。)[44]尽管如此,即使在罗马人酷爱书写文本的时候,书卷(卷轴)依然并不多见。从埃及进口的莎草纸主要用于记录账目、档案、正式文件和官方决议的终稿。只有非常富有的人才可拥有完整的莎草纸书卷,收藏的人更是少之又少。例如,在庞贝和海格立斯(Herculaneum)两个城市,多数最富有的人家里也只有几部书卷,因为当时的莎草纸实在太昂贵了。

在共和国后期和帝国兴盛时期,市场上销售的书往往破旧得不堪入目。事实上,唯有元老院议员和他们有钱的亲戚才买得起质量上好的收藏版本,不过,那得出大价钱。《新约全书》(《使徒行传》XIX:19)有这样的记载:正常日工资为1个第纳里(denarius)的时候,一部法术书卷在以弗所(Ephesus)竟然卖到了5万个第纳里。希腊作家卢奇安(Lucian)(公元120—180年之后)指出,在使用德拉克马(drachma)的某个地方,买一部罕见的书卷要花掉30750个德拉克马!1个德拉克马相当于1个第纳里。[45]

罗马当然是整个帝国的书籍出版、销售和发行中心。例如,西塞罗的通信员阿提库斯(Atticus)也是西塞罗的书商。他在希腊有一批奴隶主要抄写书籍以备出售。(有时也会抄写拉丁文书籍。)通常也会请校对员,即今天的审稿人的前身,校订文本。"印刷量"(press run)可能相当大。公元 1 世纪,极其有钱有势又爱慕虚荣的马库斯·雷古拉斯·阿魁琉斯(Marcus Regulus Aquilius)的小儿子死了,他不仅花钱叫人为死者画像,用蜡、金银、象牙和大理石为死者塑像,而且还面对一大群人宣读死者的生平。然后,他又让书记员抄写了一千份,散发到意大利和罗马帝国的行省。他还给当地的官员写信,要他们挑选一名卓有天赋的演说家到镇上给聚集的众人宣读他的作品。官员们也照此做了。[46]

同今天一样,书店在罗马也是很"受欢迎的"地方。木制的书架上摆放着最新出版的莎草纸书卷。晚上,文人们与书商聚会交谈;白天,他们也常去书商的家里拜访。书商们张贴海报宣传新书,向有名望的人家送发新书广告,有时还免费散发作品的节选,以引起大众之兴趣。随着罗马的行省变成了城市,书商们也在远离罗马的地方建起了书店。[47]贺拉斯(公元前 65—前 8 年)是罗马帝国开国皇帝同时代的诗人和讽刺文作家。他夸口说,他的作品《诗艺》(*Ars poetica*)在博斯普鲁斯海峡沿岸、西班牙、高卢和非洲一直畅销,是一本十足的"国际畅销书"。与贺拉斯同时代的哀歌体诗人普洛佩提乌斯(Propertius)(公元前 50—前 15 年)听人说北部地区也在读他的作品,感到非常高兴。西班牙出生的讽刺诗诗人马提雅尔(Martial)得知,高卢中西部维也纳的青年和年长的女性也在读他的书,感到十分自豪。他的好友小普林尼在写给他们共同的朋友盖米诺斯(Geminus)的信中说:"我并不知道拉格丹努(Lugdunum)(法国里昂)有书商。从你的信中得知,我的书在那里也有买主,令我备感愉悦。很高兴我的书在国外和在这座城市(罗马)一样深受欢迎"(《书信集》9:11)。

罗马的学校几乎在各个方面都效仿希腊的学校:一样有组织,一样

72

严厉,一样沉闷。西班牙律师、教育家昆体良担任过罗马皇帝图密善
(Domitian)侄孙的家庭教师,著有驰名的《雄辩术原理》(*Institutio Or-
atoria*)。他鼓励孩子们要尽早开始阅读,也预想到今天的许多教育家
仍会赞成他的这一观点。鉴于此,他如是说:

> 有些人认为,男孩子到了七岁才应开始学习阅读,只有到了这
> 个年龄,他们才可从教导中获益,才可承受学习的压力。而有
> 的人则认为,时刻都不应让孩子的思维处于休闲状态。其实,
> 持有后一种观点的人更明智一些。例如,克里西波斯(Chrys-
> ippus)(公元前205年)虽然也要请保姆照管三年孩子,但仍
> 然认为按照最佳原则形成孩子的思维应是她们的一部分职
> 责。话又说回来,既然[小]孩子可以接受道德熏陶,那为什么
> 就不能学习识字读写呢?[48]

73

公元前2世纪之初,罗马出现了与古希腊相似的阅读社团。已知
最早的社团是以著名将军大西庇阿(Publius Cornelius Scipio Africa-
nus)(公元前235—前183年)为核心组织起来的。大西庇阿指挥过罗
马侵略迦太基的第二次布匿战争(the Second Punic War),公元前202
年在北非的札马(Zama)打败汉尼拔(Hannibal)。这个社团也欢迎和
扶持非贵族阶级出身的作家,推广希腊的语言和文化,与成员之间保持
频繁的、辞藻华丽的书信往来。成员见面时,或是聊些琐事,或是吟诵
小诗。类似的文学社团通常是漂亮女性的天下。公元前1世纪末奥古
斯都皇帝统治的时候,最主要的人物当数普莉茜娅(Precia)和莱斯碧
娅(Lesbia),她们接纳、鼓励、扶持有希望的作家,为他们在上流社会的
事业"运作",为他们驶向名利的彼岸导航。

像希腊一样,公开诵读在整个罗马帝国同样时尚风行。奥古斯都
本人也"友好地、耐心地"[49]参加过罗马的诵读会。诵读会上,作家介绍
自己新作的诗文、史话和故事,参加的人有懂读写的朋友、同行的学者

或诗人,还有他们的家人、家族中的支持者以及普通听众。观众或喊出声来表示赞同,或在诵读的间隙鼓掌,听到特别令人激动的片段时还会一跃而起为之喝彩。观众的这种反应并不只是向自己的家人或者同行表明一种姿态,而是应有的一种传统礼节。(事实上,任何一方若是不作出反应,就会让人心里很不是滋味。)所有的优秀作家都期望听到建设性的评论。听到评论后,他们会润色自己的作品,使之适合大众品味。参加诵读会的观众要按时到场,而且还要坚持到诵读会结束。然而,这种礼仪也经常被滥用,引起了小普林尼等传统主义者的愤怒。 74

  阅读如此风行的部分原因是:许多富有的贵族专门为了诵读会而在自家的宅地布置了观众席。他们把自己看成是才华超凡的诗人和作家,认为自己才配有火暴的人气,而不只是设宴请客而已。他们几乎每个人都要诵读自己的作品,而上座的位置别的人连边都沾不上。

  比作品内容更重要的通常是作者的讲演能力,和今天一样,娱乐习惯上比启迪更为重要。有关公元 1 世纪的此类信息主要源于小普林尼。例如,他赞扬过年轻的卡尔普尔尼乌斯·皮索(Calpurnius Piso)诵读《星移斗转》(Transpositions among the Constellations)一文时的卓越表现:

  ……一篇有学术性和启发性的文章。文章是用流畅、轻柔,甚至可以说是卓越的对句写成的……声音跌宕起伏,节奏分明,变化有致。一会儿高昂,一会儿简约;一会儿干涩,一会儿洪亮;一会儿严肃,一会儿诙谐。变化之中,才情不减。动听的嗓音把情绪彰显得淋漓尽致,谦逊的个性给嗓音增色不少。泛红的面容,激动的心海,给他[朗诵者]平添了几分魅力。对于文学人士来说,缄默胜于自信。这个年轻人诵读完毕,我上前亲吻了他,那吻是长时间的,是发自心底的。我也毫不留情地给他提了几点忠告,并怀着真情实感鼓励他继续走下去。[50]

如果擅长朗诵诗歌而不是散文,或者擅长朗诵散文而不是诗歌(两种文体需要不同的技巧),那么就可以使用一些策略。例如,有一次,普林尼计划邀请一些朋友参加一场非正式的诵读会,就给罗马传记作家、历史学家苏埃托尼乌斯(Suetonius)写了如下这封信:

> 帮我脱离现在的困境吧! 看来我的诵读真差劲,至少诵读散文是这样的。演说倒还可以,可诵读起散文来却糟糕透了。因此,我想请上几个亲朋好友,让我的一个仆人当着他们的面试一试。这种安排也适合朋友的圈子,我已选好了一个人,虽然算不上好,可只要他不害羞,至少会比我强。也就是说,他诵读,我作诗,一样都是新手。可是,我现在还不知道,他朗诵时我该怎样呢! 是沉默地坐着,就好像根本不关我的事,还是像其他许多人一样,用表情、手势或耳语附和他的朗诵。但我认为,诵读、演哑剧之类的事情,我都不适合。我再说一遍:帮我脱离现在的困境吧! 马上给我回信,告诉我,是将就着朗诵好呢,还是要弄这些小把戏好。再见。[51]

75

小普林尼还回忆道,克劳狄乌斯皇帝(Emperor Claudius)曾在帕拉廷山(Palatine Hill)散步时听到一些吵闹声,便询问发生了什么事情。得知是诺尼亚斯(Nonians)正在公开朗诵时,也出人意料地上前聆听。可是,在普林尼那个时代,似乎只有清闲的人经多次邀请和提醒后才会去听人诵读,而多数人从来也不会去的。克劳狄乌斯在给一位朋友的信中写道:"至于我,几乎从来没有让任何人扫兴过。这些人大部分可都是我的朋友。"

选择一篇适合公开诵读的文章是个十分微妙的问题,这不仅取决于作者的地位、身份和影响力,而且还取决于政治局势、大众的品味以及其它诸多因素。朗读总是一种抒发情怀的行为,因此,诵读的内容必须为社会所接受。口头语言和文学文本之间仍然存在着密不可分的关

系,因为当时尚没有独立的"无声文学"或"非口头文学"。这种局限显然可见于马提雅尔颇具讽刺意味的小诗:

> 这首诗是我写的;可是,朋友,你一朗诵起来,
>
> 倒像是你自己的,你糟蹋了诗,令人痛心难耐。[52]

"书写的文字留存,说话的声音飞翔"(*scripta manet*, *verba volat*),从这一著名警句中也可以看出写作与阅读的区别。(只是在后来的几个世纪这一警句才被赋予了新的意义,如"空口无凭,立字为证","一言既出,驷马难追",皆是对这一概念的重新解释。)古代读者心照不宣的责任是赞扬和区分作者的观点,而不是传播富含多重意义的信息。所有的书面文学主要是让大众共享的(尽管这不是唯一的目的),以便 76 辨识并确定作者的意思。

"读者"是传达者,而不是接收者。

公开诵读通常只有个把小时,但有的会持续一周,出席人数多寡取决于作者的名气或权势。小普林尼参加过一次历时 3 天的诵读会,也许是因为作者圣狄乌斯·奥古理乌斯(Sentius Augurinus)写了如下的开场白的缘故:

> 我吟诵短诗就如同唱歌,
>
> 像卡图卢斯(Catullus)和卡尔乌斯(Calvus)一样,
>
> 还有所有的那些老人。可这对我来说又有什么意思呢?
>
> 单单一个普林尼对我来说就足矣……
>
> 多少个加图(Cato)才能换来一个普林尼呀![53]

普林尼"怀着无比愉悦的心情,或者说,的确是怀着欣赏之情,聆听了圣狄乌斯的朗诵……。我确实认为,这是多年来以此方式写成的最完美的话语"。

　　类似的朗诵会往往会成为妄想者和谄媚者的"考场"。他们争宠，争高官，争元老院的席位，还为他们新写的诗歌或史书争销路。罗马的朗诵会与日俱增，但不是所有的作者对此都很乐意。许多人抱怨说，公开的朗诵会成了出人头地的唯一路径；有了地位的作家们也反对说，朗诵会的泛滥贬损了其社会教化功能。其实，普林尼同时代的作家马提雅尔也因为来自各地的准诗人找他套近乎这件事而十分恼怒过。他还写过一首诗贬斥这种现象：

　　　我问你们，谁能忍受这么做？
　　　我站立时，你们读诗让我听，
　　　我坐下时，你们读诗让我听，
　　　我跑步时，你们读诗让我听，
　　　我大便时，你们读诗让我听![54]

　　作家受公众欢迎的程度如何呢？至少可以拿维吉尔作个例子，有一天，当他步入罗马竞技场的时候，观众顿时站立起来鼓掌欢迎。庞贝墙壁上的涂鸦中有奥维德留下的诗句，虽已磨损，但依稀可见。可以肯定，尽管当时书籍稀缺，而且价格不菲，但还是有一批既懂书又常读书的高雅人士。

　　多数阅读活动，包括公开的朗诵会，都在白天进行。当时的视力问题和现在一样比较普遍；加之房间照明不佳，因此，朗诵会无法在晚上进行。各式各样的蜡烛、灯芯草灯和油灯可用来照明，亮度可满足阅读的需要，可这对多数人来讲过于昂贵，唯有最富裕的家庭才负担得起。一个人如果有阅读能力，就会直接在日光下阅读：通常在开阔的中庭或者院落里。然而，白天有闲暇的人却寥寥无几。视力不好的人，要读文学作品或账本，就只能靠家人、朋友、雇工或奴隶读给他们听。与古埃及人和古希腊人一样，一些远视的罗马人一定也会用抛光的石头把字体放大，有的人则使用盛满水的杯子进行阅读。

对希腊人来说,在卧榻(klinē)上看书一直是件难事。躺在小榻上歇息固然舒适,但在左手支撑着身子的时候,再要用右手朝着上方打开卷轴,那可真不顺手。事实上,从现存的图画或雕塑尚看不出,有人侧靠在榻卧上,像我们今天在床上读书一样,可以空着两只手。与希腊不同的是,罗马的榻卧(lectus)款式多样了,有一款就是专门为读写设计的,使用的蜡烛(lucubrum)是用浸过蜡的布做成的,光线比较微弱。比如,从佩特罗尼乌斯(Petronius)的讽刺小说《萨蒂利孔》(*Satyricon*)(公元66年)中可以得知,特里马尔奇奥(Trimalchio)经常在自己的多功能榻卧上摆放一堆小垫子,趴着写字,靠着看书。

罗马人一有时间就会阅读,这似乎没少让医生懊恼。安提卢斯(Antyllus)(公元2世纪)曾警告说,有的人从不背诵诗句,而一味阅读书本里的东西,结果汗流浃背,有时还弄得肚子极不舒服。他还说过,能熟练背诵诗句的人,只需正常呼吸,便可排出体内的有害液体。[55] 罗马政治家、哲学家、戏剧家塞内加(公元前4—公元65年)担任过尼禄皇帝(Emperor Nero)的私人教师和顾问,后来涉嫌参与了蓄意谋杀皇帝的案件。他曾抱怨说,自己住的地方太吵闹,根本无法学习。马提雅尔提到过有人打猎时还用网兜提着书卷的事情。贺拉斯到乡下别墅去的时候总会带上要读的书卷,与抒情诗人卡图卢斯(公元前84—前54年)造访维罗纳(Verona)时的做法别无二致。像现代人一样,许多罗马人喜欢在旅途中读点东西,书商们甚至还专门造出了一种旅行卷轴,上面是人们耳熟能详的作品,仔细阅读的话,就可以替人在公共场合朗诵了。

与希腊一样,罗马帝国也有自己的图书馆。因为适合罗马有文化的人阅读的作品肯定是用希腊文写的,所以罗马早期的图书馆收藏的大部分作品是希腊文卷轴,而不是拉丁文。罗马人仔细阅览过的希腊著名图书馆有:皇家马其顿图书馆(the Royal Macedonian Library)、位于提奥斯(Toes)的阿佩利孔(Apellicon)的图书馆(西塞罗后来在罗马使用过)以及密特拉达梯(Mithridates)图书馆。密特拉达梯是本都

(Pontus)国王,被罗马将军庞培(Pompey)打败,于公元前63年自杀。另外,还有许多私人住宅里的图书馆,如尤里乌斯·恺撒的岳父,有权有势的路奇乌斯·卡尔普尔尼乌斯·皮索在那不勒斯海湾(the Bay of Naples)赫库兰尼姆(Herculaneum)古城的海边豪华别墅里建造过一座大型图书馆,大部分藏书都是希腊文书卷。公元79年被维苏威火山喷发的岩浆所吞噬,1752年被重新发现。这是古代留存下来的最大图书馆,出土了1800多部莎草纸卷轴,其中包括成百上千部失传的希腊哲学著作和一本罗马小诗集。考古学家怀疑,在皮索的多层别墅的底层是否还有另外一个有待挖掘的图书馆。

公元1世纪,塞内加疾言反对当时的炫耀家藏卷轴之风。他如是说:"许多人没有受过教育,没有把书当作学习的工具,而是当作餐厅的装饰。"[56]他进而指责那些卷轴收藏者说,"他们喜欢的是书的装帧和标签。"在他们的家里,他生气地说道:"你可以看到,书架上摆满了演说者和历史学家的整套著作,一直摞到了天花板。对于富裕家庭来说,图书馆已成了一种装饰,就像盥洗室一样不可或缺。"佩特罗尼乌斯的讽刺小说《萨蒂利孔》中的那个言过其实的特里马尔奇奥居然吹嘘说,他有两个"图书馆":一个希腊文的,一个拉丁文的。

到了历史学家塔西佗(公元56—120年)时代,许多读者不再追求公共演讲兴盛时期李维或西塞罗的演说风格,而追求学者们简洁、简约、求实的文风,使之更适于研究需要。新的文体也采用演讲的技巧,并不断予以完善,以便更适宜志同道合的学者这一受众群体。从此,罗马的读者开始分化。某些社会精英尤其喜欢并提倡简洁的文风,而绝大部分读者则喜欢传统修辞,并且购买运用和承继传统修辞写作的流行作品。公元5世纪的一些庄宅保存了适合男性阅读的拉丁文典籍和适合女性阅读的宗教作品。

性别之分十分明显。被誉为藏书家的女性少之又少,最著名的当数圣妇幼梅拉尼亚(Melania the Younger)(公元385—439年)。她先后在罗马和北非一带生活,卒于伯利恒。圣奥古斯丁(公元354—430

年）曾把自己的一部著作赠给了她的祖母圣妇长梅拉尼亚，并在一封信中赞扬她写的东西无可匹敌，意指她的写作才华卓越不凡。罗马学者格隆提乌斯（Gerontius）也曾饶有兴味地回忆到幼梅拉尼亚，说她"通读起（教会）圣父的生平故事，俨然是一片阅读的沙漠"。无疑，他是在赞扬她对阅读的激情：

> 无论买来的书，还是偶然发现的书，她都会勤奋阅读，每个词汇，每个思想，她都了然于心。她酷爱学习，以至于她阅读拉丁文的时候，大家似乎都以为她不懂希腊文，而当她阅读希腊文的时候，大家却都以为她不懂拉丁文。[57]

《先知西卜林的预言》（Sibylline Prophecies）这三部希腊文书卷属于最为人珍爱的典籍，存放在罗马朱庇特·卡皮托利努斯神庙（the Temple of Jupiter Capitolinus）石窟中的一个箱子里。库迈（Cumae）、库梅（Cyme）、德尔斐（Delphi）、厄里特里亚（Erythrea）、赫勒斯滂（the Hellespont）、利比亚（Libya）、波斯（Persia）、弗里吉亚（Phrygia）、萨摩斯（Samos）、蒂布尔（Tibur）等 10 位女预言家是善解谜团的先知。希腊人和罗马人认为，她们的话语对凡人有着深刻的含义。最初，她们的预言分为 9 卷。库迈曾向罗马第七任、也是最后一任具有传奇色彩的 80 国王塔奎尼乌斯·普里斯库斯（Tarquinius Priscus）（公元前 616—前 579 年）出让过这些卷轴，但塔奎尼乌斯两次都回绝了，表示不愿购买，随后库迈分两次烧掉了其中的 6 卷。最后，塔奎尼乌斯以 9 卷的价钱买下了最后 3 卷。后来，这些卷轴就像犹太人在犹大新编的"古代"文献一样，在罗马被视为"神圣文本"保存了几个世纪。显著不同的是，《先知西卜林的预言》是至圣之作，不得展示，因而无法看到。这些书卷就像古埃及陵墓中的文本一样，实际上是没有读者的作品。然而，这正是其目的所在，这些书卷的不可及性赋予了拥有书卷的统治阶级预言的光轮，从而强化了其权力基础。最后这三部卷轴毁于公元前 83 年的一场大火。（许多世纪之后在拜占廷发现的 12 篇文本被认为是《先知西卜林的预言》，后来被整理成羊皮纸书稿，部分书稿于 1545 年付梓。）

罗马人也懂得文本占卜之术，借此读者可把书面文字转化成作者和整个社会从文字中看不到的东西。这样的文本成了个人的密码，也就是二元命运的神秘符号：时运之好坏取决于读者的理解、需要或心情。这种类型的阅读在古代十分流行，阅读的目的不是为了信息、博学、教化或娱乐，而是为了预知未来。令人讶异的是，古人对文本占卜十分痴迷。事实上，有人认为，这种魔力正是阅读文本的功能所在。西塞罗曾指控过占卜官（观察、解释预兆和征候的宗教官员）提比略·塞姆普罗尼乌斯·格拉古斯（Tiberius Sempronius Gracchus）。格拉古斯"在阅读占卜书的时候"得知可［根据鸟的飞行进行占卜］。他在主持公元前 164 年的执政官选举中，基于有漏洞的征兆做出了错误的决定，从而造成了公元前 163 年的执政官辞职事件。[58] 在后共和国时期，罗马的读者喜欢用维吉尔的诗歌算卦，因而经常随意查阅神庙里供奉给命运女神福尔图娜（Fortuna）的维吉尔书卷。对这种所谓书本占卜法（Sortes Vergilianae）的最早描述是这样的：年轻的哈德良（Hadrian）想知道图拉真（Trajan）国王对他的看法，便随意翻开维吉尔的《伊尼德》，结果读到：伊尼德见到了罗马国王，"国王的法令将有助于建立一个全新的罗马"。哈德良认为这是一个祥兆，就据此行事。

但是，罗马帝国却从未有过像"大众文学"一类的东西，也就是说，罗马从未有过可供数万人或数十万人单独阅读的作品。必须承认，荷马和维吉尔是古时人们至爱的两位作家，几乎所有的人都学习他们的作品，学习的方式不外乎听写和背诵，而不是个人单独阅读。今天，从不列颠群岛到中东，我们依然可以找到罗马时期的墓志铭文。然而，谁也没有真正读过这些铭文，只不过是"见过"而已。这些墓志有助于现世的家庭成员"维持或声明死者的某种社会地位，或表达对亡灵的敬重之情"。[59]再说,死者的家庭成员本身也未必就需要完全识文懂字。特别是在后来的几个世纪,多数人还都不识字。

罗马帝国后来的几位皇帝赋予学识渊博的老师最高权力,对书面文字的学习空前重视。这样做的目的是,一旦面临野蛮入侵,就能捍卫罗马本身尚未涵盖却业已逐渐代表的读写文化。例如,西罗马帝国(Western Roman Empire)的国王瓦伦提尼安(Valentinian)一世(公元321—375年)雇用了出生于波尔多的诗人、修辞学家迪希穆斯·玛格努斯·奥索尼乌斯(Decimus Magnus Ausonius)(卒于公元393年)担任其子格拉提安(Gratian)(公元359—383年)的家庭教师。格拉提安继位后,任命奥索尼乌斯为禁卫军长官(Praetorian Prefect),即最高行政官。当时,罗马城市管理已有了扎实的读写基础的支撑。希腊法律确证契约的程序是,先把契约记录在卷轴上,然后由官方机构出版,供识字人阅读。大约五百年之后,罗马帝国出现了类似专业公证人或公证员这样的职业。在后来的3个世纪,他们一直在公共权力机构的监督下工作。当书面契约在罗马帝国刚刚普及之时,罗马遭到了哥特人和日耳曼人其它部落的入侵。然而,业已确立的书面契约体系依然运行良好,同时也为新君主所借鉴和使用。(事实上,这构成了中世纪公证体系的基础,说明在中世纪读写的使用频率最高。)

公开阅读普通作品的习俗中止于公元6世纪。其原因是多方面的:贵族搬出城市中心,教育衰退,图书买卖萧条,日耳曼人的入侵以及其它变故。[60]其中最主要的原因是拉丁语的方言化或"片语化"。[82]基督教诗人、克莱蒙特(Clermont)大主教西多尼乌斯·阿坡里纳里斯(Sidonius Apollinaris)(公元433—479年)对罗马的公开朗读作过最后的描写,他抱怨说,拉丁文已成为"唯有基督教礼拜仪式、掌玺官和少数学者使用的语言"。[61]希腊语的阅读早已消逝。拉丁语的公共阅读仅仅可见于基督教会的祷告之际。当时,基督教教父使用的拉丁语,也就是基督教会使用的书面语言,对于大多数基督教徒来说越来越难以理解,只能由特别委任的阅读者来解释了。不久,这类阅读者便形成了一个独立的阶层："长老"或"牧师"。然而,到了公元 8 世纪,甚至连许多长老也不再懂得自己在神殿诵读的《拉丁文圣经》、祷文和赞美诗了。

近古时期和基督教初期

泥板可握在手上,莎草纸也可做成便携的卷轴。数千年来,这两种书写材料服务于读者,事实上近乎完美地适应了各自社会的需要。接着,出现了新的需求,引发了新的革命。老普林尼(Pliny the Elder)(公元 23—79 年)讲道,位于小亚细亚的希腊殖民城邦帕加马(Pergamum)王国的欧迈尼斯(Eumenes)二世(公元前 179—前 158 年在位)希望建立一座可与亚历山大图书馆相匹敌的图书馆,于是便从尼罗河一带订购了一批莎草纸。[62] 然而,埃及国王托勒密却禁止莎草纸的出口,以期确保亚历山大图书馆作为世界知识宝库的卓越地位。欧迈尼斯迫于无奈,只好命令本国的专家为他的图书馆研制一种新的书写材料。于是,东希腊人很快就完善了羊皮拉薄和晾干技术。这一工艺过程的最终产品成了传播新世界信仰的主要工具,也成了整个新时代的媒介,此乃羊皮纸。

早在公元前 1 世纪,尤里乌斯·恺撒就把莎草纸折叠成单页派送给战地上的军队。此举最终创造了"抄本"(codex),即由很多书页构成的文本,正反两面都有文字,可以翻页,而不用卷起。这种装帧方法首次出现在公元 1 世纪的罗马,发明者不详。第一次提到抄本的是马提雅尔,他称赞抄本结实紧凑,并指出抄本可节省图书馆的空间。他也提到,抄本适于旅途阅读,一只手就可翻阅,不像翻阅卷轴那样要两手并用:

羊皮纸折页上的荷马!
还有《伊利亚特》,

《尤利西斯》(*Ulysses*)的冒险故事，

普里阿摩斯(Priam)王国的仇敌，

全都记载在折成几小张的，

一整张羊皮上。[63]

　　最早的完整抄本或装订本发现于 20 世纪 80 年代中期，地点是位于撒哈拉沙漠达赫莱绿洲(Dakhleh Oasis)的一座 4 世纪时期的房屋的废墟。抄本是一位财产管理者四年的金融交易记录，[64]用希腊文写成。由八张组成，左边有四个装订孔（上、下各两个）。抄本非常实用，显然是管家的一个既耐用又便携的"笔记本"。可以认为，抄本的开本在公元初几个世纪很有代表性。

　　最初，莎草纸抄本只是一种新玩意，也是一样令人好奇的东西。人们当然还是期望传统的作品写在卷轴上。但当羊皮纸流行起来，特别是当基督教徒们爱看写在羊皮纸上的文本时，或者当医师们因查阅方便而更喜欢抄本的开本时，装订在一起的抄本才开始风行。[65]希腊最早的上等皮纸抄本（用小牛皮、小山羊皮或羔羊皮制成的上等皮纸）是公元 3 世纪荷马的《伊利亚特》抄本，现存放于米兰的安布罗斯图书馆(Biblioteca Ambrosiana)。一本羊皮纸抄本足以写完《伊利亚特》，而不像莎草纸得用 24 个卷轴。公元前 1 世纪也可能出现过成千上万的类似抄本。羊皮纸完全适合抄本的开本，它不仅比莎草纸便宜，而且更为耐用，还可防虫防潮。

　　然而，就多数普通用途而言，羊皮纸还是过于昂贵。因此，绝大部分读写还离不开蜡板，几乎所有的信函和日常琐事还要记录在这些易于擦抹的表面。而订在一起出售的羊皮纸张也越来越多，让人们可以在这种原始的笔记本和账本上记录东西和做账。到了公元 3 世纪，这样的笔记本有了精致的封面，甚至还有了象牙装饰，往往都是赠送给新任官员的。作为特别精致的礼物，笔记本里常常写有个人的致辞，甚至一首诗，作为特殊日子的纪念。制作莎草纸书卷的人 84

也开始喜欢上了写有流行诗句或作品集锦的笔记本,并把它作为礼品赠送他人。这很像今天给顾客赠送商务卡的行业,注重的是姿态而不是内容。

经过一段时期之后,装订完好的羊皮纸抄本越来越流行,而且可以获得可观的商业收入。不久,由于成本相对降低,生产日趋便利,投资回报增多,加之阅读起来紧凑且便利,羊皮纸便与莎草纸卷轴展开了竞争。激烈的竞争始于公元 1 世纪,到了公元 4 世纪,羊皮纸几乎完全取代了莎草纸。[66](莎草纸被完全取代是在中世纪早期,当时,穆斯林的扩张切断了通往埃及的贸易之路,从而中断了莎草纸的出口。)

但是,羊皮纸还远非完美的书写材料,需要绵羊、山羊、羔羊和小牛的皮革作为原材料,价格依然不菲。公元 4 世纪以后,羊皮纸抄本,后来在英语中被称为"book"[书](日耳曼语"bōkā"或"beech"的衍生词),得名于北欧古字书板最早使用的材料),一直是欧洲首选的文字记载材料。但是,在整个羊皮纸时代(Age of Parchment)(中世纪通常如此称谓),羊皮纸作为书写材料之所以能够满足需求,仅仅是因为当时需求量小。(在一千年后印刷机促成大规模生产的时候,昂贵的羊皮纸就被便宜的纸张所替代。)

最早的上等皮纸书通常是四开本。一整张羊皮纸折叠两下就成了 85 4 张,或者说 8 页。起名为四开本(quaternio),后来影响到英语,形成了"quire"(帖,四张纸对折)这个单词。这样的开本在中世纪一直最受欢迎。把四张对折的纸装订在一起时,造书的人通常细心地将其叠放在一起,毛面对毛面,光面对光面,羊皮纸的两面差别很大。用这种方法,看起来相同的两页可以同时展现在眼前,不是黄色对黄色(毛面),就是亮色对亮色(光面)。希腊文书籍通常以亮一些的光面为开头,而拉丁文书籍则以黄一些的毛面开头。[67]

随着基督教的发展,羊皮纸的用量不断增加:《圣经》最早的副本就是上等皮纸抄本,这种做法变成了一种传统。基督教确保了羊皮纸抄本的胜利,实际上创造了现代书籍。后来的基督教读本是继承上述希腊、希伯来及拉丁传统的直接产物。在世界史上流传最广泛、译语种类最多的基督教《圣经》是由 39 卷的《旧约全书》(最初为希伯来文)和 27 卷的《新约全书》(最初为希腊文)构成的。《外经》(*Apocrypha*)(也译作《新约外传》、《次经》、《伪经》等)是《圣经》之外的一部基督教早期文集,也是用希腊文和希伯文传承下来的。(宗教改革时期,《拉丁文圣经》被译成多种本土语言,从此之后,《外经》的地位一直都有争议。)从原希伯来文和希腊文译成的《拉丁文圣经》(Vulgate)为中世纪罗马天主教(Roman Catholic)形成自身的传统提供了借鉴。

　　早在公元 5 世纪,为数不少的《圣经》和其它宗教书籍都放在教堂的诵经台上,站在附近的几个人同时都可读到。陈列的宗教书籍有弥撒书(新年弥撒祷告、仪式等)、赞美诗(合唱的韵体赞美诗)和轮唱歌集(交替吟唱或朗诵的圣歌或赞美诗合订本)等。有些书过大,因此还得给诵经台安上轮子,这样在弥撒仪式上就可以让尽可能多的人参与集体朗诵,尤其是合唱。(迄今,天主教教堂的合唱仪式一直使用大号字体的巨书。)在这种场合,阅读者将自己融入集体角色之中,阅读行为因此成了集体仪式,与默读、个人阅读或熟读后来的"祈祷书"(如公元 12 世纪的)全然不同。

86

　　羊皮纸抄本仅一卷就可以写下荷马的作品,而且还可以拓展作者的潜力,这一点是泥板或莎草纸书卷所不能及的。此时,近古时期的作家,如著有《上帝之城》和《忏悔录》的奥古斯丁或著有《词源学》(*Etymologie*)的塞维利亚的伊西多尔(560—636 年),可以写大部头的作品了,他们知道一个封面之下就是一部长篇之作,可作为一个内在的统一体让读者去接受和理解。新的呈现形式决定了创造性写作本身的性质,换言之,它在西方开启了文化表达的一个新领域。

　　抄本不是卷轴,它便于查阅,四边留有空白,供读者注解、注释或评注之用,这样,就把读者融入书写的文本之中。抄本的形制促进了文本组织形式的创新:此时,作品的一章可下分为节;几部作品可整理为集,使用一个封面。整个作品是一个信息密集的整体,而不再是一个卷轴又一个卷轴的依序串联。此时,读者拿到的是一个随时可及的完整读本。这种新型的文本观从此盛行了起来。(如今,希腊的下拉卷轴的"滚动"阅读方式回归了,因为计算机屏幕改变了现代阅读的视觉方式。)

到公元 4 世纪即将结束时,书面文字赢得了声望,使口头占卜和神谕之言黯然失色。此时,有的人同时借用维吉尔的作品和《圣经》占卜吉凶,最终衍生成"福音占卜法"(gospel cleromancy)。直到今天,有的地方仍在使用。贵族们一如既往地收集书籍,就是让别人感觉好看而已。他们的这一个性弱点遭到了奥索尼乌斯的嘲弄:

> 你买来了书,塞满了书架,
>
> 哦,你可真爱缪斯!
>
> 你以为这样自己就是学者?
>
> 今天你买了弦乐器、琴拨和竖琴:
>
> 你以为明天音乐王国就属于你?[68]

87　　　甚至连日耳曼的野蛮人也开始读写。乌尔斐拉斯(Ulfilas/Wulfila)主教(公元 311—383 年)借鉴公元 4 世纪的希腊文字母,创造了哥特文字母,目的就是把《圣经》翻译成西哥特人的语言。直到公元 8 世纪,哥特人的其它部族开始改用乌尔斐拉斯的文字,并写下了宗教和其他文本,比如契约。然而,有过阅读经历的哥特人只有一小部分,也主要是牧师。阅读在哥特社会从未得到普及。

事实上,阅读在罗马帝国的每一社会领域都走向衰退,只是在宗教活动中尚有一席之地。基督教之所以取得了胜利,是因为它依托希腊-拉丁文化和知识,获得了文学这样的传播工具,并因此对受过教育的文化人产生了吸引。公元后最初几个世纪的神父都接受过雄辩术训练;他们掌握了经典,然后运用所学的文学知识劝导人、说服人、改变人的信仰,使之崇奉基督教会。公元 4 世纪,一批有识之士实现了基督教对异教的胜利,基督教成为罗马帝国的官方宗教。在此期间,柏拉图和斯多噶学派的哲人(他们的教诲是,顺从天命和自然法则乃美德和幸福之源)为他们取得成功提供了最有用的观念和观点。

基督教是基于阅读的一种宗教信仰。后来被称之为《新约全书》的整套文献是基督教赖以存在的基础。《新约全书》的最早原型是公元50年保罗写给帖撒罗尼迦人(Thessalonians)的一封信(即《帖撒罗尼迦前书》)。大约4到7年后,相继出现了《哥林多前书》(*First Letter to Corinthians*)。当时,也就是尼禄皇帝执政(公元54—68年)时期,整个地中海地区的一些教区已把基督教作为一种信仰予以崇奉。一个世纪之后,里昂主教希腊神学家伊里奈乌斯(Irenaeus)写下了马太、马可、路加、约翰4部《福音书》(Gospels)。

> 彼得和保罗在罗马宣讲福音、修建教堂的时候,马太在希伯来人当中出版了《福音书》的阿拉米文译本。他们死后,彼得的信徒、传译员马可也以书面形式传达了彼得布讲的内容。保罗的朋友路加在一本书中记载了保罗布讲的《福音书》。之后,上帝的门徒约翰,也就是曾把自己的身体贴在上帝胸膛的那个人,在小亚细亚以弗所逗留期间也出版了《福音书》。[69]

接着,在大约三十年的时间里,有关耶稣的生活和教谕的传说及其门徒和信徒的后续活动被整理成一部文集,流传于诸教区,以读写的方式传播对主的信仰。然而,还有更多的东西仍是口头的,从未记录下来。《福音书》仅是耶稣口传文学的一个片段,对此约翰给予了肯定:"耶稣做过的事情还有很多。我认为,假如把他所做的一切都写成书的话,那么整个世界恐怕都容纳不下"(《约翰福音》,21:25)。其实,也完全没有必要把所有的事情都写下来,因为目标读者要的是质量,而不是数量:即信仰的本质,从而给人启示,让人信奉。《新约全书》正是以这样的格调与编辑理念整理出来的。对于早期所有的基督教徒来说,真正的"经文"依旧是《旧约全书》。《新约全书》的神圣地位尚有待确立,教徒对《新约》的崇奉也只是很久以后才出现的现象。

　　甚至最早的基督教徒也实行审查制度。保罗来到以弗所,在那里布道了两年多,犹太人和希腊人对他很是热情,尤其为他的治疗效果所感动。最后,"连许多使用稀奇古怪技艺的人都把自己的书放在一起,当着众人的面烧掉了。他们算了一下书的价值,共值5万银币。可见,'神谕'威力渐显,成了气候"(《使徒行传》,XIX:19—20)。稀有书籍所包含的财富(因为一天的工资才一个银币)就因为要公开表明自己对基督教的信仰而化为灰烬:正如烧死敌人就等于消灭竞争一样,烧毁了这些书,也就烧毁了对异教的信仰,并且抹去了人们对原有信仰的记忆。罗马人曾不失时机地用审查制度来对付基督教徒。然而,一旦基督教成了罗马的国教,康斯坦丁皇帝(Emperor Constantine)继基督教尼西亚会议(Councils of Nicaea)于公元325年谴责了亚历山大主教阿里乌斯(Arius)及其信条之后,就下令烧毁阿里乌斯教派所有的书籍。

89　　在扭转希腊-罗马传统的过程中,早期信奉基督教的人把书交给了神父、神子和圣徒。甚至连保罗的作品也被视为权威,在法庭上可派上用场。例如,当罗马非洲总督审判一些基督教徒时,问他们拿什么为自己辩护,他们回答说:"保罗,一个公正的人,他写的书。"[70]"妨碍学习"的书写文字居然能替代法律言辞,要是苏格拉底知道的话,也一定会感到震惊的。

　　教会的神父读书不厌倦,写作多产出。圣伊皮凡尼乌斯(St Epiphanius)(公元403年)主教说过,亚历山大的神学家奥利金(Origen)写过的原创题目就达两千之多。与此同时,圣哲罗姆(St Jerome)也列出了伊皮凡尼乌斯本人写过的800个题目。富有的捐助人给这些顶级学者提供了收入保障和居住条件,还给他们配备了一批秘书和书记员。他们的听写速度惊人,富有传奇色彩。据说,圣哲罗姆一天时间翻译了《多比传》(*Book of Tobit*),一个晚上翻译了《以斯帖记》(*Book of Esther*)。

　　希坡的圣奥古斯丁是对西方书面文字影响最大的人物之一。他年轻时是一个充满激情的读者，一度对一位同学的记忆力感到惊讶。维吉尔每本书的倒数第二首诗，这位同学凭记忆就能"按顺序很快地［引用］……。如果我们让他背诵那些诗的前一首，他也照样能做到。我们都相信，他可以倒背维吉尔的诗句……甚至他以前记住的西塞罗任何一次演说的散文段落，如果我们想要他背诵，他也能背得出来"。奥古斯丁声称，借用西塞罗至爱的一个短语来说，这位年轻学者能将读过的任何一篇文章铭刻在"记忆的蜡板上"。[71] 奥古斯丁认为，字母表里的字母是"声音符号"，也是我们"思维中的所指符号"。对他来说，"发明"了这些字母，也许就是让"我们能够和不在场的人交谈"。[72] 因此，阅读就是与不在场人进行的对话，也是聆听一个不在场人的话语。

　　这里所说的聆听是一个关键概念，从奥古斯丁那里，我们第一次看到了朗读和默读之间的明显区别，也就是作为人类声音的书面文字与作为自身媒介的书面文字之间的区别。公元 384 年，奥古斯丁在他 30 岁时遇到了他的老师米兰主教圣安布罗斯（St Ambrose）（公元 340—397 年），他就是一个默读的人：

　　……他阅读时，眼睛在书页上移动，心中探究着含义，但嗓子和舌头一动不动。通常，我们在场的时候……仍可看到他在独自默读，从不例外……无论他这样做的意图是什么，他一定自有他的道理。[73]

90

看来默读在当时出奇地鲜见，要不奥古斯丁怎么会作出上文的评论。一些学者认为，"古书通常是朗读的，目前尚没有任何证据显示，早期的默读是不同凡响的事情"。[74] 然而，仍有极少量的古典文献可证明默读的存在。[75]

　　例如，欧里庇得斯的《希波吕托斯》（*Hippolytus*）（公元前 5 世纪）一书中写有这样的内容：忒修斯（Theseus）默读亡妻手中的信。阿里斯托芬在《骑士》（*Knights*）（公元前 5 世纪）中描写道，狄摩西尼默不作声地看着一位预言者送来的书板，其内容让他惊讶不已。普鲁塔克在《传记集》(*Parallel Lives*)（公元前 4 世纪）中描述说，亚历山大大帝默读母亲的来信，他的这一能力，站在一旁的士兵看在眼里，为之讶异。普鲁塔克在他的另一部作品《道德论集》(*Moralia*)中还写道，亚历山大撕开母亲的密信封签，默读了起来，他的挚友赫费斯提翁（Hephaestion）走上前去跟他一起默读。[76]普鲁塔克还写道，公元前 63 年，尤里乌斯·恺撒在元老院与其对手加图一起默读了加图妹妹给他写的情书。[77]（在此，刻意张扬的默读行为，可谓恺撒的谋略所在，旨在引起加图的怀疑。果然，加图声称其中有诈，"迫使"恺撒把其妹的情书拿了出来。恺撒就这样加倍羞辱了对手，从头到尾都顺应了他的意图。）

　　西塞罗与恺撒处于同一时代，他在自己的一篇文章中这样宽慰耳背的人："如果他们偶然欣赏到了诗歌朗诵，那么他们首先应记住，在诗歌发明之前，许多明智的人都生活得十分快乐。其二，读诗比听诗更有乐趣。"[78]公元 2 世纪，希腊天文学家、数学家、地理学家托勒密注意到，当人的注意力集中到某一个问题时，有时就会独自默读，因为将文字读出声来会分散人的思维。[79]

　　也许是在公元 349 年的大斋期（Lent）发表的一次演讲中，耶路撒冷的圣西里尔（St Cyril）（公元 315—386 年）曾向教区的女性这样呼吁：在举行仪式期间等待的时候，"静静地"读，这样的话，"嘴唇说话时，别人耳朵听不到她们在说些什么"。[80]这段文字有三个了不起的地方。第一，他描述了一种不出声只动嘴的阅读方式；甚至在今天，当人们阅读有难度的文字材料时，还常常动嘴唇，仿佛需要语音来帮助理解似的。公元 4 世纪时，这种默默动嘴的阅读方式可用来解析或切分一页中混在一起的单词。（直到公元 9 世纪，也就是默读流行后不久，规则的单词切分才普及起来，而默读也主要是由规则的单词切分促成的。）第二，教区的每个女性都会阅读，表明耶路撒冷的基督教女信徒有着令人惊讶的文化程度。第三，每个人都有一本祷文或赞美诗集：这的确是一个富裕的教区，每个人都买得起书。

奥古斯丁对安布罗斯默读的原因是这样推断的："他也许是怕读出声后，如果他读的是作者的一篇有难度的文章，那么留心的听者就会提出疑问，自己就不得不作出相应的解释，甚至还要讨论一些比较难懂的地方。[81] 换句话说，默读可使安布罗斯免受打扰，可与文本形成一对一的、较为深入的关系。奥古斯丁的推想似乎表明，他对个人在阅读中的潜势了然于心，这种认识直到中世纪才得以普及。

奥古斯丁尽管对老师的默读能力惊讶不已，但他本人有时也默读。有个夏日，他在自己的花园里给朋友阿利皮乌斯（Alypius）朗读保罗的《福音书》，读着读着就走到一边独自哭了起来。在内心深处十分混乱的时刻，他不经意间听到一个孩子在不停吟唱 tolle，lege["拿起来，读起来"][82]。孩子的歌声启迪了奥古斯丁，于是，他回到阿利皮乌斯的身 92 边，拿起书自己默不作声地读了起来，心中"疑惑的阴霾"散去了。当阿利皮乌斯问什么让他那么感动时，奥古斯丁把书合在一只手上，又打开他看的那篇文章。阿利皮乌斯朗读了起来，可他这次读的并不是奥古斯丁刚才看的那一段，而是其后的一段，他同样也被深深地感动了。

奥古斯丁热爱自己的母语拉丁语，却憎恶希腊语。鉴于他对基督教的影响，在西方社会从希腊文阅读转向拉丁文阅读的过程中，他的贡献当数最大，也为"拉丁语的中世纪"（Latin Middle Ages）时代奠定了基础。当然，继奥古斯丁之后，希腊语继续繁荣，其主要原因是拜占庭帝国的崛起及其对阿拉伯学术的影响。从此，至少在西欧，相对于拉丁语来说，希腊语永远都处于次要位置。

已知最早的基督教图书馆出现在罗马的圣洛伦佐（St Lorenzo）教堂，4 世纪 80 年代前后由达马苏斯（Damasus）教皇一世建造。图书馆收藏了各种版本的《圣经》、经文评注集、希腊护教学专家（以书面形式反对罗马早期的信仰体系并为基督教信仰辩护的人）的作品，还有一系列希腊文和拉丁文典籍。在早期的教会，基督教之前的文学作品的地位通常只是一个品味问题。西多尼乌斯甚至责骂过他的朋友，原因是把他的图书馆分成了古典作者和基督教作者两部分。前者摆在了男士的座位旁边,而后者摆在女士的座位旁边![83] 最早的时候,神父们发现希腊文和拉丁文古典作品都有很强的可读性,因为从这些作品中似乎可以看到基督教的教义。实际上,奥古斯丁在《论基督教义》(*De doctrina christiana*)一书中声称,像亚里士多德和维吉尔这样的作者,他们"掌握着真理,这很不公正"。

古典时期的所有遗产此时都为新兴的基督教会所有。到了公元5世纪,这些遗产才移转到传教士和传道士的手里。当时,阅读具有显著的重要性,因而每个基督教徒每天都要尽可能花上几个小时阅读《圣经》。纽西亚(Nursia)的圣本尼狄克(St Benedict)(公元480—547年)对阅读早期的制度化起了很大的作用。他在那不勒斯和罗马之间的卡西诺山(Monte Cassino)上修建了一座修道院(公元529年)。本尼狄克还制定了不少规章要求"本笃会"(Benedictines)僧侣遵守,其中的书面准则是为了防止修道院院长过于冒尖而制定的,关于阅读,有如下规定:

93   修道士们吃饭时,总应有人诵读的,但没人敢随便拿起书就地诵读。谁想诵读,就要诵读整整一个星期,并且从星期天开始履行职责。在弥撒和圣餐之后履职的时候,他会请所有的人为他祈祷,愿上帝把得意的心绪从他心头带走。这样的祈祷诗句,所有的人都要吟诵三遍,但得由他起个头:"哦,上帝,请您张开我的双唇,我的嘴巴会说出对您的赞美。"于是,他一接受完祝福,就开始履行诵读者的职责。书桌旁静得不能再静,没有窃窃私语,没有别的任何声音,只能听见他的诵读声。如果需要什么,比如吃的东西,教友们会传过来的,这样,谁都没必要再开口要东西了。[84]

本尼狄克的《修道院规程》(*Regula monachorum*)* 后来成为西方

---

*   后世通常称之为《本尼狄克规程》或《本笃规程》。——译注

基督教王国修行制度和修道院管理的基本模式。本尼狄克规定夏季每天阅读3小时，冬季2小时，在大斋节期间，要用40天(星期天除外)的时间纪念耶稣在荒郊的禁食经历，每个修道士都要读完一整本书。每逢外出旅行，都要带着小书。吃饭期间和晚祷之前(七次祷告时间中的最后一次，即就寝前的祷告)，一定要听人诵读的。诵读要有节奏，如唱圣歌一般，以便训练他们的思维，让他们记住神圣的文本。本尼狄克也指导修道士诵读。如果可能的话，就要求他们诵读时"用裹在外衣袖子的左手拿着书，胳膊放在膝盖上，右手露在外面，固定或翻动书页"。

　　在卡西诺山修道院和后来按本尼狄克的"规程"建造的所有修道院，本尼狄克的阅读完全扭转了世俗阅读的惯例。这是特殊的阅读，因为阅读的题目有限，而且面向独特的、限定的受众。这种阅读又是绝对神圣的、有权威性的和非自觉的，据此不得流露感情，不得妄加评论。有的阅读是个人的、缄默的，也就是本尼狄克所说的"tacite legere"[静心理解]或"legere sibi"[给自己诵读]。然而，多数阅读是公开的、放声的，但这可不是为了学习和长进，也不是为了娱乐，而是把自己沉浸在集体灌输的环境之中。这不是个人解放，而是集体沉浸，这与20世纪的劳改营用扩音器宣读文本给犯人灌输思想没什么两样。那么，本尼狄克时代的基督教作品重复使用"咀嚼圣餐"这一比喻，也就不足为奇了。[85]

　　罗马的政治家卡西奥多鲁斯(Cassiodorus)60岁出头退休时，在卡拉布里亚(Calabria)的维瓦里姆(Vivarium)建起了一座修道院。与本尼狄克不同的是，他鼓励修道士既要读经典著作，也要读神圣文本。他强调道，阅读经典著作只是准确理解《圣经》和神父的一种手段。为了这一目标，卡西奥多鲁斯从早期教会的神圣中心北非进口图书，然后把它们装在九只大箱之中保存在修道院。[86]

　　在古代以及基督教的早期，图片也常被当作象征符号"阅读"。体现神的特性的一张图片就能代表神本身。这样一来，灶台代表女灶神维斯塔(Vesta)，传令官的令棒和翼形旅行帽代表诸神的使者墨丘利(Mercury)，闪电代表主神朱庇特等等。动物也可以成为神的象征，如鹰代表主神朱庇特。富有的贵族人家的墙壁上描绘的文学场景,可使他们回想起至爱的文学片段,其中大多出自荷马和维吉尔的笔下。目睹这样的场景,准读者,也就是与任何识字的人一样有造诣的听者,便会回想起作品中的诗句。这也是一种常见的阅读形式,虽然没有借助书写符号,却激发了人的口头语言。

毫无疑问,公元 1 世纪或 2 世纪,基督教徒住处的墙壁上也绘制了描写耶稣生活片段的场景。早期的教会也采用了罗马的象征手法,使用象征符号体现特性,如用鹰、狮和公牛分别代表《福音书》的作者约翰、马可和路加,用鸽子代表圣灵,用羔羊代表基督。这种象征符号后来被赋予了个性特质:羊不只代表基督,也代表其牺牲精神;鸽子也不只代表圣灵,还代表其永恒救世的品质。[87] 这些形象随着时世不断扩大,可借以表达众多的基督教概念。鉴于此,《旧约全书》才得以与《新约全书》相互关联,从而将早期教会文本上所奉行的精神连续性这一准则传承下来。正如奥古斯丁断言的那样:"《新约》隐含在《旧约》之中,《旧约》呈现在《新约》之中。"

基督教的圣像艺术将《旧约》与《新约》的场景联系了起来,供人们同时"阅读",最早的例子可见于公元 430 年罗马圣萨比那教堂(St Sabina)的两扇门板上描绘的图画。熟悉《圣经》的任何人都能认出,一边描绘的是基督的奇迹,一边描绘的是摩西的奇迹。不熟悉《圣经》的人会编造故事,或是询问他人图画上讲的是什么。几个世纪以来,好奇心使无数的人改变了宗教信仰。鉴于此,当别人问起安奇拉(Ancyra)的圣尼卢斯(Nilus)(卒于约 430 年)如何装饰教堂时,他建议说给十字架的两边画上《圣经》的场景,"可当成未受过教育之人的书籍,教给他们圣典的历史,让他们铭记上帝的仁慈"。[88]

这种惯例一直延续到今天。

古代的书写文化一般只限于为数不多的特权人士。然而,在人口众多的城市(如拥有大约 50 万人口的罗马),有成千上万的人诵读、书写和聆听语言,积极使用书面语言,并得益于书面语言。在整个古代社会,阅读和书写与传统口头文化的诸多形式并存。能读会写的人拉大了业已存在的阶层差距,因为他们也参与并致力于城市管理、军事指挥和帝国扩张。

继希腊和罗马古风时期之后,特权阶层逐渐开始依赖阅读和书写。社会中的每一个人的确都感受到了读写的影响力。但是,口述形式依然盛行,以至于人们普遍认为,阅读只不过是书面口语而已,是听的一种复杂形式。阅读的真正潜势通常不为人知,因此,人们愈加积极地培养和依赖自身的记忆能力。古时,拥有一本书是要付出昂贵代价的;如果不住在大城市,也是很困难的。甚至有完全读写能力的希腊人和罗马人,也很少能有自己的莎草纸卷轴或羊皮纸抄本。因此,只能通过个人阅读才能偶尔了解到更为广阔的世界和创新的思想。几乎所有的希腊人和罗马人,只要有读写能力,都会运用这种能力记账,参与地方选举,书写信件,或从事其它许多活动,但很少包括文学。鉴于此,我们当然不能说古代就存在大众化读写这一现象,读写社会的出现仍然是差不多两千年之后的事情。

依然有很多人认可读写的重要性。与奥古斯都皇帝同时代的希腊历史学家狄奥多罗斯·西库鲁斯便是其中之一,他坦言:

> 正是通过读写,生活中最重要、最有用的事情才得以实现,诸如选票、信件、证明、法规以及把生活纳入正轨的其它一切要素。谁能为读写作一首名实相宜的赞美诗呢?正是通过书写,逝者才得以在生者的心中永存;正是通过书面文字,天各一方的人才可沟通交流,宛如近在咫尺。就战乱时期人与人之间或国王与国王之间签署的协定而言,书面文字规约的"安全"才是协定得以存续的最佳保障。总之,唯有书面文字才使智者的箴言、神的圣谕、哲学思想和所有的文化得以保存,并一代又一代地传承下来。因此,自然是生命的本原,美好的人生源自基于书面文字的教育。[89]

　　许多世纪以来,用最复杂的文字写在莎草纸上的最优美的文学作品当数荷马的希腊文著作和维吉尔的拉丁文著作。在基督教会兴起的最初几个世纪,这些文学作品逐渐被载入上等皮纸抄本的《拉丁文圣经》所取代。新款的《圣经》抄本备受人们青睐和爱护,因此产量随之大增。[90]

　　口头诗歌在古代就已演变成为书面诗歌,证明书面文字及其服务的社会越来越走向精细化。例如,荷马的《伊利亚特》和《奥赛德》是"最主要的"史诗或口头史诗:其最初的目的就是背诵,主要特点是建构故事、生动叙事和呈现故事。相比之下,维吉尔的《伊尼德》是"次要的"史诗或是书面史诗,其主要特点是:文字风格和措辞个性而恢弘,这显然是成千上万有读写能力的古罗马人参与读写活动的结果。这种书面体(相对于口语体)史诗也为后来的《新约》所借鉴。《新约》是希腊传统和犹太传统相结合的产物。与犹太人崇奉《旧约》(《希伯来圣经》)一样,基督教徒也逐渐崇奉起了《新约》。这种对圣典崇敬之风逐渐移转至意大利半岛,为拉丁语主导的中世纪时代奠定了基础。

　　今天,对我们来说,古典作品似乎有些冗长,但却合乎情理。因为它们源自一个基于话语而非基于文本的社会,所以用现代标准来考量,似有夸夸其谈、华而不实、章法松散、重复累赘之嫌,甚至显得散落紊乱,而且多见偏离主题和细枝末节之弊端。既是演说家又是作家的那些人,优先考虑的是其它因素,而不是受众。他们的受众与其说是阅读的人,倒不如说是听读的人。今天,若要欣赏这些文本,我们就应伴着手势大声朗读,也许还要把我们的眼前想象成一个中庭,里面有身着长袍、面带微笑的亲戚,也有点头祝愿的,喝彩捧场的,应有尽有。

　　于是乎:文本转瞬间有了生命。

　　在古代的最后几个世纪,希腊文化、犹太文化以及拉丁文化给"基督教文化"提供了不少有益的借鉴,基督教文化而后也给中世纪注入了其它价值观念、前沿思想和风俗习惯。正是在这一历史阶段,阅读才变得更加内省,更加安静,成为个人的追求和内心的求索。早期的希腊人和罗马人体验了"莎草纸之舌",将阅读转化为获取信息的一种大众化口头工具;他们的后人则认识了"羊皮纸之眼",从而以缄默的方式传播基督教的信仰。

然而,阅读已超越了居主导地位的地中海地区,呈现给世人的是一个完整的阅读世界。

日本平安时期的宫廷贵妇,选自《源氏物语》,山本春正编
(京都,1650)。

第三章　阅读的世界

西方阅读史只是人类阅读史这部巨著中的一个篇章。据称,到公元 18 世纪中期,汉语出版的书籍比其他所有语言出版的书籍的总和还要多。[1] 中国、朝鲜、日本、美洲、印度等国家或地区一旦有了神奇般的书写,就对其进行改造,从而满足本土需要,于是便出现了阅读。汉语成了东亚的"拉丁语",对所有的文化产生了启迪,其程度远远超过了拉丁语在西方的影响。朝鲜人起初阅读汉语,之后独辟蹊径,创造了适于表达朝鲜语的新型书写系统。日本最初遵循朝鲜的汉语模式,后来用本土的发明对其阅读的汉语进行补充,创造了日语语音和作为阅读产物的日本历史与文化。阅读在哥伦布时代之前的中美洲仅限于少数社会精英,他们借此张扬自己的显赫地位,从而掌握和控制权力,这一点至少可见于其碑铭。直到上两个世纪,印度形成了一个严格的阅读等级制度,阅读材料涵盖数百种语言文字,覆盖之广是西方社会难以企及的。西方的阅读文化,尤其在上个世纪,改变并主导着整个世界的阅读习惯。然而,在读写史上的相当一段时期,国际阅读才是一个真正的"阅读世界",如同阅读赖以繁荣的诸多书写系统和文字一样丰富多彩。

中国

公元前 14 世纪,汉字首先在中国中原地区出现时就已近乎完善,或者会让人产生这样的联想,汉字可能是从西方借鉴而来的,因为西方的完全书写业已存在了两千多年。最早刻有汉字的兽骨(肩胛骨)和龟甲(腹甲)等人工制品用于记录神灵通过祭司或统治者在神殿显现的神谕。制作甲骨文时,先在兽骨和龟甲上雕刻凹痕,然后加热,最后就形成┤或卜状的裂痕。占卜师把这些裂痕解释为王室的列祖列宗对统治者放声问天的超自然应答。类似的古代铭文通常由预言(回答)和验证(结果)两部分组成,分次刻成。古时的占卜从一开始就特别强调真实性。可见,中国最早阅读的是历史记录。

如果说商朝王室已故的祖先代表了中国最早的声音,那么公元前18世纪到前12世纪的统治者和巫师则是中国最早的阅读者。例如,商武丁(公元前1200—前1180年在位)统治期间,就对生育之事做过下文的预言:"国王[武丁]一边看着裂纹,一边读道:'丁日生,吉;庚日生,大吉。'"后来的结果也显现在龟甲之上:"第三十一天,得佳音,分娩;不吉,得一女子。"[2]

中国最早的声音有别于八百多年后犹太人的超自然信息,既不神圣,也不庄严:虽然把声音转写成文字,却没有唤起人们对文字载体的崇拜。它们只不过是珍藏在皇家宝库里的文字记录而已,像年鉴一样,供人们查阅和比照,是为早期的数据存储。

诵读神谕之风一直延续到商朝之后的西周王朝(公元前1028—前771年)时期,但后来越来越多的青铜器皿上也刻上了传说。采用失蜡铸造法将这些文字刻于黏土,改变了商朝早期的汉字形态,使字形由角状变得较为浑圆。此时的汉语文字几乎全是铭刻文字,与爱琴海、小亚细亚和中东地区当时的情形别无二致。不过,中国的青铜器上倒是多了主人的印鉴、箴言、简短的祷文等这样的文字。此类青铜器携带方便,价值不菲。

在古希腊发现书写对创作和学术有诸多裨益的同时,中国也将书写的应用范围由简单的铭文拓展到更为重要的场合。人们开始用笔墨在树皮、竹简和木牍上书写篇幅较长的历史和哲学文本。特别是公元前 5 世纪之后，宗教传播之风突然盛行，书写被视为一种重要的工具。越来越多的中国人，主要是男性佛教学者，因此掌握了书写能力。然而，正如教学仍为口头教学一样，当时的知识仍为口述知识。全然像在西方世界一样，书写文字屈从于口头文字，阅读尚未构成一种自主的智能，而只是一种技能而已，服务于行将支配中国许多世纪的伟大的口述传统。

孔夫子，即孔子（Confucius，公元前 551—前 479 年）是中国重要的哲学家和教育家。他推崇口述的重要性，认为阅读微不足道、不足挂齿，这与苏格拉底的观点如出一辙。然而，苏格拉底是在孔子去世大约十年之后才诞生的。当时的战国七雄都有各自的书记员，他们通过读写管理国家的日常簿记和行政事务，这的确已是当时阅读的主要目的。鉴于此，正如在美索不达米亚和埃及一样，职业书记员学校应运而生，毕业的学生异地从业，把书写的用途传遍各国。正是这些书记员开始记录和创立了世界上最丰富、最多产的一个文学传统，即中国文学传统。[3]

中国现存的最早两部作品《书经》（*Book of Documents*）和《诗经》（*Book of Songs*）杀青于这一时期。公元前 5 世纪，军事家孙子著有 102 《孙子兵法》（*The Art of War*）；孔夫子的忠实弟子开始编撰《论语》（*Analects*），记载恩师的口头教诲，这比古希腊的柏拉图运用文字记载老师苏格拉底的教诲早了大约两代的时间。道教也对早期颇有影响的文本有所借鉴，例如《老子》和《庄子》。公元前 3 世纪，孟子的口头教诲汇编成著名的《孟子》，又一次重申孔夫子的教诲。后来，秦始皇帝的第一任丞相吕不韦（任职至公元前 237 年）作为文学赞助人，组织编写了杂家著作《吕氏春秋》，此书涉猎广泛，堪称是中国的"第一部百科全书"。先秦的儒家文学也正是这一时期遂有了界说。

中国的经典著作主要包括以下五部：[4]

《易经》（*Book of Changes*），占卜用书；

《书经》，商朝和周朝（公元前 1122—前 256 年）早期的著名文学作品汇编；

　　《诗经》,诗歌和民谣汇编；

　　《春秋》(*The Spring and Autumn Annals*)；

　　《礼记》(*Book of Rites*),有关礼仪和行为的文本汇编。

　　然而,只有为数不多的著作最后成为中国初等教育的基础教科书,即《四书》(*Four Books*),其中包括孔夫子的《论语》、孟子的《孟子》以及《礼记》中的《大学》(*Great Learning*)和《中庸》(*Doctrine of the Mean*)两部分。

　　举世闻名的秦始皇(公元前 221—前 206 年)曾一度只是秦国(the Kingdom of Qin)的君主,英文单词"China"就是从"秦"字的汉语发音演变而来的。秦始皇统一中国后,一大批文学作品得以问世,其内容博大精深,令成千上万的中国读者获益匪浅。

　　这堪称是当时世界上最为庞大的阅读群体。

　　阅读汉语的过程完全有别于阅读希腊语、希伯来语或拉丁语。时至今日,汉字依然是词素–音节字符 (morpho-syllabograms),即以音节表词素(不可再切分的整词或词的一部分)。几乎每一汉字都由两个或两个以上的字符构成,即表音字符(phonetic)或音符(sound sign)和所指字符 (signific)或意符(sense sign)。受过教育的中国人显然是音符和意符兼读,而初学者则通过音符或意符揣摸基本读法。

　　因此,汉字有即时"整字"法和音义结合归纳法两种读音方法。多数中国人最终学会"整字"读法,就像我们掌握了基本规律并内化了不规则情况之后去读拉丁文一样。[5] 显然,每个汉字的所指字符或意符在解码过程中作用有限(视觉刺激),而表音字符,或者说音符,在阅读过程中的作用则更为显著。其原因是,一般来说,"音符在预测发音时远比意符在预测意义时更具优势"。[6] 然而,音符与意符在给记忆中的音、义解锁时也发挥着独特的"视觉钥匙"的作用。

　　就字母文字系统而言,掌握大约 20 到 30 个称之为"字母"的基本符号,就能阅读该语言中的任何(小写)单词。相形之下,每个汉字本身就是一个整字,读者因而必须学会每个生字。当然,音符和意符,还有语境、汉字的常规组合、句法(词汇与词素在言语中的系统配置)等其他标记对音和义均有提示作用。字母发音相对稳定(尽管也有例外和方言变体),但汉字的辨识则无可预见性;字母本身解码整个词汇,而每个 104 汉字的词素-音素(morpheme-syllable)却被"编码"到书写系统之中,阅读时须单独解码。事实上,这一过程激活人类大脑的区域有别于字母文字的读者。

中国的阅读困难重重,却从未间断。秦始皇的第二任丞相李斯曾对汉字书写进行过重大改革。一个世纪之后,据历史名著《史记》记载,李斯"统一文字,并在全国普及"。[7] 当时的儒生援引历史记载指责秦始皇采纳李斯对封建领地的残暴政策,而李斯却进言秦王,非秦之儒生都应交出秦记以外的史书,并予以焚烧。结果,数以万计,甚至数十万写在竹简上的《诗经》《书经》和诸子百家的著作在公元前213年遭遇查封和烧毁。尽管如此,其它类别的许多著作,尤其是技术和文学专论未列入清查之列,因而幸免于难。另外,秦国的博士官也保留了自己馆藏的全部图书。因此这并不像历史学家所宣称的那样,是一次"焚书"无类之举,其真正的目的是排除异己,当然这完全是另外一回事。

中国人当时阅读的文字,要么用笔墨写在树皮、竹简和木牍上,要么刻写在石头、兽骨和龟甲上(极少见),或者是铸造在青铜器上。东汉(公元25—220年)早期,缣帛成了书信、官方文书和书籍的常见书写材料。然而,像西方的莎草纸一样,缣帛造价不菲,须寻找价格更为低廉的书写材料,才可满足日益增长的文本书写需求。公元1世纪,人们把旧的丝绸打成浆,将其胶状物在模具上铺成薄薄的一层,然后晾干,最后生成一种书写薄膜。公元105年,宦官蔡伦首次在汉武帝朝廷上详述了此种工艺。世界上最有用、最常见的书写材料由此诞生,这就是"纸张"。

纸张最初是破布和天然纤维(月桂树、桑树和中国草)的合成品。[105]

直到公元 8 世纪,国家一直垄断纸张的生产,并对造纸技术严格保密。(然而,纸张的使用还是流传开来,东到朝鲜和日本,西至土耳其斯坦。)早在公元 100 年左右,在中国西部戈壁滩服役的将士就已用上了纸张,与远方的朝廷保持着频繁的联系(驻守在文德兰达要塞哈德良长城的罗马将士亦如此)。纸张很快成为中国主要的书写材料,因其价格相对低廉,阅读在东亚地区得以迅速扩展。

中国文学青史丰富多彩,卷帙浩繁,难以简言概括。(建议有兴趣者进行必要的有价值的研究。)[8] 随着城市人口日益增多,纸张的使用不断普及,每一时代、每一都市都涌现了大量的文学表现形式,呈现出比西方更为强劲、更为多样化的态势。中国作家对合宜的社会关系这一主题尤感兴趣,读者也正好寻求类似的书籍,以期自己能过上符合规范标准的生活。这些书籍同样也得到了世俗君主和官僚墨客的扶持。[9]

及至汉代,读者可以接触到可靠的历史研究成果和精确的编年记载。这些文献远比当代的希腊、犹太和罗马史论更具信度,更有条理。中国古代的读者,像我们今天一样,也期待史实的准确性和综合性。在公元后的最初几个世纪,数以百计的历史学家一直按最高标准提供可信的文献。的确,"中国是拥有世界上最伟大的史料编纂传统的国家之一",[10] 数世纪之后,西方才出现了可与之媲美的历史记录。

事实远不止于此。(西)汉初期,即公元前 1 世纪、前 2 世纪,朝廷司库还资助一小部分农民到当地的学校接受教育,学时比为官僚机构培养书记员和学者要短一些。此举的目的是普及读写,可见朝廷对读写高度重视,并把读写作为社会工具予以推广,从而强化集体意志。(当时,中美洲玛雅人的做法却正好相反。)当时,阅读被视为是惠及大众的好事,教育社会最底层的人,有益于巩固统治阶级的基础,也是公众的福祉。汉朝公共图书馆藏有数百册竹简或木牍(后来也有纸质的)"书卷",供受过正规教育的人参阅,并从中受益。事实上,到了公元前

145 年,汉朝早已分科取士,建立了科举制度。[11]

为了满足不断增长的文本需求,公元 6 世纪的书记员开始制作高质量的纸质印刷品。他们使用石板、烧土、木板、甚或金属制作整页文本模版,可印刷高清晰度的文本。木版印刷一直备受中国印刷从业者的青睐。其原因是,汉字系统大约有 6 千常见字(每个独立成字),难以储存并用作活字(中国的一项发明)。因此,木版印刷一次一页,使用的木材价格低廉,实践证明是一项非常成功的技术。

一部作品印量巨大并不代表有庞大的读者群,这是因为当时盛行异域文化的价值观念。例如,公元 839 年,日本僧人圆仁(Ennin)在中国圣地五台山发现了上千卷的大藏经印本(公元 2 至 6 世纪经典大乘佛教[Mahayana Buddhism]经论的一部分)。然而,这并非馆藏图书之地,而是一座庙宇,像古埃及陵墓的内部一样,里面供奉着唯有神灵可望阅读的印刷祭品。现存最早、最完整的注明日期的版木"书",即纸质书卷,是大不列颠图书馆公元 868 年的《金刚经》(Diamond Sutra)。到公元 980 年,印刷术广为流传,中国的学术研究在宋朝(960—1279 年)达到巅峰。直到 19 世纪,木版印刷一直是中国、朝鲜和日本最主要的印刷方法,[12]为世界上最大的读者群提供了数千万页的读物。

这些读者都是些什么人呢? 最初是训练有素的达官贵人,即朝廷官吏或佛教僧侣。然而,工匠刻写的铭文显示,在公元前最初的几个世纪,统治阶级以下的许多中国人也识文懂字。[13]公元 5 世纪到 10 世纪的敦煌手卷表明,"读写能力分不同等级,上有杰出的学者,下有连潦草写出自己的姓名都感觉痛苦的凡夫俗子"。[14]敦煌手卷中甚至还收录了 10 世纪的一个文献,记录的是 15 名女性组成的社团投身于"妇女联谊会"的情况,这表明女性具有读写能力,同时也是当时使用书写练习和基础教材的见证。当时,从今天的北京到巴格达,中国学者皆用草书,近似于速记。

大量的印刷品主要出现在 13 世纪之后,它们不是符咒或祷文,而是供人阅读的教材,大大推动了读写能力的普及。明朝(1368—1644年)年间,朝廷大力扶持,初等教育形成网络,学校遍布全国。朝廷选择的这种方式是对传统的富人私塾的补充,此前,私塾一直是读书识字的主要渠道。冯梦龙的短篇小说集《古今小说》颇受读者青睐,但是官方将其列为禁书,以确保学生和学者潜心研读孔夫子的著作。[15]

然而,真正的"印刷业"直到16世纪才出现,表明在这一时期阅读传播广泛,阅读人数骤增。1644年满人控制北京,"大规模的印刷、繁荣的商业图书生产、面向十分广泛的读者群开发特种材料"等,[16]足以证明中国的读写已达到较高程度。不久之后,中国出版的书籍可以说比世界上其它语言出版的书籍总和还要多。[17]

清朝(1644—1911年)年间,中国北方总体上仍沿用传统体裁,南方则印刷通俗读物,通过庞大复杂的区域书商网络销售图书,并因此而著称于世。16世纪,木版印刷技术取得了进步,使中国小说在18世纪曾风靡一时。正如在西方一样,这一时期对地方诗歌、传说以及歌谣的需求量也很大。然而,反映宫廷生活的鲜活故事却是中国独有的;颇具教育价值的书籍也备受青睐,如数学课本、道德箴言、大众百科全书、各种年鉴、书信写作手册、文件样本以及其它体裁,不一而足。

18世纪,彩色"连环画"畅销,读者甚多。19世纪早期,用石蜡版或黏土版印刷的大幅印刷品可见于较大城市的街头巷尾,销售价格十分低廉,供人们聚集在一起大声朗读。实际上,这就是当时的"街头小报",刊登新闻事件、国家公告、政府立场,还有休闲娱乐和其它有价值的普通信息。

19世纪早期去过广州的一位欧洲人注意到:

> 我经常听人说起"流通图书馆",但在来到这个国家之前,我从未见过有人在街头拿着书上门兜售……。这里的有些"流通图书馆"是固定的,顾客必须亲自去书库找寻想要的书。然

而,通常也不用这么麻烦,藏书的人会把五花八门的书分装在
两只箱子里……走街串巷,挨家挨户兜售。他们就这样维持
生计,终其一生。他们也出租书,通常租期很短,租金微薄,因
为一般都是短小的书卷,经常一套只有几卷。流通的书主要
是小说,有时也有三流小说……。今天下午,我在商行[广州
的外国工厂]门口碰到一位书商向工厂的雇工和苦力出租书,
他说他的藏书共有 2000 卷,手头只不过 300 卷,其余的都在
租书的人手里。[18]

当时的传统市场主要有三种印刷品:朝廷或者地方行政机关的官
方出版物,图书收藏者的私人出版物,以及职业书商的商业出版物。就
图书生产本身而言,从宋朝到 19 世纪中叶,一直没有真正意义上的突
破。活字印刷闻名遐迩,却不适用于操作汉字,因而鲜被采用。多数印
刷商仍然垂青木版印刷。活版印刷是一种排字印刷的工艺过程,直至
欧洲人 19 世纪将这一技术再次引入东亚时,木版印刷才几乎被完全取
代。

19 世纪后半叶,中国努力抵抗外敌入侵,现代化和工业化尤其
成为中国迫切需要应答的一个课题。中国开始效仿西方的印刷术,
迫切需要新技术和其它门类的教育图书。新成立的翻译局和为借鉴
西方经验而建立的印书馆专门从事欧洲技术和信息的出版和传播工
作。这一时期出版、发行了大量书籍,表明中国的整体文化水平已接
近当时的欧洲。据估计,19 世纪末,30％到 45％的中国男性识文断
字。[19]新教传教士也积极投身于乡村教育项目,首次成功地应用汉字
的活字印刷术印制学生手册和祈祷短文。20 世纪早期,技术和教育
革新使现代印务馆得以建立,并成为 20 世纪后期中国印刷品的首要
源地。

女性读写则是另一幅景象。20 世纪之前,中国妇女无望获准接受

109

110 或系统接受任何形式的正规教育。虽然偶有例外,但仅此就足以证实当时近乎普遍的一条禁律:女性被排除在一切读写活动之外。像在欧洲一样,18 世纪的中国也有专为女性撰写的书籍,如《女论语》(*Female's Analects*)和《女孝经》(*Women's Classic of Filial Piety*)。这两本书实为由男性教科书改写而成的女性读本而已,阅读这些书籍的社会群体有时还会结成诗社。如果家里有读书识字的男性,妇女通常会有更多的受教育机会,也有可阅读的材料。然而,妇女由于身份卑贱,根本不准涉猎孔子的经典原著,只能读些"女性版本"。少数风尘女子能赋诗,一些职业女艺人因自己的原创故事而出名,这说明女性有一定的文化程度。然而,与中世纪的日本不同,中国缺少女性文学的社会环境,更不用说形成女性文学体裁。20 世纪初期,只有 1％到 10％的中国妇女识字,具体情况视地域而定。到了 20 世纪末期,中华人民共和国掀起了大规模的扫盲运动并实施基础教育,女性识字率几乎在各地均达到 90％。(同期,男性识字率也从大约 30％提高到 90％。)[20]

同世界其它地方一样,中国的现代阅读也沿袭了西方的体裁和惯例,20 世纪初期以来尤为如此。1911 年,孙中山推翻了满清政府,中国结束了旧文化,引入了外国的价值观、管理方法、生产和资本等理念,对传统阅读首次产生了强烈的冲击。然而,更具革命性的变革是,随着 1949 年中华人民共和国的成立,与国外新的主流意识相一致的读物遭到限制。近年来,文化枷锁大幅削减,中国首次允许阅读多元化。的确,中国的阅读正日益可与世界上多数自由国家相媲美,尽管互联网的使用仍受到严格控制。

目前,英语词汇不断侵闯汉语领地,加之以拼音形式书写的汉字
111 (汉语的八大方言以拉丁字母标音)日益增多,也同样改变着当地的阅读习惯。然而,东亚昔日的"拉丁文",作为世界上最伟大、最具影响力的一种文化载体,必将在未来的许多世纪一如既往地影响和引领东亚文化。

朝鲜

汉武帝在位期间,中国首次出现了有关造纸术的描述。汉武帝于公元 108 年征服了朝鲜大部分地区之后,中国文化、宗教、语言以及文字迅速吞噬了朝鲜,与完全处于同一时期的罗马帝国对英国的影响别无二致。[21]没过多久,中国失掉了朝鲜北部地区,但中国文化在朝鲜的西南地区得以延续和繁荣。朝鲜读者最初只读汉语,朝鲜所有的文化都是中国文化(正如不列颠群岛所有的凯尔特文化都是拉丁文化一样)。[22]公元 414 年的石刻碑文是朝鲜语使用汉字进行书写的最早见证。直到公元 7 世纪末,朝鲜书记员才采用"史读式记录法"(official chancellery script)以音节的形式用古朝语及其句法下达官方的日常事务。

当然,朝鲜在借鉴中国文字之前,早已培育了以集体歌舞吟诗为特色[23]的口传文学。书面文学一旦有了新的表现形式,朝鲜的北部王国就喜欢上了英雄故事,而与之敌对的西南王国和东南王国则普遍喜爱阅读抒情传说和歌谣。显而易见,古汉语主导着各类文学形式。位于东南部的新罗王国(Silla Kingdom)于 7 世纪吞并了其它两个王国,并允许中国文化和佛教影响本国的艺术创作,此时,汉语的影响尤为显著。统一后的新罗时代(668—935 年)出现了"乡歌"(*hyang-ga*)。乡歌是佛教僧侣或侠义青年用"乡札"文字(Korean *itwu* script)创作的高雅诗歌,抒发他们对佛教超凡脱俗的向往。然而,大量的朝鲜史诗仍然用汉字记录。(不列颠群岛用拉丁文记录盎格鲁-撒克 112 逊、威尔士、苏格兰、坎伯兰、康沃尔、爱尔兰及其它地区的史诗传说和故事)。

新罗统一后的高丽王朝(Koryŏ Dynasty)(935—1392 年)沿袭"乡歌"传统,使之发展成为形式化的赞美诗。"高丽歌谣"(*pyŏlgok*),又名"俗谣",是这一时期高丽诗人创作的典型的文学形式,可用于节日的舞台表演。后来出现了"时调"(*sijo*)抒情诗和其它一些用朝鲜本族语创作的史诗作品,如民间传说、传奇、神话、佛教及其庙宇史。[24]

　　中世纪鼎盛时期,新的社会压力迫使朝鲜重新审视其阅读需求。公元 13 世纪,朝鲜印刷商有史以来首次真正使用中国发明的活字印刷术。[25]到 1403 年,朝鲜印刷商已用上了金属活字版,比德国的谷登堡整整早了一代。事实上,复杂的汉字或者基于汉字的书写形式均不适合表达朝鲜语。金属活字版这一革新和发明正是努力寻求书写替代形式的产物。[26]1466 年,世宗大王(King Sejong)发明了谚文字母表(Korean Han'gǔl alphabet),成为以朝鲜语充分表现文学作品的最早媒介。当时,欧洲文艺复兴时期的学者也从使用拉丁语转向使用自己的民族语言。

　　当时,读者也一直在寻求阅读各种文学作品。谚文时代(Chosǒn'era)初期(1392—1598),人们醉心于诗歌。尽管重要的长诗也用新发明的朝文字母印刷,以彰显朝文作为一种文学表现媒介的实用性,却遭到了学者们的猛烈抨击,直到 20 世纪才被普遍接受。到了谚文晚期(1598—1894),在 1597 年日本侵朝战争的影响下,诗歌逐渐让位于散文,反映了作家的关注点和情感在发生变化,即从绝对接受权威转向首次顾及朝鲜平民的实用理想主义。[27]传统小说的受众是女性。作家也开始编撰诗集、创作故事、分析历史,从而引导人们重新认识朝鲜独有的民族特性。

　　随着 1894 年的改革,朝鲜阅读进入由"传统"(中朝本土)模式向"现代"(西方)模式转轨的漫长时期,[28]创作了诸如"新小说"(*sinsosǒl*)之类的全新文学体裁,为此次革命性的变革提供了支撑。散文的出现,使诗歌黯然失色。到了 20 世纪 30 年代晚期,朝鲜文学不仅与基于西方的世界文学相似,而且从风格和主题上都反映了国际诗歌、短篇小说以及小说的特点,在这一人为的、舶来的文学领域达到了极高水平。

　　日本人 1910 年吞并了朝鲜,及至二战处于白热化阶段,又禁止使用朝语。阅读朝语往往在私下进行，否则会危及性命。战后，朝鲜被解体为共产主义的北朝鲜和资本主义的南朝鲜，阅读也按意识形态分化为两大阵营。南朝鲜遵循国际模式，人人享有阅读自由，唯有资本主义市场经济的因素对阅读有制约作用。北朝鲜则严格控制图书出版，只允许阅读经官方审定的内容。科技一类的书籍，只有通过严格筛选的少数专家才能阅读。南北统一或许会使所有的朝鲜公民享有阅读自由。

中国和朝鲜的阅读蕴涵着十分重要的启示。与中世纪晚期的欧洲相比，中朝两国的阅读没有形成商业市场，没有促成印刷商公会，没有与贸易和生产协同，更没有刺激经济的繁荣与社会的进步。大规模的印刷活动仍被国家或富豪所垄断，这种格局一直持续到当代（北朝鲜至今亦如此）。15 世纪的朝鲜，世宗大王甚至禁止在皇宫里出售朝文书籍，一个版本仅几百册，只能在达官贵人和大师学者中间传阅，唯独他们有资格享用这些信息。中朝两国都没有认识到金属活字版印刷术的潜力。

当然，活字印刷用于汉字既不便捷，又不实用，而用于朝文却并 114 非如此。事实上，朝语字母就是专门为金属活字版印刷而发明的。在欧洲，由于有收益可观的投资人支持，印务馆如雨后春笋无处不在。印刷商扩大生产，降低书价，刺激需求，鼓励更多的人去阅读，因此，识字的人多了起来，社会也随之进步。然而，东亚的情形并非如此，书籍生产依旧为皇室和封建精英所垄断。严厉的封建等级制度让中国人和朝鲜人备感束手无策，比日本有过之而不及，结果坐失了印刷业发展的历史机遇。欧洲的"阅读革命"是两个因素协同的结果，一是金属活字印刷，一是应用印刷技术的资本主义基础。东亚地区传统观念盛行，因而未曾经历过类似的革命。直到 19 世纪至 20 世纪早期，只是在西方入侵、商业化和工业化的影响下，人们才极不情愿地放弃了传统观念。

早在几个世纪之前，欧洲就借助书面文字实行社会变革，但这对东亚而言却为时太晚,即使实施变革,也是外国的一种强加。尽管中国和朝鲜发明、应用了印刷术,并对印刷术进行过重大改进,但使这项发明资本化并以此改变世界的却是西方国家。其它国家若想参与竞争,就只能步其后尘。

日本

日本最古老的文学体裁有和歌(*uta*),即战歌、情歌和酒歌,它们最初都没有书面形式。文字出现之前,日本岛的第一批读者,像琉球群岛(Ryūkyū Islands)南部的读者一样,可能采用结绳记事。结绳记事是亚洲和美洲已知的一种记录方式。[29]公元 108 年中国汉朝入侵朝鲜,汉字很快在少数日本朝臣当中流传了开来。在公元后的最初几个世纪,铜镜等各种舶来的手工艺品上出现了汉字。在后来的几个世纪,中国文化和中国文学经由朝鲜的某种媒介传给日本贵族,给他们留下了深刻印象,并开始产生影响,传播的具体途径至今不明。据说,应神天皇(Emperor Ojin)(380—395 年在位)甚至聘请了两名朝鲜学者教授太子学习中国文字和中国文学等课程。

公元 6 世纪中叶,由于中朝的刺激,佛教成为日本的国教。汉字书写渗透到日本朝廷之外的社会领域,并开始在岛内广为传播。当时,为了进一步研究佛教思想,日本学者经常朝拜中国。(当时,凯尔特和盎格鲁-撒克逊僧人也前往高卢和意大利求教基督教教父。)日本最终于公元 645 年建立了以儒家思想为基础的中央集权政府,并兴盛了五百年之久。这一时期,日本将汉字书写制度化,对汉字进行了必要的改造,进而用于表达古日语语音。

随之,历史上的日本文明诞生了。

日语的阅读(yomu)一词有"朗读、背诵、重复、赞美;理解、体会;作文"等含义。最初的含义显然是口头表述,所有的阅读都是朗读,也指听得着、看得见的口头文字。口述传统中的古代战歌曾被改写成散文,使用的是最古老的日语书面语言。然而，到 6 世纪末，日本阅读仍为汉语阅读。

此时，日语作为日本本土特有的一种表达形式开始使用汉字描写日本。《古事记》(*Kojiki*，公元 712 年) 记述了口头流传的古代神话，传说和史实，构成日本的文学基础。《日本书纪》(*Nihongi*，公元 720 年) 是日本留传至今最早的正史，采用汉语编年体写成，记述了皇家的谱系，始于神话构想时期，终于公元 697 年。[30]

日本人把其独有的抒情诗视为珍宝，这种文学形式将一短行音节与一长行音节并置，强调节奏而非韵律。公元 750 年到 800 年间的《万叶集》(*Man'yō-shū*) 是用汉语写成的，汇编了大约 4500 首和歌。《延喜式》(*Engishibiki*，公元 927 年) 记载的是古代日本本土神道仪式使用的祷语，然而，风靡日本的依然是中国文化和语言。从公元 6 世纪到 9 世纪，日本遣唐使把中国的艺术品和文学作品带回日本，所有的日本文化逐渐以中国文化为典范。中国佛教，而并非本土的神道精神，激励了日本的阅读并使其延续至今。

以此来看，正如在中国一样，日语文本的阅读对象不是凡人，而是神明。例如，公元 764 年，孝谦天皇 (Empress Koken) 战胜了儒家势力，重新登基，改号为圣德天皇 (Shōtoku)，下令以木刻版印制一百万卷《陀罗尼经咒》(*dhārānī*) 或称《经咒》，并分发到十座大型寺庙以谢神明。[31] 这些书卷不是为了"阅读"，而是供奉给神灵的，以求庇荫。人们相信，供奉的书卷越多，圣灵的回应就越多。这项工程耗时六年之久，颇具讽刺意味的是，这些书卷从未有人阅读过。古代这项最宏大的印刷却对日本的印刷业、文学或阅读未产生任何影响。事实上，日本在后来的两个世纪里再也没有印制过任何作品。

公元 11 世纪，平安京 (Heian-Kyō)（今天的京都）的贵族定期印制一到一千册的祷文，或悼念死者，或祈雨。同样，这些祷文被供奉在寺庙里，只供神灵阅读。正如日本僧人圆仁在中国佛教圣地五台山亲眼目睹的那样，东亚地区的印刷量巨大，但并不代表有巨大的阅读群，姑

116

且不计高高在上的文化诸神。

　　尽管如此,到了公元 11 世纪,奈良(Nara)附近的一些庙宇也印制起了佛教经文,供僧人学习之用。这种阅读日趋普遍,日本文学也得以长足发展。公元 894 年,位于平安新城的日本政府与中国断绝了外
117　交关系,有意识地开始发展日本的民族特性。日本人将舶来的汉语与本土的元素相融合,形成了一种新的混合型文化,这在很大程度上是阅读汉语的结果。这一文化在公元 10 世纪晚期或藤原道长(Fujiwara no Michinaga)摄政期间走向成熟。然而,大约在公元 900 年,日本人开始以叙事性散文的形式编撰本土的"物语"(monogatari)(传说、故事和历史),"物语"随之在日本诸岛广为流传。[32]许多世纪以来,作为一种主要文学体裁的"物语"一直主导文学领域,这在很大程度上应归功于日本妇女。

　　古代的日本妇女大多一生苦短。正如历史学家伊万·莫里斯所言:"大多数[日本]妇女……在田间辛勤劳作,在家里备受虐待,早生频育,活不了多少个年头。追求物质独立、文化享受,比登月还难,连想都不敢想。"[33]然而,公元 10 世纪到 11 世纪,为数不多的日本妇女,实为宫廷贵妇,却过着完全不同的生活。与其说她们地位尊贵,还不如用希腊语或罗马语中的"与世隔绝"形容她们的处境。她们被禁锢在庭院深处,离群索居,习乐练字,做些高雅至极的事情。每天做着同样的事情,日复一日,单调乏味。男人的话语无法听到,男人的学识无法领略。很少能与人面对面交谈,在多数情况下只能靠书信与人交流。

　　就这样,宫廷贵妇学会了一般知识,并且煞费苦心地设法与人私下交流。皇宫里的妇女的确享有教育特权。只要她们看似清心寡欲,给人一种自己甘愿"离群雅居"的印象,就完全可以畅游在知识的海洋。这种心态是所有日本宫廷妇女可望达到的理想境界。女人的形象胜过一切,她们磨炼习性,精心装扮,以掩盖生活的真实。她们的生活天地与男性主宰的宫廷世界往往迥然不同。

在空寂幽暗的中世纪日本宫殿,许多妇女靠相互朗读打发漫长而寂寥的时光。大多文学体裁专属男性享用,女性禁读;汉字也被禁用,那也是男性的特权。宫廷贵妇只好拆借音节假名(kana)符号,也就是沿用至今的标记汉字读音的符号,后来形成了妇女特有的文字系统。贵妇们在箝闭的文化环境中能自由阅读的体裁无非是儒家学者和佛家教义贬抑的那些文学体裁(即闲适的娱乐体裁)。118

性别歧视逐渐分裂了日本阅读。日本阅读当时有两大领域分庭抗礼:有实质内容的大众领域和虚幻私密的宫廷领域。前者包括哲学、宗教、科学、地理和英雄传说;后者涉及小说、家庭琐事和非常女人超凡脱俗的轶事。每个领域不仅有各自的语言,一个是男性词汇和语法,一个是女性语言(这是日语至今的一大特色,虽然不再鲜明)。每个领域还有各自的文字系统,男性使用汉字,妇女使用"她们的"假名音节符号。使用一个领域的语言和文字表达另一领域的内容不但无法被社会所接受,而且从语言上来说根本行不通。这样就产生了语言上的性别差异。

从此时起,贵妇们开始创作她们自己的文学。这种纯粹的女性文学源于女性篡改而成的拼音文字系统,以"女性"/"女手"(onna-de)著称。事实上,男性颇为尊崇"女文字"、音乐、舞蹈和茶艺,这些都能显示女人的优雅尊贵和温柔屈从,使奴役她们的男人备感荣耀,地位得以巩固,权势关系得以显现。的确,那时皇宫的达官贵人同样期望他们的女人习汉诗、赋和歌、弹琴筝、吟诗诵读。

通过使用平假名,日本妇女最终创造了她们自己的书面语言,也就是宫廷妇女专用的语言,而且还创建了自己的文库:女性图书馆。这一社会现象创造了世界上最崇高的文学,是日本文学精英对中国最优秀的文学作品重释后的升华。随着假名的不断细化,日记和短文两种体裁得以繁荣,而且几乎全部出自女性作家之手。平安时期(794—1192年)最早的女性宫廷文学当属《季夏日记》(*Journal of Summer's End*)。作者以第三人称平心静气地描述了抑郁愁思的时日:119

日子一天天流逝,寂寥苦闷。她翻着过时的小说,大多粗制滥造。也许,她自言自语道,倘若把自己闲愁的生活写成日记,或者会让人产生一些兴趣。也许,她甚至能回答出这样一个问题:这就是出身高贵的女人要过的日子吗?[34]

　　这就是平安时期女性文学的疗伤价值所在:共同的形象是对生存有效性的确证。寄身于宫廷的贵妇不再遭受孤单寂寥、与世隔绝之苦。她们用文学表达宫廷妇女的共同心声,孤寂的心灵得以慰藉,内心的痛楚随着毛笔的轻弹会悄然淡去。这种心声蔓延、汇合,逐渐形成日本社会的一个独特领域。

　　这一时期的优秀作品还有《蜻蛉日记》(*Kagerō Nikki*,约公元 974年)和《和泉式部日记》(*Izumi Shikibu Nikki*,约公元 1010 年)。公元 1000 年左右,清少纳言创作的第一部随笔(*zuihitsu*)作品《枕草子》(*Makura no Soshi*)被誉为日本文学的一颗瑰宝。作品是由一连串微妙细腻、丰富多彩的观感构成,以诙谐的语言讽刺了日本社会日常生活的诸多方面。清少纳言对同样流行的书信体曾这样赞赏道:

　　书信乃平常之事,可着实有卓越之处! 一人远在异乡,一人心神难定。偶得书信一封,犹如人在眼前。书信一封,倾诉感念,乃令人释怀之事。信已寄出,即使尚未收悉,心中却同样快慰。[35]

120

　　毫无疑问,女性物语是平安时期日本宫廷特殊生活的写照。日本女作家紫式部公元 1010 年左右创作的《源氏物语》(*Genji Monogatari*)无与伦比,享誉世界。小说以细腻的笔触,挖掘人物的心理世界,描写了爱情王子源氏 (Genji) 和他那世故却命运坎坷的儿子薰 (Kaoru)的经历。继《源氏物语》之后出现了许多仿作。然而,唯一的变化似乎是季节本身,因为在没有时序的、梦一般的情景里,事件往往互不关联。重要的是人们的心理。宫廷森严的等级制度，女人的流言蜚语，美好的或令人恼怒的，愉悦的或无礼的，一时的责难，无礼的诽谤（"穿着和服的简·奥斯丁"）等等，不一而足。也许，有人会冷言嘲讽物语这类题材，认为并没有达到细腻、优美的极致。然而，《源氏物语》的这种细腻和优美，却令西方文学可望不可及，因为西方欠缺类似的社会背景。

事实上，是清少纳言的"忏悔"式文学，而非紫式部女士对王子及其随从的内省式分析真正振奋了平安时期的宫廷：女性作家描写女性的情感和心得。情感是宫廷妇女最渴望阅读的东西，是"女性"读者能够认同的东西，也是她们在只有竹简、丝品相伴的禁锢中能理解的东西。读书不是为了博才、引发灵感和焕发激情，这是男人读书的目的。读书只是为了扶躬自思，这才是精神世界的终极本质。她们被禁锢在一个人为的、与世隔绝的世界，在很大程度上无法接近现实，对世事的变迁知之甚少，至少她们可以装扮自己的内心世界。正如作家、小说家阿尔维托·曼古埃尔（Alberto Manguel）所说，"身份不被认可的读者，别无选择，唯有在自己的创作中再现自己的生活经历"。[36]

在此可描摹出反映宫廷女性世界的一幅离奇古怪的讽刺漫画。有的宫廷女性用女性自己的语言和文字为别的宫廷女性创作，从而使这个小小世界所有的偏见、推论和定式得以弘扬和合理化，最终形成一个自我满足的恶性循环过程。显然，女性读者醉心于浮华离奇、反复无常、绵延不息、虚幻缥缈的印象世界，沉溺于对男性冷酷无情的鄙视之中，热衷于对皇家无度的赞美；陶醉在清高孤傲的居家世界与深入细致的心理剖析之中，展现了一个全然不同的世界，既没有男人们喜欢的充满暴力、情节紧凑的英雄和战争故事，也没有哲学论著中刻板的形式主义。

然而，宫廷女性也有理性的批判意识。例如，紫式部女士就对清少纳言显然的轻浮和浅薄提出过异议，说她忽略了心理层面，因而提不出

什么真知灼见,也谈不上社会保护意识了。她写道:

> 清少纳言的确智多才高,但总是故作风雅,即使在不该感动的时候,也要装出感动入微的样子。一遇到趣事就不放过的人,肯定会让人觉得轻浮。而这么轻浮的一个女人,其结局又怎么会好呢。[37]

到了镰仓时期(Kamakura Period,1192—1333),物语作为一种文类,既具儒家的教谕性,又具尚武特征,语言凝重,充满阳刚之气(不再像汉语那么典雅)。[38]当时广为流传的日记体,如1280年创作的《十六夜日记》(Izayoi Nikki),备受读者推崇。同一时期的叙事体游记,如《海道记》(Kaidoki,1223年)和《东关纪行》(Tōkankiko,1243年)等,也同样颇受青睐。散文随笔是清少纳言构想的一种体裁,折射了日本共有的社会态度,到了镰仓时期演变为本土的一种文学制度,表现的是从一瞬即逝的存在向内心安宁的飞跃过程。(这种体裁随之形成,到了始于1868年的明治时期,仍然十分兴盛。)

公元1350年到1400年这五十年里开始流行"御伽草子"(Otogizoshi)这一文学体裁,或称"民间故事"(Fairyland Tomes),内容庞杂得令人眼花缭乱,有爱情、羡慕、嫉妒、奇遇,还有佛教色彩浓厚的圣景奇观。[39]同时,史诗、五行诗和连歌(chain)等抒情类文体也颇受读者青睐,不过没多久就衰微了。音节为五、七、五的三行俳句(haiku)由连歌发展而来。松尾芭蕉(Bashō,1644—1694)、谢芜村(Buson,1715—1784)和小林一茶(Issa,1763—1826)等俳句倡导者把连歌发展成为世界上最为深邃的文学表现手法之一。德川幕府时期(Tokugawa Shogunate,1603—1867),长期漂泊的俳句诗人,尤其是松尾芭蕉,对叙事体游记也十分珍爱。这一时期还出现了"假名草子"(kanazoshi)这种文学体裁,指内容荒诞离奇的教谕性传说,通常有鬼故事和中国、欧洲作品的日译本(如1664年的《伊索寓言》)。

　　16 世纪末,从江户(今天的东京)开始,印刷术摆脱了宗教的影响,并逐渐被充分利用。与同一时期的欧洲社会一样,作为中产阶级的商人一时在日本社会居于主导地位,他们发展国际贸易,以此强化其经济基础。基督教传教士在上総(Kazusa,1590)、天草町(Amakusa,1592)和长崎(Nagasaki,1597)建起了印刷厂,起初用拉丁文印刷,接着用以拉丁字母标记的日文罗马字(rōmaji),然后用假名音节文字,最后用中日汉字。1597 年,日本天皇下令用木活字印刷了好几部重要著作。同样,幕府将军为其精英印制了好几部文本,佛教寺庙也印制了经文。

　　17 世纪初,图书业在日本形成,涵盖若干不同职业。京都首先设立了图书中心,不久是大阪和江户,使用的是木活字印刷工艺。但是,这一复杂的过程需要的中日汉字数以千计,因而印量仍然很小(每版仅印 100 册到 150 册)。(假名音节符号分片假名和平假名两种,当时只有 50 来个,仍然被视为"不配"用来撰写学术著作或佛教经文)。因此,日本印刷商使用了木活字印刷约五十年之后,重新又回到木版印刷,一部作品很快就能印出 3 千册,这个印量当时只有欧洲偶尔才可达到。

　　印务馆数量激增,图书交易随之兴旺。随着图书品种的增多,读书 123 识字的消费群也不断扩大。1671 年,有一位书商列出的书目多达 3874 种(这是西方不可比拟的)。日本借印刷商和书商之力发展成为一个书面文字社会,这是中国或朝鲜远不可及的。

　　文学繁荣,男性和女性读者群日益扩大。17 世纪末,描写现世淫乱生活的浮世草子(ukiyozoshi)开始萌芽,顺应了业已变化的社会需求。最受欢迎的是井原西鹤(Ibara Saikaku,1642—1693)的道德小说,作者以细腻的散文笔触,刻画了他所处年代的美与丑。德川幕府统治将近结束之际,学术著作备受推崇。日本国学(kokugakusha)开始与官学(kangakusha)分庭抗礼,借助日本的焦点问题和意识形态影响本国的文化视阈。此时出现了一种新的散文形式,名曰"读本"(yomihon)。"读本"强调儒家的道德观,虽稍有改动,但素材仍源于汉语。令人叹为观止的是曲亭马琴(Takizawa Kyokutai Bakin,1767—1848)创作的 290 部"读本"。在欧洲推出插图文学的同时,日本的滑稽小说也达到颇高的文学水准,式亭三马(Shikitei Samba,1776—1824)笔下的浮世澡堂和浮世理发馆的故事堪为一例。

　　明治维新时期(1868—1912),西方文学大量侵入,日本传统文学遭到了迎面一击。维克多·雨果作品的日译本最先颇受读者欢迎,促使日本文学追随欧洲的文学风格,形成了新现实主义。随着西方的原型逐渐占据主导地位,日本的传统体裁不久就淡出了文学领域。如同在世界其它许多地方一样,日本从此完全被西方的阅读文化所同化。今天,在多数日本读者眼里,日本传统文学是稀奇古怪的东西,或者只是学术界关注的东西。

　　就阅读对一个国家的影响而言,日本无疑是历史上最为极端的范例。日本与中国并非毗邻,既没有中国人来访,也未遭遇中国的侵略。

124 然而,当今日语中有一半以上的词汇属外来词,即汉语字形,日语发音。换言之,中国对日语的巨大影响几乎完全是阅读汉语的结果,而不是讲汉语的结果,这一现象史无前例。事实上,"传统的"日本文化是阅读汉语的产物。

　　无论如何赞美日本的阅读都不过分。日语无疑是世界上最为复杂的书写文字,有两个独立的系统(外语语标系统和本土音节系统)和三种书写形式(汉字和两种日语)。然而,日本却是世界上识字率最高的国家之一(高于文字系统"较为简单"的美国和法国),也是世界人均消费印刷品最多的国家之一。

　　日本文化是阅读的产物,日本人是世界上最早的阅读者。

美洲

　　哥伦布发现美洲大陆之前,中美洲也许一度拥有多达 15 种不同的书写传统,其中的几种文字可见于现存的唯一一通碑文。[40]中美洲的文字多是独立的形音(logosyllabic)或"语词-音节"(word-syllable)文字系统,起码中美洲的主要文字应是形音文字。各民族之间或内部使用的文字不是字符文字(logography),就是表音文字(phonography)。中美洲已知最早的形音文字是萨波特克语(Zapotec),它可能是后来的米斯特克(Mixtec)文明和阿兹特克(Aztec)文明的源头。所谓"后古典奥尔梅克文明"(Late Olmec)也许与萨波特克文明有着相同的渊源,可追溯到原萨波特克语(Proto-Zapotec)。后古典奥尔梅克文明以米塞-索克人(Mixe-Zoquean)为中介,为引人注目的地峡文明和玛雅文明提供了借鉴。公元前的最初几个世纪,秘鲁的帕拉卡斯人(Paracan)或许也是因为受到米塞-索克人的启发才发明了一种特殊的完全表音文字,后来被安第斯(Andean)社会所借用和改造。

原萨波特克人的一个分支是中美洲最早竖立图像符石碑的民族。公元前第一个千年早期,雕刻在石碑上的统治者的头像,风格较为固定,姿态具有情景象征意义。公元前 700 年左右,石碑上忽然出现了雕刻精细的完整文字,有详细的人名、地名,尤其是日期(日历在中美洲古代社会有着极其重要的社会与宗教意义)。然而,当时的美洲还用不着如此完整的文字,如簿记、记数一类的事情通过结绳等传统手段就完全可以处理。这或许让人产生这样的联想,中美洲可能借鉴了国外的完全书写(根据公元前 9 世纪、前 8 世纪中国的情形可最为经济地解释这一点)。完全书写的政治潜势一经认可,就在中美洲实现其主要目的,即"预示权力"。

大约到公元前 600 年,在阿尔班山(Monte Albán)的棱堡和墨西哥瓦哈卡(Oaxaca)河谷的人居中心,当地的萨波特克首领竖起了石碑,刻写铭文,宣扬战绩,雕刻图像,夸示被折磨和献祭的战俘。尤为重要的是,石碑上还记录有被征服者的姓名、其民族的名称以及被征服(和/或被献祭)的日期。[41]这些碑文谁去读呢?最初只有识字的雕匠。像美索不达米亚的石碑、埃及的陵墓、中国和日本印制的不计其数的咒语一样,这些文字也不是为了让人读才刻写的。由此可见,中美洲的古代文字旨在夸耀王权。然而,随着时间的推移,就标准的程式化符号而言,熟悉其读音基本规则的人越来越多,这些碑文也的确开始有人在读,并且不由得产生恐惧心理。

萨波特克人的多数碑文十分简洁,几乎不用表音符号,而多用语标字符,因为"词符文字"对于不熟悉表音文字的人来说尤为易于理解。这些碑文基本上是配有名称标签的雕刻之作,包含一个动词符号、一个名字符号和一个地名符号,还附有日历符号。在后来的几个世纪里,萨波特克书记员用由本地植物制成的纸张书写彩色抄本(即罗马人发明的分页式书籍),但保存下来的为数不多,只有账本(可能是朝贡的记录)、家谱和萨波特克领地的地图。[42]

中美洲已知的所有碑文仅仅是遗存而已,所以毋庸置疑它们无法反映古代的实情。如果要了解早期的萨波特克文明、地峡文明以及玛雅文明,那么就几乎只能全靠雕刻的石碑。萨波特克、米斯特克和阿兹特克的碑文后来主要转写在彩色绢布、树皮纸和兽骨之上,这或许可让人联想到早期的生产技术。然而,记载在这些材料上的文献却无一流传下来,或者存留在这些易腐材料上的也是有关某个王国世俗统治的记录。书记员在碑文中仅记录了具有重要社会意义的内容,诸如皇室成员的生辰、婚嫁、死亡、发动的战役、抓获的战俘、统治者最为重要的杀牲祭祀仪式,等等。每个事件的记载都有详尽的日期,使用的是相当复杂的历法。哥伦布发现美洲之前,中美洲所有的完全书写文字(象形文字除外)往往都偏向于一种混合型词符文字系统,用符号表示已知的物体、思想或者声音(源取于已知物体的名称)。

约在公元前 150 年到公元 450 年期间,前古典时期的奥尔梅克文明所在的墨西哥腹地使用的是后古典时期的奥尔梅克文字(也译作"地峡文字"或"莫哈拉文字")。[43]这种文字可能是一种土生土长的文字,源自由奥尔梅克语文明衍生的某一早期传统。它主要得名于在墨西哥韦拉克鲁斯州(Veracruz)发现的两通石刻,即公元 156 年的莫哈拉石碑

(La Mojarra Stele)和公元163年的图克斯拉小雕像（Tuxla Statu-ette）。莫哈拉石碑的最新破译结果显示,后古典时期的碑刻或许是对宣传自我扩张的世袭传统的一种延续：碑文相当冗赘,描写的是一位国王从行伍出身起家,多年历经辉煌战事和典礼,最终登上王位的故事。后古典时期的奥尔梅克文明看来与当时以及后来的玛雅文字有着密切联系,其中的缘由至今尚不清楚。

　　玛雅王国是"新世界唯一真正的历史文明,其记录可追溯到公元3世纪"。[44]玛雅文字是哥伦布发现新大陆之前中美洲最易理解的文字,常见于纪念性浮雕,也见于木牍、玉器、壁画或彩陶,乃至后来的纸质抄本,堪称美洲文明的精髓。一般认为,古典时期的玛雅文化起源于公元前200年到公元50年间,最早可读的玛雅文本雕刻在约公元前50年的玉器之上,形态看上去已十分饱满。文本两列编排,特点鲜明,从左到右读,自上而下。作为主符的词符文字（也译作"语素文字"）呈现为"字符块体"（glyphic blocks）,并附有语音标识符（很像中国的汉字）。[127]像地峡文字一样,玛雅文字是一种高度语音化的或基于语音的文字,有别于中美洲文字系统中的萨波特克文字,后者使用的是词符文字或语词书写形式。

　　与中美洲的其它地方一样,玛雅的公共碑文内容极为有限,几乎全是有关皇家成员诞辰、指定继承人、继位、逝世、战争之类的公告以及其它宣扬皇室的细节,每通碑文毫不例外地都有详细的时间。文本极其冗长,同一件事说来说去,只是文字稍有不同,或者变着法儿强调事件的不同方面。现存的几乎每一通古典时期的玛雅碑文或多或少都涉及公共领域,以石刻或壁画艺术形式按照时间顺序再现某一地方统治者的个人经历,从而使其权力合法化。有时,正如在蒂卡尔（Tikal）和帕伦克（Palenque）这两个伟大的玛雅文明中心一样,统治者授权在公共场所书写的文字旨在宣扬超自然力量对他们的认可,这也是古埃及庙宇碑文的常见主题。玛雅统治者的墓壁上同样也饰以文字,颂扬亡者及其功绩。正如在埃及一样,这些文字的阅读对象是神灵,而非人类。

这种旨在永恒的文献赖以存在的前提是：万能的上帝理应与人类一道分享书写的文字。

然而，古典时期的玛雅人据称有数以万计的树皮纸书和兽皮抄本，涉及历史、家谱（像后来的米斯特克抄本一样）、朝贡记录、商贸、仪式规定等诸多题材，而今却永远消失了。如果罗马手抄本或分页式书籍果真这么早就传到新大陆的话，那么当初馆藏的所有这些书籍也许足以使数十个王国强大起来。

萨波特克人、玛雅人、阿兹特克人和米斯特克人的文字首先是统治者的宣传工具。然而，中美洲专家乔伊斯·马库斯（Joyce Marcus）断言，"这些民族却无一是'识文懂字的'"。[45]事实上，普及文字从来就不是任何政体的愿望，因为书面文字被认为是权力，由一小撮识字的精英统治者紧紧把持，不容下层人与其共享。因此，"识字读写与普通民众不搭界，只属于少数精英"。[46]中美洲社会只有极少数人，也就是世袭贵族，在皇家学校受过教育，学习过读写。的确，识字读写本身逐渐成了一种垄断，从而使统治阶级有别于平民百姓。[47]

更重要的是，古代的中美洲人通常把话语区分为"贵族话语（真理）"和"平民话语（谎言）"，据此只有贵族话语得势，才配刻入石头或绘入抄本。[48]书面文字是贵族话语的可视形式：真理变成石刻或彩绘。平民讲不了这种话语，更谈不上阅读了。有时，贵族话语的所谓"真理"会歪曲常识。例如，帕伦克的一位统治者曾宣称，他是七百多岁还能生育、八百岁时才继位的一位女性的后裔。（犹太人一有了书面文字，就记载了玛士撒拉（Mathuselah）和莎拉（Sarah）等人的传说，内容与此相似，顺理成章地填补了口传编年史中"不体面的"家谱空白。）

中美洲古代的阅读没有传说、历史和宣传之分。也许，这种认知层面的划分在当时世界其它地区的文献中十分显著，但在中美洲的确并非如此。在此，三者合一，服务皇室特权。鉴于此，只有少数人有权读写，因为只有少数人有权掌控、把持和享有皇室特权。"神圣的权力仅惠及掌握读写能力和书本知识的个人。信息不容共享,而是被小心守护在不平等的管理体制内部。知识由神界传给贵族,贵族接着只会解释有用的信息,并传达给平民。"[49]普及文字是掌控读写之辈最不情愿做的事情:他们只会与出身相同的人分享这种权力,从而维护其地位。所有的文件和文本记录的都是与平民无关的政府和宗教活动。如此一来,由皇室掌握和控制的阅读能力本身就成了特权阶层和下层阶级的分野。[50]

　　尽管如此,大约一千五百年前的中美洲有数百万人,他们所到之处都可看到石柱、壁画、石碑、粗陶以及陪葬品上的文字。甚至连可可豆的盒子外面都写着"cacau"[可可豆]这个单词。的确,与同一时期大西洋彼岸的罗马帝国一样,文字在古代的中美洲随处可见。然而,哈德良长城文德兰达要塞罗马驻军军官的妻子可以准确自如地读写文字,而数百万的中美洲人却不能。有人认为,真正识字的玛雅人极少,可有人持不同观点,其主要论据是:玛雅文中唯一的"写"(书记员的天下)字在玛雅各语言中通用,因为书记员显然拥有与众不同的身份。相形之下,"读"字则由许多不同的玛雅词汇表达,所有这些词汇是在被西班牙人征服之后才出现的。[51]的确,主动阅读的玛雅人凤毛麟角,但被动阅读的玛雅人却一定不在少数。重要的公共碑文是放声诵读的,所以当地人尽知其意。骨灰瓮和其它容器上的标记、名字和金文也需让使用者明白。就公共广场上的彩绘碑文而言,一般玛雅人都能完全识读,起码能读出日期、时间和主人公的姓名。尤其当有附图时,读懂上面的文字就更没问题了。[52]

　　然而,玛雅人的阅读能力远不及受过教育的罗马人。玛雅人这个社会有读写之名,却无读写之实。阅读充其量只是一种边缘活动,即使对于受过教育的多数玛雅贵族来说也不例外,他们毕竟是社会中极小的一个群体。正如在当时的罗马帝国一样,阅读从未成为玛雅人日常生活中不可或缺的内容。

　　如果说被动识字是古代玛雅的一种日常现象,那么阅读随处可见

的石刻则势必会对当地的人口、语言以及公众舆论产生直接且深远的
130 影响。石柱、整个庙宇和宫殿（甚至包括台阶、门楣和门框）以及聚集地
的公共纪念碑上到处都有石刻和鲜艳的彩绘,颂扬手握大权的玛雅名
流辉煌的人生和荣耀的宗谱。这当然不是现代意义上的"史实",玛雅
人头脑中当时尚不会有这种概念。这完全是一种和谐的宣传工具,旨
在赞颂卓越,捍卫权势,确证朝贡。[53] 正如一千年前的后古典时期的奥
尔梅克一样,玛雅精英也使用有别于大量的行政和私人文书的大众文
字,从而使其阶级的权力要求合法化。

各式各样的阅读激励着玛雅社会。最能象征玛雅往昔存在大型档
案馆和图书馆的莫过于玛雅书记员（*ah dzib*）的显赫地位。[54] 当然,书记
员也必须是皇室种姓,其职责显然被视为玛雅社会中最重要的一种职
责。事实上,他们的日常事务和职级迄今尚不为人知。或许,有人会将
其与古埃及的书记员相比,古埃及的书记员似乎承担着类似的职责,享
有同等的威望。玛雅书记员的大部分工作显然不是在石头或者石膏上
雕刻文字,而是在树皮纸或者鹿皮抄本上书写文字,因此,玛雅的多数
读物也许使用的就是这两种材料。在后来的几个世纪,玛雅的抄写传
统先后由米斯特克和阿兹特克的书记员传承,他们在各自的文化里似
乎也享有同等的地位。的确,中美洲书记员的传统角色及其享有的相
应声望一直延续到殖民时期或西班牙时代。

西班牙人对中美洲文字的阅读传统不屑一顾。他们将玛雅抄本付
之一炬,绞死许多能读懂抄本的祭司和贵族。《方士秘录》（*Book of
Chilam Balam of Chumayel*）一书哀婉地写道:

> 没有了伟大的教导,人间和天堂在他们的眼里全然消亡;他们
> [西班牙人]绞死了各区、各镇的统治者,还绞死了预言家和玛
> 雅的祭司。理解不复存在;智慧尽皆泯灭。[55]

131   公元后第一个千年的大部分时期,中美洲的其它文化使用的是部

分词符文字,对此人们至今知之甚少,如特奥蒂瓦坎(Teotihuacan)文化(约公元前 200 年到公元 650 年)的象形文/图像文"石刻"、努音(Ñuiñe)文化(约公元 400 年到 700 年)的石头或骨灰瓮上的简单文字。人们怎样阅读,谁去阅读,此类问题尚需探究。

　　到了 16 世纪,米斯特克人、阿兹特克人和后古典时期的萨波特克人开始使用纸质抄本重新抄写和撰写神话和历史,绘制的场景色彩绚丽,多用象形文字,而少用词符文字。"阅读"基本上是对序列图画的识认,以激活记忆中的口述行为。今天,与其说人们阅读这些抄本,倒不如说是在解释,因为逐字阅读所需的语境不得而知。[56] 这些作品是如何阅读的,受哪类读者青睐,同样也不得而知。实际上,玛雅时期之后的许多作品是早期象形文或图形文抄本的复制品,由文书房保存下来的。此处的文书房类似于当时欧洲修道院、教会分会教堂或皇家官邸的缮写室(scriptoria)。

　　米斯特克人的阅读类似于阅读今天连环画上"虚夸的文字说明"(bubble captions),内容为刻写在图画雕塑以及纸质或兽皮纸抄本上的宗谱"史"和王朝"史"(同样也是精英统治者的炫耀性宣传),充其量由一个动词符号、一个人名符号和一个地名符号组成。[57] 米斯特克人借助简化的文本给图画故事配上简单标记符,旨在减少歧义,例如,可区分多个统治者或被征服的城镇。显然,这种"插图文学"在背诵传统的或新近创作的叙事体作品时具有提示记忆的功能。这样,"阅读"开始摆脱文字领地,向图像文字的源头回归。这种简化是对近乎普遍的阅读特性的一种明显反叛。(这种畸形现象比西班牙入侵要早许多世纪,因而会让人产生这样的联想:中美洲的完全书写之所以有形无实,也许是由于其渊源不在本土的缘故。)

　　长期以来,阿兹特克文字也被认为是图画文字。然而,近来的学者 132 已卓有成效地证明,阿兹特克人当时也一直使用一种混合文字系统,其中包括象形文字、音素文字、词符文字以及表意成分(如数字)。[58] 事实上,在中美洲所有的书写系统和文字中,象形文字在被征服后的阿兹特克人的读物中所占比例最高。然而,由于征服前的抄本极为鲜见,早期的这些作品有可能与米斯特克人的抄本一样也使用了大量的表音符号和语标符号。征服后的阿兹特克人的文本只不过是图画故事罢了,人名、地名极为少见,足见口述优先时代的加速到来,从而使"阅读"成为以图画激活记忆的一种工具。此时,文本不再存储叙事内容本身,而只是一个构架。这时的阅读既不是我们所知的阅读,也不是玛雅人所知的阅读,而更像美国缅因州(Maine)阿布纳基(Abnaki)部落在桦树皮书卷中呈现的象形记忆术,或者更像是巴拿马的康纳(Cuña)人建筑图画故事。随着中美洲"文学"向象形文字的转变,大批贵族书记员沦落为普通的吟诵者,使行将消亡的传统得以延续,其往昔的荣耀被人淡忘。

人们几乎普遍认为,中美洲人是新大陆唯一能读会写的民族。然而,秘鲁的安第斯人也许受先前的米塞-索克文字的启发,似乎早已使用过一种表音书写系统,长达一千五百余年。安第斯早期的帕拉卡文化(公元前 600—前 350 年)似乎使用过"豆形符号"(bean signs),字形轮廓清晰,形如豆子,竖着排列在织物或其它工艺品上。由于这些文字中明显没有象形文字或词符文字的成分,因而,先前的帕拉卡人就不得不背会大约 303 个"豆形符号"中每个符号的音值。[59]

这一系统可能是基于早期的帕拉卡音节表(Paracan syllabary)(按音节书写,如 pa,ra,ca,等等)进行编码的,包括纯元音和大量较为复杂的音节结构。换言之,尽管中美洲最终转向使用近乎完全的象形文字,不再使用表音文字,而南美洲则全然摈弃了象形文字,很早就使用并拓展了表音文字。表音文字是世界各地书写发展的惯常之路。这种借用在安第斯地区成效显著,从而对一系列的类似表音文字产生了影响,仅使用声音模式,一般呈垂直排列。[60]

接下来的莫切(Moche)文化(约公元 1 年到 600 年)在豆子上画上点、平行线,或者二者皆画,借此传递信息。显然,每粒豆子包含一个具体的音值,收到豆子的人要识别音值,并把它与其它豆子关联起来,按照语音组合"重构"信息。（在中美洲有书写文字的那些文化里，类似的豆子在莫切陶器的纹饰中也具有重要地位。）[61]莫切的亚文化在同样的情景下使用的是彩色曲线饰纹，后来的印加帝国（1438—1532）把这些饰纹变为多彩的矩形图，矩形图由方向各异的几何形状构成，仍然保留"文本"的竖排模式，绘制在织物和传统的印加木制茶杯上，文本的内容和读者至今无人知晓。但是，法国著名的碑铭研究专家马赛尔·科恩（Marcel Cohen）看到秘鲁的资料时却得出了这样的结论："从符号的数目和某些文件的编排来看，我们似乎看到了一个真正的表意-表音文字系统，与古埃及和美索不达米亚的书写文字别无二致。"[62]

公元前第一个千年中期，中美洲人阅读的是一种混合文字系统，由形音"字符块体"构成，通常采用竖排。这种做法不断拓展和传播，经过改造从而适应其它语言、文化以及日益变化的需求。数以百万计的中美洲人开始大量阅读行政文书、朝贡记录、历史、家谱、天文历法、每日记事、礼仪规定等诸多内容，但其中的多数文本随着外国的入侵和时间的推移而绝迹。这一地区几乎每天都在挖掘和清理的石碑铭文和建筑雕刻昔日随处可见，蔚为壮观，颇为生动地炫耀世袭精英的卓越生活，堪为一个以战争与地位竞争为先、咄咄逼人的社会阶层的有形之声。[63]这样的宣言针对的是横向和纵向两类读者群（即周遭的竞争者和当地的平民），从而确证和维护其承继的王权。不论是萨波特克人、后古典时期的奥尔梅克人、玛雅人，还是其他中美洲人，识字的或半识字的，所到之处都能读到主人的名字和征服故事。从文字在此开始使用到两千多年后西班牙人的入侵，中美洲的碑文所凸现的就是上述这两大主题。

公元 900 年前后，碑文雕刻近乎停滞。后来的米斯特克人、阿兹特克人以及其他民族大多阅读彩色纸质或兽皮抄本，内容是以图画形式呈现的历史故事和皇家谱系，把完整的语音文本压缩为简单的文字说明。到西班牙殖民者入侵之时，埃尔多拉多（El Dorado）阅读时代早已结束，征服只是给了中美洲阅读最后的致命一击。从 16 世纪起，中美洲和南美洲的阅读史顺理成章地成了用拉丁字母写成的欧洲(乃至整个西班牙和葡萄牙)阅读史。

印度

今天,印度仍然有50％以上的人口不识字,数百种少数民族语言尚没有书面文字,这在某种程度上是其根深蒂固的口述条规造成的。早在公元前8世纪,阿拉米语(Aramaic)的文字传统就不断传入印度次大陆(印度河谷的文字已消失了一千多年,没有传承下来),然而,口述的习俗依然占据上风。阅读和书写几乎在世界其它各地都享有很高的声誉,而长期以来在印度却没有这样的殊荣,因此,书面文字在印度仅限于极小一部分人群,尽管也有一些明显的例外。然而,印度最终还是产生了大量的优秀本土文学作品,用多种语言和文字写成,皆使用元音附标文字(abugida)系统。随着时间的推移,印度的读写文化给整个次大陆注入了活力,激励着那里的人们,随着佛教的传播,也波及包括人口众多的印度尼西亚在内的中亚和东南亚大部分地区。今天,印度已成为世界上"文学传统最为丰富、多样"的国家之一。[64]

中国人有历史意识,印度人则因缺乏史书而声名狼藉。直到公元后第一个千年末期,印度次大陆的神话和历史几乎难分彼此。[65]这主要与哲学和婆罗门(Brahmans)——祭司、立法者和学者构成的阶层——的影响有关,也与佛教和耆那教(Jains)教徒类似的抵制态度有关,因为他们认为物质世界是不真实的。印度的主要知识阶层每每坚持阅读,其目的是超越世界,而不是记录世界;最早记载史实的是公元8世纪早期的穆斯林入侵者。可见,早期的印度并不存在历史编纂之说。

然而,阅读行为长期以来遭到了婆罗门阶层的阻挠,他们整体上认为书写次于口述。同苏格拉底一样,婆罗门尤其认为书面传授知识不如口头传授。在他们看来,书面传授是不自然的,受人启发的;而口头传授则是自然的,受神灵感召的。(正统的婆罗门至今仍持这种态度。)的确,直到公元 14 世纪后半叶,印度教(Hinduism)最古老的典籍《吠陀经》才被系统地编辑成书面文字。[66] 今天,口述的条规还在延续:印度的村落仍以口头形式传播和背诵《吠陀经》,而不用书面文字,结果学习经文的人经常无法理解许多古词语的意思,同时又找不到可参考的文献。

印度传统的书写材料有处理过的棕榈树叶、扇形桐树叶、桦树皮以及浆过的棉或丝。正如在中国一样,书记员也用木牍或竹简书写。印度北部和中部用芦苇笔蘸墨水书写;印度南部用铁笔刻字,然后用灯黑把字涂黑。[67]

直到近代,印度文学几乎是清一色的男性文学,并且仅限于学者,[136] 使用的是印度人不再讲的古语,俨然再高雅的作品也必须使用 18 世纪《贝奥武甫》(Beowulf)一书的盎格鲁语一样。随着印度被宗主国(1947 年以前驻留在印度的英国政府)征服,印度各民族的日常语言中出现了一种更为西方的文学形式。然而,"正统"阅读与"非正统"阅读之间依然存在着一道鸿沟,就像恒河一样难以逾越。"正统"阅读指阅读古典作品和宗教学术著作;"非正统"阅读指阅读当代大众读物(杂志、期刊、报纸、小说、故事书)或功能性读物(官方类、行政类和商业类)。

在孔雀王朝(Mauryan,公元前 4 世纪到前 3 世纪)时期的印度中部地区和笈多王朝(Gupta)时期的整个印度(公元 4 世纪到 5 世纪),婆罗门、刹帝利(Kshattriyas)这两个上层阶级中的统治者和武士似乎已普遍掌握了读写能力。[68] 吠舍(Vaishyas)阶层中的中产阶级(包括商人、手工艺者和某些农夫)也普遍能读会写,因而显得与众不同。这三个阶层可依法阅读印度教、佛教和耆那教的多数著作。首陀罗(Sūdras)或手工劳动者不准听诵梵语《吠陀经》。在古代和中世纪的北部地区,首陀罗和下层的贱民(Untouchables)几乎全是文盲。然而,孔

雀王朝之后,首陀罗获准学习史诗,阅读宗教文本。相形之下,公元
1世纪到4世纪早期,印度南部的泰米尔王国(Tamil Kingdoms)还给
首陀罗和贱民出身的诗人授予荣誉,公元10世纪到12世纪的朱罗
(Chōla)王国亦如此。

　　据进一步估算,在以灌溉为基础的南、北各帝国的鼎盛时期,一半
以上的男性和约五分之一或六分之一的女性皆能读会写。[69]这样的文
化程度欧洲和北美洲直到公元19世纪才达到。16世纪到18世纪期
间,也就是英国征服印度之前,位于西南端喀拉拉邦(Kērala)的诸王国
得益于集水农业和海外贸易,所以识字率甚至会更高。

137　　　在古典时期的印度社会,谙熟梵语(Sanskrit)的学者几乎全是"心
智健全[的人士]……[他们]没有现代文人复杂的心理问题,因而也全
然没有库柏的精神痛苦、多恩的自我反省和T. S.艾略特的悲观厌
世"。[70]如此一统的自我满足感是印度多数传统(先于西方的)文学的特
征,从而使"印度文学"这一门类涵盖诸多分支,如孟加拉(Bengali)文
学、古吉拉特(Gujarati)文学、北印度(Hindi)文学、印度斯坦(Hin-
dustani)文学、卡纳拉语(Kanarese)文学、马拉地语(Marathi)文学、
巴利语(Pali)文学、克利特语(Prakrit)文学、梵语文学、泰米尔语文
学、古语(Telegu)文学、吠陀梵语(Vedic)文学,等等,不一而足。[71]例
如,《吠陀经》是印欧血统的印度人最古老的宗教口述文学,创作于公元
前1500年到前1200年间,最终在公元前的几个世纪才用古语写了下
来。根据宗教仪式上的用场,《吠陀经》被分为歌曲与箴言集(《本集》
[Samhitas])、散文集(《梵书》[Brahmanas])、神学话语集(《森林书》
[Aranyakas])、神秘教理集(《奥义书》[Upanishads])、祭礼和律法手
册(《佛典》[Sutras])等类别,最终形成了独树一帜的梵语文献,进而转
写成其它多种文字。

　　梵语是印度语法学家波尼尼(Pāṇini)公元前5世纪到前4世纪确
定的用于文学和科学的雅语。梵语文献有吠陀古经、《吠陀经》的散文
体和诗体评论、《摩诃婆罗多》(Mahabharata)和《罗摩衍那》(Ramaya-

na)两大史诗、语言学论著、政论文等体裁。梵语戏剧从公元前 2 世纪开始发展，在公元 5 世纪到 8 世纪到达顶峰。公元 11 世纪到 12 世纪的梵语诗歌繁荣兴盛。梵语叙事作品在印度以外的地域影响非凡。梵语学术论著卷帙浩繁，传承至今。

　　然而，梵语文学只是印度文学的一个分支。孟加拉文学便是一例，孟加拉文学始于公元 10 世纪的佛教教义。之后，出现了孟加拉语版本的毗湿奴诗歌（Vishnuitic poetry），赞美北印度天神毗湿奴（Vishnu），在 14 世纪达到繁荣。从此，伟大的梵语史诗有了孟加拉语版本。随着 138 1589 年穆昆达拉姆·卡皮坎坎（Mukundaram Kabikankan）的史诗《孟加拉灵修歌集》（Chandi-kavya）的杀青，歌颂北印度天神湿婆（Shiva）的孟加拉语湿婆诗歌（Shivaitic poetry）如日中天。从 19 世纪早期起，与印度文学的其它许多分支一样，殖民统治下的孟加拉文学开始顺应英国和其它西方国家的惯例和品味。[72]

　　印度 20 世纪开始实行普通教育，民众的读写能力随之显著提高，开始接触欧洲人早在 18 世纪晚期就已体验过的阅读形式。如今，报纸、杂志、专业期刊、小说、非小说类书籍、儿童读物（多是英文）在整个次大陆成了大众化的交易商品。正如在两个世纪之前的欧洲和北美洲一样，这无疑激励着印度人加速提高个人的读写能力。随着个人计算机和互联网时代的到来，印度人正在更为迅速地改变自己的阅读习惯，大都市的印度人尤为如此。

　　21 世纪之初，印度次大陆保存的文字数量居世界首位，但同时和非洲一样也是世界上文盲人口最多的地区。印度业已开始寻求消除这一地域性缺陷的对策，尽管农村人口存在根深蒂固的社会惰性，问题的解决难以达到均衡。随着全球化进程的加快和个人电脑的普及使用，印度的数百种文字必将逐渐减少。口头和书面英语的需求日益增多，进而促使印度共和国加强其民族特性的塑造，这预示着双语的普及必将会影响到次大陆未来的阅读习惯。当然，面对外来文化的渗透风潮，印度会更加认同和重视本国古老而丰富的传统文学，也会更加认同和重视英国统治之前本国繁荣且纯熟的阅读文化,这种反应是合乎情理的。

　　考察非西方国家的阅读史,可引发下述两点重要启示。其一,阅读形式截然不同,阅读文化之发达是古代西方国家所不及的,即使从更为恰当、更为谦逊的角度看待希腊人、犹太人和罗马人的诵读,古代西方自恃的阅读文化与非西方国家也不可比拟。其二,还可以得出具有普遍意义的启示。例如,随着读写在中国和印度,至少在其大都市的普及,各主要知识领域之间的共性区别特征得以显现,这一点实际上与西方十分相似。[73]然而,这些共性区别特征也允许有区域性特点和差异颇大的地方特色。

　　从宏观角度审视阅读,可以揭示人脑处理阅读行为的过程。显然,阅读不是一种恒定不变的大脑功能:网络化总是相对阅读的特定类型而言的。以日语为例,脑部受伤可能会使一个人丧失阅读中日汉字的能力,尽管他阅读日语音节假名的能力保持完好(反之亦然)。显然易见,控制阅读中日汉字和音节假名的神经是互不关联的。同等重要的是,日语的平假名和片假名在阅读过程中的功能迥然不同,它们之间是否存在类似上述的分离现象,目前尚没有任何证据可以证明。虽然平假和片假名是两种独立的音节文字(但不是两种独立的文字系统),但它们在大脑中却似乎被编码为一个整体。

　　由此可见,文字和书写系统的神经心理处理过程总体上存在着显著差异。据此也许可得出如下推论:世界上既有区别又有关联的文字,大脑处理的模式是相似的,如希腊语、拉丁语、日耳曼人的如尼语和凯尔特人的欧甘语等字母文字。然而,完整的文字系统(语标文字、音节文字、字母文字)互不相同,大脑的处理过程也就不同。尤其在阅读汉语和中日汉字时,单词的图像显然单独存储在大脑中,是词汇提取过程的部分体现。(相反,以纯语音为基础的日语音节假名符号则须组合才可形成一个概念。)事实上,阅读汉字似乎对大脑的视觉成像能力的依赖度较高。相形之下,阅读音节文字和字母文字对大脑的"整词"提取能力的依赖度较低。

　　然而,在地球的另一端,欧洲的"羊皮纸之眼"却窥见了一条全然不同的路径,最终必将挑战和改变阅读的世界。

西奥弗里德院长（Abbot Theofrid）手捧一盆花，品味着
自己创作的《自由之花》（*Liber florum*，11 世纪晚期）。
此图源于西奥弗里德生活的那个年代，属当代稀世珍品，
描绘的是九百年前的一位作家阅读自己的作品的情景。

第四章　羊皮纸之眼

12世纪法国的浪漫传奇作品《伊万》(*Yvain*)的主人公走进一座城堡花园,接着便是如下的情景:

> 他看见一个有钱人背后垫着长袍,躺在丝绸上。眼前有位少女在朗读一篇浪漫故事,故事出自何人之手,我不得而知。有位妇人为了听故事也早赶来了,她是少女的母亲,那位老爷是她的父亲。[1]

听读合一,是中世纪阅读的特点。如果说古希腊人和古罗马人借"莎草纸之舌"阅读显然是在维护口述特权的话,那么中世纪的欧洲人,甚至十来岁的少女,则是借"羊皮纸之眼"阅读。换言之,他们在认可口述地位的同时,也意识到个人阅读在社会中理应享有的平等地位,从而使"眼舌联姻"。随着读写的日益拓展,进而逐渐主导北欧的口述领地,口述与书写的碰撞和相互渗透则形成中世纪阅读的特点。[2]

中世纪的阅读,虽有例外,但多数情况下仍然是一项集体活动。在阳光明媚的花园和人群聚集的大厅,诵读传奇故事和史诗的不再是管家和奴隶,而是自己的家人,这一点就足以让贵族及其妻室感到兴奋不已。教堂礼拜仪式上诵读《圣经》,修女和道士用餐时也聆听《圣经》。大学的课堂完全成了公共阅读的场所。正如在古罗马那样,所谓"出版的"书也只不过是在公共场合朗读过而已。中世纪时期,几乎所有的受众皆是"以听为读"。

"以听为读"自有多种原由。首先,在修道院、城堡、小镇、村落等社区,一个人一生中几乎每时每刻都是在群体中度过的,离群索居者鲜见。其次,大部分地区百人中也只有一人识字,加之书籍少之又少,谁人又能有自己的书。也许,最为重要的是,当地尚有大家一起听故事和一起听人讲课的传统(口头和书面均可)。

公元1300年之前,个人独立阅读尚未成风,唯有教堂、修道院、法庭、大学和住宅区这五类中心区才有书面的东西,听是"阅读"的一部分。的确,连"阅读"一词在中世纪的多数欧洲语言里皆有"朗读、背诵、播送、宣告"的意思。有名气的作家也是别人"听"出名的。至此,绝大多数人仍然是通过在集市上听故事接触文学的,因为集市上很少看得见书。

久而久之,这种情形有所变化。当然,变化是分阶段的,也有各种原由。历史学家认为,从口述形式到书面形式的转变是"一个循序渐进的过程,其间书写没有随即削弱口述的地位,而是不断适从口述传统。他们还认为,正是这种长期的接合才促使口头语向书面语过渡"。[3]

中世纪早期,西欧开始从口述社会向读写社会转变,这种转变发端于社会上层的贵族和神职人员,最终在1200年之后波及整个社会。然而,从口述到书写的"心理转变",也就是普遍认可书写在社会中的非凡地位,直到11世纪至15世纪才得以实现。这一转变过程有两个阶段相持时间最长,一是希腊、罗马的书面文字(教会经文、典籍作品)传统;一是最终被书写下来用以诵读的本土口述传统。整个时期的基本特征是,识文懂字的教士与仅能口述的凡人相持不下,西欧本土的口述传统对舶来的地中海书写习俗不断补充与完善。

中世纪早期

希腊文化经历过一次复兴,当时正值君士坦丁一世(Emperor

Constantine I)将首府从信仰异教的罗马迁至信奉基督教的拜占廷。公元330年,拜占廷更名为君士坦丁堡。后来的拜占廷帝国继而保护并传播古希腊的教谕;君士坦丁堡的科学与人文学科一直居于西方的领先地位,并且持续了许多世纪。君士坦丁堡的文学创作对阿拉伯学者和科学家产生了直接影响,其教义和翻译的希腊著作被传播到穆斯林统治下的西班牙与其它学术中心(君士坦丁堡衰落之后,阿拉伯人承继希腊和波斯的传统,继续高举学术火炬,长达数世纪之久)。这样一来,希腊哲学和科学被传播到欧洲。正如希腊对罗马的影响一样,拜占廷时期的希腊主要通过书籍和阅读也影响到中世纪的世界。[4]君士坦丁堡从事图书出版的人不计其数,出版的图书涉猎广泛,诸如典籍、科学、星相学、医学、历史,甚至通俗小说,需求也颇为旺盛。

　　然而,6世纪之后,罗马人在意大利、德国、法国、英国和北非建立的图书中心被寺院和大教堂的缮写室所替代,图书的主题千篇一律,皆与宗教有关。在北欧各地,阅读最初是通过罗马帝国传播而来的,其次才是基督教,但传播的范围更广泛,时间更久远。中世纪的基督教是一种"图书"宗教,是犹太人尊崇书面文字的直接遗产。阅读使基督教的真谛得以传播;各种教会学校开始教人们阅读。绚丽的羊皮纸彩图上描绘的 144 是耶稣手持一部精装抄本的画面(他也许手持过卷轴,但肯定不是抄本),抄本象征上帝之道:"道成了肉身,居于我们中间。"(《约翰福音》1∶14)画面内容强化了阅读本身就是一种神圣行为的理念。的确,基督教的传播"给阅读行为带来了新的动力,从而使之超越在罗马社会的实际用场"。[5]

　　如果把"黑暗时代"*(the Dark Ages)当作一部现代神话来欣赏,我们就会明白,那些"蛮族人"(主要是日耳曼部落),如有可能,其实也希望留存、保护并拓展博大精深的罗马文化。然而,做到始终如一却不大可能。许多传统如果得不到充分践行和世代相传的话,就只会走向衰微。基于书写的罗马传统也受过一定的影响。罗马人的阅读习惯一

---

　　*　指欧洲中世纪。——译注

直延续到公元 476 年日耳曼人奥多亚克(Odoacer)取代西罗马末代皇帝之后。事实上,罗马的多数习俗一直延续到公元 7 世纪,甚至更晚时期。许多习俗仍保留十足的罗马风格,被德国人、哥特人、凯尔特人以及其它民族所效仿。因此,中世纪早期的阅读仅仅是地中海阅读的延续。然而,没过多久,北欧地区的阅读却日益呈现出显著的创新特征和个性特征。

最为明显的是,许多民族的书写借用了与母语相去甚远的希腊文字或拉丁文字,根据本土需要进行必要的改造,使之适应全然不同的一个音系(语音系统)。或者,他们只借鉴字母文字的理念,独创本民族的文字。这样一来,斯拉夫人、凯尔特人和日耳曼人(仅举三例)才开始阅读和书写起了各自的语言。然而,许多较小的本土文字,如凯尔特人的欧甘字母与日耳曼人的如尼字母,最终还是屈尊于至高无上的拉丁字母,屈尊于万能的罗马天主教的传播工具。

145 中世纪早期,许多盎格鲁人、撒克逊人以及朱特人阅读如尼文,虽然有的人也掌握拉丁语及其文字。古英语中的"*rædan*"(原意是"考虑、解释、辨别"等)一词后来不仅指"阅读",而且有"建议、计划、设计、解释"的含义。日耳曼部族还在欧洲大陆时,就见过在他们看来需要"辨别"的罗马文字。因此,"*rædan*"一词是通过转义与转喻才逐渐有了"解释符号或标记"的含义,最终演变为"阅读和说话"。

日耳曼人的字母文字如尼文很可能在公元 1 世纪早期就已完善,主要用于纪念碑、戒指、胸针、扣环、武器、象牙容器等珍品的刻铭。如尼字母最终广为传播,成为居住在冰岛到黑海一线西部和北部的所有日耳曼民族的本土字母,主要用途仍为刻写,却从未激励人们创作出鸿篇巨著。教会使用的拉丁字母是西方一切学术活动的工具,具有强大的影响力。长达许多世纪,拉丁文字使如尼文字黯然失色;及至 13 世纪,拉丁文阅读几乎取代了多数如尼文阅读。然而,在此后的很长一段时间,许多斯堪的纳维亚人仍然大量阅读用如尼文写作的世俗材料,包括法典和文学文本。

爱尔兰及不列颠群岛上的凯尔特人也有书写文字,即欧甘文字

(ogham)（读音为 OHM），这或许是因为公元 5 世纪前后他们与使用如尼文的盎格鲁人、撒克逊人以及朱特人接触的缘故。欧甘文字起初用于石刻，中世纪鼎盛时期（High Middle Ages）才用于撰写学术文稿。然而，主要在爱尔兰使用的欧甘文字最终也屈从于地位卓越的拉丁语。当时，使用欧甘文字的人风毛麟角，多数凯尔特学者喜欢使用拉丁文，并从中受益匪浅，因为拉丁文拥有国际地位和权威的语料资源。尽管如此，从公元 5 世纪到 13 世纪，这两种书写传统在爱尔兰和不列颠群岛的凯尔特读者当中并行不悖。

当然，教会并没有把阅读带到不列颠群岛。早在公元前 55 年，裘里乌斯·恺撒占领英格兰东南部时，那里就已经有了阅读（目前尚无证据证明，在罗马人到达之前，不列颠人就已经有了文字）。然而，教会却使阅读在此得以延续，同时也给不列颠群岛引入了正规教育，从而建立并延续了当地的文学传统。英国和爱尔兰的阅读之所以能迎来鼎盛时期，自然归功于罗马教会这一中介。公元 663 年，罗马统一了大不列颠群岛的宗教，英国教会正式成为拉丁教会。

然而，与意大利人、法国人、西班牙人以及其他欧洲人不同的是，不列颠人对拉丁文全然陌生。讲拉丁语的大多数罗马人早在二百多年前就离开了，不列颠群岛上通用的语言是凯尔特语和日耳曼语。当时，不列颠人却不得不接受一种与其世俗语言全然不同的神圣语言。所有教学，包括阅读在内，都是使用教会拉丁文这种特殊语言。对不列颠人来说，拉丁语完全是一种非自然的、侵入本土的语言。然而，及至公元 8 世纪初，贾罗（Jarrow）修道院的"尊者"比德（the Venerable Bede）（673—735 年）创作的史书、圣经集注、论著甚至百科全书等著作，完全可与拉丁语国家的最佳作品相媲美，因而广为阅读且备受尊崇。

在公元 7 世纪到 8 世纪的爱尔兰，杀死一名书记员的罪责相当于杀死一名主教，足见阅读和书写受重视的程度。[6] 源自公元 8 世纪的著名诗集《爱塞特诗集》（Exeter Book）中有这样一个谜语："猜猜我的名，我对人类有神益；我的名字无人不知，我造福于人，我本体神圣。"谜

146

底就是"书"。

在西欧其它地区,阅读习俗的变革十分缓慢,与昔日古罗马活跃且多样的阅读相比,有明显衰退的迹象。蛮族入侵,拉丁社会解体,罗马教育终止,商业图书贸易崩溃,博雅的文学传统难以为继,德语社会的崛起及其影响力的攀升,诸如此类的因素导致该地区的读写滑向低谷。例如,作为讲德语的法兰克人,梅罗文加王朝(Frankish Merovingian)的统治者虽然沿用了罗马书写的诸多管理功能,如文件、记录、公告、信函,但越用越少,最终总体上倾向于使用口述方式。然而,在 8 世纪末,一股新的力量突然改变了欧洲的阅读。

"卡洛林文艺复兴"(Carolingian Renaissance)是指查理大帝(Charlemagne)(卡尔·德尔·格罗塞〔Karl der Grosse〕,768—814年在位)统治下的西欧多数地区经历的一次政治、宗教、教育和文化复兴运动。讲德语的法兰克国国王查理大帝采取多种具体措施,以提高整个法兰克王国(不含大不列颠岛与斯堪的纳维亚)所有教士的读写水平。[7] 当时,国王的几位参事认识到,法兰克有必要加强本国的凝聚力与霸主地位。查理大帝采纳了他们的建议,颁布了《789 年敕令》(Admonitio Generalis of 789),具体针对教育、阅读和书写提出了改良措施。例如,法兰克国的每个教堂和修道院只允许存放校勘过的抄本,并要求书记员在抄写或朗读时避免损坏文本。事实上,敕令的直接目的并不是针对文化和教育,而是针对教会,当时法兰克迫切需要识文懂字的教士去应对教会面临的分崩离析。

这一时期的教士大多是巡回教士,而且不识字。他们穿梭于修道院或教会学校,聆听老师讲解经文或教谕,偶尔也可听到老师讲解哲学基础。然而,当时书籍稀贵,没有几个教士能有阅读的机会,几乎所有的教学都是口头的。书记员训练无素,抄本寥寥无几,仅有的抄本也是错误百出。尽管如此,人们依然保持着良好的学术意识,但备感缺乏准确无误的抄本和称职的书记员。姑且如此,法兰克国大一点的修道院的院长与城镇分会主教之间依然保持频繁的书信往来,内容通常涉及

神学对话和交换书稿,以引发学术评论。这样一来,可信的学术知识和
抽象的哲学思想得以培育和延续,进而使新作脱颖而出。思想交流不
断,书籍互换频繁,阅读和书评蔚然成风。

148

  查理大帝的《789 年敕令》达到了预期的效果。此后,可以想到的
每一部文学作品皆由训练有素的书记员抄写成许多副本,形成所谓的
"钦定"版本。几乎一夜之间,法兰克的图书馆装满了值得信赖的抄本,
激励后人去效法。基督教作家、罗马名流以及他们的影响通过卡洛林
小写字母被记录了下来,抄本与抄本之间几乎无一字之差。查理大帝
的亚琛图书馆的一张纪年为 790 年的目录残片显示,古典著作给法兰
克国大一点修道院的书架增色不少,是书写文字传播制度化的见证。[8]
事实上,为数不少的经典著作也只是因为有卡洛林版本才得以保存下
来(最终出现的是印刷版本)。

  卡洛林时期的书记员虽然不曾被人赞美,却是西方书面文化的拯
救者。

  如同在远古时期一样,图画在"阅读"中的作用举足轻重,不仅表达
文学主题,而且还展现整个情景和基督教信仰的象征意义。为了加强
罗马教皇的势力,格里高利一世(Gregory the Great,540—604)曾指派
修道士圣奥古斯丁(而不是基督教作家)去劝说盎格鲁-撒克逊人皈依
基督教。格里高利一世道出了视觉交际的重要性:

> 崇拜图画是一回事,透过画面挖掘令人敬重的故事内容则是
> 另外一回事;书面文字把内容展现给能阅读的人,而图画则把
> 内容展现给不识字的人,也就是展现给只有视觉感知能力的
> 人,让他们看图解义。原本目不识丁的人,后来也会觉得自己
> 能按照某种方式阅读了。所以,对于普通人来说,看图与阅读
> 别无二致。[9]

  然而,数百年来,圣像制作疏于管理。画家可随意描绘圣像,也可

149 随意阐释其意义。当抗议呼声高涨，破坏圣像的人再次开始损毁雕刻和彩绘时，公元 787 年在尼西亚（Nicaea，今土耳其的依兹尼克）召开的第七届公会议（the Seventh Church Council）颁布了下述法令：

> 绘画并非画师的发明，而是整个基督教法律和传统的一种被认可的宣扬方式。古时的基督教作家让画师把画绘制在教堂的墙壁上；我们所看到的是基督教作家的思想和传统，而并非画师的思想和传统。艺术的成分非画师莫属，但整体设计是基督教作家的。[10]

拜占廷的圣像破坏之风旨在以威胁手段分裂教会。公元 726 年，利奥三世（Emperor Leo III）（754 年君士坦丁五世和 9 世纪 30 年代的特奥菲洛斯[Theophilos]沿用利奥三世的政策）下令，整个帝国禁止一切圣像，只允许使用几何图形装饰，这一点与穆斯林世界的所为别无二致。然而，禁令却未能持久。在整个拜占廷帝国，正如在西欧一样，图画故事一如既往地让人兴奋，给人以教益，改变着人的信仰。从中世纪早期到 12 世纪哥特式运动的兴起，每一座罗马风格的教堂的墙面上几乎都绘满了色彩鲜艳的《圣经》故事场景，供人们"视读"，场景布局或结构与象征意义像词典里的词汇一样再现得十分严谨。

在当时的西欧，文盲指的不是不识字，而是不能阅读拉丁文。拉丁文是基督教王国及其一切学术活动的交流媒介，只有懂拉丁文的人才是有文化的人，才可获取和分享书面知识。（这种态度表明，任何一个社会的读写能力并不只是谁能否读写的问题，而是能否接受盛行的价值观的问题。）在西欧早期的中世纪社会，拉丁文的读写能力不可小视，它能留存对罗马帝国继承者十分重要的古代知识，能促进管理，能赋予教会力量，甚至能使一个人得救。德国著名的基督教神学家、教育家哈

150 芭努斯·毛鲁斯（Hrabanus Maurus，约 780—856 年）写道："只有文字是不朽的，它可以让人规避死亡；只有书中的文字才能把过去带回现

实。"历史学家罗萨蒙德·麦基特立克（Rosamond Mckitterick）声称，谙熟拉丁文所产生的影响十分广泛，"贯穿于整个社会阶层，从颁布法令的国王和给修道院馈赠书籍的贵族，到用书面宪章捍卫自己新的社会地位的自由民，[皆无例外]"。[11]

在欧洲文明发展的最关键和最具决定意义的时期，阅读拉丁文成了一股主要的社会力量。

阿拉伯人和犹太人

公元 2 世纪贝都因人（Bedouin）的沙漠涂鸦或许是阿拉伯早期阅读的见证。数世纪之后，别具一格的阿拉伯文字有所升华："阿卜杜勒与哈西卜特的儿子马利克画的'幼年雌性骆驼'这幅画"[12]便是一个例证。虽然从时间上来说比邻邦的犹太人晚了很多（见第二章），但阿拉伯人也同样使用日益演进的各种辅音字母进行书写。阿拉伯人的文字几乎全由辅音字母（如 p，t，k）构成，而不与元音字母（a，e，i，o，u）配对。源于阿拉米字母（Aramaic）的纳巴泰字母（Nabatæan）是阿拉伯半岛散居部落使用的主要辅音文字。他们还谙熟阿拉米文字、希伯来文字、希腊文字、拉丁文字及其书写文本。然而，只有简短的碑铭、合同、明细表和某些记录引起了古阿拉伯为数不多的识字人的注意。

如同在欧洲一样，阿拉伯部落富于深邃的口述传统，经考证源于公元 5 世纪典雅的格律诗是口述传统的基本特征。中世纪时期，阿拉伯诗歌从未有过书面形式，但题材丰富多样，不断演变。然而，源于纳巴泰字母的阿拉伯文字刚一诞生，就用于散文创作。经过几个世纪的缓慢发展，阿拉伯散文写作随着 7 世纪后半叶《古兰经》（Qur'ān）（也译作《可兰经》或《赞念》）最初几个片段的出现才日趋成熟。

《古兰经》超越了阅读、写作乃至语言本身，最终发展成为一个民族的特征标志。

穆斯林认为，《古兰经》是以阿拉伯语为媒介对基于碑文的天启的永恒文本的转述。真主授权穆罕默德先知（Prophet Mohammed，570—632）聆听哲布勒伊来天仙（Gibriel）用一系列幻象表达的文本，幻象首次出现于612年的斋月（Ramadan）。正如伊斯兰传统中所详述的那样，穆罕默德一直声称，他对真主的启示既无删减，又无增补。他把聆听到的启示不折不扣地付诸记忆，长达二十年之久。这一神圣的过程未曾涉及阅读和写作。

公元622年，穆罕默德从麦加（Mecca）出奔麦地那（Medina），此次迁徙史称"希吉拉"（Hegira），标志着穆斯林时代具有历史意义的肇始。就在"希吉拉"之后，先知的门徒才偶尔用本土的阿拉伯文字把口授教义片段保存下来，书写在皮革碎片、骆驼肩胛骨、木片以及当地的其它材料上（但没有莎草纸、羊皮纸或蜡板）。

《古兰经》有了书面形式之后，就不再依赖所记忆的口述内容，阅读的歧义问题也随之出现。这一点指向的正是书面语的弱点，正如前文所述，早在一千多年前苏格拉底就曾批评过希腊语的这一不足之处。《古兰经》对此甚至也有描述："某些诗句意义精确，构成经书的基础，而有的诗句意义含糊。对《古兰经》心存疑虑的人只关注歧义部分，目的是提出非议……除了真主，无人知晓其含义。"

穆罕默德去世后，零散的片段被汇编成各种校勘本。穆罕默德的直接继承人、第一任哈里发（caliph）阿布·巴克尔（Abu Bakr）下令把支离的片段整理成第一部《古兰经》校勘本。第三任哈里发、逊尼派（Sunni）领袖奥斯曼·伊本·阿凡（Uthmān ibn Affān，644—656年在位）叫人把不同校勘本的主体内容予以扩充，形成了钦定的经典文本或《古兰经》通俗本。不久之后，销毁了其它所有的"原始"版本，从而堂而皇之地结束了诸多争议。

销毁原始版本的行为备受谴责。什叶派教徒（Shiites）抱怨说，逊尼派（Sunni）哈里发的新《古兰经》中删除了穆罕默德的女婿和堂弟阿里的合法要求权。还有人认为，受命编排的114章经文（仅以长短为152序）年代混乱，缺乏逻辑。不少人感念曾有助于他们澄清《古兰经》的旧版本。以辅音字母为特征的阿拉伯文字,至少在 7 世纪仍含糊不清,因而也只是一种记忆辅助手段,以提示早先记忆的文本,同时也会引发多种模糊不清的解释。然而,如果比较一下不同的"原始版本",那么就会消解疑惑,只可惜可比较的原始版本已不复存在。

另一方面,逊尼派最终又宣称,《古兰经》编排十分"完美",语言和风格精妙无比,难以效仿(现称"古兰经阿拉伯语")。这一态度正是当今人们敬重《古兰经》的原因所在。人们相信,阅读《古兰经》时,真主的灵气就会降临,《古兰经》的书写文字是超自然传达的一部分:信息与形式因而被认为是在联姻,以和谐的方式给人以启迪。尽管如此,穆斯林也承认,《古兰经》的精髓体现在口述或诵读之中,而不在阿拉伯字母的外在形态,它们只是传达启示的媒介而已。

结果,与《圣经》和《律法书》(《圣经旧约》首五卷)一样,《古兰经》也是一部"圣"书;然而,其神圣性超越了经书本身。《古兰经》被尊崇为不可抗拒的经书,却不是真主的一部分。每一抄本自然受到应有的尊重,上面不能置放任何东西,只有在斋戒沐浴和祷告之后才可触摸。然而,穆斯林坚信,只有在阅读(最好是朗读)之时,真主才会出现。这样一来,与中世纪时期乃至以后多数西欧人诵读拉丁文《圣经》一样,今天用古阿拉伯语诵读《古兰经》仍可产生同等的效果。

公元 9 世纪的学者艾哈迈德·伊本·穆罕默德·汉巴尔(Ahmad ibn Muhammad ibn Hanbal)贸然提出过这样一个问题:既然《古兰经》是自存的和永恒的,那么它是否只能以祷告的话语形式传播? 或者人类在传抄时是否扩大了其实质性内容? 公元 833 年,他的质疑遭到了伊斯兰教法庭(Islamic Inquisition)的谴责。[13]这是因为《古兰经》只能被认为是"安拉的声音",而并不是简单的"书面文字"。过了三百年之后,伊斯兰神学家艾布·哈米德·穆罕默德·阿尔·加扎利(Abu Hamid Muhammad al Ghazali)在免责的前提下假设了把《古兰经》当作"书面文字"进行研究的规则,将《古兰经》的听与读看作是同一神圣行为的两个平等的组成部分。

　　哈里发阿卜杜勒·马利克（Abd al-Malik）统治期间（685—705年），阿拉伯语成为阿拉伯势力范围内的官方语言。不久，阿拉伯文化主导美索不达米亚、上埃及、北非的柏柏尔人领地和西班牙。距离这一文化圈越远，使用阿拉伯语的人数就越少。然而，这一地区所有的语言毫不例外地都使用阿拉伯文字。（埃及的基督教徒继续沿用基于希腊文的科普特[Copitc]文字书写神圣文本；犹太人使用希伯来文字书写阿拉伯口头语。）最终，这些国家的所有人，不只是穆斯林，都必须学会读写阿拉伯语。久而久之，波斯人、阿富汗人、土耳其人，欧洲东南部和亚洲的阿尔泰民族、马来人，甚至非洲的许多黑人都使用阿拉伯文字表述其本土语言，其中不少民族丢弃了本族文字。

　　及至公元 8 世纪、9 世纪，口述传统盛行，就学习阿拉伯语而言，以听为基础、以重复为方式的记忆训练至关重要。然而，阅读与写作则强调视觉能力，在教育过程中发挥着关键作用。每行书面文字皆有具体的节奏，诵读时上半身左右摆动，与之相伴，如同犹太人练习朗读的姿态。（今天，这种方式仍普遍用于诵读《古兰经》。）当时，阅读已成为修辞学领域的一部分，阿拉伯人的修辞学造诣颇高。从诸多方面来看，他们堪称是古代文明真正的继承者。他们不断进取，撰写分析性和评论性论著、科技语篇以及丰富的散文体裁。绚丽多彩的阿拉伯文学传统的出现，不仅得益于希腊和波斯的作家，而且还依托传统元素创造新奇，从 10 世纪起尤为如此。[14]

　　语法学家开始反思阅读阿拉伯语时产生的歧义现象，提出了许多改进诵读《古兰经》的方法，例如，使用短元音 a，i，u；标记双辅音；以三种方式书写字母以确定词的开头、中间或结尾；继而还有进一步的改进方法。也许，最为重要的是，阿拉伯书记员开始使用单词间隔符，以适应诵读《古兰经》的需要；同时，还使用清晰、雅致的圆形草书字体进行书写。这些创新十分实用，可使人们在阅读书面文本时较快地移动眼睛。这些创新方法也用于阅读诸如亚里士多德的阿拉伯译本等世俗作品。（长达三代人之久，这些创新激励着西欧基督教缮写房的书记员竞相效仿。)

　　及至 10 世纪,阿拉伯的权威学者开始接受《古兰经》七条不拘一格的变体文本"链"。他们认为,每条文本链的阐释都是领悟先知穆罕默德显现的"圣言"的一种有效途径。西方的基督教旨在提炼"圣谕"使之成为唯一的权威话语。相形之下,伊斯兰世界却赋予《古兰经》几种可能的声音,与倡导简约主义的西方形成鲜明对比。这种态度表明,自由主义思想武装了历史鼎盛时期的伊斯兰,这一思想具有近乎绝对的普遍性、分析性以及神奇的创造性。

　　阿拉伯语阅读仍仅为散文。(口述历史、传记、故事、传奇等在 7 世纪、8 世纪就已逐渐转写成书面文字,当时,《古兰经》尚处于最后成型阶段。)[15]希腊语和中古波斯语的译著备受阿拉伯语读者,尤其是男性读者和特权阶层的青睐。"阿达卜"(adab) 文学,即所谓"高雅文学",也颇为流行,涵盖道德哲学、诗歌、历史与自然科学,这些主题任意更迭,交错呈现。"阿达卜"是行政秘书的专门领域,其职责是捍卫古典阿拉伯语的精致或雅致的风格。针对这些秘书,还专门编撰了完整的教育百科全书。

　　战争题材的古老口头传说被书面历史小说所取代,通常描写古时的异教英雄、十字军东征(Crusades)时期的征服者,或后来贝都因人的迁徙故事。众多读者如饥似渴地阅读先知的传说,渴望之程度不亚于基督教读者阅读圣人生平故事时的兴奋。另一类颇受推崇的体裁是印度-波斯的童话故事,它融汇形形色色的巴格达短篇小说和埃及神话故事,最终形成《一千零一夜》(Thousand and One Nights),成为后来对西方有影响的为数不多的阿拉伯传说故事之一。《一千零一夜》成书于公元 820 年的叙利亚,书写在从东亚引进的纸张上,最初的书名为《一千夜》(Thousand Nights)。

　　伊斯兰学校专为男子开办(有的女子在家里私下接受教育),主要阅读用古典阿拉伯文撰写的《古兰经》。进而继续阅读《古兰经》神学评论的学生屈指可数,阅读深奥的科学论著的学生更是寥寥无几。阿拉伯语法学家仍然首先关注古典阿拉伯语的得体表达问题,以捕捉《古兰经》的"极致之美",在此过程中还创建了精致的语言文学库。正如在古希腊和古罗马一样,修辞是阿拉伯语文学的显著特点,是阿拉伯文学文化的守护神。

阿拉伯作家最终受到中古波斯的历史编纂学的影响,不再撰写先知穆罕默德和战事这类惯常话题。波斯人塔巴里(Tabari,839—923)是第一位将圣经、伊朗以及阿拉伯文明载入世界史册的历史学家。晚期的史书才真实记述各个王子、王朝和国家的史实。文学史书转向学者的传记,继而对城市历史作品产生影响,如哈提布·巴格达迪(Khatib al-Baghdadi)1071 年的巴格达史和伊本·阿萨克 (Ibn Asa-kir) 1176 年的大马士革史。

早在公元 7 世纪、8 世纪,托勒密写于公元 2 世纪的《地理学》被译成阿拉伯文。在此书的影响下,阿拉伯作家从 10 世纪起开始擅长地理描述和游记创作。许多世纪以来,阿勒·穆卡达西(al-Mukaddassi)、伊本·法德兰 (Ibn Fadlan) 或犹太人易卜拉欣·本·雅库布(Ibra-him ben Yakub)(曾代表科尔多瓦哈里发 [Caliph of Córdoba] 游历过斯拉夫和日耳曼各地)等人的旅行叙述一直拥有广泛的读者群。之后的游记包含绝无仅有的地理信息,往往被复制成数百册,例如,伊本·朱拜尔(Ibn Jubair)12 世纪的西班牙游记、西西里岛游记与叙利亚游记;伊本·巴图塔 (Ibn Battuta) 14 世纪的君士但丁堡游记、俄罗斯南部游记、印度游记与中国游记。麦加朝圣者的描述也是读者尤为钟爱的一个题材。阿拉伯人阅读起这些描述,就十分着迷,与西方读者关注圆桌武士珀西法尔(Percival)和圆桌骑士兰斯洛特(Lancelot)漫步时的神情别无二致。

亚里士多德的学说在西欧被纳入认可的标准课程体系之时,学者们就四处搜寻优秀教科书。令他们惊讶的是,亚里士多德的著作居然有水准颇高的版本。这些版本注解完整,是由伊斯兰学者伊本·西拿(Ibn Sina,980—1037)(又名:阿维森纳 [Avicenna])与伊本·路世德

(Ibn Rushd,1126—1188)（又名：阿维罗伊［Averroës]）等人完成的，足见伊斯兰学者从 9 世纪早期（如果不是更早的话）开始就潜心研究亚里士多德。当时，阿拉伯统治者的私人图书馆收藏了大量译著，大部分为希腊经典作品。[16]早期的图书中心位于巴格达，它是广袤的阿巴斯哈里发帝国（Abbasid Caliphate）富饶的首都（750—1258 年）。

公元 10 世纪，波斯的大维齐尔*（Grand Vizier）阿卜杜尔·卡西姆·伊斯梅尔（Abdul Kassem Ismael）藏书 11 万 7 千册（此时的巴黎仅有 500 册）。他每次外出旅行，都要用四百头骆驼把所有的书驮着，每头骆驼都经过训练，按字母顺序行进，使书籍的分类保持完好。[17]12 世纪，法蒂玛哈里发帝国（Fatimid Caliphate）（后来出现了政治分裂）的开罗图书馆馆藏的图书超过 11 万册，所有书籍根据主题编目，是世界上最重要的图书馆之一。（法蒂玛王朝 1171 年被著名的库尔德（Kurdish）将军萨拉丁（Saladin）推翻，法蒂玛的臣民目睹了其伟大的图书馆 1175 年被洗劫一空的场景。）

伊斯兰统治下的西班牙同样也建立了图书馆，馆藏的图书是北部最大的基督教图书馆的一千倍。公元 10 世纪，阿勒-哈克木二世（al-Hakam II）哈里发统治期间，科尔多瓦（Library of Córdoba）图书馆馆藏 40 万册。仅在安达卢西亚省（Andalusia）南部就有 70 多个图书馆。（伊斯兰统治下的西班牙亦是一个活跃的中心，融学术研讨、丰富的读写活动、创新的优雅诗歌和繁荣的译事于一炉。）

阅读这种行为也激发了穆斯林科学家的兴趣。11 世纪开罗"科学院"（Dar al-Ilm，House of Science）的阿勒哈桑·伊本·阿勒·海赛姆（al-Hasan ibn al-Haytham，965—1039），即西方广为人知的海桑（Alhazen），是中世纪伊斯兰最伟大的自然科学家，创建了一套尖端的光学理论解释阅读过程。伊本·阿勒·海萨姆的理论基础是亚里士多德早期的感知"内向传播"理论（该理论认为，我们看到的特征经由空气进入视觉系统），但他也区分了"纯感觉"和"感知"两个概念。他写道，纯感觉是无意识的，非自主的；而感知离不开自主的识别行为，比如阅读一页文本。[18]他首次对这种有意识的行为过程进行了科学的阐释，将"看"与"读"区分开来。

研究《古兰经》的神学家亦研究阅读。公元 12 世纪，阿尔·加扎利在免责的前提下最终提出了授权研究《古兰经》"书面文字"的规则（参见前文）。他的第五条规则告诫读者，诵读《古兰经》要缓慢而清晰，从而一边诵读，一边思考。第九条规则进而提醒读者要"放声朗读，足以听见自己的声音，因为阅读意味着区分声音"。[19]这条规则旨在让读者排除外界干扰，以免分心，同时也强调朗读在中世纪伊斯兰各个社会中的重要性。显然，阅读也被认为是对单音的感知，而不是对语言本身和/或语言所传达的意义的感知。

中世纪伊斯兰的经验基于它所取代的希腊（罗马）和波斯文化的知识遗产，促成了一个活跃的、无与伦比的学术环境，欧洲在很久以后的文艺复兴时期才取得了如此成就。中世纪贡献最大的是伊斯兰教的译者，与同时代的法兰克人一样，他们挽救了许多被遗忘的珍品，其中包括古典时期和拜占廷时期希腊在天文学、数学、医学、物理学、药理学、化学、农艺学、地理学、哲学等领域取得的研究成果。欧洲的书记员通过阿拉伯文翻译才接触到这些珍品。公元后的第一个千年末期，伊斯兰世界给予阅读极大的热情，并因此成为世界杰出科学家、建筑家、物理学家、地理学家和哲学家的摇篮，其中的多数人在开罗著名的阿勒·爱资哈尔（al-Azhar）接受过培训。阿勒·爱资哈尔堪称历史上最伟大的学术中心之一。

与上述知识繁荣的景象相一致的是，中世纪时期研究犹太法典（Jewish Talmud）的学者认为，一篇文本实为一座开放的宝藏，是一个不断发现的过程。任何文本都不是绝对的，而是一个新知与灵感的无限源泉。的确，阅读这种行为，尤其当把它与分析性思维相结合时，本身就是一种启示，所需要的只是求知欲与好奇心。

　　研究犹太法典的学者运用了很多方法以获取文本的隐义。他们最为钟爱的是"根码替亚释义法"（gematria，又译"数字解经法"）（今天看似是与分析推理相对的一种方法）。这种方法给希伯来文的每个辅音字母赋上数值。例如，公元 11 世纪，拉比斯罗莫·伊扎克（Rabbi Shlomo Yitzhak）（注释家拉西［Rashi］）将艾萨克（Isaac）这个名字（希伯来语为 Y. tz. b. q.）译为 10. 90. 08. 100，意指"亚伯拉罕与萨拉的无子之年"、"萨拉做母亲的年龄"、"割礼的日子"和"亚伯拉罕做父亲的年龄"，再现了《创世记》（ⅩⅤⅡ:17）中亚伯拉罕的天问。研究犹太法典的不少学者认为，所有文本都可以用这种方法或其它方法"解码"。

　　与穆斯林一样，中世纪犹太人的生活以读写为中心，关注的焦点自然是《律法书》。及至当时，《律法书》已涵盖全部的传统犹太教义，其中包括《口传律法》（Oral Law）。犹太人的图书馆主要是宗教图书，而几乎所有的这些巨著毁于后来的大屠杀或其它灾难。古开罗的福斯泰（Fostat）犹太教会堂的废书库（geniza）1896 年被发现时，里面储存有上万篇希伯来文文本，大多数是中世纪的，也有一些是古代的，甚至包括公元 1 世纪、2 世纪的《大马士革改革宗长老会规程》（Rules of the Covenantery of Damascus）的片段。福斯泰的档案文件中，不仅有阿拉伯《一千零一夜》最早的参考文献，而且还有书商的目录、婚姻合同，甚至爱情诗和杂货清单。所有这一切都证明，中世纪时期开罗的犹太人阅读兴趣极其广泛。

　　犹太人介绍自家的男孩去宗教读书社学习阅读，少不了举行仪式庆祝一番，仪式庄严而肃穆，时间通常为纪念摩西于西奈山接受上帝传授十诫（《出埃及记》19—20）的五旬节（Feast of Shavuot）。准备入社的男童要用祈祷巾包裹，由他的父亲带给老师。老师让孩童坐在膝盖上，看着一块石板，上面写着希伯来文字母和一段经文，还有"愿你以《律法书》为业"的词句。孩童跟着老师朗读每个单词，期间石板上涂上蜂蜜，让孩子舔净，以示他汲取圣言。接着，孩童要读出写在去壳的煮鸡蛋和蛋糕上面的《圣经》诗文，然后做出象征性的动作把鸡蛋和蛋糕吃掉:浓郁而尤为甜美的味道旨在让孩童感知阅读的浓郁与甜美。[20]

默读

自 9 世纪起,西欧的缮写房安静了下来。[21]中世纪早期的神学家曾称赞过默读的好处(参见第二章),阅读的人浏览新使用的标点符号,阅读用小句和短语写成的一行行文字,轻松而自如,这是早期不使用标点的串型文本所不及的。书写的这种创新甚至也曾让 6 世纪叙利亚的圣以撒(St Isaac)对默读津津乐道:

> 我静心默读。品读诗句和祷文,我身心愉悦。感受理解的妙趣,我默无声息,思绪凝聚,仿佛在梦境一般。沉寂延绵,记忆中的混杂得以消解,内心的思绪荡起欢乐的浪花,一浪接过一浪,令我讶异,叫我欢心。[22]

西班牙塞维利亚的神学家伊西多尔(Isidore,560—636)是欧洲中160 世纪最有才华的学者。他也曾对默读大加赞扬,认为默读是"轻松自如地反思和记忆所读内容的一个过程。[23]同圣奥古斯丁所言一致,伊西多尔提醒其读者说,阅读能使人超越时空与不在场的人进行对话;与奥古斯丁不同的是,伊西多尔认为没有必要给字母赋予声音:字母具有把不在场的人的话语默默传达给我们的力量"。[24]

9 世纪以前,即卡洛林文艺复兴及其引发的"读写革命"之前,欧洲书记员遇到要抄写的文本,要么逐词听写,要么逐字朗读。中世纪的缮写房是个喧闹的地方,嘈杂的声音和书写工作极易使人疲倦。公元 8 世纪,有位不知名的书记员抱怨道:"这份辛劳,没人能懂。三个指头写着,两眼盯着,舌头动着,全身都在劳作。"[25]但是,下述几方面的神奇发展使这种情形有所改变。

首先是语言。后古典时期,拉丁语的语序逐步固定,总体上在取代屈折变化。及至当时,词尾的屈折变化是拉丁语语法的主要特征(例如,domus,domum,domūs,domuī,domō 是"house"[房子]一词的变化形式)。公元 8 世纪和 9 世纪,拉丁语较为常见的新型固定语序对阅读产生了深刻影响,使书面语言更加接近人们熟悉的德语、法语、意大利语或英语的语序,从而大大促进了语言的神经生理处理过程。[26]

其次是文字本身。毋庸置疑,9 世纪前后兴起的默读是运用一种新颖、清晰、均衡的简化文字的直接结果。为了实施急需的教育改革,查理大帝 789 年下令:德国、法国和意大利北部的每个大型修道院都须全面校勘所藏的基督教著作,其中影响最大的是位于图尔的圣马丁修道院。公元 796 年至 804 年,英格兰约克郡的阿尔古因(Alcuin)担任院长,亲自监督了后来称之为"卡洛林小写字体"的创造过程,这是两千年来西方社会实施的最为重要的文字改革。

事实证明,与早期的书写体相比,卡洛林小写字母更加易读。这种 161 字体由三种不同高度的字母组成:上行字母(如 b)、水平字母(如 m)和下行字母(如 g)。三种字母结合使用,赋予每一单词一文字"轮廓",把它转换成一个易于识别的单位,从而超越单个字母本身。公元 9 世纪,读者看到由这三种不同高度的字母组成的单词,不再需要根据语音或逐个字母解构单词。换言之,读者能即刻识别自足的字母束。上行字母和下行字母标准化程度越高,阅读就越容易。加之,所有缩写、停顿以及其它为了节省羊皮纸而使用的符号一经淘汰,阅读的难度也会有所降低。

同时,卡洛林王朝的书记员还运用两种独立的书写"格":小写字母和大写字母。小写字母较为常用,大写字母用于表达专有的事物,如标题或所有的名称等。后来,大、小写字母结合使用,促成了一个两层文字系统(two-tier script system),并且有其具体的使用规则。由于此系统同时具有语义标记功能(bob/Bob),因而学习和使用起来相当复杂,十分不易。然而,这种创新却有助于书面信息的迅速传递,部分地体现了以最为简单高效的形式实现"书面语言"视觉化这一活跃的历史过程。

其它一些创新也同样将书面文本切分成易于理解的单位。为了便于阅读(并非为了修辞,如在古时),爱尔兰书记员采用了一系列标点符号:句号(然后是点与破折号并用)、逗号(上扬或高位的点)、分号(与今天的分号相同)以及其它一些切分意义的符号。[27]一个世纪以后,大多数文本开首的几行用红墨水书写,也就是用 rubrics(即"红色",源自拉丁文的 ruber)标记独立的导语,这样的导语最终演变成章节的标题。新段落的起始仍然沿用古典时期的做法,用 V-型符号等作为分隔标记。然而,没过几个世纪,新段落的首字母写得大了许多,甚至用上了大写形式,从视觉上来看更加引人瞩目。

自卡洛林时代起,每一次重要的文字改革都针对拉丁文与希腊文
162 (及其衍生语言)字母的视觉组织问题,从而使书面文本逐步脱离口头语言。到了 10 世纪,首先正是由于词际间隔的出现,眼睛在阅读中才被赋予了重要地位。[28]

卡洛林小写字母视觉上最突出的特点是,词间留有间隔,如同本页书上的单词一样。此项创新使阅读比以往任何时候都变得轻松自如。卡洛林时期的书记员最终运用的单词分离抄写方法似乎源于翻译阿拉伯作品。从那时起一直到 13 世纪,翻译阿拉伯作品是整个西欧缮写房的首要任务。确切地说,其译作形成了"最早始终以单词分离文本格式传播的作品集"。[29]公元 10 世纪,阿拉伯书记员区分单词,不仅使用特殊的字母形式,而且还在词间留出间隔。希腊文原作中单词与单词是串接在一起的,而阿拉伯语译本则采用单词分离格式,成为拉丁文主导的西方世界效仿的典范。阿拉伯世界的单词分离的文本格式和博大的知识内容(亚里士多德等人的文本与科学知识文本)为西欧世界提供了给养。

因此,默读无论在何地进行,都赋予了阅读一个新的维度,并且一直持续至今。阅读从公众行为演变成为个人行为。读者无须与他人共享一个文本(可能会因为别人提问或评论打断自己的思路),甚至无须

将声音与字母相联系。阅读可以缄默无声,无须倾听,直接领悟概念,使思维在意识的更高层次运行,交相参考,比较对照,思考评判,不一而足。默读完全改变了西方的阅读习惯,进而影响到阅读的外部环境和内容,也影响到读者的心理情操。默读所产生的效果成为一个人业已内化的存在的一部分。

阅读超越了其作为工具的社会功能,进而必将成为人类的一种智能。

默读也为整个社会引入了一种全新的东西,即无拘无束的交流。人们从不同角度看待中世纪业已制度化的教条和僵化的管束,最终能够接触到异教思想,并且不用怕被人发现。11 世纪之前,异教思想对于强大的基督教来说是区区小事,尚构不成威胁。[30] 11 世纪之后进入了一个学习知识更加自由、沿袭的教条遭到质疑的时代,由此可见,1022 年法国的奥尔良(Orléans)用火刑处决一名异教徒的做法或许不再是一种巧合,这完全可能是私下默读的结果。到了 12 世纪,基督教和封建权威遭到规模巨大、声势凶猛的异教徒运动的冲击,对其正统性提出了挑战,断然声明与上帝建立直接的关系是人类的"权利",无需借助任何有权有势的中介。[31]

社会心理发生了某种深刻的变化,公共成员成了个体竞争者。个体不断走向成熟。的确,这种社会变革遭到了备受挑战的社会名流的强烈抨击。1231 年神圣罗马皇帝腓特烈二世颁布法令,宣告宗教异端属违法行为,可处以极刑。然而,社会裂痕仍在加深,最终引发了 16 世纪的宗派分裂。这些事情的发生自然不是默读引起的,但默读的确使人了解到以往难以触及的问题、观念和信仰,反过来倒会使人产生更多疑问,为社会的重大变革铺平了道路。

随着默读的兴起,欧洲的缮写房安静了下来。然而,这并不只是意味着嘈杂声减少了,而是所有的口头语言遭到了禁用。结果从一个极端走向了另一个极端。缮写房的书记员就是与邻座的人交流,也不得不打哑语,例如,要抄写一本新的弥撒书,他会做个十字架的手势;要抄写一本粗言秽语的文本,他会模仿小狗抓痒的样子。[32]

中世纪尚没有实现由纯粹听到纯粹读的完全转变。日耳曼人的普遍做法是"以听为读",据此,中世纪鼎盛时期德语中的 lesen 一词才有了"阅读"、"朗读"、"叙述"、"细述"、"讲述"等意义。日耳曼人的这种做法不仅象征体验文本的两种方式(公共行为和个人行为),而且也象征书面文本的双重受众,即公共读者和个人读者。连默读的传奇故事也包含此种内在特征。这么看来,"读和听"实际上是一个概念:读者即听者。中世纪的作家面向读者的方式如同在公共场合给人诵读一样。

以听为读一直是中世纪阅读的本质。

公元 3 世纪到 4 世纪,默读在整个欧洲极为普遍,同时也是学者青睐的阅读方式。1216 年至 1219 年在德国西南部申塔尔修道院(Schöntal Abbey)西多会担任院长的理查姆(Richalm)讲述道,有种恶魔一直驱使着他朗读,打破了他的默读习惯,骗走了他的真知灼见和精神意识。[33] 他在西多会的朋友,克莱尔沃的贝尔纳德(Bernard)、斯特拉的伊萨克(Isaac)、圣蒂埃里的纪尧姆(Guillaume)以及利沃兹的埃尔勒德,都声言自己对默读有所偏好,并且认为阅读是影响心理的主要工具。[34] 默读,也就是当时所认为的阅读本身,被视为静思的一种形式。12 世纪 De interiori domo 一书的佚名作者甚至还把静思重新定义为"心读"。[35]

中世纪鼎盛时代

今天,我们把文学作品视为不可变的书面实体。然而,中世纪的读者,如同史前和古代的传统读者一样,却期望承继下来的传说和史诗是灵活可变的,并且适于口述。这些作品无论长短,一般都包含一个家喻户晓的故事,修辞结构布局松散,诵读者可视受众情况创造性地进行操控。因此,每次诵读都会有所不同。文学作品是活生生的产物,而不是固化的文本。

罗马的拟剧演员(mimus)早已销声匿迹,取而代之的是中世纪闲雅的日耳曼或凯尔特吟游诗人。虽然教会试图压制传统诗人,但人们还是成群结队地去聆听他们讲述曾让其祖辈痴迷的那些古老传说。约8世纪和9世纪的吟游诗人满足了人们这种连年经久的需要。公元10 165世纪,吟游诗人的地位上升为云游教士,后来演变为巡游布道者、吟游书生、巡游说书人、说笑书生等。他们学会了读写,除了方言外,还能用拉丁文背诵古典神话、宗教传说,乃至英雄故事,并且还把有的内容付诸羊皮纸。

公元11世纪,书写又一次开始兴盛,当时贸易日益昌盛,对行政管理提出了新的要求。账目、信件、文件以及章程增加了十余倍。之前主要属于巡游的教士学人与居于统治地位的牧师的书面文字,自古代晚期以来首次回归到公共领域。阅读和书写因为其实际用途得以复兴,使方言阅读、典籍阅读,乃至推理性思考重新活跃了起来。

同时,新出现的吟游诗人逐渐取代了训练有素的拉丁语吟游书生,他们以柔颤的声音吟唱着及至当时依然鲜见的浪漫爱情主题。这种革命性的题材源于穆斯林影响下的西班牙,越过比利牛斯山(Pyrenees)进入法国的南部,引发为一种泛欧现象。爱情诗歌是职业艺人或中世纪吟游诗人(jongleur,源于古法语 jonleor 或"jester")的拿手好戏,他们只要能得到报酬,就会在商业中心、集市、庄园和城堡随地吟唱。他们出身卑微,四处漂泊,往往得不到法律的保护,被排斥在神圣教会圣礼之外,但他们却可与出身显贵的抒情诗人竞相斗妍。抒情诗人创作并吟唱高度风格化的诗文,颂扬爱恋之人的美德,或埋怨她们羞怯懦弱。然而,这种高超的艺术却被多数人视为虚假做作。尽管如此,吟游诗人依旧是众人的至爱。1100年前后,享有盛名、出身高贵的法国抒情诗人彼得·皮克特(Petrus Pictor)甚至抱怨道,有的牧师地位显赫,却宁愿去聆听出身卑微的吟游诗人的荒唐诗文,而不愿倾听严肃高雅的拉丁诗人的隽永诗句,这里影射的就是他自己。[36]

许多抒情诗人,甚至游吟诗人的诗文虽然最终被记录了下来,但尚 166且算不上是中世纪的阅读文本(然而,自19世纪起,纸质作品读者是以往羊皮纸作品读者的一千倍）。广为阅读的仍是浪漫诗歌，为方言叙事体八音节押韵对句诗。例如，英格兰的《奥费欧爵士》（*Sir Orfeo*）有"A stalworth man and hardi bo/Large and curteys he was also"两行诗句，其中"bo"与"also"押韵，这种韵体逐渐替代头韵，几个世纪以来一直主导着口头文学。浪漫诗歌兼有书面英雄史诗（*chanson de geste*）和口头民族史诗的特点，是集两种传统之大成的混合文体。当时，书写得以使"历史"更贴近事实，从而取代民族意识中的神话故事。

这一时期几乎所有的方言叙事体作品都是为了诵读而创作的，这一点可从文中表示引起注意或必要停顿（如：听着！）等诸多手段中看出。多数故事是用一种特殊的调式吟诵的，而并非吟唱。方言叙事体文学的固有形式源于 11 世纪，起因多种多样，但至今尚不清楚。12 世纪中叶，这一文类在法国北部尤为流行，顺应了封建主义这一"共同"权力之风，并且演变为封建主义的宣传载体。新文学捍卫、确证和呵护的正是精英统治阶级的声音。方言叙事体文学的普及程度远胜于典籍、神学或自然科学，可与圣经本身相匹敌。

浪漫诗文肇始于古代神话、传奇和民间故事之集成，通常取材于希腊、罗马和不列颠群岛，像现代的肥皂剧一样，一集一集地串联在一起，以吸引观众。毫无疑问，以亚瑟王圆桌骑士冒险奇遇为主题的亚瑟王传奇在众多浪漫诗文中首屈一指，自问世以来每每对读者施以影响。这些浪漫诗文盛行于 12 世纪法国的城堡和庄园，随即在西欧的大部分地区出现了方言类或拉丁语译本和改编本。不久，原本纯口语的浪漫诗文被精心书写了下来。后来，随着一代又一代作家逐渐摈弃书面文本固有的口述特征，浪漫诗文的篇幅才冗长了起来。如此一来，作家们在 13 世纪早期高度发达的书写领域才能够再现更为深邃的思想、民族精神和主题。

尽管如此，中世纪鼎盛时期的"大众"（非宗教的）文学仍为口述文学，面向的不是读者而是听者（也许就是当时的读者）。口述文学的风格、格式、题材、措辞、态度等特征皆取决于口述的形式本身。今天，姑且不论其口述性,我们以默读的方式品读这种作品,总会有一种"离奇古怪"的感觉。

中世纪鼎盛时期,浪漫诗文经历了一场方言"革命",但多数阅读仍为拉丁文阅读。的确,有少数方言作品备受推崇且广为传抄,可在公共场合诵读。然而,拉丁文依然在阅读能力最强、阅读最为频繁的教会、学校和学术研究领域居于主导地位。整个 12 世纪,阅读方言文本的人持续增多,其主要目的是传承各民族的口述遗产,这显然超越了无处不在的教会的管束,进而引发了讲拉丁文的牧师与讲方言的凡人之间的一场论战,这种紧张局面持续了好几个世纪。

位居社会最高阶层的许多人士,尤其是皇室的达官贵人,完全戒绝阅读。他们认为,阅读是一门"技艺",与他们的地位不相称,只适于受雇于人或任人解雇、地位卑微的牧师和书记员。在社会阶层的另一端,多数平民百姓总体上依旧迷信,知识贫乏,把文字视为某种"魔法",可借以捍卫自己的土地权,纪念亡灵,"在乡间的十字路口和神殿祈求上帝和超自然力量的保佑"。[37]考虑到普通民众读写能力欠缺,1025 年,阿拉斯的宗教会议(Synod of Arras)规定:"普通民众如不能通过阅读掌握经文的话,那么可通过看图画学习经文。"[38]这一姿态旨在以图文为手段进一步引导、启发、尤其控制民众。这些图文是一种强有力的媒 168 介,11 世纪末期著名的巴约壁毯(Bayeux Tapestry)便是一个明证。需要说明的是,巴约壁毯上的"图画故事[虽然配有拉丁语文字说明],但面向的却是不识字的民众"。

由于诸方面的发展,到了中世纪鼎盛时期,作为个人动产的书籍得到了人们的高度重视:书籍本身成了价值不菲的商品。例如,拜占廷有位贵族,名叫优斯塔修斯·布瓦拉斯(Eustathius Boilas)。他在 1059 年的遗嘱中列举了自己最为珍贵的遗产,其中有《圣经》、各类史书、圣徒传记,甚至还有《亚历山大传奇》(*Romance of Alexander*)。[39]

这一时期最为流行的书籍之一是"诗篇集"(Psalter),即收录在每部《圣经》里的 150 首系列赞美诗。中世纪的多数"诗篇集"皆为拉丁文,只是内容的顺序和/或数目不尽相同,但都少不了赞美诗、挽歌、颂词、王室赞语以及朝圣者之歌。为了赞美上帝,以示祈愿和虔诚,这些诗篇在早期基督教会礼拜仪式中发挥着重要作用,"诗篇"构成了法定祷告时辰的基础。修道士和修女在规定时间聚集在隐修院和修道院,每天在规定的时间诵读七次"日课"(Divine Office)祷文。每周七天,每天都有专门的祷文,分七次诵读。富有的人在自家的城堡、庄园或乡间别墅中设有私人礼拜堂,居家祈祷,诵读"诗篇",以示对上帝的虔诚,而且女士常常都有属于自己的"诗篇"。

　　中世纪鼎盛时期,尤其是 12 世纪,人们最常阅读的文类无疑仍为拉丁文"祈祷书"(Book of Hours)。这种形式始于 8 世纪,是查理大帝时期的一位首要修道院院长阿尼安内的本尼狄克(750—821)对法定时辰祷告仪式所做的特殊补充。祈祷书包括"圣母小日课"(Little Office of the Blessed Virgin Mary)(由若干简短仪式构成),祷告日内每隔一定时间诵读一次。[40]大部分祈祷书照搬牧师的"日课",包括各种赞美诗、经文片段、"亡者日课"(the Office of the Dead)、圣歌、圣徒至爱的祷文,甚至总会有记载圣日的教会历书,但内容稍有缩略。

　　这些祈祷书以体积小、便于携带而著称,但质量不一,有的简装,有的精装(视主人的保险箱的深浅而定),日夜伴随其主人(多为女性)前往教堂、小礼拜堂和其它地方。富有的贵族以及后来富有的资产阶级把祈祷书当作结婚礼物馈赠亲朋好友。中世纪末期,许多祈祷书中还绘有小型彩图,成为西欧最主要的艺术珍品。更为重要的是,祈祷书让读者与神灵直接接触,无须垄断宗教作品的教会充当中介:有了祈祷书,阅读本身成了一种十分个人化的神圣行为。这种新奇的认识最终为使用方言阅读圣经铺平了道路,这是迄今都难以想象的。这种新奇的认识虽然当时尚未形成气候,但最终却引发了人们对教会至高无上的权力的质疑。

　　鉴于众多女士携带祈祷书参加日课,中世纪的画家就把圣母玛利亚刻画成一位手持祈祷书的女性形象。有人认为,圣母玛利亚的这一形象显示,"女人[与男人]分担着天主之事(*opus Dei*)和读写之事"。[41]
也许,在某些社会环境中,阅读的女性与阅读的男性一样随处可见,阅
读的女性手持一本祈祷书,同样也可以掌握天主圣言。换言之,女性一
旦识文懂字,无需男性充当中介,就可阅读祈祷书。这并不是对性别的
颠覆,而是平等主义的萌芽。圣母玛利亚也是天主圣言的化身。14 世
纪、15 世纪,描绘圣母玛利亚手捧祈祷书、怀里抱着正在阅读的圣子耶
稣的图画日益增多。男人和女人一道分享天主圣言,一道阅读和领悟
永恒的真理……。也许,这一点正是中世纪艺术家的预期所在。

　　自 13 世纪起,祈祷书成了达显贵人及其家眷的常备之书,及至 16
世纪仍然颇为人喜爱。祈祷书成了成千上万富人家庭里的唯一书籍
(《圣经》一直价格不菲)。庄园里的孩子常常跟着母亲或女佣通过祈祷 170
书学习识字。

　　发端于 12 世纪法国圣丹尼唱诗班高坛(Saint-Denis choir,1140—
1144)的哥特式(Gothic)运动排斥罗马城堡式扶壁建筑风格,以雕刻的
石柱和高居的窗棂装饰起了教堂。哥特式风格不再使用基督教会的圣
像,而用上了彩色玻璃窗、耸立的石雕和精巧的木刻。描绘的整个圣经
场景色彩明快,可见于教堂顶端,拔地而起、精雕细刻的石制讲坛,唱诗
班席位气势恢宏的长幅镶板,以及教堂的袖廊。在 14 世纪的莱茵河下
游地区,全然一样的场景绘制在羊皮纸上,并且结集成书:上面没有文
字,抑或只有简短的题注或标识。

　　这些画册十分畅销。

　　不久,这些画册催生了一个高度多元化的行业。15 世纪早期,木
刻印刷的画本摆满书摊。例如,流行的题材有死亡之舞(The Dance of
Death)或愚人之舟(The Ship of Fools),每页一幅图,附有教化类小诗
一首。最受青睐的当数绘图《圣经》,也就是后来几个世纪所称的《穷人
圣经》(*Bibliæ Pauperum*)(见下文)。

　　那么,中世纪鼎盛时期能阅读的人所占百分比是多少?大都市可
能最多 5%,或者是古罗马时期的一半,农村至多 1%。在以封建城堡

为主体的小镇和村庄,能阅读的人也就两三个:城堡的女主人,她十来岁的女儿,神若愿意,牧师也算一个。然而,中世纪文献中的某些片段,虽然十分鲜见,但的确证明:人在最不可思议的景况下也会识文懂字。例如,12世纪法国传奇故事《翁·德·波尔多》(*Huon de Bordeaux*)的主人公把一封信交给了船长兼意大利东南部布林迪西(Brindisi)港的长官。船长"接过信,拆开封签,便阅读了起来。他知道如何读信,也十分明白信的内容"。[42] 中世纪时期的俄国皇室贵族经常阅读拉丁文和希腊文(而不是俄文),而且博学得令人惊讶,足以使不善文字的西欧贵族相形见绌。11世纪、12世纪,俄国是欧洲不可分割的一部分,基辅公国的王子与西欧诸国的统治者保持着皇亲国戚一般的密切关系,他们的子孙与英格兰、德国、法国、瑞典、匈牙利和拜占廷的君主或公主联姻结亲。[43] 11世纪,雅罗斯拉夫亲王的女儿安娜嫁给了法国国王亨利一世。整个法国皇室里,唯有她识文懂字,连国家的文件都是她亲手签署。

中世纪鼎盛时期,从事智力活动的特权被男性牢牢掌握,但令人惊讶的是,也有相当一部分女性明显涉足了这一领域。[44] 不少女性也参加了宗教社团,其中有的社团十分重视年轻女子的教育问题。例如,住在城镇的多明我修女会(female Dominicans)成员几乎人人识文懂字,致力于宗教研究(规避经典文献)。14世纪早期,她们凡到一处,就教当地的女孩学习,通常还让她们熟知公立男子文法学校也未必了解的深奥神学思想。这些宗教团体涌现了有实力、有文化的杰出人物。12世纪,担任修道院院长,同时也是诗人、作曲家和神秘主义者的德国著名女作家宾根的希尔加德(Hildegard,1098—1179)曾写道,教会的弱点即男性的弱点,到了女性时代,填补这一空白,女性责无旁贷。

然而,事实并非如此。意大利多明我会修道士、经院神学家托马斯·阿奎那(Thomas Aquinas,1225—1274)曾清晰地界定了中世纪妇女的社会地位:"女人天生就是男人的伴侣。"[45] 女人的职责不是学习、怀疑和询问。巴黎圣母院著名传教士彼埃尔·阿伯拉尔(Pierre Abélard,1079—1142),也就是因引诱聪明好问的学生哀洛漪思而受到宫刑的那个传教士,曾经说道:"怀疑,引发询问;询问,掌握真理。"[46]掌握真理的只是男人,而不是女人。尽管如此,仍有不少杰出的"堕落者"的名字历经数个世纪流传至今。14 世纪英国诺威奇的朱利安(Julian,1342—1413)就为一例。她是一位神秘主义者和隐修女,在《圣爱的启示》(*Revelations of Divine Love*)一书中,她表达了自己对超验真理的远见卓识,并因此而著称。

　　凡人当中也不乏热心的女性读者和著名作家。神秘的法兰西的玛 172 丽(1139—1216)是中世纪鼎盛时期最伟大的作家之一,也许还是英国国王詹姆斯二世的私生妹妹。她创作的"民谣"(lay)(简短的叙事诗)和寓言备受推崇,其深厚的圣经文学和古典学知识可见一斑。出生于威尼斯的克里斯蒂娜·德·皮桑(Christine de Pizan,1364—1430)的作品有法国叙事诗、回旋诗、"民谣"以及著名的法国国王查理五世传记。有一位修女,也许就是巴金的克莱曼斯(Clemence),撰写了《忏悔者爱德华传》(*Vie d'Edouard le confesseur*)一书。弗勒里的雨果(Hugo)也把自己的《教会史》(*Historia Ecclesiastica*)赠给了伯爵夫人阿德拉,和同时代的人相比,阿德拉受过教育,而且还懂拉丁语。那个时代的文学作品中随处可见女性读书的场景。杰弗里·盖默(Geoffrei Gaimar)的《英语史》(*L'Estoire des Engleis*)有康斯坦斯夫人独居寝室[47]阅读《英王亨利一世传》(*The Life of Henry of England*)的描述。法兰西的玛丽在"民谣"《约聂克》(*Yonec*)中写道,有一位年迈的妇人独处一隅,[48]背诵着"诗篇"里的诗句。本章开头的引文就为一例。当时的女性,无论身居何处,只要财力和体力可行,都会努力让自己成为那个时代最热心的读者和作家。

　　当然,常规的书籍审查一如既往在进行。继罗马教皇诅咒《塔木德》把耶稣描绘成普通囚犯之后,早在 1297 年就被封为圣徒的法国国王路易九世(1226—1270 年在位)亲临现场,目睹了巴黎焚烧《塔木德》的宏大场面。据现代学者估计,付之一炬的法典足有上千本,而当时整个巴黎的图书总量也超不过四千册[49]。然而,类似的焚书之举并不多见。书籍审查一般多沿用惯例:禁止、限制、修订、删减、公共舆论谴责,以及其它几乎完全源自教会的诸多举措。(多数世俗统治者尚没有完全接纳书写文化。)物质的书本身没有什么威胁,可书中的观点有威胁。换言之,一本书并不危险,危险的是书中的新思想。所谓有效的审查,通常也只不过是禁止可疑学说,传播学说的人被架空,或取而代之。一般认为,书中的攻击性内容只是一小部分,大部分内容却是有价值的信息。当时,书写的文献本身十分稀贵,书籍终究也是无价之宝。因此,即使是可疑图书,最终也只不过是把有问题的部分单列出来附在书后,或者把言辞不恭的部分专门标出,以便再版时删除。公元 12 世纪、13 世纪,异教邪说的传播以口头形式为主,书面文字仍是次要的传播手段。

173

书籍审查也是秘而不宣的。也正因为看不到,所以才会折射出不少东西。更富教育意义的是,注意一下文献记录上募缘会士修道团(像多明我修女会和方济会修女会[Franciscans]一样依赖救济金维持生计)馆藏的东西,我们就会发现馆藏多为基督教著作,古典时期的文献寥寥无几。这也是所谓的审查,并且还是最高层次的审查。

自 12 世纪末开始,书籍成了有利可图的交易商品。此时的书籍为羊皮纸抄本,北欧地区多为牛皮纸抄本。长达几个世纪,书籍一直与世隔绝,被禁锢在隐修院里。至此,在西欧才再度成为商品。放债的人认识到书籍的商品价值,甚至把书当作抵押品,学生尤其习惯了以珍本书抵押借款的做法。[50] 15 世纪,在德国法兰克福和讷德林根(Nördlingen)的大型交易市场上,图书成了交易的商品,图书生意越做越红火。

不少牧师把阅读视为消除烦恼的灵丹妙药,因为阅读行为中蕴涵着莫大的慰藉,正如利沃兹的埃尔勒德(Ælred of Rievaulx)所吟唱的:"听我说,兄弟们,《圣经》紧握在手,厄运不会有,痛苦忧伤不会有;它们会化为乌有,即使有,亦可忍受。"[51] 神圣之作不仅本身神圣,而且阅读神圣之作这种行为也被认为是进入一个双车道，引领人们掌握神圣的知识和道德工具。圣维克托隐修院（St Victor）的于格（Hugh，1096—1141）是 12 世纪法国最具影响力的神学家之一，也是经院哲学家和神秘主义者。他声称："阅读这种神圣行为具有双重效果：要么用知识武装头脑，要么用道德武装思想。"[52]

东欧人也有同感。早期的斯拉夫读者阅读的主要是希腊的宗教著作。也许是在公元 7 世纪，马其顿的斯拉夫人改造了拜占廷时期的希腊草书字母，以便可用本民族的语言书写圣经。公元 9 世纪 60 年代，基督教传教士圣西里尔（Saint Cyril）对其加以改造和规范，创造了格拉哥里文字（Glagolitic script）。9 世纪 90 年代，保加利亚的牧师选用拜占廷时期希腊大写字母书写基督教经文，就这样，西里尔文字（Cyrillic script）便诞生了。除了个别明显的例外，斯拉夫人的阅读仍为宗教性阅读。学过读写的斯拉夫人寥寥无几，学过的人几乎全是牧师，主要是在教会的礼拜仪式上学会的。也有不少牧师以书记员或翻译的身份活跃在宫廷之中。

用西里尔文字书写的俄罗斯文学堪为一例。它始于 12 世纪末的基辅时期（Kievan period，907—1169），作品分为圣徒传、布道和教谕文字三种。不少原创作品脱颖而出，如弗拉基米尔·莫诺马赫（Vladimir Monomakh，卒于 1125 年）以自传体专门写给孩子的《教导》（Instruction，1125）；12 世纪末佚名作者的《伊戈尔远征记》（The Lay of Igor's Campaign）。农民诗人在古斯里琴——一种竖琴——伴奏下吟唱的《英雄诗》（Byliny），尽管当时十分流行，但到了 18 世纪末、19 世纪初才有了书面形式。17 世纪以前，俄罗斯是否存在有别于口头英雄诗的书面诗歌尚不清楚，书面诗歌或许根本就不存在。英雄史诗是俄罗斯最重要的文学体裁，实际上源于文字传统，而非源于口述传统。有几部重要的史诗都是以西里尔文字形式保存下来的，例如，庆祝 1380 年俄罗斯在库利科夫战胜鞑靼人（Tatars）的诗史《顿河彼岸之战》（Zadonshchina），风格十分接近《伊戈尔远征记》。[53]

学习阅读

　　公元 4 世纪至 5 世纪,传统的罗马教育江河日下,一种新型学校应运而生,这就是教会学校。四百年后,查理大帝颁布法令,责成法兰克帝国(Frankish Empire)境内所有教堂必须设立学校,教授阅读、写作、数学以及音乐(圣歌)等课程。至此,由教区、修道院或教堂设立的教会学校真正走上了繁荣发展的道路。这类学校的课程通常由拉丁文读写开始。阅读入门课程讲授识字读本以及主祷文(Lord's prayer)、圣母经(Hail Mary)、使徒信经(Apostle's Creed)等简单的经文。学生一旦将这些内容尽行掌握,就开始在老师的教鞭驱策下埋头苦读当时最常见的阅读手册(酷似当代的标准教科书),一般是埃利斯·多纳图斯(Ælius Donatus)所著的《文法的艺术》(*Ars de octo artibus orationis*),后来还有亚历山大·德·维尔迪厄（Alexander de Villedieu）的《学童教育》(*Doctrinale puerorum*)。

　　法兰西的玛丽曾举过一个例子,妙趣横生地描绘了 12 世纪人们是如何从发音起步学习阅读的:

　　　从前,有一位牧师想教狼念书。
　　　"A",牧师念道。
　　　"A",狼也这么念,这家伙机灵得不得了。
　　　牧师说,"跟我念 B。"
　　　"B",狼重复了一遍,"是这么个读法。"
　　　"C",牧师念道,"继续跟我念 C。"
　　　"C",狼念道,"是不是还多着呢?"
　　　牧师回答道:"自己念去吧。"[54]

　　15 世纪的学生笔记显示,不少人通过日常祈祷文(如"主祷文"和

"圣母经")和"赞美诗"选段学习阅读,而此前他们早已对这些篇章耳熟能详。开学第一天他们从黑板上抄下这些文字,以便能更好地通过整字认读法将整个话语单位与单个字母组合联系起来。

中世纪鼎盛时期,高级读写教育以所谓的"经院方法"(scholastic method,又译"士林方法")见长。初具读写能力的学生通过背诵并比对名家名作的权威注解,成长为基督教社区的楷模。此类作品包括教父及闻名遐迩的古代异教作家的著作。为达到这一目的,已具备相当读写能力的学生按照规定的步骤,按部就班地学习"正确"的阅读方法。阅读(lectio)是对拉丁文本进行语法分析,辨识并解释每个单词的格或词形变化,获得文本的字面意义(littera)。接着学生以固定的方法学习如何通过正统教义得出更高层次的意义(sensus)。只有完成这一步骤后,学生才能上升到学习名言警句(sententia),即依据传承的教义所做的批判性阐释。这种训练的目的显而易见,正如15世纪一位修辞学教授指出的,就是要让人:"言辞雄辩,品行高尚。"[55]

一般来说,学生大都囊中羞涩,根本买不起书。当时的抄本需要耗费大量人力和物力制作,先购买牛皮,进行处理后,再逐页手抄,所以与现在的教科书相比,真可谓之天价。12世纪,萨姆森院长(Abbot Samson)为购买一部圣经抄本,竟支付了20马克,相当于一座城内住宅的价格。因此,多数情况下学校向学生外借课本,也许老师也经常这样做,而且仅凭信任为之。学生通常并不研读这些书籍,而只是把书作为辅助记忆的工具。

在教室里,老师通常用粉笔将拉丁文语法规则写在黑板上,要求学生阅读并加以记忆。死记硬背让语法成为一副阅读通畅剂,而阅读充其量只不过是这位医术高明的郎中灌输拉丁文的漏斗。方方面面的因素增加了阅读的难度:使用外语阅读,不同手抄体造成字母形状和拼写不统一,标点符号使用不够规范,尤其是大量出现缩写和省略号(表示字母省略的超线性笔画)。难怪好多孩子毕业时,就像12世纪一位毕业生所抱怨的:"既不会讲拉丁文,也不会用拉丁语写信赋诗,甚至做弥撒时连(拉丁文的)祈祷文都不会解释。"[56]这恰恰变相反映了各个时代各类学校教育所面临的普遍问题。

一张长凳上挤上至少三个学生,将课本打开放在中间,当然前提是得有这么一本书,而这在当时还真是凤毛麟角。[57]这种机制自然让那些记忆超群的学生脱颖而出。记忆术因而成为当时初等教育的部分内容,让不少学生能像打开电脑文档一般轻松提取大脑储存的信息。经院哲学家托马斯·阿奎那就曾设计过这样一套记忆术,其中包含一系列行之有效的助记规则。首先,确定记忆内容的次序,培养对每项任务的"感情",即给每项任务贴上情感"标签",然后将其转化成"新奇的联想"、易记的图画,从而使之视觉化,最后反复诵读巩固记忆。与远古时代类似,这种方式的阅读依然是高层次助记系统的一部分。

差不多八百年前,欧洲已形成了标准的阅读课程体系。语法教材使用普利西安(Priscian)与多纳图斯(Donatus)的著作;数学和天文学则采用托勒密的阿拉伯数学提要以及欧几里得和波埃修斯(Boethius)的作品;民法学引用"民法通则"(*Corpus Juris Civilis*)的内容;教会法规采用格拉提安的(Gratian)《教令辑要》(*Decretum*)和亚历山大三世的《伪依西多尔敕令集》(*Pseudo-Isidorian Decretals*);医学学生阅读盖伦和希波克拉底的作品以及阿里·阿巴斯·马居斯蒂的《疾病》(*Pantegni*);神学采用《圣经》和彼得·隆巴德(Peter Lombard)的《名言录》(*Sententia*)。最常阅读的作品还包括维吉尔、奥维德、西塞罗、卢坎、塞内加、李维、贺拉斯、萨卢斯特(Sallust)、马提雅尔、佩特罗尼乌斯等作家的拉丁文经典著作。[58]

十一二岁的男孩掌握一定阅读能力后可向主教申请举行简单的仪式,然后进入高级学校学习两至三年,主修文法、修辞和逻辑三科(trivium)。一般在14岁时升入大学深造,专攻三学科中的某一科,也可以进一步学习包括算术、几何、天文、音乐在内的四科(quadrivium),以及医学或法律。

女孩可以一直念完三科,但之后很少继续深造。不少男人反对女子接受任何形式的正规教育。如菲利普·德·诺瓦拉（Philippe de Novare）就曾说过："女子不宜识字读写。想当修女的例外。否则，一旦长大，不是写情书就是收情书。"然而，拉杜尔·朗德利骑士（Chevalier de la Tour Landry）则认为："女孩子应该读书，领悟真正的信仰，保护灵魂免受侵袭。"[59] 少数贵族小姐由于接受私人教育，才可以研读圣经文学和拉丁语古典名著。法兰西的玛丽就是其中之一，她很有可能是在英格兰王室得到了私人教师的指点，从而享受了 12 世纪中叶女孩子所无法企及的教育。二百年后，大多数女孩子在镇上的多明我会修道院接受基础教育，并迅速超越功能性读写的范畴，三四年内就开始阅读深奥的文学作品。

当时，人们普遍认为，识字的母亲有义务教自己的子女掌握基本读 178 写技能。如果家里恰好有本藏书（几乎无一例外是祈祷书或诗篇），就可以用来教孩子阅读。圣母玛丽亚跟随母亲圣安妮（St. Anne）学习字母的故事成为 15 世纪祈祷书上常见的插图，在当时广为流传。

14 世纪，各地的城镇居民开始从当地贵族、主教手中夺取政治权利，并随即对子女教育问题提出了更高要求，以捍卫刚刚获得的权利。地方承办的公立学校应运而生。商业阶级迅速崛起，以书籍和阅读为基石，彻底改变了整个社会。[60] 到约 1340 年，佛罗伦萨 6 至 13 岁的孩子 45％—50％就读于各类学校。到 1497 年，法国瓦朗谢纳市（Valenciennes）多达 70％的居民都具备阅读能力。[61]

然而，至少据目前所知，中世纪读者中很少有人能够达到"流利"阅读的境界。当时的阅读与如今相去甚远。如今的学生目光所及扫过干净整齐、印制精美的书页，清晰的电脑屏幕，就会把其内容尽数了然于胸，流利程度令人惊叹，甚至超越了口头表达。相比之下，中世纪的学生几乎总是使用多数人都感觉不易上口的拉丁语阅读，阅读文本时极其费力。由于每个词都要单独梳理出来，且通常只有通过朗读才能理解。

真正流畅的阅读是专业人士的标志。经过多年寒窗苦读，中世纪

的教师能够轻松"速读"本专业的大部分著作。然而，一旦从神学转到
法理学，他就瞠目结舌、束手无策了，因为每一领域各有其专用的拉丁
术语、修辞手段、惯用语、缩略语以及符号，需经多年学习方能掌握。结
179　果，中世纪成为一个名副其实的术业有专攻的时代，专家们囿于所学，
各司其职。多数读者过着"群居生活"，专其所好，很少涉足不熟悉的领
域，这与今天的大部分学术研究颇为类似。

　　阅读如此艰难，即使潜心研究某一领域，也足以让人元气大伤。现
代人根本无法想象中世纪大学教育所耗费的时间，它远远超过了当今
4 年读完本科，5 年读完硕士，或 8 年读完博士的时间。以 12 世纪巴黎
著名的索邦神学院为例，神学专业的学生年龄一般在 24 至 35 岁之间，
而只有年龄超过 38 岁的学生才可能获得神学博士学位。[62]

经院哲学

　　约 1122 年到 1156 年间，"尊者"彼德(Peter the Venerable)任克吕
尼(Cluny)修道院院长，该修道院位于法国东部，是本笃会修道院改革
运动的先驱。在任期间他委托一批基督教学者(协同一位穆斯林及一
位犹太人)对阿拉伯《古兰经》进行翻译，于 1140 年到 1143 年间完成了
欧洲首部拉丁文《古兰经》。在十字军东征的时代，彼得此举旨在利用
译著更为公允地批驳与基督教义分庭抗礼的异教经书。

　　这一惊世骇俗之举反映了欧洲学者一种全新的理念。自 10 世纪
以来，他们一直试图将神学、哲学、人学三者合一，即实现基督教的天启
与哲学思想的和谐统一。及至 12 世纪，"经院方法"终于粉墨登场，该
方法强调主题发展脉络清晰，概念界定简明扼要，论证过程符合逻辑，
阐述驳论恰如其分。作为类概念，"经院主义"(Scholasticism)涵盖了
一系列学科。当时的学者们深信宗教信仰的诚律完全可以与人类理性
的论辩相调和，从而在本质上将教父教喻与亚里士多德的哲学思想结
180　合起来。彼得的《古兰经》译本声名大噪，为该运动树立了典范，对欧洲

阅读的内容和形式产生了重大影响。

10世纪的欧洲接触到璀璨夺目的阿拉伯文学传统,并在其影响下掀起了一股发掘古希腊作品的复古风潮,此风一起直至13世纪早期才告一段落。[63]整个中世纪初期,君士坦丁堡曾为欧洲提供了大量希腊文的语法书、神学作品以及有关圣徒生平的著述。但到了10世纪,大批拉丁文学者同时开始关注穆斯林翻译的希腊古典作品,这些穆斯林学者主要以科学研究见长。当时许多西班牙学者,其中不少是犹太人,已开始将古希腊典籍的阿拉伯语译本转译为拉丁语,从而在比利牛斯山脉以北再度燃起了人们对古典作品的热情。

古典派文风也因此大行其道。由于古典著作在中世纪普遍被视为金科玉律,不少学者开始效仿其风格,企图借先贤之口抒发言论,从而轻易征服读者。对于12世纪这种“质疑权威”的作为,巴黎圣母院赫赫有名的教士彼得·阿伯拉尔(Peter Abelard)不以为然,斥之为牵引野兽的枷锁。阿伯拉尔指出,作品的目的在于唤起不同的诠释,而不在于证实某人的观点。[64]

然而,阿伯拉尔的声音不足为鉴。在当时,以个人观点的轻声细语对抗权威人士的龙鸣狮吼无异于螳臂挡车,落伍了数个世纪。此类权威人士的化身正是亚里士多德。对他的发掘和重释,深刻地改变了中世纪西欧的思维方式。

亚里士多德这个名字固然早已为基督教神学家们所熟知。早期的教父,特别是圣奥古斯丁,提及亚里士多德,每每赞不绝口。12世纪博洛尼亚大学的格拉提安修士(Gratian of Bologna,卒于1179年之前)以及彼得·隆巴德主教（约1100—1164）均曾在书中盛赞亚里士多德的普遍等级制。但直至一百年后,亚里士多德的著作才真正得以在西方各学术中心站稳脚跟。1251年起,巴黎大学正式将亚里士多德著作纳入其课程体系。

12世纪、13世纪之后,经院式的阅读方法开始大行其道。教师主要训导学生以所学的教义信条为标准领悟文本思想。（此时,在书籍抄写过程中词际间隔的做法为阅读此类令人颇费脑筋的文本提供了极大帮助,并进而为经院主义的兴起推波助澜。)泾渭分明的两个思想领域,即人类推理与神学信仰,得以求同存异,如经院学者所教导的那样,旨在为论证提供新的出发点。

　　尽管从博洛尼亚到牛津,经院主义的方法各有千秋,但经院主义最终没能成为创造性思维的急先锋,反而很快沦为僵化教条的卫道士。在阅读过程中,大多数经院学者认为接收阅读内容必须经过经院信条的过滤。读者只是被动收受智慧,而非主动汲取智慧。类似的宗教哲学信条后来窒息了伊斯兰国家的发展,或许方式有所不同,但原因极其类似。伊斯兰国家曾在中世纪以创新宽容著称于世,而今却在革命性知识变革面前闭关自守。欧洲先后经历了文艺复兴运动、启蒙运动,终于得以摆脱"中世纪心态",而大多数伊斯兰国家则迄今未能实现类似的思想解放。

　　卡斯蒂利亚(Castile)国王"智者"阿方索·埃尔·沙比尔(Alfonso el Sabio,1252—1284年在位)曾在不经意间漫画了经院主义僵化的训练方式,他写道:

> 教师必须将所学好好地、真正地灌输给学生,将书本朗读给他们听,竭尽全力帮助他们理解;而一旦开始阅读,则需义无反顾,直至将所有排定之书全部教完……[65]

就中世纪鼎盛时期的经院阅读而言,每一卷书都代表着权威。读者无182 须分析,只要逐行消化吸收,目录和索引有助于明晰作品的内涵。书的空白处满载评论,字里行间挤满注释。

　　文本,为经院学者而书写,为经院学者所阅读,开始呈现出特有的模式。书记员肆意缩略、乱点标点,试图通过词汇组结帮助理解,结果却造成页面拥挤不堪,达到卡洛林王朝古典拉丁文书写改革以来从未有过的程度。久而久之,经院文本成了晦涩难懂的代码,只有一小撮训练有素、终日与之为伴的圈内人士能够解读。这些权威文本与法国浪漫传奇、英国民谣和德国史诗迥然不同,后者字号较大、流畅舒展,年轻女子都能轻松理解。

经院主义同时推动了学术语言的变化发展。截至13世纪中叶,整个西欧(北至苏格兰、丹麦,南到西班牙、意大利)都开始"采用单一、同质的拉丁文书面语,将词际间隔的书写惯例与词序原则以及句法层面的词汇组合原则结合起来"。[66] 这是一种全新的拉丁文,即中世纪经院主义的拉丁文,它与古典拉丁文判若天渊,甚至与中世纪早期的拉丁文相去甚远,成为欧洲所有学者学术对话的主要媒介。这种新型的国际学术用语正是这个时代所急需的。正因为有了这种新的标准语言,学术著作得以如雨后春笋般涌现,学术信函则在西欧各大学与修道院之间飞速传递。

阅读被誉为知识的侍女。法国亚眠大教堂(Amiens Cathedral)主教里夏尔·德·富尼瓦尔(Richard de Fournival)曾于1250年坦言:人生苦短,唯有通过文字借助他人的所得,才能尽数获取自己所需的知识。[67] 上帝赋予人类记忆,让他们通过眼耳并用,看图听音,形成记忆。而图画或文本也并非一成不变,每次重见或重听都会让人重新思考与建构。"……每逢阅读,即使我不在你的眼前,文中图画(peinture)和词汇(parole)也会使我显现在你的脑海。"阅读再现过去,同时丰富了现在。与苏格拉底的观点恰好相反,里夏尔坚持认为,是书籍本身而并非读者,保存并传承人类的记忆。 183

架上的书籍越来越多,仅凭记忆已无法找到具体的文章或引语。索引工具书的作用因而凸现出来。美索不达米亚人此前曾建立了若干种实用的索引系统,亚历山大图书馆曾借此为所藏的书卷提供了完整详尽的目录册。早期的基督教《圣经》也曾通过摘要的形式将各个章节的主题罗列出来。11世纪至13世纪之间所进行的改革,使得阅读更加有条不紊,更加实用。以格拉提安的《教令辑要》(Decretum)和彼得·隆巴德的《名言录》(Sententiae)为代表的著作设计出一系列新颖的方法帮助读者:开头部分增加目录,逐页印制书眉,彩色文首字母将不同的篇章区分开来,不同形式的"引号"对直接引语加以标记。凡此种种,使得作品内容不言自明,更加明晰,从而有利于默读。

这些方法几乎如数沿用至今。

一些令人耳目一新的文字作品得以问世。11世纪中叶,意大利学者帕皮亚斯(Papias)编撰了一本按字母顺序索引的百科全书。为了方便查阅,百科全书还采用了字部标识法,大小字号交替使用,出现在每页页边的空白处。后来,基督教西多会(Cistercian)的书记员发明了一种可以在任何一本书中迅速定位词条的系统,该系统把书页分区,使用相应字母在空白处标记。这一方法盛行了四百多年。14世纪,此类有助于阅读的创新不胜枚举,这主要得益于公共教育需求骤增,以及书籍贸易的迅猛发展。

阅读行为本身再度发生变化。越来越多的读者有效地使用一系列视觉提示符扫读文本,诸如字间符、段首大写字母、页边的符号等等。读者开始独自默默阅读。更为重要的是,已有为数不少的读者开始将文本视为客观的、独立的东西,文本不再是对某个直接与之对话的声音的记录,这一认识赋予了阅读全新的内涵。

184

当然,前提是至少能看得清楚书页。

阅读镜

远视,是一种无法看清近处物体的阅读障碍,在当今世界极为常见,每6个人中就有一人远视。从远古时代起,人们就利用芦秆、玻璃杯、抛光的透明石等工具弥补远视的缺陷。中世纪,人们也掌握了这些方法。由于当时大多数建筑采光不好,这种阅读障碍更为严重。当时的羊皮手抄本字体极小,除非走到户外直接利用阳光阅读,否则读起来真可谓困难重重。然而每逢炎热的正午或寒冷的冬季,人们不得不待在阴凉处或室内时,就无计可施了。夜晚的情况则更为糟糕,火把、壁炉、蜡烛或灯芯草的光影几乎是不适合阅读的。阅读行为在中世纪绝非易事,令不少人望而却步。

书记员在幽暗清冷、四面透风的抄写室中读写,常常在手稿的空白处记下自己身体不适的感觉。13 世纪中叶,一位名叫佛洛仑西奥(Florencio)的书记员抱怨道:"抄写是件痛苦的差事,熄灭了眼中的光亮,累弯了脊梁,压迫内脏、肋骨,引起肾脏疼痛,令人周身疲惫。"[68]患远视的读者则更加痛苦,即使倚窗而读,也得眯着眼睛趴在书上才能勉强辨认模糊的字体。视力不好的读者一般很少有机会自己阅读,多由家人、朋友或教友代为朗读。既然当时大多数人都有一个大家庭相依为命,要寻得这么一个人倒也并非难事,尤其在 14 世纪城镇公立教育得以普及之后,情况就更是如此了。视力不好的人于是无法自己阅读,要么求助他人,要么忍受不能读书的痛苦。

眼镜的问世让这一状况宣告结束。

显然,在 13 世纪,专为阅读磨制的镜片日臻完善,并进入市场,流行开来。1268 年,英国科学家、方济会教士罗杰·培根(1214—1292)曾写道:"透过水晶或玻璃观察文字或较小的物体,看起来就像球形的两端,字体变得更大、更清楚。这种工具对所有的人都行之有效。"[69]培根自然不是道听途说,而是在亲自实验后得出的结论。显然他认为这不是什么新奇的玩意而是人们日常使用的一种"工具"。当然他本人是否使用水晶或玻璃来阅读尚不得而知。

同样,人们尚不明确究竟是什么人最早使这项"发明"流行起来。其实这一发明古已有之,后来的数个世纪里也不断有人重提,只不过一直未能作为商品进入日常生活。最早有记载的眼镜推销商于 13 世纪的最后 25 年间出现在意大利的佛罗伦萨,这里曾是当时伟大的学术和艺术中心。中世纪晚期的记载则称一位名叫"斯皮纳"(Spina)的神秘僧侣首次造出了阅读镜,并且指导他人生产。1301 年,威尼斯"玻璃行会"(the Guild of Crystal Workers)在其行规中为希望制作"阅读镜"的工匠具体规定了必要的工艺流程。[70]该行会的工匠以制作玻璃器皿闻名,主要为全欧洲王孙贵族的餐桌和主教的宫廷锦上添花。最早真正促成眼镜

185

大众化的可能是一个名叫萨尔维诺·德利·阿尔马蒂(Salvino degli Armati,卒于 1317 年)的人,佛罗伦萨圣母堂(Santa Maria Maggiore)藏有一块牌匾,誉他为"眼镜的发明者",该牌匾迄今仍清晰可辨。

　　然而,早期的眼镜由于价格不菲,并未能普及。这主要是因为掌握制镜技术的匠人凤毛麟角,且制作成本高昂。同时,由于当时的书籍依然稀贵,人们对眼镜的需求量也不大。最早描述戴眼镜的人是托马索·达·莫代那(Tommaso da Modena),他于 1352 年记述了法国红衣主教乌格斯·德·圣歇尔(Hugues de St. Cher)在多明我修女会的牧师会礼堂戴眼镜的情形,[71] 该礼堂位于意大利北部特雷维索省的圣倪尼科洛(S Nicolo,Treviso)。直至 15 世纪中叶印刷机发明之后,书籍产量骤增,各阶层各色人等都开始阅读,眼镜需求量随之增大,成本旋即急剧下降,眼镜才真正开始普及。

　　眼镜成了可购商品。大批眼镜制造商(不再是水晶或玻璃制造商)设立了专卖店,以迎合这一新兴阅读群体及其他顾客群。首家眼镜专卖店于 1466 年在斯特拉斯堡开业,生产镜片以及可将眼镜牢牢固定在鼻梁上的配件。[72] 镜片在磨制技术上日臻成熟,人们开始研制放置镜片的各种形式,各个时代都有其流行的款式。比如,18 世纪流行长柄眼镜(带手柄的眼镜),19 世纪流行单片镜,19 世纪之后才出现了能挂在耳朵上的双腿镜。现在人们越来越偏爱隐形眼镜,或用激光治疗和外科矫正法,从而使传统的眼镜开始走下坡路。

　　眼镜使人不再眯着眼睛看书,能读得更多,读得更好。一旦眼镜不再是有权有势者的专属,视力欠佳的人均可佩戴,戴眼镜就具有了某种社会意义。事实上,在此后数个世纪,眼镜一直成为西方学者的重要标志,直到 19 世纪晚期才被烟斗所取代。

民族语言的挑战

　　中世纪鼎盛时期,普通读者的阅读口味发生了显著变化。13 世纪以前,用本族语口头"吟唱"的八音节押韵排偶句为大众所喜闻乐见。但是随着社会以及语言自身的发展变化,人们开始对作品的情景和内容提出更高的要求。作家不再口头创作,而是使用法语、德语、英语、西班牙语、古斯堪的纳维亚语等本族语,以书面散文的形式记述老故事、创作新作品。作品的内容、简洁性、真实性提到了风格、表演效果,尤其是传统之上。以往随处可见的韵脚、陈词、套话,以及华丽辞藻堆砌起来的虚构情节一去不返。取而代之的是更为积极、真实、具体、具有时空概念的散文,更加追求文学的真实性。凡此种种,正是我们今天在阅读小说和纪实文学时所期待的特性,而后者在 14 世纪、15 世纪才得以产生。到此时,质朴的散文已备受大众青睐,多数文人不再去集市听人讲书,而是独自阅读,并且是使用本族语阅读。

　　公众阅读态度的转变也对学术阅读产生了影响,甚至让一些人对拉丁语的权威地位提出了质疑。早在 1267 年,曾就读于巴黎的索美塞特(Somerset)学者罗杰·培根就曾指出在拉丁语基督教界(Christendom)谙熟希腊语法的竟然不足五人。[73] 他严厉批判了亚里士多德著作当时的译本,认为其已遭伊斯兰教义玷污。他还指责意大利学者托马斯·阿奎那和德国学者大阿尔伯图斯(Albertus Magnus,约 1193—1280),连希腊语都不懂,居然敢声称自己"了解"亚里士多德。尽管他盛赞伊本·西纳(Ibn Sina)之类的阿拉伯集注作家具有真知灼见,但依然坚持只有通过阅读原著而非译本,才能真正正确地理解和评价一部作品。拉丁文的亚里士多德著作是译了再译的产物(即由希腊语译为阿拉伯语,再由阿拉伯语转译为拉丁语),从而让人对之心生疑窦。然而,在培根有生之年,其理论并未能为人们所接受,其所倡导的大学基础科学教育也未能实现。巨著尚未完成,就不幸辞世。

　　一个世纪之后,意大利学者、抒情诗人、对文艺复兴晚期产生巨大影响的杰出代表弗朗切斯科·彼特拉克(Francesco Petrarca,1304—1374)指出,懂得希腊语的意大利人屈指可数,最多八九人而已。每当打开小牛皮维吉尔抄本,彼特拉克阅读前总要亲吻书卷。他感觉仅凭

阅读就足以使自己与圣奥古斯丁情趣相投。垂暮之年他写下了与这位
教父的三次假想的对话,身后以《秘密》(*Secretum meum*)为名结集出
版。这部作品表现了中世纪后期阅读带给人的强烈情感,与我们阅读

188　现代作品后所产生的联想和转变有着异曲同工之妙。事实上,正是彼
特拉克使得"现代读者"的概念得以问世,尽管这一概念在当时尚不够
明晰。

　　在与九百年前已故的圣奥古斯丁的虚构对话中,彼特拉克赞同读
书可以抚平心中的焦躁不安,但发现"书一离手,这种感觉就会消失得
无影无踪"。此时,圣奥古斯丁则教导他充分享受阅读成果的最佳方
法:

> 每逢读书,凡遇到妙不可言、让你心动、欣喜不已的词句时,一
> 定不要轻信自己的聪明才智,而要力争将之熟记在心,仔细琢
> 磨。这样一旦烦闷顿生,随时自有排解之法,仿佛它们就刻在
> 你的心版上。倘若碰到对你大有裨益的段落,将其重重标出,
> 让它成为你记忆中的亮点,以免其飞走,离你而去。[74]

　　这是一种全新的阅读方法,不是出于辅助记忆的实用性目的,也不
将书籍奉若神明,而是将各类来源不同但能启发人类灵感的观念,汇集
一处,旨在帮助读者建立"心灵书籍",以备日后查询。此时读者成为了
作者。关于如何识别值得留存的内容,彼特拉克提出:人们必须凭借
"真道"(divine truth),即内在的心声去筛选和解释,这一声音源自读
者以往的阅读经验。在这一艰难的过程中,读者必须认识到真理的局
限性,服从自身良知的指引,他说:"除非真道之光照耀读者,教导他追
寻什么、规避什么,否则阅读难免会走上歧路。"[75]

　　彼特拉克本人对此身体力行。例如,他将自己的作品《名人传》
(*De Viris Illustribus*)称为"人工记忆",即个人根据主线将零散、不成
熟的文本整合加工而形成的记忆。[76]这一理念在当时可谓闻所未闻,因

为在彼特拉克时代,每一文本都是不可分割的不朽之作。彼特拉克作为最早的作者型读者,拒绝对客观事实被动接受,而是积极主动对之加以阐释。结果,他象征性地把阅读从中世纪巨大完整的基座上解放出 189 来,证明富有创造性思维的读者可以将书面作品切片、分块,以众多的方式加以利用。当其他人开始仿效这种新颖的阅读方法,一个新型知识群体就此诞生。从此,一本书就代表着一座装满数不清的事实与词句的宝库,供读者尽其所能和意愿品味消化、去粗取精。彼特拉克之后,"这种整合式阅读成为整个欧洲学界惯用的方法"。[77]

从此以后,整个社会对待阅读的态度发生了翻天覆地的变化。

读者对拉丁语的态度也因此遭到质疑。拉丁语是当时的专业语言,专供牧师和学者使用。大多数欧洲人根本不懂拉丁语,因而根本无法涉猎大部分书面文献。然而,意大利诗人阿利吉耶里·但丁(Alighieri Dante,1265—1321)坚持认为,本族语,即人民群众使用的日常语言,其实比拉丁语更为高贵。他提出了三点极具说服力的理由:首先,亚当在伊甸园时只说一种语言;其次,这种语言是与生俱来的(拉丁语是在学校后天习得的);第三,它具有普遍性(人人都会说)。这坚定了但丁用意大利语而非拉丁语创作其名作《神曲》(*la divina commdia*)的决心,他认识到只有这样才能赢得最广泛的读者。

但丁同时拓宽了阅读的视野。大约在 1316 年,他上书维罗纳的皇家主教康格兰德·黛拉·斯卡拉(Cangrande della Scala),在信中一再强调,对读者而言,任何文本至少有两种解释:"一种意思来自文字本身,即字面意义;另一种意义来自文字的所指意义,即寓意(allegorical)或神秘意义(mystical)。"[78]他以圣经为例进一步说明寓意阅读本身还包含三种方法,他解释道:

> 以色列人出了埃及,雅各家(the house of Jacob)走出那个陌生的民族,犹大就成了主的圣所,以色列成了他的王国。仅从字面意思来看,展现在我们眼前的是摩西率领以色列子民离

190 开埃及；而其寓意（allegory）则是基督救赎；其类比意义
（analogical）是痛苦悲惨的罪恶灵魂向蒙恩的光景转化；其末
世意义（anagogical）是圣洁的灵魂离开堕落的桎梏飞向永恒
的自由。尽管这些神秘意义（mystical）名称各异，但均有别
于字面意义和历史意义，故可以"寓意性意义"（allegorical）概
之。

　　具有如此才智的当然绝非但丁一人。到了 14 世纪，大多数学者都
试图以同样或类似的方法最大限度地挖掘文本意义。当时，大多数书
籍已不再由修道院书记员抄写、供教会专用，而是由书商和出版商（拥
有固定的摊位或店面）雇用专业抄写员批量复制以赚取商业利润。各
大学作为出版授权机构具体制定规范对此类行为加以约束，内容不仅
涉及价格是否合理，更重要的是要求保持作品的纯洁性。文本纯洁性
这一理念的形成，确保了原文本信息的忠实性，从而使学者们得以摆脱
自相矛盾的版本的干扰，对"原汁原味"的作品展开研究和讨论。每一
部作品，即使通过但丁上述的多层级阅读，都有其固有的、不可更改的
"精髓"。

　　读者于是开始寻找准确可信的"权威版本"。于是，各大学经主教
等教会领袖授权后，以颁发许可证的形式确认这种权威性。但即使在
大学，这样的"必备书"也是屈指可数，因为当时的书籍价格依然十分高
昂。通常每三个学生共享一本教科书。14 世纪，整个巴黎仅流通着
200 多本教科书。基督教界馆藏最丰富的图书馆，索邦神学院图书馆，
仅有 1728 册图书登记在册，可供外借（其中 300 册被编入遗失目录），
另有 338 册用链子固定在斜面书桌上供馆内查阅。巴黎其它学院各自
191 的藏书量则仅有 300 册左右。[79]

　　与此同时，使用本族语言写成的作品开始备受青睐。作家们开始
将拉丁语的诗歌和散文翻译为民族语散文，以满足新兴的大众市场的
需求。公共听众从此开始转型为公共读者。例如，1387 年，英国作家、

圣托马斯教堂牧师、伯克利勋爵（Lord of Berkeley）特勒维萨的约翰（John of Trevisa）将雷纳夫·黑格登（Ranulf Higden）备受推崇的拉丁文著作《史综》（*Polychronicon*）翻译成英语散文，令他尤为欣喜的是，作品针对的仅仅是读者，而不再是听众。书主要是用来读而不是用来听的。人们对书面作品，特别是本族语言撰写的书面作品的需求日益增长。在这些作品当中，词与词之间有了间隔，更易于阅读，也更易于将敏锐深邃的学术思想尽情展现在新兴的普通读者面前。[80]

14 世纪、15 世纪，在封建贵族统治下，世俗书写文化不断发展，对传统的阅读习惯产生了巨大影响。赞助人（尤其是皇族）以个人身份雇用书记员抄书，聘请翻译人员译书，同时购买书籍充实私人图书馆，并聘请牧师管理个人的法律信函、契约、公文及账目。其藏书不但有教堂和大学图书馆常见的类型，还包括政治书籍、长篇史诗、散文及诗体的浪漫传奇、冒险故事以及有关战争和探险的传说。一些贵族还聘请作家为其撰写辉煌的族谱。这种封建家族图书馆有不少兴旺发达，也有一些由于继承者疏于管理而分崩离析。但是在这一书写传统影响下，西欧的精英已开始将读书视为自己的私事。

自 14 世纪起学习读写差不多成了公民义务。尤其在意大利北部，资产阶级商人接受了读写文化，掀起了一股公民教育之风，迅速席卷欧洲大部分地区。（但在有些地方，如法国大部分地区，大多数教育依然仅限于教区学校，并且只提供基础教育。）母亲与保姆开始训练孩子读写，因为当时人们普遍认为在接受正式学校教育前孩子就应该开始认读字母，[81] 大约在 1440 年，意大利人文主义者莱昂·巴蒂斯塔·阿尔贝蒂（Leon Battista Alberti）曾对此深表认同。母亲或保姆手指着书本或牛角书上的字母一遍遍地教孩子发音，直到他们能将之熟记在心。正如我们所见，这一情景成为中世纪后期彩饰、绘画、雕塑中常见的主题。

同样在 14 世纪，贸易活动日益扩展导致官方信函数量不断增加，一批信使应运而生，最早出现在意大利，后来在法国、西班牙、德国、英国等国家出现。这些信使定期前往各地送信,一个史无前例的公众阅读网络由此建立起来,进而推动了欧洲邮政服务业的大规模发展,满足了王室、个人以及普通家庭的需求。16 世纪早期意大利伦巴底的塔克西斯家族(Taxis)曾受皇帝马克西米连一世(Maximilian I)的委托,负责管理从维也纳到布鲁塞尔的邮政业务。据其统计,服务于欧洲大部分地区的马背信使多达两万多人。

尽管如此,当众朗诵的传统继续得以保持。毫无疑问,英国文豪杰弗里·乔叟(1340—1400)就是一例。在作品中他时常描述当众朗诵的情景,并且以诵读的形式与听众一起分享自己的亲笔手稿,令其如痴如醉。显然,以英语、法语、德语、西班牙语等欧洲语言写成的长篇史诗,在创作之初就已将公开朗读的因素考虑在内。1309 年让·德·儒安维尔(Jean de Joinville)曾将他的《圣路易传》(Vie de St Louis)献给"您及令兄,以及所有愿意倾听的人"。一些文章甚至对诵读作品的环境加以描述。法国编年史作家、诗人让·傅华萨(Jean Froissart,1333—1404)曾一连六个星期每晚为患有失眠症的康特·迪·布卢瓦(Count du Blois)诵读他的浪漫传奇《梅利亚多尔》(Méliador)。这种单独给家人或朋友朗读的方式日趋普遍。1507 年意大利诗人卢多维科·阿里奥斯托(Ludovico Ariosto,1474—1533)给重病初愈的伊拉贝拉·贡札加(Isabella Gonzaga)诵读他的未竟之作《疯狂的奥兰多》(Orlando furioso),结果"伊拉贝拉两天过得快乐无比,烦恼顿消"。

193

的确,当下层人民也开始有书可读,朗读就成了一种居家休闲的方式。14 世纪初,在法国南部山区蒙塔尤(Montaillou)的小村庄,听众聚集在个人家中,由牧师大声诵读所谓的异端邪说。而阿克雷点(Ax-les-Thermes)的一位农民也曾因为母亲阅读异端邪说而被宗教裁判所拘捕并判刑。[82]有钱的旅行者则会随行带上几本书,在旅店让其扈从诵读,与在场的人一起其乐陶陶。在一些较大的村庄,书本经常会挨家挨户传阅,家人和邻居聚集一堂聆听诵读。

父母总是乐于为儿女读书。1399 年,一位意大利公证人从朋友处借得一本《圣弗兰西斯的小花》(*The Little Flowers of St. Francis*) 朗读给儿子们听。他说,"冬日的夜晚,孩子们沉浸在书籍带来的快乐中,大家都知道这本书并不难读。"[83]孩子们特别喜爱民谣、宫廷浪漫故事以及史诗。由于当时还没有专门的儿童文学作品(儿童文学是 19 世纪出于商业目的发明创造),所以孩子们就读大人们读的书,或者听那些大人们认为可以听的内容。他们很少拥有自己的书。不过,某些早慧的孩子却可以自己造书,16 世纪德国人文主义者卡斯帕·波伊策尔 (Caspar Peucer) 回忆他儿时的情景,当时他:

> 自己用纸做书,主要写上维吉尔的占卦诗句。出于游戏或纯粹消遣的目的,幻想令自己愉悦的事情,诸如王子的生与死或者自己的冒险奇遇等。这样就能更好更清晰地将那些诗句铭刻在心。[84]

在一些珍稀的中世纪手稿上依然可以见到为公共朗诵表演而标注的特殊符号。最初,大于号">"表示各种读物、独立的诗节、一段文字等;后来在许多中世纪后期书记员的手中演变而具有了引号的功能,用以标明不同的"角色",表示需要用不同的方式朗读。14 世纪后期,乔叟《坎特伯雷故事集》(*Canterbury Tales*) 的埃尔斯米尔 (Ellesmere) 手稿中曾用斜线"/"切分朗读时的词语组合。这些标记符号的目的是不依赖于书面文字提示需要特殊处理的地方。当中世纪后期的朗读者遇到">"符号,就会立即变换声音,就像我们今天所听到的朗诵、收音机节目或者其它表演一样。[85]

其它抄写方面的创新也对阅读产生了影响。例如将故事划分"章节"(源自古法语词 *chapitre*,意指"标题"或"类别"),每章之前设特殊标题以通告或概述该章节的内容。这种做法很受欢迎,因为可以给诵读长篇作品的人提供休息的机会:喝口水,舒展身体,甚至小憩片刻。久而久之,章节演变为自成一体的单位,描述冒险故事、亲身经历、圣经教义,不一而足。章节成为默读读者可以分享的一个特殊、分立的部分,书面作品的内部划分单位。

阅读的外部环境也发生了变化。为了更加舒适地阅读,诵经台和书桌这类特殊的阅读家具应运而生。中世纪的"讲台"(*lectrum*)是教堂用来布道、唱诗,特别是朗诵经文用的桌子。*desca* 或 *butcher's block* 则是用来读书写字的斜面桌,中世纪后期,这个词也指教堂里牧师讲经时用来放书的斜面桌。有些读者专为自己设计了铰接式书桌,这种书桌可以调整角度和高度并具有旋转功能。(此后的几个世纪这种书桌类型越来越多,设计也更加新奇。)

经修道会批准,修士修女们可以在自己屋里的小床上独自看书,偶尔也使用读经台。(他们还在屋里写字,通常使用双面蜡板,一直到 14 世纪后纸张出现并在大多数场合取代羊皮纸和蜡板。)中世纪的人们还

195　喜欢在洗手间读书。12 世纪的《圣格里高利传》(*Life of Saint Gregory*)把洗手间描写为"可以不受干扰潜心读书的幽静去处"。[86]

卧室是贵族及新兴资产阶级最喜欢藏书和读书的地方。1374 年,英王爱德华三世曾花费 66 英镑 13 先令 4 便士(相当于在伦敦买三套房子的价格)购买了一本浪漫传奇珍藏在他的私人卧室。14 世纪,财富与权力从贵族和教士手中向富有的城镇居民即新兴资产阶级转移,为这个新兴的社会群体带来了新的生活习惯。他们也开始睡在专门的卧室里,配上考究的雕花木床。他们也拥有了私人藏书,锁在新卧室特制的书架里。他们也开始经常在卧室读书。乔叟在其作品《悼公爵夫人》(*Book of the Duchess*)里以第一人称坦言道:

又一晚,夜色深沉,

我难以入眠,

端坐在床。

有本书伸手可及,

随手取来,是浪漫传奇。

读书驱走了漫漫长夜。

读书之于我，

胜过下棋或打牌。[87]

顺便提及，11世纪到15世纪，大多数西欧人常常裸睡，因此在床上赤身裸体读书的情况相当普遍。一份13世纪的婚约甚至规定"不经丈夫同意，妻子不得穿着内衣睡觉"。[88]

与古罗马时代类似，书籍常常是向客人公开展示的内容之一。同时也是遗嘱中经常提及的一笔重要财产。虽然中世纪时女子几乎无权占有任何私人财物（土地、珠宝、服饰等财产均归父亲或丈夫所有），但是却可以拥有书籍，并且往往将之传给女儿。[89]1432年，约克郡的乔安娜·希尔顿（Joanna Hilton）曾在其遗嘱中声明把《七圣贤传奇》（Romance of the Seven Sages）、《玫瑰传奇》（Roman de la Rose）、《罗曼史》（Romance）和《十戒》（With the Ten Commandments）[90]等书籍留给女儿。当然，并非所有的书籍都能归妇女所有。比如长子有权越过母亲的遗愿，优先继承价值不菲的"诗篇"、"祈祷书"、《圣经》以及各种精印的插图本，显然这些书籍是家传之宝的一部分。[91]

14世纪是个动荡不安的时代，黑死病横行，社会发生急剧变革，普通人因而更喜欢阅读灵修书：其中，《基督生平》（vita Christi）或可称为文人雅士的首选，《黄金传奇》（Legenda aurea）则为牧师及广大会众所喜爱，当然"诗篇"和"祈祷书"魅力依旧。其中最受欢迎的首推《黄金传奇》。该书为意大利学者、热那亚主教雅各·沃拉吉纳（Jacobus de Voragine，1228—1298）所著，在中世纪后期不胫而走，传颂一时。雅各本人称之为《圣徒传》（Legenda sanctorum）。作为供普通人阅读的经课，该书主要记述基督教圣徒的生平及作品，并按照其纪念日在一年中的顺序加以排列。《黄金传奇》现存500多册手抄本，在印刷术发明的第一个世纪里，就出了150多个版本和译本，成为西欧有文化家庭的必备书。英国印业第一人威廉·卡克斯顿（William Caxton，1422—

1491)亲自将该书翻译出版,在 1483 年版的《黄金传奇》英译本前言中,
他谈道:

> 我投身于《黄金传奇》的英译工作。该书的拉丁语名为"黄金"
> (*aurea*),即《黄金传奇》。黄金属于金属中最为昂贵之物,这
> 部《传奇》同样也属作品中最为高贵之作。

　　尽管如此,在中世纪后期,人们唯一能拥有的书籍大多是"祈祷书"
无疑。虔诚的基督信徒一如既往,每日至少三次诵经。由于小巧便携
的祈祷书在当时随处可见,不少神父认为信徒哪怕错过一次诵经都有
必要忏悔。虔诚的信徒可以手持书本在私人祈祷室或家里的神龛前准
确地用拉丁语向造物主及圣母祈祷。中世纪后期的祈祷书多以字母顺
序排列,不仅提供具体的拉丁语祷文,还提供日历及大众医嘱之类的实
用信息。对于那些目不识丁的家庭成员,插图本祈祷书可以帮助他们
回忆起当地教堂内的壁画,从而以类似的方式向他们讲述耳熟能详的
圣经故事。

　　由于截至此时绝大多数欧洲人依然不具备读写能力,此类图画在
当时继续发挥着举足轻重作用。从近古时代开始,修道院和大小教堂
的墙壁上就充满着这样的图画,宣扬圣经故事、基督受难(Passion of
Christ)以及常见的寓意。其目的在于启发、威慑,从而灌输上帝无所
不能的思想,影响波及中世纪欧洲日常生活的方方面面,并收到了立竿
见影的效果。1461 年,法国诗人弗朗索瓦·维永(1431—1462)在其
《妇女祷告歌》(*Ballad of Prayer to Our Lady*)中描述了他母亲的一
段话:

> 我是一个可怜的老妇人,
> 　一无所知,一字不识。
> 教堂墙上绘一幅天堂之画,

画中人弹琴鼓瑟。

还有一幅地狱之图，

只见恶人被佛水蒸煮。

天堂之画使我欢喜快乐，

地狱之画令我充满恐惧。[92]

中世纪后期，整本的画册开始广为流传。除了娱乐和教育，更重要的是灌输基督教思想进而控制民众。其中最为常见的是《穷人圣经》（Bibliæ pauperum）。这是一种绘图本圣经，每页印有两三幅圣经场景。书中仅有的文字多用于在人物画像上下提供简单的名字，对场景加以简单注解。书中飘扬的白色旗帜用于宣布故事开场，同时援引一段文字或教义。这些绘图本圣经几乎无一例外归教堂所有并保存，一般敞开着用链子固定在诵经台上。牧师负责每天翻页以便教众做弥撒时能够看到最新的"连载"故事。正如当今的肥皂剧吸引痴迷的观众，牧师以此吸引听众的好奇心，促使信徒按时参加礼拜，鼓励他们公开讨论画中场景及其深层含义，从而保证所有目不识丁的会众都能够"正确地"学习《圣经》。而且一遍"读"完，就立刻从头再来，周而复始、反复"阅读"。

《穷人圣经》进而有助于牧师组织和普及自己的布道，同时也成为彰显基督教教义统一性的有效传播工具，这一点在《新约》、《旧约》的合本中表现得尤为突出。[93]《穷人圣经》无处不在，是机构政策使然。然而对于数百万使用《穷人圣经》的普通民众而言，这意味着生平第一次"阅读"。他们就像一位晋铎的牧师：想象着自己可以不经媒介，直接获得上帝圣言。无论这一经历有多么虚幻，它所带来的都是一种难以言表的自豪感。

当然，《穷人圣经》这一带有贬损含义的称谓完全是后中世纪形成并流传下来的一个误称，在中世纪其实并不存在。事实上，不少绘图本里的图画是极有价值的艺术品，绘制成本相当高昂。这种圣经广为流传,风靡一时,准确而言应称之为"普及版圣经"。

　　然而,正如两百多年前德国剧作家、评论家戈特霍尔德·伊雷姆·莱辛(Gotthold Ephraim Lessing,1729— 1781)所指出,阅读《穷人圣经》与阅读书面文字有着天壤之别。[94]这是因为浏览图画书,就像浏览漫画,无法揭示多层意义中的更高层次的意义,而这一意义在阅读正常书籍时可以通过类推、交互参照、话语序列获得。图画书虽有编码,但内容虚化,信息缺失,因而读者浏览时需要高度参与方可把内容充实起来。要达到这一目的就需要中介,牧师作为解释者介入就有了必要,从而随即肯定了教会的霸权。

　　这恰恰是隐藏在《穷人圣经》背后的所谓"制度骗术"。在读写日益普及的时代,普通民众不是亲自阅读拉丁文《圣经》(*Biblia Sacra*),而是通过教会机构作为中介了解其表面意义。教士这一职业正是在这种排他性的基础上设立、并赖以维系的。教会引导人们阅读《穷人圣经》,就像"阅读"教堂彩色玻璃窗上的图画一样,将会众长期牢牢地控制在一种无知与承顺的状态,只允许并扶持少数人识字读写。

　　最近有学者指出,《穷人圣经》可能是仅供缺乏真正阅读能力的牧师阅读的,原因是其传递的信息过少,普通民众根本无法理解,因而真正的"贫民"其实是牧师本人。[95]但这一说法很难立足。首先,《穷人圣经》数量巨大,尽管肯定有牧师阅读过,但绝不可能是牧师的专属。其次,这些《穷人圣经》经常公开展示,好奇的教众不会对之视而不见。人们或许不会忘记,对于中世纪的人而言,书籍是一种"奇迹"。正是通过书籍,牧师才得以传递神谕;正是通过打开的书籍,才能诵读"日课"。书籍就是救赎过程的一部分,是通往上帝之路。通过阅读这种"普及版圣经",教徒们认为自己能够像牧师一样,直接打开通灵之道,而这远不是花窗玻璃和彩绘的唱诗班席位所能给予的。书籍作为工具以其便利性让教会无法小视。

　　14 世纪,与阅读相关的其它方面也得以发展。世界经济飞速发展刺激了教会需求和世俗教育,典藏成为非常有利可图的行业。这一时代的个人收藏者成为中世纪欧洲第一批藏书家。其中最为声名显赫的当数理查德·德·伯里（Richard de Bury，1287—1345）。德·伯里是圣公会德伦教区主教（Bishop of Durham），英国国王爱德华三世的大法官兼财政大臣，实属名副其实的"书籍爱好者"。不但藏书比英国其他主教的总和还多，更能以读书为乐，这在经院哲学统治下的中世纪是相当罕见的。

一位传记作家曾经写道："德·伯里的每一住处都有独立的藏书室。无论住在哪里，卧室里总堆满了书，一不留神就会踩到书上……每天用餐时有人为其读书，饭后则讨论所读内容。"[96]德·伯里在58岁生日时完成了传世之作《书之爱》（Philobiblon），该书盛赞书籍，成为同类作品中最具魅力的佳作。德·伯里在书中畅谈了他毕生对书籍的热情：

> 在书中我看到逝者复生；在书中我预知未来之事；书，叙述着战争的苦难；书，展现着和平的法则；时光荏苒，凡事终会腐化衰退；沙特恩（Saturn）（希腊神话中称克罗诺斯神［Kronos］）一如既往地吞食子女；倘若上帝未曾赐予凡人书籍这剂良药，只怕世间的一切辉煌终将湮没。[97]

四个月之后，他完成了毕生的事业，溘然长逝。

千万不要误认为理查德·德·伯里踩在脚下的是上千册的书籍，印刷术发明之前，中世纪的图书馆小得可怜。西欧中世纪第一个馆藏超过区区2000册的图书馆是阿维尼翁（Avignon）的教皇图书馆。[98]（相比之下，人们不禁想起公元前1世纪的亚历山大图书馆，藏书50万卷，并另有4万卷在仓库保存；而公元10世纪波斯大宰相（Grand Vizier）阿布杜尔·卡西姆·伊斯梅尔（Abdul Kassem Ismael）其私人藏书则多达11万7千卷。）欧洲大多数主要的教会和皇室图书馆藏书不过几百册，因而也没有必要编目。一些图书馆建立了简单的排架目录，[201]

先是《圣经》，然后是圣经集注，随后是教父作品、哲学、法律、语法，最后是医学专题（如有收藏）。由于大多数中世纪的书籍没有正式书名，所以目录单仅引用文章开头的几个词或者做提要。按照作家姓氏字母排序的情况凤毛麟角。11 世纪法国卢瓦尔省（Haute-Loire）的勒皮伊大教堂（Le Puy Cathedral）曾使用主题编目，在当时实属罕见。当时的书籍一般按照用途排架，由一位资深的管理员记住每本书的具体位置以便查找。[99]这种方法极其实用可行，因为中世纪的图书馆往往比餐具室也大不了多少。

所谓"人文学者"所倡导的全新的阅读方法，与当时盛行的经院方法泾渭分明，在 13 世纪初现端倪。当时一位不知名的书记员颇有见地地在其手稿的空白处写道："阅读时应该养成习惯，注重意义而非文字，集精力于果实而非树叶。"[100]这比彼特拉克后来倡导此方法整整早了一个世纪。又过了一个世纪，这种方法才得以普遍使用。

中世纪后期普通读者也开始默读，终于揭开了羊皮纸书的神秘面纱，识文断字的普通男女都得以将自己与上帝的对话"内化并且个性化"。[101]15 世纪时，在亲身阅读的过程中，感受上帝对个人的赐福，被看作是可资效仿的神圣范例，在欧洲社会得到普遍认可，备受推崇。德国修道士托马斯·肯佩斯（Thomas A Kempis）所著《效法基督》（*De Imitatione Christi*），是基督教世界中仅次于《圣经》的阅读最为广泛的灵修书，他在书中告诫读者：

> ……接书在手要像义者西缅（Simeon the Just）将圣婴耶稣抱在怀中亲吻一般虔敬。阅毕合书之后，要感谢出自上帝之口的句句箴言，因为在这片上帝的国土探得了一处宝藏。[102]

黑死病之后的欧洲得以重生，在 15 世纪中叶经历了一系列急剧的变化与发展。意大利北部帕多瓦大学招收了大批外国留学生，开设了研习亚里士多德著作的课程。意大利"人文主义"运动开始向阿尔卑斯山以北挺进：在德国海德堡大学，希腊语成为研修课程；而在埃尔福特（Erfurt），"人文主义"势力得以不断壮大。牛津剑桥的学者们则开始教授古典名著。教育实践也开始发生变化，首先在意大利和荷兰，然后在德国、法国、英国等地。当时的古典主义学者开始挑战传统教学法，致力于提升个人学习者的地位。这些人文主义者对当时备受尊崇的集注评论置之不理，拒不接受正统权威观点的影响，直接研究并自由讨论教父及异教作家原汁原味的作品。此时人们公开讨论多纳图斯与亚历山大·德·维尔迪厄（Alexandre de Villedieu）的拉丁语原著，对语法规则进行解释而不是死记硬背。学生终于真正开始"学习"：自由阅读、独立思考。

被动听读是"中世纪阅读"的本质特征，在此时日趋消亡，被主动默读取而代之。由于默读要求读者积极参与，读者转而成为行为人，作者则仅仅沦为向导，在沉默、素未谋面的读者面前展现出一条条的道路。如果说中世纪早期的听读者始终听到一种和谐统一的调子同声祈祷，那么中世纪末期的"人文主义学者"则默默阅读无数的声音，曲调各异，语言不同。随着读写得以普及，普通民众不再需要教会的干预，而是通过个人默读与神灵单独对话。15 世纪中叶，经过几代人的努力，读者挣脱了口述传统的束缚，他们终于可以承认，正如托马斯·坎皮斯在其《效法基督》中所言："我处处追寻幸福，幸福不在别处，恰在一小小的书 203 本的某个角落里。"[103]

此时此刻，口头传统已在谷登堡印刷的书页里凋零褪色。

汉斯·布克迈尔（Hans Burgkmair）1530 年版画作品：伏案工作的文艺复兴时代学者

第五章　印刷时代

1450 年，金属活字印刷术在德国美因茨（Mainz）问世，羊皮纸时代宣告结束，纸张时代从此来临。尽管此后直到 18 世纪，欧洲许多地区依然保留了"中世纪"的阅读方式 —— 即前一章所提到的教条的、集体听读的二维阅读方式，但自谷登堡首创螺旋式压印机实现活版印刷以来，书籍的材质、内容、语言以及阅读方式都开始悄然变化。应该看到，活字印刷术的发明绝不仅仅意味着一场阅读领域的革命，它更标志着整个欧洲社会的革命。印刷品的影响力渗透到欧洲人生活的方方面面，预示着世界史上最为伟大的一场社会、知识变革即将来临。

15 世纪末，整个欧洲普遍流行一种阅读等级制——"作者＞评论家＞主教＞教师＞学生"。读者被动地聆听自上而下的声音，不但内容是规定的，就连对内容的解释也必须与正统学说保持一致。但自 15 世纪下半叶开始，读者逐步开始对自己的阅读负起责任，实现向积极阅读的转变。在印刷术的推动下，可供阅读的书籍越来越多，更多的读者得以选择自己想读的书，并私下按照自己的标准对之加以品评和阐释。当然，这些标准依然根植于其所接受的传统的基督教教育。

印刷术出现伊始，书面文字还不是随处可见。而今，我们对从早到晚无处不在的书面文字已经司空见惯，习以为常：从表盘显示、报纸、冰箱上的便条、果酱商标，到汽车仪表板、路标、文书卷宗、电视节目单、广告、睡前读物、杂志等等，不一而足。但在 15 世纪初期，文字依然是难

得一见的东西,其罕见程度比起古罗马时期有过之而无不及。写在羊
皮纸上的字符依然令人肃然起敬;手写的书稿是独一无二的珍宝,因其
内容往往仅存一份而身价倍增,普通老百姓根本望尘莫及,只有贵族、
主教或名门望族才能够拥有。(几个世纪之后,书写文字终于得以普
及,实现了人类社会一次"无声的进步"。)

印刷术的出现使书面文字突然间无处不在。

较之手写的羊皮纸书卷,纸质印刷品的价格相对"低廉"。书籍实
现批量印刷后,旋即丧失了其独一无二的品质,成为可即时更换的物
品,由财富地位的象征转变为知识财产的体现,为志同道合的书友"拥
有"和分享。尽管书籍成为商品来源已久,但印刷术使得数百名读者
(最多时达到一千)可以同时拥有同一部作品的副本,书籍的内容成为
公有领域,这是史无前例的。人与书籍的关系急剧转变,一个新的知识
社团应运而生,超越了修道院、城镇、封邑之类的书写王国,在未来的几
十年间,造就和哺育了欧洲文艺复兴运动。从此西方文化打破了中世
纪思想的禁锢,得以蓬勃发展。

从此以后,学者的责任不再仅仅是传授知识,更重要的是发现新知。

1831 年,维克多·雨果(1802—1885)在其小说《巴黎圣母院》中
预言印刷术将在后世毁灭教会,他同时指出:

> 人的思维随着思维方式的转变,也将改变其外在表现形式;每
> 一代人的主流思想将会用一种新的材质以新的方式来体现;
> 石刻书,何等坚固,何等持久,即将让位于纸书,相比之下这些
> 纸却比石头更加坚固,更加持久。[1]

雨果对于这一变革的评价是相当中肯的。成百上千即将出现的"后中世
207 纪"读者为之付出了代价,但同时也从中获益匪浅:口语转变为书面语;
图画故事转变为印刷文字;拉丁文转变为本国语言;附庸思想转变为独
立思考;教育得以普及。在印刷术的影响下,欧洲读者终于走向成熟。

愈来愈多的普通读者摆脱教区牧师,开始独立阅读《圣经》。他们发现问题、独立思考,并逐步开始涉猎非宗教类读物。迅速摆脱经院主义的影响之后,他们凭借自己的天资禀赋推动社会进步,这种"人本主义"的理念进而彻底打破了教会对知识的垄断。在文艺复兴这一文化运动中,西方世界有意识地回归古典,集中表现为阅读古希腊哲学家的希腊文原著(而不再是阿拉伯语译本的拉丁文转译)。当时,人们研究这些作品并对其注释,印刷成书并广泛传播,从而掀起了汹涌澎湃的知识创新浪潮,最终推动了简化论思想、实证型研究及启蒙运动的发展。印刷术释放了书写文字的力量,成为现代文明发展的动力,加快了人类获取知识的步伐。

美因兹城谷登堡的发明堪称种种进步之源。其影响力之巨大、发展之迅速,为大多数人所始料不及。1450 年整个欧洲仅有一家印刷所,但到了 1500 年,就出现了 250 多个印刷中心,1700 余家印刷所,已知印制的图书约 27000 余种,印量超过 1000 万册。仅仅在两代人的时间里,欧洲读者数量由几万骤增至几十万。可以说,在过去五百年间,印刷术的发明对社会作出了史无前例的贡献。

法国历史学家昂利-让·马丁(Henri-Jean Martin)曾指出:"由口头表达的世界逐渐过渡到文字社会……归根到底,带来的是创新——一种全新的机制得以建立,它鼓励重新认识自我,提倡抽象精神,……鼓励行为逻辑和文字逻辑,提倡理性决策的能力和高度的自制力。"[2]

纸质印刷的辉煌成就可见一斑。

印刷与阅读

208

约翰·谷登堡在美因兹研制出了铸字的"字模"以及一种能够黏附于金属活字的特殊油墨,并于 1450 年开始利用此项技术在合金活字印刷机上批量印刷纸张。但在当时他绝对没有想到要改变世界。他的初衷是通过创造性地扩大生产,实现销量最大化,从中获取利润。有关谷登堡的生平及活字印刷术的飞速传播在不少著述中均有详细记载。[3]

其中与阅读史关系最为密切的部分在于活字印刷术促进了书籍生产数量的惊人变化,进而对当时的读者和阅读材料产生了决定性影响。

谷登堡的贡献或许被过分渲染而有所夸大,因为印刷术所产生的影响实际上直接得益于中世纪业已取得的成就。[4] 印刷术之所以能在1450年问世,首先应归功于西欧早已存在的读写文化,正是这一强有力的文化使得批量印刷书籍成为必要并得以维系(参见第四章)。当然,这一时代的欧洲人并没有意识到这种天时地利所带来的影响,谷登堡也不例外。平心而论,他只是为了获取利润,结果却无意中发现了一个可以成倍增加欧洲书写文本数量的妙方。

活字印刷术的确是最适合印刷完全拼音文字的技术。与整字文字或音节文字相比,拼音文字通过表面上"最小的"构成特征——辅音字母(如p,t,k)和元音字母(如a,e,i,o,u)来代表口头语言,这些字母在系统中地位平等,呈线性排列。因此活字印刷机只需保存少量字母(通常为20到30个常用字母)就可以印刷语言中所包含的任何文字,从而轻松、高效地复制完全拼音文字写成的文本。字模规模较小,易于处理,在经济上处于可承担的范围内。(中文则恰恰与此相反,几乎每个汉字都需要建立一个独立的字模,结果字模总量约达上万种;因此需要耗费更多的人力物力,这也是为什么时至今日汉字系统仍最适合采用雕版印刷的原因。)拼音文字将活字印刷的功效发挥得淋漓尽致,这一优势是任何非拼音文字系统所无法企及的。活字印刷横空出世随即使西方社会得以在文化方面独占鳌头。

纸张普及对印刷术的成功起到了举足轻重的作用。尽管某些早期的印刷机依然采用羊皮纸印刷,但其成本之高令人望而却步。印刷的主要优势就在于批量生产、物美价廉,而这一点只有通过纸张,而非羊皮纸,才能够实现。公元100年左右,中国人发明了造纸术,这一技术后来在整个东亚广泛使用,9世纪左右传入阿拉伯国家,14世纪开始在西欧普及,15世纪中叶得以在欧洲大部分地区全面取代羊皮纸。印刷机问世后,纸张为廉价复制文字提供了完美的材料。羊皮纸就此告别历史舞台,从此以后仅用于礼仪或公文书写:如推荐信、奖状、契约、产权转让证书、特许状等。

1450年至1500年间,大约有27000余部作品印刷刊行(其间,人们对书籍的巨大需求使手抄本的数量也同步快速增长),这表明出版与阅读的数量均急剧增加并趋于多样化,在两代人的时间内达到了空前的规模。然而,在1480年之前,铸字字模均简单模仿普通手写体的字形:各地的印刷工人都专门设计了一套字体字库(一整套统一式样、统一大小的活字)以复制当时手稿中的标准笔迹。由于各国读者早已对阅读手稿习以为常,也就乐得出资购买。结果不但字母形状,连标题、起首字母、插图甚至主题都沿袭传统手稿的形制。然而一旦印刷商开始测试并发展新的技术参数,市场随之调节自身适应了这一进步。到15世纪最后二十年时,印刷术发展的内部技术驱动力——编排规范、版面清晰以及价格低廉——已获得公认,并取得了商业效益,印刷业随 210 之发展成为独立的行业,手抄读物与中世纪一同淡出了历史舞台。

最早的印刷商主要印刷短篇文章、大量短期出版物(如免罪符)、日历、年鉴、供学校使用的多纳图斯(Donatus)拉丁语法书等等。而鸿篇巨著则主要由抄写员完成:如《四十二行圣经》,《三十六行圣经》,巴尔比(Balbi)的《万灵药》(*Catholicon*,中世纪的一部百科全书)等重要作品。这是当时的特殊环境决定的:东亚的文字作品主要迎合豪门贵族的口味,一般可以获得贵族资助,而西欧中世纪晚期的印刷商首先是商人,他们通常很难获得资助,必须自负盈亏,印数因而完全由市场决定。认清该项新技术的服务领域后,印刷商集中力量面向当地市场大量印刷廉价宣传品及短文,并且主要采用当地语言,即人们的日常用语印刷。不久,使用本地语印刷的整书开始出现,其价格优势是任何手抄本所无法比拟的。数量胜于质量成为时尚,这一资本主义的惯常做法推动了印刷业的革命。

这样做的直接后果便是书籍尺寸变小。15世纪起,大多数出版商已开始任选下列三种纸张尺寸之一制作书籍:对开本(folium,源于拉丁文的"一张"），折一次；四开本（quarto，折成四个正方形而成），折两次；八开本（octavo，八个方形），折三次。印刷术的出现使之得以官方化。早先的大部头对开本《圣经》，由两百张小牛皮制成，专供城堡、教堂在诵经台上使用，其数量逐渐减少。取而代之的是廉价、便携的四开本、八开本《圣经》。1527年，法皇弗朗索瓦一世颁布全国通用的标准纸张规格，规定不合规范者可处以监禁等刑罚。此后其它国家亦纷纷效法。

截至1500年，欧洲已拥有250多个印刷中心，威尼斯在其中脱颖而出，成为最具活力和创新精神的地区。[5]考虑到欧洲早期的印刷商多为德国人，这可能与大批因躲避内乱而逃亡到此的德国移民有关。1467年，约翰·斯皮尔（Johann Speier）和温德林·斯皮尔（Wendelin Speier）两兄弟开设了威尼斯第一家印刷所。15世纪70年代一位才华横溢的法国人尼古拉斯·让桑（Nicolas Jensen）成为他们强有力的竞争对手，但1480年他于访问教皇西克斯图斯四世（Sixtus IV）期间不幸去世。80年代威尼斯另一位印业巨子是来自奥格斯堡（Augsburg）的德国人埃哈德·拉特多尔特（Erhard Ratdolt），但他却于1486年返回德国。到1500年，威尼斯的印刷所已多达150余家，其中意大利巴西亚诺人阿杜斯·马努提斯（Aldus Manutius，卒于1515年）开办的印刷所声名鹊起。

阿杜斯是一位"人文主义者"（确切地说是古典主义者）。在两位亲王的资助下，他于1490年在威尼斯开设了一家印刷所，并在创业之初就下定决心出版一系列"体积小巧、使用方便、价格低廉"的学术书籍。[6]为确保利润，他没有沿袭成例印刷100或250份样本，而是有意将每版的印量扩大到1000份以上。阿杜斯早期出版的书籍包括亚里士多德、柏拉图、索福克勒斯及修昔底德等古希腊哲学家的经典著作；几年之内，又陆续出版了维吉尔、贺拉斯、奥维德等人的拉丁文作品。阿杜斯邀集了一批欧洲著名的"人文主义学者"，每日促膝长谈，深知上述作品备受欧洲古典派学者推崇，因而最具商业价值。

然而赢利并非阿杜斯的唯一目标。他倡导"直接阅读"古典作家的作品，即：印刷原版作品，删除所谓权威评注，以避免歪曲原作。作为一名"人文主义者"，他希望读者能够直接"与已故的伟人自由交流"。[7] 为促成这样的交流，阿杜斯还专门出版了古典语言字典以及语法书以帮助人们理解古典作品。这样，阿杜斯为读者提供了自学的方法，阅读经典不再需要假手博洛尼亚、海德堡、巴黎或牛津大学的学者们。只要有一本阿杜斯印刷的小书在手，任何读者都可以成为学者。

为在每一小页纸上印刷更多的文字，阿杜斯采用草书体（cursive）来印刷整部作品。这是一种非常节省空间的字体，由博洛尼亚铸字师弗兰切斯科·格里福（Francesco Griffo）设计。在此前字体的基础上，这种新字体通过向前倾斜使每一行可以编排更多字母，既易于识别，又不显得拥挤。经过长时间发展，这一字体后来演变成为"斜体字"（italic）。[8]（法国铸字师克劳德·加拉蒙德［Claude Garamond］将大、小写字母与斜体融为一体，称之为"一套设计，两个部分"）。[9] 格里福为阿杜斯的威尼斯印刷所作出了巨大贡献，通过减少花饰空间，开创了印刷方便易读的书籍的先河。

正是由于这些创新及其它相关发明，书籍不再是精美昂贵的投资，而成为掌握学问的基本工具。对很多人而言，阅读不再是痛苦的解读历程，而纯粹是一种美妙的享受。此时，新一代读者已成长起来，他们只接触过印刷书籍，对于过时的对开本宗教著作没有丝毫怀旧之情：

> 文艺爱好者和鉴赏家，具有人文主义品味和稍许学识的有闲阶层，在大学里研修过希腊经典著作课程的校长、牧师、律师、医生，人人都希望拥有这样的书：散步或旅游时可以携带，壁炉前可以悠闲地翻阅，就连经济拮据的读者也能买来读一读。阿杜斯的一个灵感，使他脱颖而出，成为一名真正伟大的出版商。[10]

阿杜斯开创了"口袋书"的先河。

1501 年 4 月,阿杜斯首先推出维吉尔的《歌剧》(*Opera*),在接下来的五年多时间内每隔两月就发行一个新卷,每卷采用同样的版式。文本均由当时著名的古典派学者提供,并以他自己的名字命名为"阿尔丁版"(*Aldine*)。1502 年后,每本书上加印海豚绕铁锚跳跃的图标(选自罗马皇帝韦斯巴芗时代硬币上的图案)。这些作品印字清晰精美,内容精确无误,价格相对"低廉",即使低收入的读者也负担得起。

阿杜斯出版的袖珍"口袋书"如燎原之火烧遍西欧,迅速成为整个
213 行业的领头羊。现代书籍就是直接由其演化而来。

此时,印刷所在欧洲已随处可见,大多开设在靠近销售对象的地方。例如,巴黎的拉丁语区由于毗邻巴黎大学,而成为全市的印刷中心。圣雅克芸香大街(rue Saint-Jacques)两侧书店林立,印刷商和装订工们散居在周围的大街小巷。整个产业由此崛起。在长达一个世纪的时间内,数以千计的印刷商、装订工、雇工、经销商、中间商及其庞大的家族聚集在这里,通过生产并向周边和海外地区分销书籍谋生。巴黎的一些书商还在靠近各自客户的地方开设专卖店:如在巴黎圣母院附近销售祈祷书,在法庭附近销售法律书籍等等。

印刷术成为人类文明史不可分割的一部分,使社会发生了翻天覆地的变化。通过机械手段将同一作品不计其数地复制,社会获取知识的途径因而由有限转变为无限。印刷术开创了现代文明。可以毫不夸张地说,其对于人类的重要性绝不亚于内燃机。[11]

书籍"再度"成为工具

阿杜斯提倡使用希腊语并非偶然。奥斯曼土耳其帝国于 1453 年攻占君士坦丁堡之后,大批希腊学者逃亡意大利,其中有不少人定居威尼斯。加之一百多年来威尼斯素有希腊语教育的传统,该城随即发展成为重要的古典研究中心。恰在此时,第一批德国印刷商也因动乱逃亡至此。希腊人带来了截然不同的阅读态度,即注重通过分析形成个

人看法,德国人则带来了共享阅读的新方法,即印刷术。两者相结合史无前例地启动了"人文主义"的马达。当然,"人文主义"这一诞生于 19 世纪初的新名词,其实是个误称,并未能真正体现出这一运动的复杂性。 214

1460 年至 1470 年间,在欧洲各主要教育中心,经院主义的方法遭到了强烈质疑。如前所述(第四章),早在 13 世纪就已经有声音对其提出疑问,但直到此时经院主义才遭遇到真正严峻的挑战(当然,用拉丁文撰写科技文章的传统一直延续到 18 世纪)。其原因有二:一是资产阶级的兴起;一是印刷术的发明使书籍更为普及。此时,这种让读者直接阅读经典的新方法,不但唤醒了学生求知的热情,而且促使越来越多的教会、教堂、市民学校的毕业生能够流利地运用拉丁语,并能积极从课本中汲取更多养料。(一名学生甚至热衷于了解他的校长是如何做到"从文章中挤出每一滴意思"的。)[12] 尽管如此,基督教的道德、价值观念依然占据主导地位,一些教师继续向学生灌输亚里士多德的教诲,认为人一生中的所作所为都取决于他先前所接受的教育。这种观念对西方教育的影响一直持续到 20 世纪。

"人文主义"使阅读成为个人行为,对以往的真知灼见提出质疑,提倡创造性地寻求解决问题的多种途径。每一位读者都可以成为权威,正统观念就此让位于个人见解。阅读习惯的改变进而促成了社会观念的彻底转变,具体表现为文艺复兴运动。这一运动使欧洲社会日常生活的方方面面经历了沧海桑田的变化:从路德论纲到基督教新教,从哥白尼宇宙学说到向新大陆和太平洋的扩张等等。在这一进程中,书面本国语再度崛起,并发挥了举足轻重的作用。

印刷商大多偏爱本国语,因为用本国语出版的书籍销量大、利润高。以威廉·卡克斯顿为例。这位英国印业第一人在十六年的职业生涯中共出版发行了约 90 本书,令人惊讶的是其中 74 本均是由英文而非拉丁文写成。这既非个人喜好也不是强制命令使然,恰恰反映出这一时代伦敦市场的需求:当时大多数拉丁文书籍都是从欧洲大陆引进

的。卡克斯顿印刷出版了一系列英国文豪的作品：如乔叟、古尔、利德
215 盖特及马洛礼。文学作品的出版步入了一个全新的时代，并为书籍出
版的未来指明了方向。此时的书商不再教化民众，而是顺应市场，其目
标是获取最大利润，从而与中世纪自上而下的出版方式分道扬镳。在
中世纪，拉丁文版的宗教、学术读物供富裕的神职人员阅读，用本国语
出版的史诗和浪漫传奇则专供豪门贵族阅读。现在，新兴资产阶级控
制了阅读方向，使作品体裁多样化，并倡导使用本族语书写。

　　15 世纪末，书面文字以近千年来从未有过的方式丰富充实了欧洲
社会[13]：大多数行政管理人员依赖于读写进行工作；商业信函如雨后春
笋般涌现；人们开始采用系统化的方式对书面信息进行归类、提取；得
益于印刷术，大量宗教著作及思辨思想产生了前所未有的影响。此外，
书面的民族文学作品迅速充实了欧洲正在发展壮大的国内图书馆及机
构图书馆。

　　然而，阅读界依然保持着僵化的等级制度。在欧洲只有几十万人
从事抄写、计算、公证、复制、研究等工作，真正能够从事创作的人少之
又少。随着公众教育在较为富庶的社区普及，具有阅读能力的人越来
越多，但是仍有约 5500 万人口需通过传统的口传方式来满足日常需
求。于是在文化精英、普通特权群体和大量的文盲之间形成了一种对
峙。书面文字当然偏爱能读会写的精英，而且不容置疑地盛行开来。
正如口述的民族史诗此前让位于书面的宫廷浪漫传奇，此时一切口传
传统均在书面文字面前土崩瓦解。虽然口述作品曾经是书面文学的源
泉，但此时书面文学已开始通过发掘自身寻找灵感。书面文字一旦一
统天下，口传传统的特权从此迅速衰落，并最终一去不返。文字社会迫
使文盲进行转变，能读会写从此不再是特权或精英阶层的专属，随着其
216 队伍不断发展壮大，一个全新的欧洲得以诞生。

　　书籍"再度"成为一种工具，但此次是一种高级工具。在 15 世纪
末，书籍不仅仅是人类传递语言的途径，更被视作知识社会中获取学问
的重要媒介。这一认识深入人心、意义深远。从此，对于受过教育的精

英而言,不只是经卷,几乎每一本书都获得了近乎神圣的地位。只有愚昧的人才会荒废光阴读些无用之书,这就是那一时代的普遍特征。在这种情况下,斯特拉斯堡的律师塞巴斯蒂安·布兰特从 1494 年开始撰写他的讽喻长诗《愚人船》(*Das Narrenschiff*),并将"论无用之书"(*On Useless Books*)列为其中一节,配以纽伦堡(Nuremberg)青年艺术家阿尔布雷特·丢勒的版画插图。画中的船长宣布:

> 船头的位子 —— 舞者留给我
> 因我有许多无用之书
> 我不读或读不懂。[14]

这位"书疯"周围堆满了书,头戴愚人帽,架一副大眼镜,手持扫帚驱赶讨厌的苍蝇,他宣布:

> 我居〔愚人〕船首,
> 有其特殊理由;
> 绝非纯属巧合:
> 只因我笃信书本。
> 我有一大堆书,
> 尽管只字不懂,
> 但仍视如珍宝
> 为它们驱赶苍蝇!

故事的可笑之处在于这位中世纪后期的藏书疯是位博士(domine doctor,相当于后来的正教授),可是他称自己"拉丁文知识少得可怜:只知道 vinum 意思是酒,Gucklus 意思是白痴,stultus 是傻瓜,还有自己被称做 domne doctor!"最后一句中 domne 是误写,与 domine 构成谐音双关,domne 一词在中世纪阿勒曼尼(Alemannian)德文中有"该死"

之意。

布兰特的讽刺作品大获成功。受其启发,著名传教士约翰·盖勒
217 (1445—1510)以《愚人船》为基础进行了一系列布道。这位中世纪晚期
领袖群伦的道学家生在瑞士,长在讲德语的阿尔萨斯地区(Alsace)的
凯塞堡(Kaysersberg),在此次布道一年之后离开人世。在第一讲中,
他谈到了布兰特的"论无用之书",并力劝在斯特拉斯堡大教堂听讲的
教众:"若希望书籍带来名誉,就必须从中汲取知识;不要将书籍囤积在
图书馆,而要将其储存在头脑之中。"[15] 盖勒坚信书籍是最重要的工具。
罗马哲学家、政治家及戏剧作家塞内加(Seneca,公元前 4 年—公元 65
年)是盖勒及众多人文主义者钟爱的作家之一。他早在一千五百年前
就告诫世人:大量的书卷只是知识的外在,囤积书卷不能带来荣誉,唯
有通过汲取书卷的内容,进而掌握知识的本质,才能获得真正的荣誉。

盖勒等道学家有意回避了中世纪社会对傲慢文人的反感情绪,当
时普遍批判这些人阅读目的不纯,滥用书籍。盖勒希望传递的信息是:
书籍是宝贵的工具因而绝不能错误地使用。由于印刷术的发明,人类
终于可以"拥有"书籍(但在当时它们依然罕见),这些书籍不但应该使
用,而且必须正确使用,因为它们是人类学习和成长最为重要的工具。
也正因为如此,阅读绝不应成为精英学者和传教士(整个中世纪时期的
主要读者)的特权,而必须在大众中普及。到这一时代,阅读终于成为
每个人应尽的义务。而"正确"的阅读最终意味着个人的分析型阅读。

这方面截然相反的态度很快将欧洲一分为二。

"把国家的档案全烧掉"

印刷的书籍很快自立门户,摆脱了手稿复制品的地位。读者不再
逐字解读文章,不再为同事及亲朋好友手抄书稿,因而也不再对原作加
218 以修改、润色、纠正或审核。印刷的文本成为不可移易、不容辩驳的终
极版,读者对文字的态度因印刷而发生变化也就显得不足为奇:印刷的

文字冷漠疏远、充满挑战的味道，不再具有中世纪手写书稿那种人情味和亲切感。然而正是 15 世纪下半叶这种对书面文字态度的转变催生了现代阅读。

当然，印刷并未丝毫减损人们对书面文字的敬畏之情。荷兰鹿特丹的人文主义者伊拉斯谟（1466—1536）在打开印刷版西塞罗书卷之前，虔诚地亲吻它。佛罗伦萨政治思想家尼科洛·马基雅维里（1469—1527）在做完一天的工作后，总换上最好的衣服阅读他钟爱的作品，当然也是印刷品。然而这种一如既往的敬畏之情并未能阻挡书面文字加速转变的步伐。

16 世纪，为降低字模成本、进一步方便阅读，印刷文本进行了大幅简化。大多数早期印刷商使用的来自中世纪的缩写词、连字符乃至省略号几乎绝迹。上百种铅字体首先统一为若干种清晰可辨的字体——多为轻盈的罗马体（Roman）或厚重的哥特体（Gothic）——然后进一步统一为由大小写构成的标准斜体（italics）系统，其用法与通行的规则保持一致。市场对大量廉价书籍的需求成为推动这些革新的动力，因为书籍在此时已成为一种大众消费品。同其它初级产品一样，一卷书就是一件商品，是可供交换的经济财富单位。

"人文主义"印刷商对于书籍外观和内容的看法也因此急剧转变。他们不再钟情于中世纪在书边评论或在行间加注的做法，不再试图引导读者对作品产生唯一"正确"的认识。相反，他们希望提供尽可能精确的版本再现作品原貌。由于知识的重心已不再是作品而是读者，他们认为读者应该自己去体会作品，在必要时可借助于字典或百科全书等外在工具。这一观点彻底颠覆了中世纪传统，成为"人文主义"思想的精华。从此以后，真正接受过良好教育的人都开始以这种方式阅读。[219]

另一方面，虽然彼特拉克等"人文主义者"呼声日高，但 16 世纪前，经院式的阅读方法——个人根据既定的标准审查文本的方法——依然在各大学、修道院、教堂、国家及教区学校盛行，而其影响则更为旷日持久。最为可悲的是，在 16 世纪、17 世纪，这样的审查制度不仅限制人们读什么样的书,而且限制人们怎样读书。一个值得关注的问题是,如前所述,印刷直接导致本国语作品日益增加,目的是争取最广大的读者。16 世纪,颇具远见、敢做敢为的书商们利用本国语撰写的新颖的文学体裁进军国内市场,其主要读者对象是文化素养相对较高的公务员和富商,并首次开始关注女性读者。他们甚至邀集学者专门撰写易于普通读者理解的作品。

这一现象不仅造成了文字作品的两极分化,更造成了社会的分化。

一批激进的文盲憎恨有文化的人在社会中享有优势地位,呼吁不仅要禁止印刷还要禁止书籍和教育,认为这些都是当权者压制弱势群体的工具。这一呼声在莎士比亚《亨利六世中篇》(Henry VI, Part Two)第四幕第七场得以反映。这一场重演了 15 世纪 50 年代的场景。叛乱分子裁缝杰克·凯德(Jack Cade),是一个恃强凌弱的普通劳工,他极力捍卫口口传传统,叫嚣道:"去,去把国家的档案全烧掉。今后我一张嘴就是英国的国会!"之后他宣布赛伊勋爵(Lord Say)该遭"十次"砍头,他训斥道:

> 我就是一把扫帚,要把你这肮脏的东西从宫廷里扫出去。你
> 存心不良,设立什么中等学校来腐蚀国内的青年。以前我们
> 的祖先在棍子上面刻道道儿就能计数,没有什么书本儿,你却
> 想出印书的法儿……

220　　莎士比亚此处进行了文学的夸张:其实英国第一家印刷所是卡克斯顿于 1476 年 12 月 13 日创办的,比杰克·凯德晚了整整一代人的时间。莎翁此处的用意是将粗野平民的口头文化与官方教育的书面文化进行对比,他深信书面文化在未来必将取得胜利。杰克·凯德一怒之下砍了赛伊勋爵的头,但不久之后他自杀了,他的事业以失败告终。

印刷术使得口头文化与书面文化发生了激烈的交锋,严格的文字压制和审查制度随即产生:"对于这一纷争,统治者更多的不是参与而

是进行仲裁,他们发现如果要想保持政局稳定、经济繁荣,就必须在书籍出版发行中发挥积极作用。"[16]印刷术发明后不久,镇压文字作品的浪潮再次袭来。1478 年西班牙宗教裁判所(Spanish Inquisition)成立,立即建立了严格的文字审查制度,对西班牙所有的书面作品加以限制,使整个国家的知识进步在后来四百年间陷于停顿。1479 年 3 月,在科隆大学博士们的呼吁下,教皇西克斯图斯四世(Sixtus IV)诏令,凡有印刷、购买以及阅读异端书籍者将予以严厉处罚;书商在开始发行新作之前,必须首先获得当地教会机构的许可。六年后,美因兹大主教指责庸俗的书商们"不恰当"地使用印刷机,指责将拉丁文的教规和弥撒等祈祷书翻译为本国语言,指责翻译希腊文和拉丁文的古典作品。他叱令印刷任何书籍都应事先获得一个"四人委员会"的授权。其它印刷中心也纷纷开始采取类似的做法。

　　1500 年左右,上千卷犹太和阿拉伯书籍在西班牙宗教裁判所的火堆中灰飞烟灭。西班牙王室为争取主动,于 1502 年颁布法令,规定未经皇家或皇家指派的专人授权,不得擅自印刷书籍——此举旨在实现比裁判所控制更高的审核权,使书籍审核成为皇家特权。这一做法在欧洲历史上是前所未有的。在 1515 年第五届拉特兰会议(Lateran Council)上,教皇利奥十世(Leo X)下令,未经以下两者之一授权不得 221 在基督教世界任何地区印刷出版书籍:在罗马范围内是圣殿主人即教皇陛下本人;罗马以外,则是当地的主教或教法官[17]。六年后,法皇弗朗索瓦一世责令议会,所有宗教类书籍未经巴黎大学神学院开具出版许可证应禁止出版。

　　然而,就在印刷术发明一个世纪之后,书籍冲破了种种人为设置的枷锁与桎梏,其数量急剧增加,其内容无所不包。当权者自然不肯罢休。罗马异端裁判所(the Sacred Congregation of the Roman Inquisition,罗马天主教廷于 1232 年设立用于镇压异教的司法机关)于 1559 年颁布了第一版《教廷禁书目录》(Index Librorum Prohibitorum),宣布:目录中所列之书目有害于宗教信仰,凡有私藏者将予以严惩(该目录直到 1966 年才停止刊行）。此书在天主教国家具有效力,不少作家因此不得不流亡异地,或将所列禁书转至新教控制的区域出版。

结果,非天主教印刷中心的书籍贸易兴盛起来,促进了北部新教国家的知识发展和科技进步,这些国家因此经济繁荣,日渐强大。正是在这一时期,由于阅读、书籍贸易、教育、新教及其它原因,欧洲经济文化的重心由南部转移到了北部,并延续至今。(工业革命及后来的电子革命均发生在北部即为此次知识特权转移的直接后果,这一转移部分正是由于欧洲南部地区限制阅读自由所造成的。)

然而,检查制度依然如故,随着阅读、出版的数量日益增多,甚至变本加厉。1563 年,法皇查理九世(Charles IX)颁布法令,如未经大臣机构加盖皇家玉玺(Grand Seal)授予"许可、授权、特许",不得擅自出版任何书籍;像西班牙一样,这一做法使得法国王室得以与天主教会抗衡,控制当地书籍的印刷发行。但是,索邦神学院的博士们倡导思想自由,反对任何检查制度,强烈要求自己评价所有的印刷书籍。经过整整一个世纪的斗争,终于促成了法国教会及皇家审查制度的解体。在法国,随着印刷商和书商数量激增,作品往往未经任何许可就可以出版、流通。然而在西班牙,直到 1627 年,卡斯蒂利亚议会还宣布所有文献,即使只有几页,也必须在审查之后方可印刷。

罗马天主教廷一如既往地秉承传统,尽管信徒们对拉丁文一窍不通,但教区牧师必须忠实地对其宣讲拉丁文经文。圣哲罗姆的《通俗拉丁文本圣经》(*Vulgate Latin Bible*)被宣布为唯一"正宗"的版本。1564 年的教皇通谕(*Dominici gregis*)制定了有关阅读的通用原则:禁止阅读异教主要领袖(路德、胡斯等人)的书籍;禁止阅读所有非基督教的宗教书籍;禁止阅读所有猥亵、不道德的书籍以及巫术、决疑占星学方面的书籍;阅读《圣经》译本或争议性书籍须事先征求牧师或神父意见;儿童不得阅读希腊及拉丁文古典作品;任何书籍须经教会授权方可出版,高级教士应定期检查印刷所及书店的库存。

英格兰也采取了类似措施。国王亨利八世于 1538 年宣布禁止出版任何未经枢密院书面批准的书籍。这一国家核查法规在 1549 年至 1551 年爱德华六世在位期间得以巩固，1559 年由伊丽莎白一世进一步加强。玛丽·都铎在位期间（1553—1558），曾残酷压制所有新教作品的印刷和阅读。当时的英国读者为躲避禁令、阅读自己钟爱的作品，想出许多聪明的办法来逃避检查。

例如，本杰明·富兰克林的新教徒祖先，当时家中藏有的一本英文版《圣经》就是禁书。那本书被"用带子绑在一只折凳的凳面底下"。[18]当家中开始祷告时，富兰克林的高曾祖父

> 将折凳翻搁在自己的膝上，向全家人诵读经文，并在带子下面翻动书页。这时，家里的一个孩子守在门口，只要看到教会法庭的官吏走来，便回来报告。于是，折凳被翻转过去放正，《圣经》也就像之前那样藏在凳面底下了。

223

英国民众对本族语写成的书籍的渴望并不亚于欧洲大陆。在玛丽·都铎统治时期，一位名叫罗林斯·怀特（Rollins White）的穷苦渔民含辛茹苦送儿子上学，就是为了打鱼归来能听到儿子在晚饭后给他朗读《圣经》；德比郡贫苦盲女琼·维斯特，省吃俭用买了一本《新约圣经》，然后付钱请人大声读给她听。人们普遍意识到自己阅读《圣经》具有重要的意义，而且这种阅读应以母语进行，不使用拉丁文，不假手教会。

16 世纪末期，清教徒通过剑桥大学出版社，轰轰烈烈地为自由而战，反对国家干涉任何信仰自由。然而，在伊丽莎白一世执政期间（1558—1603），星室法院（the Star Chamber，枢密院为衡平法庭）于 1586 年颁布法令，规定所有书籍必须提交坎特伯雷大主教或伦敦主教审核，并在皇家特许"出版公司"（Stationer's Company）注册后方可出版。结果导致伦敦地下黑印刷所空前活跃，来自苏格兰的长老会宣传册及荷兰的新教著作充斥英国市场。

　　1637 年,查理一世统治时期,英国星室法院再次颁布法令,规定书籍出版发行应事先获得批准,但其印刷及销售依然处于开放状态。1640 年革命爆发,审核、登记制度戛然而止,星室法院也于次年解散,但法规的真空造成了混乱局面。1643 年,长老会及清教徒控制的下议院再次出台出版核查制度以限制反对派宣传品的印刷。17 世纪后半叶,整个英国出版业都笼罩在严格的审核制度之下,在此影响下,伦敦 224 印刷机构的数量减少了将近三分之二(仅余二十家),从而引发了疯狂盗版的浪潮。

宗教改革与阅读

　　15 世纪、16 世纪,欧洲还没有形成文化普及的基础。大城市的市政当局注重高等教育,小学教育相对滞后,没有形成体系。大多数孩子根本不上学,虽然不定期地参加教义问答课,但依然目不识丁。每代人都通过口头传授,凭借死记硬背获得知识,结果造成了无知与迷信的肆虐横行。这种情况一直延续至 17 世纪。

　　此外,尽管印刷带动了阅读的发展,但大多印刷品仅仅是宣传单或短篇文章。该时代的遗嘱验证记录显示:当时没有多少人能拥有像样的书籍。以佛罗伦萨为例,1413 年到 1453 年,在去世后有未成年子女留给政府监护的人中,大约 3.3% 的人拥有书籍。令人吃惊的是,印刷问世后,1467 年到 1520 年间,这一数字竟下降至 1.4%。后来的情况也没有多大改观:1531 年到 1569 年增至 4.6%;1570 年到 1608 年仍然只有 5.2%。[19] 而所谓的藏书者藏书也往往不足十本,这一情况 1520 年前占 75%,到 16 世纪中期为 67.5%;在 16 世纪末略低于 50%。书籍依然是罕见的,读书成为一种难忘的人生体验,令大多数人可望而不可即。

　　以 16 世纪西班牙的瓦伦西亚为例,在其遗嘱验证记录记载的书籍当中,75% 归法官、医师和牧师这样的上层人士所有。与意大利相仿,印刷术的来临并未在西班牙掀起社会革命,这主要是因为收复失地运动(reconquista)刚刚结束,全国依然笼罩着强烈的民族主义情绪。西班牙的其它印业中心,如西北部城市瓦莱多利德(Valladolid),作为陪都,较为开放。瓦莱多利德购进了大量祷告书籍、古典书籍、旅游、法律以及"人文主义"的书籍,其中也包括骑士传奇故事。这当然与瓦莱多利德是当时的大学城密切相关。

15世纪到18世纪,在欧洲绝大多数地区,读书的情况与中世纪颇为类似,读书的人多为医师、贵族、富商及牧师。小商贩,手工艺者和普通商人虽然偶尔也翻翻书,但大多一知半解。他们通常爱读短小的民谣和故事书,以及便宜的祈祷书。如果当地有学校让孩子上学,也读孩子们的识字课本。至于自耕农、小农和短工则很少读书。当时,拥有并阅读一本真正的书,一本用昂贵的皮革装订并以考究的纸张印刷的书,依然是富有的上层社会的特权。读书文化巩固了社会等级的划分,区别出统治多数人的少数人,对他们给予了支持。读书远非人民大众可以享受的权利。

然而,在印刷术的推动下,一场深刻的变革终于发生。

变革始于德国。作为欧洲最早的印刷所及众多早期印刷商的故乡,德国一贯支持印刷品的发行,16世纪时其识字率居于欧洲前列。德国国内对印刷书籍、广告传单及小册子的需求量巨大。为满足需求,书贩们用马驮、手推或马车装载的方式运送沉重的皮革包装的书籍,穿梭于小镇、村庄和乡村居所。通常,在一些偏远的地方,在城堡、礼堂或教区牧师住宅,一旦买到书,唯一识字的人就会大声朗读给聚集一堂的家人及邻居们听。随着获取知识的途径不断增加,人们开始对自己与当权者的关系提出越来越多的质疑。印刷术发明后不久,德国便成为宗教改革的熔炉,这绝非事出偶然。这场宗教政治运动的初衷是改革罗马天主教,但却最终导致了新教教会在欧洲的建立。

16世纪初,德国人马丁·路德(1483—1546)宣扬因信称义,认为不用通过教会人人都可以凭借信仰与上帝对话。尽管这一思想被定为异端,但它并非路德首创,早在 12 世纪就已经有人提出,在随后的每一个世纪里都有人重提类似的观点。为此路德的前人被处以火刑,而路德本人也在奥格斯堡险遭不测。但是,一方面由于印刷业的兴起,另一方面由于德国中、北部公国的经济实力日渐强大,他们发现脱离罗马教廷能够带来经济上的收益。结果路德及其异端思想不但幸存下来,而且发展壮大成为欧洲新教教会的基础(显然这并非路德的初衷)。

　　1519 年,罗马神学家西尔维斯特·皮尔利亚(Silvester Prieria)宣称:作为圣廷的基础,圣经应保持其"神秘性",只有通过罗马教皇陛下本人的协调才能得以阐释。而马丁·路德及其在德国、荷兰、瑞士的信徒则广泛宣扬每一个体,无论男女,都享有"神圣的权利",都可以用自己的语言来阅读上帝的意旨,不需要任何中介。两年后,路德甚至开始出版他的德译本圣经(《新约全书》于 1522 年问世)。几年内,路德的出版物遍及德国中、北部地区。而与此同时,德国南部却到处充斥着反对路德、支持罗马天主教复兴的印刷品。这种前所未有的以出版作品为基础的论争,正是印刷术这一新生力量推动产生的必然结果。它造成了德国民众的分裂,给德国乃至整个欧洲社会带来了空前浩劫。

　　1529 年,神圣罗马帝国皇帝查理五世(Charles V)在罗马天主教廷的压力之下,撤销了授予路德及其信徒的一切特权。这一轻率之举立即招致六个路德派公国和十四个自由德国城市的联名抗议,他们广泛印发宣言,称:"凡有关上帝的荣誉、救赎及灵魂永生之事,人人都应亲自与上帝交流。"这一观点分裂了欧洲;五百年后人们依然在这一问题上踟蹰不前。但从本质上来讲它,肯定了人们独立阅读和思考的权利。

　　路德在这一问题上旗帜鲜明。在 1520 年出版的小册子《致德国基督徒贵族公开信》(*An den christlichen Adel deutscher Nation*)中,他极力强调要教导每个孩子在 9 岁或 10 岁之前就了解福音书,中学学习则要以独立阅读经卷为主。在两年后出版的德译本《新约》前言中,他继续号召所有基督徒每天根据圣约翰或圣保罗的"致罗马人书"来阅读

《福音书》。路德毕生宣扬的信条是：只有通过个人努力，虔诚地阅读经卷、表达个人的信仰，才能够实现救赎。

马丁·路德的著作在各个德语国家产生了无与伦比的影响。其《圣经》德译本成为德国中、北部印刷业的中流砥柱。《新约》第一版在路德居住的维滕堡发行，在其后的两年内再版 14 次。之后又在奥格斯堡，巴塞尔、斯特拉斯堡及莱比锡再版达 66 次。在极短时间里就拥有了 87 个高地德语版本，19 个低地德语（一种近似荷兰语的北部方言）版本。路德的《旧约》德译本也于 1534 年问世，截至 1546 年发行了数百个版本（尽管印量仍旧不大）。1546 年到 1580 年间，路德在维滕堡的出版商汉斯·卢夫特（Hans Lufft）一人就出版了 36 个版本。事实上，卢夫特在 1534 年到 1574 年之间负责发行的各类圣经读物多达 10 万册。[20]

鹿特丹的伊拉斯谟（Erasmus of Rotterdam）对于使用本国语阅读祈祷文津津乐道：

> 我希望甚至最柔弱的妇女都能阅读福音书——阅读"保罗致罗马人书"。我希望将它们翻译成各种语言，不仅苏格兰人和爱尔兰人能够阅读和理解，连土耳其人和撒拉逊人〔穆斯林〕也可以……我盼望农夫们在耕作时能自己吟唱，织布工也可以和着织布梭子的节奏哼上几句。[21]

228

在欧洲各地，《圣经》（包括《新约》和《旧约》）开始以各国语言印刷出版：英语（1526/1535）、荷兰语（1526）、丹麦语（1526/1541）、法语（1535）、冰岛语（1540/1584）、波兰语（1551）、斯洛文尼亚语（1555/1584）、捷克斯洛伐克语（1579/1593）和威尔士语（1588）等语言的版本纷至沓来。在 16 世纪，仅德语国家就有上百万卷《旧约》和《新约》出版、销售、供人们阅读。由于宗教改革，教堂内的圣物，经书，终于飞入寻常百姓家。

　　但是许多教士却对此颇不以为然。他们认为突然泛滥的本国语《圣经》译本"错误百出,难以体现圣经真谛"。1604 年清教徒约翰·雷诺兹博士曾向"英国、法国及爱尔兰的国王——信仰的保卫者"詹姆斯一世提出这一看法,这位伊丽莎白女王逝世后继位仅一年的当权者采纳了这一建议。为了彰显新政,他委任一批当时英国最具名望的学者翻译一部新的"权威的"英语《圣经》(见后文)。

　　路德本人曾质疑自己是否有权翻译《圣经》,是否应该让经书变得触手可及,因为读者可能事与愿违地得出他所坚决反对的结论(这不禁使人联想起苏格拉底的苦衷)。既然再也没有教会从中调停,那么谁来为读者"正确地"阐释文本呢?同当时许多"人文主义者"一样,路德担心书籍骤增会使阅读浅尝辄止,从而遗漏文中所蕴含的深义。同样翻译本身也绝非易事,正如他在 1530 年所说的那样:"狂热的圣徒断言,翻译的禀赋绝非人皆有之;译者必正义、虔诚、忠实、勤勉、严谨、博学、信仰基督,且经验丰富、技巧娴熟。"[22]

　　翻译圣经同时也是一项危险的使命,因为这一行为会削弱教会的势力,让市井村夫都可以成为《圣经》学者。英文《圣经》之父威廉·廷代尔(William Tyndale,1490—1536)就是个很好的例子。廷代尔出生于英国格洛斯特郡(Gloucestershire),早年就读于牛津和剑桥。1524 年因批评国王亨利八世同西班牙公主阿拉贡的凯瑟琳(Catherine of Aragon)离婚,被指控为异端分子,逃亡德国。一年后他在德国科隆将《新约》从希腊语直接翻译成明白晓畅的日常英语出版。此书后来在德国伏姆斯(Worms)再版,到 1534 年已拥有若干版本,每一版都秘密偷运回英格兰。然而就在他开始将希伯来文的《旧约》翻译成英文之际,他遭到出卖,在 1535 年被捕,关押在布鲁塞尔附近的威福德城堡(Vilvorde)。在一封写给城堡长官的信中,廷代尔先要求给他一些保暖的衣物,然后写道:

　　　　我同时希望能获准在晚上拥有一根蜡烛,因为一人独坐在黑暗之中真是空虚沉闷。更重要的是，我请求、乞求您能恳请检察官阁下照准归还我的希伯来文《圣经》、语法书和字典，这样我就可以在研究中度过时光。[23]

1536年10月6日，廷代尔被处以绞刑，行刑前他高呼"主啊，让英格兰国王睁开眼睛吧！"他死后尸体被绑在火刑柱上焚毁。毫不夸张地说，正是他的英文版《新约》让"逾越节"（passover）、"调解人"（peace-maker）甚至"美丽"（beautiful）等新词广为使用，廷代尔氏《圣经》因此在英格兰备受推崇。（最早的《圣经》英语全译本由迈尔斯·科弗代尔[Miles Coverdale]翻译，1535出版，遗憾的是该译本并非译自希腊和希伯来文，而是由德语及拉丁语《圣经》转译。）

亨利八世与西班牙公主阿拉贡的凯瑟琳离婚未能获得教皇批准，为此他与罗马天主教廷彻底决裂，教会图书馆随即化为一片废墟，藏书要么被洗劫一空，要么惨遭焚毁。但牛津和剑桥的图书馆，以及教堂的图书馆未受波及，反而通过吸纳从教会劫掠来的书，达到了前所未有的规模。与此同时，教会对土地的所有权土崩瓦解，转到新兴的士绅阶层名下。巨额财富在英格兰中产阶级中重新分配，使得乡村商人、生活宽裕的自耕农、有产的手工业者、尤其是地主士绅成为一支活跃的力量，这在欧洲是前所未有的。这一变化立竿见影的效果是英国大多数地区（除北部和西部之外）成为更为平等的社会，人民获得了更好的教育。结果，与欧洲大陆类似职业的人相比，英格兰的医师、律师、牧师，甚至小学教师都可以拥有上百本书，这些书皆根据个人职业和爱好选择，主要涉及神学、法律及科学等内容。

在欧洲其它地区，口传传统与书面文化激烈碰撞交锋，各种极端宗教狂热主义者卷入其中，使之成为一个牵涉广泛、灰暗危险的领域。16世纪后半叶，一位名叫梅诺齐奥（Menocchio）的意大利磨坊主的命运令人叹惋。梅诺齐奥生活在阿尔卑斯山和威尼斯湾之间的弗留利（Friuli）地区。[24]由于从未接受过阅读方面的训练，他根本无法理性地解读文章。在阅读了自有的或是借来的意大利语《圣经》、《荣耀圣母记》(*Rosario della gloriosa Vergine Maria*)和《黄金传奇》(*Golden Legend*)之后,他照字面意思将文中的只字片语(许多自学者都是这样阅读的)与口头文化拼凑起来创造出自己"统一的"世界观。不久之后他便开始宣扬自己的新教义,公然藐视教会、挑战常识。

这个受到书面文字蒙蔽的狂热信徒遭到审判,定为异端分子,被其他受蒙蔽的狂热信徒活活烧死在火刑柱上。

书页之摺角与犹太教经文

16 世纪、17 世纪,有书的人屈指可数,而其陈列在卧室书架上的无外是些宗教书籍,如祈祷书、《圣经》、圣人生平故事、日课经书(包括圣歌、赞美诗、每日吟诵的祈祷文等),偶尔也有圣奥古斯丁等教父们(Church Fathers)的作品。两位"畅销"古典作家荷马和维吉尔的著作在有两百卷以上藏书的大图书馆多可见到。但如此规模的图书馆在当时的欧洲并不多见,且绝大多数分布在英格兰,其馆藏主要来自亨利八世宗教改革期间遭到大规模洗劫的罗马天主教会图书馆。1503 年到 1575 年,法国亚眠有 21 位城镇名流藏书过百,最多的达到 500 余册。[25] 在 16 世纪的佛罗伦萨,少数藏书者最感兴趣的依然是关于圣母马利亚的文章、《黄金传奇》及宗教论文,其中当然也不乏圣奥古斯丁的作品(多为拉丁文,而非意大利文)。当时的佛罗伦萨人偶尔也翻翻古典作品:如维吉尔、奥维德、马西穆斯、贺拉斯、李维、普鲁塔克、波伊提乌等,但在阿尔诺河(Arno)两岸,人们真正如饥似渴地阅读的却是"现代派"作家卜迦丘、但丁、彼特拉克、阿里奥斯托以及红衣主教彼得罗·本博(Pietro Bembo)等人的意大利语作品。

文艺复兴时期,书籍依然是罕见之物,人们将之视如珍宝,爱书之切与中世纪时别无二致。偷书如同偷牛偷马一样,往往可判处死刑。

当时,许多书籍的主人喜欢在封皮上题写"书咒"。下面这段直白的书咒原来是以德语题写的:

> 此书系我最爱,
>
> 有窃之者为贼;
>
> 任尔高贵贫贱,
>
> 盗书必遭天谴。[26]

尽管阿杜斯·马努提斯发明了便携口袋书,但在当时大多数书籍依然是令人望而生畏的大部头:对开本和四开本书是今天标准书籍大小的两倍或更大。不久八开本和十二开本开始流行,大致相当于今天尺寸较小的平装书。这一变化背后隐藏着诸多原因:首先,尽管大部头书卷能够吸引富有的买主,但需使用大量昂贵的纸张印刷,书籍制作和装订的成本也很高。四处泛滥的盗版书几乎无一例外全部是廉价的小版书。迫于生存的压力,愈来愈多的出版商不得不改印小版书。其次, 在这个"警察国家"的时代,书籍受到公开的检查,小巧的书籍便于藏匿,有助于躲避劫难。当然最主要的原因还是,小书售价便宜,囊中羞涩的人们也能够买得起,而他们才是最主要的消费群体。结果,书做得越小就越畅销。可以说,市场需求缩小了欧洲书籍的尺寸。17 世纪中期以后,在欧洲乃至全世界,大多数书籍都开始以八开本或十二开本的形式印刷出版。

随着价格越来越便宜,书籍的数量日益增加,其某些传统属性也就随之消亡。最具代表性的就是普遍的"书页摺角"现象。对于中世纪昂贵的羊皮书而言闻所未闻的书籍摺角在 16 世纪已经比比皆是。例如,在莎士比亚《裘利斯·恺撒》第四幕第三场中,布鲁图斯(Brutus)拿起一本书说道:"……摺角的那一页在哪,我上次读到哪了?"布鲁图斯当然不会把公元前 1 世纪的莎草纸书卷"摺角"。莎士比亚再次搞错了时代,以为布鲁图斯看的手抄卷便宜得像 16 世纪的印刷书一样。显然,在印刷术问世的这个世纪里,许多人放弃了传统的书签,开始用摺书角来标记上次读到的位置。这一简单的做法标志着观念的彻底转变。至此,稀世之宝终于成了简易的书本。

14世纪至16世纪,贵族阶级通过读写反对教会势力;而16世纪到18世纪新兴"中产阶级"(包括正在兴起的制造商、批发商、经销商、中间商和投资商)则开始利用读写挑战贵族势力(在欧洲范围内这一进程一直持续到20世纪)。由于中产阶层读者取代了贵族和牧师,控制了书籍市场,精英阶层退居次要的位置,可供阅读的书目猛增。起初由于矫枉过正,凡是想得到的东西都印刷出来,出版商们各显其能、推陈出新,争取市场份额。但很快几乎在所有的地区,质量竞争(字形、学术内涵、装帧)都开始让位于数量竞争,从而导致在五十年时间内,即到了16世纪中期,已有800万种图书可供读者选择时——书籍的质量一落千丈。知识型出版商吸引一流学者参与出版的时代宣告终结,受到商业利益驱使,出版商、书商们"不再资助文学创作,而是单纯追求那些能保证销量的书。通过再版以往的畅销书及传统的宗教作品,尤其是教父们的书,他们大发横财成为富商"。[27]

这一时期,商人和店主的妻子们通常能读会写,担任簿记员和会计来帮助家里打理生意。中产阶级妇女读者的人数因而有所增多。由于她们主要居住在城镇,其强大的购买力立即对"畅销"书的出版方向产生了影响,当时出版的书籍中有不少是商业妇女所青睐的读物。

16世纪印刷业的主要市场是地方学校,一般是供男孩子读书的语法学校。印刷商竞相提供讲座注解、拉丁语法指南,更重要的是逐张印刷"角书"薄片。"角书"是16世纪到19世纪欧洲常见的儿童识字入门读物。通常由一片成人手掌大小的薄木板和底部的小手柄组成,周围镶有黄铜框子,因为裱在一个透明的角片里防止损坏而得名。单面印刷的角书通常自上而下印有小写字母表、大写字母表,有时还有9个阿拉伯数字或特殊的音节组合以及主祷文。

16 世纪、17 世纪,英格兰的乡村农民几乎无人识字,异军突起的中 234
产阶级城镇市民则全心全意地接受了书籍阅读。英格兰第一家市政图
书馆得到富商的大笔资助,于 17 世纪初正式落成。大学和公共学校图
书馆的馆藏成倍增加,这些书辗转来自当年遭到洗劫的天主教图书馆。
家庭私人藏书也有所增加。例如,在英国坎特伯雷(人口 5000—6000)
的肯特郡,菲弗山姆(Faversham)和梅德斯通(Maidstone)两座小镇各
自拥有约 2000 居民。1560 年到 1640 年,有书家庭的数量从 1/10 增
长到 1/5。[28]这一比例超过了包括德国在内的欧洲大陆所有国家,表明
到 17 世纪,英格兰书籍发行及销售已跃居欧洲首位。那时许多书籍存
放在厨房,家人及雇工围坐在那里大声读书,反映出人们对书籍更加熟
悉、更加亲昵的感情。受到当时英格兰主要文化势力清教徒的影响,
《圣经》依然是这些场合阅读的主要读物。

　　然而,在 16 世纪、17 世纪的欧洲,卧室依然是人们最喜欢阅读
和藏书的地方。但由于当时的卧室习惯上兼有通道的功能,所以就
连躺在床上读书也难保不受打搅。要安静地独自读书,就得另找地
方点根蜡烛,如果是白天就到户外去。就像在中世纪一样,很多人仍
选择在户外读书。

　　当时,欧洲仍然是极度公社化的社会,喜欢独自看书的人通常会遭
到质疑,被认为不合群。在莎士比亚的《裘利斯·恺撒》第一幕第二场
中恺撒曾这样告诉安东尼:"那个尖嘴猴腮的凯歇斯(Cassius)还是趁
早打发走,要不我可真不知道该把谁弄走了。他这个人经常读书……"
然而,甚至后世的圣徒也酷爱读书。圣特蕾莎(Teresa,1515—1582)就
是其中之一。这位后来革新了加尔默罗(Carmelite)修会修行规程的
圣徒,出生于西班牙阿维拉(Avila),在少女时代曾是一位贪婪的读者,
尤其痴迷于骑士小说:

　　我养成了读书的习惯,这个小小的错误浇灭了我的热情和愿
　　望,让我无心再做其它事情。我背着父亲夜以继日地读书,虚

235　度光阴,心里也不觉得有什么不好。书籍带给我无穷的乐趣,
若没有新书可读,我就会闷闷不乐。[29]

在整个欧洲,书籍成为人们的精神食粮——思维与精神的美食。
"书籍如美食"这一譬喻广为传颂。与圣特蕾莎同时代的英国女王伊丽
莎白一世曾如此描写自己阅读经文的经历:

> 我多次走进美妙的圣地,阅读绿色草叶般优美的语言,品尝其
> 中的美味,细细地咀嚼回味,最后将它珍藏在记忆之中……因
> 此我似乎感觉不到生命中的苦难。[30]

这一时代,妇女真正开始在男性主宰的读写世界里脱颖而出。法
国里昂女作家路易丝·拉贝(约 1524—1566)恐怕令同时代的所有男
作家都黯然失色。她既非圣徒也非皇族,从无拘无束的情感源泉中创
造出世俗的、激发美感的现实主义作品,她的作品在法国被誉为最具灵
感的杰作。漂亮、睿智、充满活力的拉贝多才多艺,男孩子能做的事她
都有所涉猎:写作、击剑、打猎、骑马、弹琴、唱歌无一不精。16 岁时她
曾爱上一位骑士,并随爱人前往遥远的西南部沿海地区佩皮尼昂(Per-
pignan)并肩作战。最终她与一位富有的里昂制绳商喜结连理,婚后生
活十分幸福美满,后来她完全投身于对文学艺术,赋诗、写挽歌、编戏
剧,并且主持了里昂名闻遐迩的文学沙龙。她的私人图书馆不仅有拉
丁文著作,更有法语、意大利语和西班牙语的作品。法国当代许多著名
的诗人都曾题诗赞颂她。拉贝作品中最为脍炙人口的莫过于那些追忆
她少女时代梦想的诗篇,如:"……再亲吻我一次吧,再吻一次:请给我
236　你最美妙、最深情的吻:我将用比火焰更炽热的唇来回吻你……"早在
1555 年,拉贝的作品就由里昂著名的印刷商让·德·图尔内斯(Jean
de Tournes)结集出版,当时的拉贝刚刚步入而立之年,才华横溢、名满
天下。

路易丝在阅读自己的作品时写道：

往事带来的欢乐，更胜于眼前；但那逝去的欢愉已经褪色，永
不再来。追忆犹如往事，苦涩而又甜美。有些感觉是如此震
撼，不论怎样追寻都无法重温那份炽热；有些形象深深刻在心
上，却也只是昔日的影子在作弄自己。然而，一旦将这些情感
宣泄笔端，那数不清的往事就变得历历在目，如此鲜活、如此
生动。时隔许久，重新翻开这些文字，仍能让自己故地重游，
找回曾经的自我。[31]

在拉贝看来，阅读自己过去的情感已不仅仅是旧事重提，而是真正重历
往事，战胜模糊的记忆。这是一种对作品强大感染力的深刻而永恒的
洞察。

在斯拉夫地区，文字印刷总体而言还处于较为原始的状态。尽管
已形成了若干字母系统来记录各种斯拉夫语言，但其实很少有人真正
使用它们去阅读，而阅读的内容也无外是些宗教作品。少数专业人士
则使用拉丁文阅读法律、科学及医学书籍。1563 年，号称"恐怖伊凡"
（The Terrible）的沙皇伊凡四世（Tsar Ivan IV，1533—1584 年在位），
在俄国莫斯科建立了第一家半永久性印刷厂，使用西里尔字集（Cyril-
lic）印刷；到 17 世纪晚期，这家印刷工厂迁至斯洛博达（Sloboda）的下
诺夫哥罗德村（Alexandrovskaya），共出版了约 500 种书籍，而其中仅
有 7 种为非宗教读物。乌克兰在 17 世纪拥有大约 15 家印刷所，其中
最为著名的两家由利沃夫（Lvov）的罗塞尼亚修道院和基辅洞窟修道
院（Kiev's Monastery of the Caves）经营。东斯拉夫的阅读作品几乎
全部是男性、宗教及传统读物。而西斯拉夫（捷克、斯洛伐克及波兰 237
作品）则在作品的品味、风格及内容方面更接近西欧。拉丁文一直在俄
国一统天下。直到 18 世纪以后本国语才开始在有文化的阶层中流行，
从而推动了新的民族文学的兴起。

直到 17 世纪中叶，俄国的文学艺术才真正开端。它没有继承任何中世纪本土流派，而是全面借鉴了西方风格，采用将波兰语、德语、法语及意大利语的作品及风格直接翻译或改编为俄语的形式创作。其读者主要分布在圣彼得堡和莫斯科地区，人数不多但阅读热情高涨。虽然这些人大多还是偏向阅读原版作品，但同时也渴望具有深邃内涵的本国特色作品的问世。18 世纪俄国的印刷厂生意十分兴隆，但依然受到严格的审查制度的困扰。时至今日，俄国的书籍及期刊发行仍具有这样特点，从而使自由印刷带来的社会利益大打折扣。俄国本土文学从 18 世纪才开始流行，到 19 世纪真正开花结果，出现了普希金、托尔斯泰、陀思妥耶夫斯基、屠格涅夫、果戈里、契诃夫等灿若群星的文坛巨匠。然而直到布尔什维克革命前，俄国贵族多喜好阅读时髦的法语、意大利语、德语作品，并越来越多地涉猎英文原版作品。

在奥斯曼帝国（13 世纪晚期建立的横跨欧、亚及北非的强大的土耳其帝国），统治者受到宗教保守观念的影响，反对印刷阿拉伯文字，手稿传统一直延续至 19 世纪，使得整个伊斯兰世界无法分享西方文化及科技进步的成果，其文化走向僵化和边缘化。15 世纪、16 世纪，以手稿形式存在的阿拉伯文学因循守旧，抄袭本国古典作品的风格流派，或照搬经典作品，或对之进行迂腐的评论。当时流行的还有一些历史概要及不同年代作家的作品选集。以苏尤蒂（Suyuti，卒于 1505 年）为代表的作家曾效仿基督教史学家对印刷术的研究，志在著书立说，全方位地研究历史。此后，这个受到土耳其入侵巨大影响的社会逐渐走向分崩离析，前景不明的阿拉伯文学更加固步自封、与世隔离。19 世纪晚期，土耳其帝国终于土崩瓦解，印刷及西方模式开始流行，埃及及叙利亚再度成为阿拉伯文学创作的中心。但其作品几乎无一例外地抄袭法国、英国、德国及意大利作品的体裁、风格甚至思想，从而造成了古典作品与现代文学的决裂。较之世界其它任何地方，这一点在伊斯兰国家表现得尤为突出。人们往往认为古典作品是本土的、虔诚于宗教的、恰当的作品，而现代作品则是外来的、异端的、危险的作品。这一论战一直延续至今,助长了极端主义的浪潮。

与此截然不同的是,散居各地的犹太人继续使用各种不同的语言:西班牙语、意第绪语(Yiddish,来自日耳曼语)、荷兰语、英语、法语、意大利语、波兰语、俄语、希腊语、阿拉伯语等等。(但是,各地犹太人均将希伯来语作为学术和礼拜用语,并坚持使用传统的希伯来文写作。)印刷术传入后,立刻受到犹太人的欢迎,视其为"神圣的杰作"[32]。事实上人们推测,在 15 世纪 50 年代美因兹的第一批印刷工人中一定有犹太人。犹太人早在 15 世纪 70 年代就在意大利和西班牙经营印刷厂,80年代在葡萄牙开设了印刷厂。90 年代西班牙和葡萄牙的犹太人遭到驱逐,许多人来到意大利避难,而当时的意大利已成为希伯来"人文主义"研究的中心。他们的到来使得印刷希伯来学术作品的市场得以复苏,这个市场可能是由基督徒控制,但现在很明显受到了西班牙—犹太文化的影响。

正如阿拉伯人坚持阅读手写的《可兰经》(Qur'an),犹太人坚持在犹太教教堂诵读传统的皮革或羊皮纸质的《托拉律法书》(Torah)。但其它所有的犹太作品均得以广泛印刷,并且大量发行。阅读这些读物的清一色全部是男性读者,因为该民族禁止女性学习或参与犹太神学的辩论。非宗教类的犹太读物同时以各国语言出版。但是,除了一些需用拉丁文阅读的法律、科学及医学著作外,传统犹太人及犹太教教士对于非宗教读物通常是不屑一顾的。 239

在土耳其君士坦丁堡,苏丹巴济扎得二世(Bajazet II,1481—1512年在位)对流亡的犹太印刷工敞开大门,这些人几乎不间断地印刷希伯来作品直至 19 世纪初。该时期最著名的犹太印刷中心分布在布拉格(始于 1512 年)、克拉科夫(1534),以及当时土耳其治下的希腊城市塞萨洛尼基(Thessaloniki)。该城当时一半以上的人口为犹太人(直到 1912 年希腊人再度夺取该城)。在摩洛哥的非斯(1516—1521)以及埃及的开罗(1557)也出现了一批著名的希伯来印刷社。1577 年,来自布拉格的犹太印刷工伊萨克·阿什肯纳兹(Isaac Ashkenazy)在加利利地区的萨法德城(Safad),即今天以色列北部的采法特城(Zefat),开办了中东地区第一家印刷社。

16世纪的犹太学者们阐述了两种截然不同的阅读圣经的方法。北非及西班牙的犹太裔(Sephardic)学者注重语法或字面意义。法国、德语国家及波兰的日耳曼犹太裔(Ashkenazi)学者则不但研究字词,更研究每一行每一段合起来形成的意义;不但追求字面意义,更追求道德、精神上的寓意。为挖掘所有可能的意义,日耳曼犹太学者对《塔木德》(犹太宗教法典的主要来源)中此前所有的注释一一作注,力图回到原作。与喜新厌旧的基督教文学相比,犹太塔木德文学是累加式的:新文本不取代旧文本,而是对先前的所有文本兼收并蓄。

多数日耳曼犹太学者在《塔木德》研究中像但丁一样区分阅读的四种意义,但其划分方式与但丁存在显著区别:pshat 是字面意义,remez 是伦理意义,drash 是理性意义,sod 则包含了神秘或超自然的意义。

sod 能够解释为何巴比伦版的《塔木德》(*Babylonian Talmud*)每一章的第一页都有缺失。正如18世纪出生于乌克兰别尔季切夫(Berdichev)的哈西迪族犹太人(Hasidic)列维·伊扎克(Levi Yitzhak)拉比所说:"发奋的人无论读了多少书,都一定不会忘记他还没有读过第一页。"[33]

240　17 世纪

15世纪到17世纪,欧洲各大书商主要通过拉丁文学术作品赚取收入,其目标是牧师及学者的书斋。[34]作为统一的学术语言,拉丁文使得书籍贸易得以实现国际化。欧洲各国的书商每年在图书博览会上汇聚一堂,换购可以共享的商品——从都柏林到莫斯科人人都能读懂的拉丁文书籍。但是对本国语作品的需求最终彻底终结了这一无国界的商业活动,"本土化"使得书籍贸易变得支离破碎,在17世纪尤为如此。

以实力强大的伦敦皇家特许出版公司（Stationers' Company）为例。1625 年，该公司彻底清除了库存的所有拉丁文书籍，原因是无利可图。整个欧洲的拉丁文书籍市场在当时土崩瓦解，学界成为本国语的一统天下，而其发展的内部驱动力截然不同。到 17 世纪末，除少数限量发行的神学及学术著作外，拉丁文作品已在欧洲大多数国家的出版清单上绝迹。17 世纪至 18 世纪上半叶，大多数科学家依然对这一潮流相当排斥，认为不利于国际对话交流。塞欧西乌斯（Celsius）、加尔瓦尼（Galvani）、哈雷（Halley）、开普勒、莱布尼茨、林奈、牛顿、雷文虎克（van Leeuwenhoek）及其同时代的科学家们仍坚持使用欧洲统一的学术语言——拉丁语交流思想。但到了 18 世纪晚期，科学家们的态度发生了变化。赫歇尔、康德、拉普拉斯、拉瓦锡、马尔萨斯、瑞特、伏特、洪堡等人均使用本国语传递科学知识。罗马天主教神学及古典主义研究方面的作品则继续沿用拉丁语；事实上，此类拉丁文作品的出版，虽然囿于环境所限，但一直延续至今。

尽管出版商推销的新书是使用大众的语言印刷的，但其装帧华美，价格不菲，超出了大众可支付的范围。不少出版商意识到这一问题，为了减少成本、降低价格，他们不再使用昂贵的装帧、精良的纸张和华美的插图，将书籍的质量一降再降。更为重要的是，他们转变了市场营销的策略，开始利用一种新的或者说复兴的体裁吸引更为广泛的读者群体。其直接结果是现代小说走向成熟，涌现了大量佳作，²⁴¹如西班牙塞万提斯的《堂·吉诃德》及克维多（Quevedo）的流浪汉小说，德国格里美尔斯豪森（Grimmelshausen）的《痴儿西木传》(*Simplizissimus*)，英格兰班扬的《天路历程》，法国女作家斯居黛里（Madeleine de Scudéry）的《克雷利》(*Clélie*)、《居鲁士大帝》(*Le grand Cyrus*)，以及号称现代社会首部"畅销书"的于尔菲（Honoré d'Urfé）的《阿丝特蕾》(*L'Astrée*)等等。[35] 小说销量之大，前所未有，这是因为这一文学样式可以满足不同阶层、不同口味的需要：有游记历险故事，以贵族生活为背景，深受中产阶级喜爱；有"浪漫爱情故事"，颇受女性读者青睐;有令人产生共鸣的恒久体验;也有质疑时代的社会评论。凡此种种,而其最为重要的特点是对这一备受推崇的古老文学样式加以创造性重塑。

　　17世纪,人们依然经常聚集一堂听人朗读日常读物,但阅读的内容已不完全是《圣经》、《黄金传奇》或宗教短文,历险小说和爱情故事也越来越多。这类作品叙事简洁连贯,没有一般口头创作故事中常见的中断和离题,彰显了文学创作的特点。西班牙诗人及作家塞万提斯(1547—1616)在其名著《堂·吉诃德》中以辛辣的笔触描写了这种书面风格与口头创作的冲突。书中堂·吉诃德要求他的仆人桑丘·潘萨"(讲故事时)像聪明人一样连续些,否则就什么也别说"。桑丘回答说:"乡下人都像我这么讲,我也不会用啥别的法子讲,您逼我编出什么新花样那可没道理。"36

　　当众朗读小说的做法遵循文学创作的原则塑造了新一代读者,塞万提斯天才地捕捉到了这一点:热心的神父因担心骑士小说会毒害心灵,烧毁了堂·吉诃德的书,在寻找堂·吉诃德途中,在一家旅店向周围的人描述堂·吉诃德的荒诞行为,结果旅馆主人反唇相讥称自己非常喜欢骑士小说,并补充说:

242　　　　每到收获季节,这里都会聚集很多来收割的人,其中总有个把识字的。他手里拿着一本这样的书,有三十多人围着他。我们都认真地听他念,仿佛觉得自己也年轻了。至少,当我听到骑士们激烈地拼杀时,我也想来那么几下。哪怕让我不分昼夜地听,我都愿意。

他妻子对此表示赞同,说家里唯一安宁的片刻就是她丈夫听人读书的时候!他女儿接着说她不喜欢"爸爸爱听的打打杀杀,只喜欢听骑士们离别意中人时那种凄凄切切,真的,有时候都哭了,他们都很可怜"。这时候一个客人拿出三本大书和一些手稿,然后由牧师大声给他们朗读长达八页三个章节的手稿《无谓的猜疑》(The Tale of Ill-Advised Curiosity),其间店里任何人都可以随时插话加以评论。

如上文所述,英格兰在 1520 年至 1640 年间(亨利八世到查理一世时期)实现了前所未有的富强,进而改变了整个国家的阅读习惯。一方面人口数量翻了一倍(其间伦敦人口数量由 6 万增至 45 万),另一方面对罗马天主教会旧有土地重新分配使得有地士绅的人数扩大了两倍。日益积聚的财富推动愈来愈多的社区发展地方教育:学校在各地纷纷涌现,其直接结果就是文化得以普及。[37] 当地机构开办的民办学校开始与收费的威斯敏斯特、曼彻斯特(Winchester)、伊顿公学等学校竞争。牛津和剑桥在 17 世纪上半叶招生数量剧增:例如,1620 年到 1640 年间,每年各都招收 1 千多名"新生",平均年龄在 14 岁左右。1640 年英格兰高等学府在校学生的数量已达到 19 世纪初期的水平。在这种情况下,数量堆积出质量:这一代人中,不少人成长为英格兰最伟大的国会议员、法学专家、神职人员……但同时也有成千上万的毕业生找不到工作,因为从政府机构到各行各业都还没有为接受这些真正受过教育的高级人才做好准备。

英格兰教育革命的直接受益者恐怕要属店主、自由持有农及自耕农。他们在新兴的清教小学读过几年书,能用英语阅读圣经及其它通俗文学作品。这些人及其妻子可以自己处理书面的日常账务。然而,有文化的城镇居民和文盲、半文盲的乡野村民之间依然存在很大差距。1642 年,英国城镇大约 60% 的人会写自己的名字,但在乡村这一比例只有 38%,在偏远的北部和西部地区则还不到 20%(从 1638—1643 年只有 1/4 的苏格兰人会写自己的名字)。据估计有"3/4 的牧羊人、渔民、建筑工人、小农,2/3 的乡村店主和手工业者,以及一半的纺织服装贸易商都可以进行少量阅读,但不会写字"。[38]

德语国家也发生了与英格兰类似的教育革命。然而,两者均戛然而止。在日耳曼各公国是由于惨烈的"三十年战争"(1618—1648),其间 1/3 的德国人丧生;而在英格兰是由于后来的内战(1642—1649)。

结果两国均未能实现全民文化普及。

法国没有经历类似的教育改革,学校规模依然很小,经费短缺,大多是当地教会的附属学校。乡下的男女老少很少有人知道怎样阅读。1662 年莫里哀喜剧《太太学堂》(L'École des femmes)上演,其中农夫的义女居然能读会写,引起社会价值观念的剧烈震动。尽管如此,法国依然在欧洲出版界异军突起:超越了经济萧条的意大利,超越了遭到"三十年战争"蹂躏的德国,也超越了由于内战而经济停顿的英国。

244　　整个欧洲都在经济衰退的边缘摇摇欲坠,此时的书籍市场再度呼唤新的理念。至于这一理念是来自依然占据主导地位的宗教书籍,还是已经崭露头角的世俗书籍似乎并不重要。[39]虽然出版物十有八九销量不佳,但仅凭这 1/10 的"畅销书"就足以支持那些销量不好的书籍出版。(这一计划起到了良好的作用,稳定了书籍出版的种类和质量。到 20 世纪 70 年代,出版巨头为获取巨额利润,才普遍放弃了这一做法,改为出版"肯定畅销"的书籍。)即便如此,在出版界盟主法国,最走红的出版物依然是宗教作品,而非名垂千古的诗人、剧作家或小说家的作品。这些作者的名字到今天大多已为人们所淡忘。但在当时,宗教作品的地位堪与 20 世纪的恐怖小说或爱情小说相媲美,成为出版商的摇钱树。这也就不难理解,为什么英属北美殖民地印刷出版的第一本书不是小说,而是《圣咏集》的英文译本(The Whole Booke of Psamles Faithfully Translated into English Metre),该书于 1640 年由位于马萨诸塞州坎布里奇(Cambridge of Massachusetts)的斯蒂芬·戴伊出版社(Stehphen Daye)出版。

地方印刷商为赢得更多读者,不断出版廉价的盗版书籍。他们经常在昂贵的原版书籍上市之初就予以复制,从而影响到都市印刷商的生意。都市印刷商非但未能洞察市场需求,反而因此提高售价,以市场所能接受的最高标价出售书籍。以斯居黛里的《克雷利》(Clélie)为例,1660 年的第一版是精装小牛皮十卷八开本,在巴黎售价高达 30 里弗

（相当于一个熟练印刷工妻子的一半嫁妆）。结果,盗版书籍大肆泛滥,遍布欧洲,以德国和意大利为最。盗版书为那些本来买不起书的人提供了有书的机会,从而大大增加了书籍的发行量,使阅读得到前所未有的普及。

　　整个 16 世纪、17 世纪,印刷出版的大多是短期出版物、官方及教育读物,其中包括:大报、小册子、单页地方新闻、政府及司法文件、初级读本、教义问答集、教科书、教区使用的礼仪书等。但越来越多的印刷 245商开始关注当地人民乐意用自己的辛苦钱购买什么样的书,并愿意据此调整其出版内容。"畅销书"行业由此诞生,成为与神学、学术、管理类书籍截然不同的门类。

　　最早的平装书随即问世,这就是法国著名的"蓝色丛书"（Bibliothèque bleue）。17 世纪早期,特鲁瓦市（Troyes）印刷工尼古拉斯·乌多特（Nicolas Oudot）利用旧字模在廉价的纸张上印制出一种小巧的书籍,用蓝纸装订封面（故名"蓝色图书"）。因其价格低廉,销量达上万册。这一理念取得了巨大的成功。17 世纪末,乌多特的后人把这一做法搬到巴黎,开拓了更为广阔的市场。到 1722 年,特鲁瓦库存 4 万本蓝皮小书待售,每册只卖几便士,另外还存有 2576 令印刷纸张,足以制作 35 万卷 48 页的八开本图书。[40]乌多特家族退出出版界后,加尼埃家族接替了他们的事业,其在 18 世纪 80 年代库存的数量甚至更为巨大。蓝色图书在内容上包括了广义上的"畅销"图书:不仅有寓言、骑士传奇、旁征博引的故事（尤其在 18 世纪）,也有基督教圣歌、教义问答集、礼仪书及学校启蒙读物等。蓝色图书的问世促使法国东部成为国内最负盛名的文学中心,此后其它区域也纷纷效仿。

　　这一时期,人们开始阅读世界上最早的报纸。欧洲的定期出版物起源于 15 世纪,当时的通讯社经授权已开始定期向大银行家、大商人、政治家等发送报道,内容涉及对他们产生影响的财经、政治要闻,如战争、侵略、婚礼、授职等等。一些小册子则报道涉及彗星、灾难、奇迹、怪物、自然现象等在内的奇闻逸事。由于人们对此类读物的需求很大,这

些报道和小册子印量颇巨,从而开创了一个前所未有的商业市场。到
16 世纪,这种报道和小册子被冠以不同名称,以各种小巧便宜的版式
大量印刷。许多统治者及后来的民事法庭还将他们的法令印刷成传单
或海报广为散发。聪明的统治者还通过发行印刷品来支持某个派别,
以此引导和控制潜在的反对者。与新闻类似,这些话题成为人们茶余
饭后在酒肆、谷仓或庭院里大声朗读和争论的对象。(当然,想想庞培
古城墙上发现的选举宣传,这当然也算不得什么新鲜事。)

246

16 世纪、17 世纪,各类宣传活页为欧洲的门、墙、柱、窗增色不少。
其内容包括主教信、学术论战(如 1517 年,路德撰写 95 条论纲,将之印
刷成布告,张贴在维滕堡城堡教堂大门上)、公证人通告、讣告、公共事
件通知、君主法令、斗牛或戏剧表演的广告等等。这类海报和布告印量
成千上万,为人们所喜闻乐见。它们其实就是那个时代的"广播、电视
新闻"。

当时报道时事新闻的印刷品花样繁多,最流行的是提供省内、国
内及欧洲新闻梗概的单页简报。遇有爆炸性新闻,如:行刺暗杀、皇
族去世、内战、名人被捕等都会发行特刊予以详尽描述。如有党派之
争,双方为争夺民众支持,传单就会充斥伦敦、巴黎、汉堡、里斯本、马
德里、安特卫普、阿姆斯特丹和威尼斯的大街小巷。一些小册子则探
讨深刻的神学问题,针对的读者群是人数不多、但颇具影响的知识分
子。当然此类短期印刷品主要还是针对大众读者,往往短小精悍、简明
扼要。遇有国家危机时这一点则体现得尤为突出。单从发行量推测,
此类印刷物几乎可触及所有社会成员。据估计,仅巴黎一地在 1649 年
至 1653 年 4 年间就有 5 千到 6 千种短期出版物印刷刊行:平均每天多
达 4 种。[41]

247   具有新闻价值的报道会定期选登在年鉴和年刊中,以低廉的价格
在欧洲广泛销售。到了 16 世纪末,拥有订户的期刊或系列新闻图书开
始崭露头角。1605 年《新闻报》(Nieuwe Tidinghe)在安特卫普作为周
刊首次发行,1620 年后改为每周发行 3 次。1621 年初,荷兰地图出版

商彼得·范·登凯勒(Pieter van den Keere)印刷出版了第一本英语新闻图书。半年后,伦敦出版商托马斯·阿切尔(Thomas Archer)创办了以新闻报道为主的报纸,当时人们称之为"科兰特"(corantos)。17世纪中叶,各大城市及村镇的居民都可以买到称为"格塞塔"的小报。"格塞塔"(gazettes)一词源自威尼斯的《格塞塔新闻》(*gazeta de la novita*)即"半便士新闻",因其在威尼斯每份售价仅为一"格塞塔"(一种小面值硬币)而得名。此类小报名目繁多、相互竞争,成为欧洲广为阅读的读物,地位仅次于圣经。虽然印量还相对较低——《巴黎周报》(*La Gazette*)印量仅 1200 份(波尔多市订购 500 份,格勒诺布尔市订购 200 份)—— 但每期的读者数量并不少。这是因为个人单独订阅周报每年需要 12 里弗,而循环租借订阅(看完后给传阅给下个订购的人)则仅需一半的价钱。听众的数量则更多,是这一数字的 10 到 50 倍。

与此类似,科学家和文学家意识到大多数同行已经无法读到他们用拉丁文发表的文章,于是开始在欧洲第一批定期出版的学术期刊上发表自己的理论、观点、科学发现和书评:巴黎的《学者杂志》(*Journal des savants*)、伦敦的《伦敦皇家学会哲学会刊》(*Philosophical Transactions*)、德国的《博学学报》(*Acta eruditorum*,莱布尼茨主编)等权威报刊都赢得了广泛的圈内读者。由于期刊不使用拉丁文,在一百年间无形中推进了欧洲文化、科学的本土化进程。

小巧便宜、与法国蓝色丛书相类似的平装书,在欧洲各处广为销售。小贩们一村接一村,挨家挨户地叫卖,同时也兜售歌曲、民谣、圣歌、印章、版画、年鉴、教义问答集以及祈祷书等。在宗教改革作品和罗马天主教反宗教改革作品的流通方面,书贩们功不可没。他们驾着两轮、四轮的马车,但更多的是牵着载货的驮马步行,赶上数百公里路直至将携带的各种东西销售一空,其中不乏价格不菲的大部头全书。莎士比亚的《冬天的故事》(*The Winter's Tale*)大致创作于 1611 年年初,其中第四幕第四场中,小贩奥托里古斯(Autolycus)这样叫卖,"这是一支轻松的小调,可是怪可爱的……这才是非常轻松的歌儿呢,它可以用

'两个姑娘争风'这个调子唱。西方一带的姑娘谁都会唱这歌;销路好得很呢,我告诉你们"。

欧洲的书贩们在各地游走售书自然是为了获取最大利润。由于伦敦为英国零售商提供主要货源,伦敦读物——辅以伦敦品味、文化和词汇——成为英国乡村社会竞相仿效的标准。欧洲南部的人们则购买书贩从法国阿维尼翁及意大利北部的威尼斯和布雷西亚贩来的书。这些书贩多为威尼斯大陆的斯拉夫人,其足迹遍及希腊列岛、阿尔巴尼亚、西班牙和葡萄牙。

正是通过书贩,城镇及乡村地区的人们才首次接触到了遭禁的、神秘的或异国的作品。不论新教、天主教牧师如何反对,魔术幻术、新政治和经济哲学类的书籍以这样的方式流传开来。书籍贩卖空前活跃,直至19世纪,在欧洲周边地区则一直延续到20世纪。此后,大规模国家教育体系的建立及书籍核查员(官方检查人员)制度的出现使书籍贩卖迅速衰落。在各国保守、排外、突显当地意识形态的书籍采购清单的影响下,几个世纪以来一直开明、开放的书贩清单开始急剧缩减。

曾几何时,作为统治阶级的标志,阅读与写作遭到仇视,而今却变得随处可见,受到人们的爱戴与渴望。正是这种意识的转变促使莎士比亚创造性地塑造出历史人物杰克·凯德(Jack Cade),一个无知顽固的典型。作为一个遭人厌恶和鄙视的对象,凯德象征着"中世纪精神",而这一精神早已完全被印刷及其带来的利益所摈弃。或许这位伦敦剧作家在此处预示了一个半世纪之后的事情。因为从莎士比亚时代开始,书籍随处可见、价格便宜、大小适中、携带方便,阅读在许多圈子里成了稀松平常的事,几乎人人都能"品尝"书面文字——或者至少希望如此。

这一时代,不少学者撰文对如何从阅读中获益给予指导。英国哲学家、政治家弗兰西斯·培根(1561—1626)就是其中之一。他曾建议:

"书有可浅尝者,有可吞食者,少数则须咀嚼消化。"[42]无疑,在当时的欧洲语言中"书籍如美食"的譬喻已相当普遍,有人甚至开始对之冷嘲热讽。例如,1695 年,在英国剧作家威廉·康格里夫(William Congreve,1670—1729 年)的剧作《以爱还爱》(Love for Love)中,纨绔子弟瓦伦丁嘲笑他的跟班:"读书,读书,小子! 提高品味;按它说的生活;充实心灵,苦修躯体;读书,用眼睛吸收营养;不要说话,仔细思考理解。"他的跟班杰里米,一个桑丘·潘萨式的人物与他声气相通:"以书为食令您心宽体胖。"[43]

在这一时代,里程碑式的巨著得以印刷并获得广泛称颂。在英格兰教会人士及知名学者的呼吁下,国王詹姆斯一世下令将整部圣经翻译成全新的皇家"权威"版本。这一版本最终由 49 名著名神学家及语言学家在威斯敏斯特、牛津、剑桥完成,这就是 1611 年的"詹姆斯一世钦定本"。在该书扉页上印有以下字样:"《圣经》含《旧约》和《新约》,得皇帝陛下授权出版,系据希腊文、希伯来文原版、比对修改此前译本翻译而成,为教堂指定用书。"这部书成为英语书籍中最具影响力的著作,标志着英国王室最终承认了圣公会(Anglican Church)的地位,从而使新教在英伦三岛上取得了决定性的胜利。在此意义上,这部书的出版首先是一种政治行为。英格兰(在 1603 年亦称"大不列颠"以强调詹姆斯国王的统治)从此拥有了自己的国教《圣经》,并得以广泛阅读。可以 250 说詹姆斯钦定圣经不辱使命,功德圆满。它被带到英国北美殖民地,后来传遍整个大英帝国,供全世界拥有共同或近似信仰的信徒使用。从伦敦到奥克兰,人们诵读、聆听着同样的经卷。然而,钦定本《圣经》远远超越了地缘政治的范畴,它是书面英语的巅峰之作,堪称使用这一语言书写的最为杰出的文学作品之一。

古老的阅读习俗仍得以保留。一个典型的例子是人们从未忘记用维吉尔的书来占卜(古代用任意翻一页维吉尔诗集的方式来预测未来)。英格兰国王查理一世在 1642 年底(或 1643 年初)参观牛津大学博德莱安图书馆(Bodleian Library)时,还曾使用过这种占卜法。国王陛下在内战中的盟友福克兰子爵(Lord Falkland)曾建议他"试试用维吉尔书占卜命运,人人都知道这是过去常用的占卜方法"。于是,国王打开维吉尔的史诗《埃涅阿斯纪》(Æneid)随手翻到第四卷,第615—616行,然后用拉丁语大声朗读起来:"在战斗中遭到鲁莽胆大种族的围攻,并被放逐国外……"六年后查理一世便被送上断头台。

弗兰西斯·培根宣称"阅读使人充实",他告诫世人"读书时不可存心诘难作者,不可尽信书上所言,亦不可只为寻章摘句,而应推敲细思"。[44]自17世纪后半叶始,一种新的阅读观念开始出现,对什么人应该读书有了新的界定,这在当时欧洲最为平等的社会——英国表现得淋漓尽致。1660年,大不列颠及爱尔兰国王查理二世继位第一年,即通过国外农场议会(Council for Foreign Plantations)颁布法令,宣布英国殖民地范围内各大农场均应为其奴隶及家庭成员提供基督教教育。这是一种高尚但略嫌天真的姿态。

英属北美、加勒比海殖民地的统治阶层立即抗议,他们宣称可以阅读《圣经》的奴隶,就会阅读其它作品,就会思考而不仅仅是服从。即使在《圣经》中,也有很多关于受奴役的人民起来反抗而获得自由的故事。抗议的焦点是——为保护统治者的财富、权力及社会地位——对于被压迫者而言阅读无疑是最最危险的能力。结果多数农场主都无视查理国王的法令,致使在英国殖民统治之下,一代代奴隶甚至自由人都不能读写。在北美南部的殖民地状况更为悲惨:教导非洲人及其子女读书写字,一旦被抓住会受到惊人的酷刑;黑人读书一旦被发现则处以绞刑。尽管如此,黑人依然学会了读书,并且教会自己周围的人读书。如同信仰一样,阅读书籍在哪里都不会因遭到镇压而销声匿迹。

阅读再度被视为危险的工具。在苏格拉底时代这主要是因为在相对原始的手稿中某些模糊的文字可能被曲解。而在17世纪上半叶,更为重要的原因是人们认识到阅读不仅仅是精英们的特权,而且是全社会获取信息的最重要的方法。从纸莎草到羊皮纸,从口传到用眼阅读,在阅读材料和理念的不断进步中,印刷纸张作为最新的表现形式,最终展现给人们——如美国诗人及评论家爱默生(1803—1882)所阐释的那样 ——一种"对宇宙意识的庄严表达"。

塞缪尔·比林(Samuel Billin)根据爱德华·马修·沃德(E. M. Ward)绘画作品制作的版画插图《约翰逊博士阅读〈威克菲尔德牧师传〉手稿》(约 1850 年)。描述约翰逊博士在奥利弗·哥德史密斯(Oliver Goldsmith)家做客的情景。

第六章　宇宙意识

19世纪,"个人主义阅读"的捍卫者拉尔夫·华尔多·爱默生曾经开列了一份个人"圣书"目录,他宣称:

这些书籍都是对宇宙意识的庄严表达,比当年年鉴、当天报纸更贴近我们的日常生活;它们要么搁在壁橱里保存,要么放在膝盖上阅读;与它们的交流不会发生在唇齿之间,而是来自于悸动的心灵和泛红的脸颊。[1]

不仅如此,到了19世纪,口述传统已成为一种社会化石淡出舞台,许多人将印刷书籍视为保存人类最崇高情感的圣殿。人人都可以在私密、静谧的环境下专注地体味、享受开卷之乐。的确,无论人们如何看待这一问题,书籍似乎确已成为"宇宙意识的表达"。

它与苏美尔陶土版上"不朽的见证"已经有了天壤之别。

尤其在17世纪至18世纪之间,书籍的地位发生了巨大变化,这在欧洲贵族阶级中表现得淋漓尽致。例如,"太阳王"时期(Sun King)的凡尔赛藏书阁仅收藏手写的、通常装帧精美的原稿。这是因为路易十四(1643—1715年在位)认为印刷书及其插图不过是"让臣民了解他所藏之杰作以及所倡之盛典的手段"。[2] 对他而言,书籍,也就是这些装帧精美的原稿,不过是拿来炫耀和引人敬畏的艺术品,其内容其实无足轻重。结果同许许多多的贵族一样，路易十四虽然藏书颇丰，但从未获得学者、思想家或书痴的美誉。他与文字的泛泛之交充其量不过是出于实用目的。相比之下，其继承人路易十五（1715—1774年在位），则非但接受过印刷排版的专门训练，而且学习过创作。此时，不少法国贵族都已拥有办公室印刷机并加以使用，他们讨论自己喜爱的印刷字体，甚至资助书籍和插图出版，并热切关注其成功与否。在印刷术发明三百年后，贵族阶级最终接纳了集审美与工具为一体的印刷书本。

不仅贵族阶级如此，爱尔兰裔散文作家、剧作家理查德·斯蒂尔（1672—1729）一句简明扼要的箴言代表了整个欧洲的呼声："阅读有益于头脑，一如运动有益于身体。"看来人们终于做好准备拥抱这种生活方式，其最终结果就是一个文明欧洲的诞生。

市场经济的发展无疑让能读会写的人受益匪浅。识字的人此时开始控制全球最富庶的地区绝非历史的偶然。（与此相反，封建农奴制社会中，有文化的少数人统治着不识字的多数人。千百年来，由于目不识丁，民众无法接受创新思想，难以摆脱宗教束缚，无法建立劳动力与商品的网络以实现信息交流——归根结底，无法分享"书写文字的文明"——从而一直处于社会的边缘。）正是阅读能力造就了现代人。而读写能力最早在繁忙的海陆枢纽地区实现普及也绝非巧合，得天独厚的地理位置提供了印刷书及其他阅读材料。事实上，在任何地区，读写能力的普及都首先与经济地理条件密切相关。18世纪，欧洲海陆交通四通八达，经济更加繁荣富足，人们的阅读能力进一步提高，从而催生了启蒙运动（the Enlightenment），为世界引入了三大重要理念：理性主义、实证精神以及人类普遍发展观。哪里有财富，哪里就有教育；哪里有教育，哪里就有更高的识字水平；哪里有更高的识字水平，哪里就有人类各项事业的发展进步。

工业革命也是读写能力的直接产物，或者说是阅读的直接产物。作为生产、财富和教育合力的结果，它曾经使英格兰、苏格兰、北爱尔兰、美国、荷兰、斯堪的纳维亚、法国北部及大部分讲德语的公国迅速富强。（低识字率的国家则缺乏这种合力而迄今依然落后。）只有工业化国家才会在包括女性在内的大多数民众中普及文化教育并将其制度化。[3]因为"文化与财富相伴"，法国、德国、英国、意大利及美国在内的新兴工业国控制了世界文化前进发展的方向。他们引领了文学革命，创立了新式书刊杂志市场，推出了富于创意的出版分销技巧，构建了新颖的文学体裁、风格和品味。自此，世界其他地区（中东、亚洲、非洲、拉丁美洲、大洋洲）"被迫"唯其马首是瞻。

18 世纪

从17世纪晚期开始，西欧读者的阅读方式由"精读"转变为"泛读"。此前，读者能够获得的印刷品屈指可数，因而对手头仅有的出版物细细品味（如《圣经》、《祈祷书》以及从书贩处购得的小书、小册子）。其阅读目标明确，且字斟句酌、砥志研思，这就是精读。而到了17世纪晚期，读者已经能够买得起几本书，阅读目的随即转变为广泛涉猎某个甚至多个题目，这就是泛读的开端。从此，人们对阅读基本功能的认识得以转变：阅读从终点转变为桥梁。

这一转变带来了深刻的社会变革。从此，阅读不再是终点，而成为求知途径。时至今日，泛读依然帮助我们获得信息，成为现代教育体制的基石。

当然，对于这一观点，当时许多思想家或断然否定，或对其弊端痛心疾首。英国诗人、讽刺作家亚历山大·蒲伯（1688—1744）就曾一针见血地指出："愚钝的人们无知地阅读，将知识如垃圾般塞满大脑。"[4]然而，书籍日益普及，人类文化素养随之不断提高，这一社会趋势注定是不可逆转的。在这一时期，人们的识字率普遍提高，由婚姻、遗嘱登记表上的签名可见一斑。例如，在1640年，只有30％的英格兰人和25％的苏格兰人能在婚姻登记表上签名，而到18世纪中叶两者均达到

了 60%（其中英格兰和苏格兰妇女的比例各达 30% 和 15%）。在 18
世纪末刚刚独立的美国,这一比例相当之高:1787 年至 1797 年间,有
84% 的新英格兰人和 77% 的弗吉尼亚人能够在遗嘱上签名。[5]1786 年
到 1790 年间,法国北部有 71% 的男性和 44% 的女性会写自己的名字,
高于同时期英格兰、苏格兰及奥地利属荷兰的比例(男性 60%—65%;
女性 37%—42%)。而同时在法国南部地区,仅有 27% 的男性和 12%
的女性会书写自己的名字。普鲁士德意志(包括今德国北部至波罗的
海东岸地区)在 1750 年只有 10% 的男性会写自己的名字,1765 年增至
20%,1800 年达到 40%,在两代人的时间里猛增了 4 倍。

　　18 世纪初,英格兰的基础教育仍基本沿用严格的拉丁语教育模
式。这种模式全然不能适应中低产阶级的教育需求,更不用说千百万
下层人民了。许多教育家,尤其是清教徒们,开始意识到应教育调整以
适应英语语言的特殊要求。18 世纪 20 年代中期到 50 年代,他们创立
了收取费用的公学。在此就学的学生家长希望孩子接受扎实的英语读
写教育,而不是拉丁语教育。

　　这一现象对出版业产生了非同小可的影响。以伦敦为例,在 1730
年到 1758 年间,查尔斯·安克斯(Charles Ackers)仅一本英语语法书
就印刷并销售了 27500 册。[6]教师们就是使用这样的书,教会了成千上
万英国男孩、女孩读写自己的语言。他们通过朗诵来学习如何使用语
言——先让孩子们阅读著名的演讲词、诗歌和散文,再背诵,最后要求
在其他同学面前朗诵 ——在相当长的时间内,这一方法成为最受青睐
的教学方式。结果,在短短几十年内,在以往那些习惯于一家之主在傍
晚时分为全家大小朗诵《圣经》的中低产阶级的家庭里,孩子们也开始
阅读报纸、传单、小说,甚至游记历险故事。主妇们对阅读也从最初态
度暧昧转变为兴趣盎然,她们主要阅读宗教读本(私下则阅读浪漫爱情
故事)。男士们开始阅读诗歌和戏剧,如印刷版莎士比亚剧本。到 18
世纪末,在英国农村,1/3 以上的人都能够阅读,城市居民则已经完全
生活在一个文字统治的世界里。

1686 年,瑞典的路德教会推出一项苛刻的扫盲计划:禁止文盲参加宗教活动,甚至禁止结婚!(通过自然选择的方式达到扫盲目的。)与此同时,由各地路德教会牧师监督检查,要求所有居住在偏远地区农场的妇女必须教导自己的孩子读书写字。该计划在全国推行,结果在短短几年时间内,约 80% 的瑞典人具备了阅读能力,瑞典因而成为欧洲识字水平最高的国家之一。当然,人们具备的还仅仅是初级阅读能力,写作技巧尚未能普及。[7]

在欧洲其它国家,零售商、自耕农、妇女开始对文字发行施加影响,这在以前只有生活优越的学者和有权有势的神职人员才能做到。被压迫阶级终于开始要求通过阅读书籍来获取各类知识,结果诸如"某某捷径"、"某某入门"之类的标题一时间铺天盖地。这当然也预示着"自学"读物后来长期成为出版业的金矿。

17 世纪之后,定期出版物不但在数量上有所增加,而且形式也更加丰富多样。年鉴、文学小报、学术期刊、医学报刊,尤其是时事、公告和广告,都吸引了大批热情的读者。与此同时,严格的检查制度仍旧遏制了读者数量的进一步发展,在当时严重阻碍了公众出版业发展成为社会进步的原动力。

英国于 1696 年废除《出版许可法案》(*Licensing Act*),成为解放欧洲出版业的先锋。早在 1702 年,欧洲最早的日报《每日新闻》(*Daily Courant*)就流行于伦敦的大街小巷之中,当时伦敦人口已过 50 万,是欧洲首屈一指的大都市。于 1709 年出台的《版权法案》(*Copyright Act*)坚决取缔了以往所有书籍检查制度,但仍保留了对报纸、宣传手册的检查权。[8] 法案规定,1709 年 4 月 1 日之前出版的书籍享有 21 年的版权,此后的出版物则只享有 14 年的版权(如果作者仍在世,则再追加 14 年)。该法案同时废除了传统的永久版权,这令许多书商怨声载道。但这一法案首次在欧洲建立了"著作权"准则,同时极大地促进了"书面表达自由"这一理念的发展。

英国出版业之所以能够迅速发展成为 18 世纪欧洲的杰出代表,正是这种自由立法的直接产物。尽管 1712 年出台的《印花条例》(Stamp Act)开始对每份报纸课以印花税,并且后来此项税收还定期增长,但在 1712 年到 1757 年间,英格兰的报纸发行量依然猛增了 8 倍。[9]1771 年之后,英国出版社获准公开报导议会辩论。1792 年的《诽谤法案》(Libel Act)则赋予了出版商和书商真正的出版自由,前提是撰稿人应对印刷内容承担法律责任。拿破仑战争期间,英国《泰晤士报》(1785 年创刊,最初名为《世鉴日报》*The Daily Universal Register*)派遣记者赴欧洲采访。从 1760 年到 1820 年,伦敦各主要报纸的年销量从 950 余万份猛增至近 3000 万份。

当时许多昙花一现的小册子被称为"市本"(chapbook),因教区的小贩或印刷工人们常常沿街叫卖而得名。[10]这些书多采用 12 开纸双面印刷,每本 24 页,在普通百姓中很有市场。整个 18 世纪,市本遍布欧洲各国,成为非正式读物中最为家喻户晓的形式。[11]它们或向读者提供消遣文学作品,或讲解社交礼仪,或介绍世界风物和名人志士的基本情况。此类简装书价格低廉,章节短小,使用最为流行的语言将原有的叙述浓缩成浅显易懂的读物。[12]

即便如此,许多市本读者在阅读时仍感到困难重重。例如,法国大革命期间,农民在学习阅读时,会连续好几个小时独自捧着一本书,嘴里振振有词,每次只读一个单词,对每句话的意思都要琢磨良久。[13]他们常常大段背诵小册子中的文章,可见背诵和口传传统在很大程度上仍与刚刚获得的阅读能力难分彼此。显然,这些新手认为,只有通过与其他人口头交流才能"证实"自己所阅读的内容是否正确。(这种情况一直到 19 世纪才得以改观,后世的读者不再需要口头证实,成长为"完全"的读者。)

18 世纪,欧洲各国的君主、亲王、伯爵、主教开始仿照古代陵墓的样式兴建大型图书馆,用以收藏自己偶尔阅读、视若珍宝的作品。法国大革命前夕,仅居住在东部贝桑肯城(Besançon)富裕街区的居民就拥有几十万册藏书。[14]公共图书馆也开始涌现。大英博物馆图书馆就是在此时建立的,它以英国议会获得的几批私人捐赠为基础,后来又接受了国王乔治二世和乔治三世的遗赠。18世纪初,图书馆和咖啡店对外租书的传统也已经建立,涉及的主要是些流行小说。

　　德国图书馆的藏书几乎全部来自于皇室、教会和大学的收藏,神学和学术题材构成了收藏的主体。(这种情况一直持续到20世纪初德国第一座公共图书馆建立之时。)1789年法国大革命爆发,国内大型私人 260 图书馆毁于一旦,后来历届政府均未能为其民众建立公共图书馆,直至19世纪末,一批图书馆终于得以组建,但随即经历了大萧条及第一次世界大战的浩劫。除英国、美国、加拿大、澳大利亚及新西兰之外,世界上大多数国家都是在20世纪之后才建立了自己的公共图书馆系统,且大多在20世纪后半叶才开始对外开放。

　　18世纪的英语国家中,几乎所有的图书馆都是由私人社团创立的,因此主要反映某个行业、职业或教派的专业化兴趣。18世纪40年代,欧洲历史上出现了一次前所未有的宣传运动,首次通过商业手段吸引大批读者,其宣传对象就是这样一个群体。当时,循道宗(Methodism)的奠基人、传道士约翰·卫斯理(John Wesley)及其信徒通过出版发行高品质的作品,史无前例地推动了循道宗信条的传播(卫斯理亲自压缩、改编了约翰·班扬的《天路历程》以及约翰·弥尔顿的《失乐园》)。循道宗将出版社设在伦敦,取名为循道宗书屋(Methodist Book Room)。他们在此大量印刷小册子,通过自己的教堂发行,其印量之多在今天也是空前的。这些小册子很快便活跃于英国的各个角落。直到半个世纪后,这种直接针对中产阶级读者的庞大的印量才再度出现。

　　英国及英属北美殖民地的其它私人社团纷纷效法,并开始在各类租借图书店里为其圈内成员提供更有文化品味的读物。1790年前后,仅英格兰就出现了600家左右租借图书店,客户达5万人左右。阅览室也在此时出现,会员可以坐下来阅读或查阅不能带走的贵重参考书。这种书店还常备有大量的新作,以迎合各类顾客的个人爱好。

有了更为广泛的读者群体,书籍赢得了史无前例的销量,新作尤为
261　如此。丹尼尔·笛福的《鲁宾逊漂流记》(1719)以及乔纳森·斯威夫特
的《格列佛游记》(1726)均以节略市本的形式售出数万册。甚至英国政
治理论家、辉格党人埃德蒙·柏克(1729—1797)写于 1790 年的《法国
革命沉思录》(*Reflections on the Revolution in France*)也以小册子的
形式售出 3 万余册。柏克的成功大大激励了英裔美籍作家托马斯·潘
恩(1737—1809),他在来年出版了小册子《人权论》(*The Rights of
Man*),热烈拥护法国大革命。此书一出,立刻引起了轰动,销量高达
100 万册,一时间洛阳纸贵。著名诗人、剧作家、基督教福音传教士汉
娜·莫尔(Hannah More,1745—1833)为对抗当时的渎神倾向,倡议为
读者提供有益于宗教和国家发展的流行作品。她出版了基督教丛书
"平价文库"(Cheap Repository Tracts),每本售价仅为半便士或一个
半便士。许多宗教团体纷纷效仿莫尔的做法,1804 年到 1819 年间,仅
"英国国内外圣经协会"(British and Foreign Bible Society)就将《新
约》和全本《圣经》发行了约 250 万册。

　　然而,人们阅读宗教文本的热情已明显大不如前,因为此时的欧洲
已步入了启蒙时代,一个"人类脱离自己强加于自己的不成熟状态"的
时代(康德语)。大多数西方人情感上的迷信被小心翼翼地替代,取而
代之的是包括读写智慧在内的"常识"。(这一历史进程依然在西方世
界进行,并继续对其他民族产生深远影响。)这一近代人类思想解放运
动在当时突出地表现为小说在欧洲及北美异军突起。有鉴于此,这一
时期被誉为"书的世纪"。

　　早在一个世纪前,小说就已开始在西班牙、法国、德国和意大利
流行,此时则以前所未有的数量在世界各地销售。虽然在某些国家,
读小说仍被视作一种道德堕落或虚度光阴的行为,但几乎所有识字
的人都经常沉浸于小说阅读之中。人们经常抱怨读小说浪费了太多
时间[15],但小说确已成为很多人获取更多人生阅历的唯一途径。还有
262　一些人则希望从中获得更为深刻的个人需求,获得"哲学或道德方面

的指引。这一指引不是以规则的形式描述出来，而是在行为实践中总结得出"。[16]

日记文学同小说一样备受青睐（当然影响力稍逊于小说）。整个 17 世纪，日记和游记出版近乎狂热，这一热潮一直延续到了 18 世纪。（然而 17 世纪英国最著名的日记作品，如约翰·埃芙琳和塞缪尔·佩皮斯的作品，直到 1818 年和 1825 年才分别公开出版发行。）当时，绅士们常坐在一种特制的"斗鸡椅"（cockfighting chair）中阅读这样的小说或日记。这种椅子专为私人图书馆设计，因常出现在描绘斗鸡的绘画或图案中而得名。读者坐在椅子上，面前有一个小小的阅读桌板，两边各有一个沙发扶手。

然而，就数量而言，短期出版物引领了整个 18 世纪的印业潮流。英国的《短标题目录》（*Short Title Catalogue*）收录了所有"非书本"出版物的标题。令人震惊的是，除去招聘求职广告和 5 万个戏剧海报，该目录竟依然囊括了 25 万个标题。与此同时，伦敦和英国各省的周刊已拥有数万订户。尤其在 18 世纪下半叶，英国短期出版物如日中天，数量暴增，难以胜数。在英国国内及海外，特别是英属北美、加勒比海和印度殖民地，到处充斥着广告、简介说明、时刻表、小册子以及各种产品的介绍册。

约翰逊博士："阅读是基石。"

欧洲近代历史上，书写文字最杰出的代表当推英国学者塞缪尔·约翰逊。在去世两个多世纪后，历史学家和仰慕者们仍尊称他为"约翰逊博士"。这位辞书编纂家、散文家、文学评论家在 18 世纪的英国文坛享有崇高声望，以两部巨著奠定了泰斗地位，其一是十卷本《诗人传》（*Lives of the Poets*，1779—1781），收录了约翰逊博士一生对文学批评所作的重要贡献；其二是《英语词典》（*the Dictionary of the English Language*，1755），此书成为英国有文化英语家庭必备的工具书。这

两部巨著成为英国新兴中产阶级构建其价值观念的基石。[17]同时,约翰
逊博士也是英国最伟大的藏书家,他根据个人爱好贪婪地广泛涉猎,并
对各类阅读材料、阅读习惯及阅读方式加以评论,笔锋所及揭示了有关
18 世纪阅读的方方面面。

约翰逊博士出生于英国利奇菲尔德市(Lichfield)一个书商家庭,
他曾经向为自己作传的苏格兰作家詹姆斯·鲍斯威尔(1740—1795)透
露:"我早年读书非常用功。"[18]青年时代,约翰逊博士曾有幸得到一位
牛津老绅士的指点:"年轻人,现在就发奋读书,汲取丰富的知识。一旦
上了年纪,读书就会变成枯燥乏味的负担。"约翰逊博士深以为然。后
来,博士的一位密友,苏格兰经济学家、哲学家亚当·斯密私下告诉鲍
斯威尔,博士学富五车,"超今越古"。鲍斯威尔在传记中转述约翰逊博
士少年时代的回忆:他"漫无目的地徜徉在书本之间,总是碰到什么就
读什么,只要感兴趣就一口气读完"。有一次,在父亲的书店里,他爬到
书架上面寻找哥哥藏起来的苹果,却无意中发现了一本彼特拉克的书,
是对开本大部头,"他的好奇心被激发了,坐下来如饥似渴地阅读,将这
本书读去了一大半"。

约翰逊博士认为"真正的"阅读应"以学习为目的",这一点在今天
依然为世界上成千上万的读者所认同。他很少把一本书从头到尾读
完,而总是把书本"浏览"一遍,萃取其精髓。关于这一点,他曾说道:
"一本书也许一无是处,也许仅有一点价值,那么为什么必须将它读完
呢?"如此看来,在约翰逊眼中,读书绝非一种消遣,而首先是用来获取
宝贵信息的工具。这位伟大的辞典编纂家贪婪地阅读,但目标绝对不
是书本本身,而是印在书中的知识。可以说,阅读是与他寸步不离的火
枪,帮助他不断猎取新鲜的思想。

264　　当然,约翰逊博士也赞同阅读范围一定要广泛。"我总是乐于帮助
孩子在学习中取得进步,这是有益的。首先我会让他阅读任何自己感
兴趣的英语书,什么书都行,因为能让孩子从书中找到乐趣,就已经成
功一半了。今后,他肯定会读到更好的书。我会把孩子带到图书馆让

他随意挑选(那里所有的书都适合他读)。大人们不应以看不懂为借口不让孩子读自己喜欢的书。如果真看不懂,他自己会立刻意识到并不再读下去。如果能理解,他就一定可以从中学到东西……"

鲍斯威尔在另一处提到,约翰逊博士:

> 总是抓住一切机会强调阅读的益处,批判"通过对话就可以获取足够知识"这种肤浅的看法。他说:"阅读是基石,普遍真理一定要从书中得到,并经受实践的检验。谈话获得的知识缺乏完整的体系。了解一个话题需要和上百个人对话。由此获得的知识参差不一、彼此相距甚远,从而无法让我们对真理产生全面的认识。"

当然这与苏格拉底的观点背道而驰。苏格拉底认为真理只存在于话语而不是文字之中。(苏格拉底之所以有这样的观点,主要是当时希腊手稿模糊不清造成的。)对于约翰逊博士来说,只有阅读才能够传承真理,揭示事物的整体或全貌。口头指令对约翰逊博士来讲简直如同魔咒,他说:"要是一个人读的书还不及他能说的话多,那他一定是个可怜虫。"

约翰逊博士经常手不释卷。鲍斯威尔曾观察到,博士在用餐时,用餐巾把书包住放在自己膝盖上,"当他还没有读完一本书时,他总是渴望为自己预备好另一本。作个粗俗的比喻,这就像一条狗在吃着别人扔给它的东西时,爪子下面总为自己预备着另一块骨头"。

约翰逊博士认为:"人应该根据自己的兴趣来阅读,如果把阅读当作负担就事倍而功半了。年轻人一天应该阅读五个小时左右才能获取丰富的知识。"他强调说:"阅读自己感兴趣的东西印象会更加深刻。反之,就要花一半的精力想方设法集中思想,这样就不能全心全意地专注于阅读。"他甚至教导鲍斯威尔:"要像我一样,尽可能在手边准备好充足的书籍。渴望得到启发时,就可以随时翻阅自己感兴趣的题目。而唯有此时此刻读到的东西，才会深深印在脑子里。如果手边碰巧没有书，这个题目就会在脑海中淡化，以后有没有兴趣再去研究就很难说了。"他补充说："假如缺乏学习的动力，那就只好把阅读当作任务完成。但是，比起阅读自己感兴趣的东西，效果就差远了。"

关于当代作家的作品，约翰逊博士态度非常明确：

阅读必须紧跟时代的步伐。有人认为当代出版物大量繁殖有害于优秀文学。这类过多的孵化物（superfoetation）让我们不得不为追赶潮流而阅读大量劣质的东西。因为在与人交谈时，一个读了几本现代作品的人，比读过古代最杰出作品的人，其虚荣心更易得到满足。结果，好作品就因为没有时间而被弃置一旁。但是必须认识到，在当代，知识的传播更为广泛；另外，妇女也开始阅读了，这些都是巨大的进步。当代作家通过借鉴古典文学作品进行创作，就如同月亮通过反射太阳之光而皎洁一样。依我看来，古希腊作品哺育知识，而古罗马作品则彰显典雅。

但他同时也哀叹新一代受过教育的人已经有了逃避阅读的倾向：

令人奇怪的是，这个世界有这么多人从事写作，却没有多少人专注于阅读。如果可以选择其他的消遣方式，人们一般是不会乐意读书的。读书一定要有一个外在动力来激励，比如竞争、虚荣或贪欲。彻底读懂一本书带给人们的苦恼远远超越了快乐。人们往往认为语言如此苍白贫乏，难以尽述内心微妙复杂的情感。没有人会纯粹出于兴趣去阅读科技作品。我们喜闻乐见的总是些轻松愉快、平铺直叙的文章。但是今年，我读完了维吉尔的史诗《埃涅阿斯纪》，每晚一卷，十二个晚上就全部读完了，并且从中获得了无穷的乐趣。

然而，不幸被那位牛津长者言中，即使这样一位读书成癖的人也渐渐感受到上了年纪的苦楚。随着岁月的推移，他发现专心读书真成了一项"枯燥乏味的负担"，即便是睡不着时也无法阅读。1784 年他在病床上向鲍斯威尔抱怨道："以前，我躺在床上睡不着时，就会疯狂读书像个土耳其人一样（to read like a Turk）。""土耳其人"在当时是"野人"的代名词。

此后不到三四天，约翰逊博士便溘然长逝。

博士身后安葬于威斯敏斯特大教堂，墓前矗立着一块巨大的青石，上面用拉丁语铭刻着简单的碑文。另在圣保罗大教堂内也设有纪念碑。

欧陆的阅读

约翰逊博士在伦敦去世的那一年，已有 10 万余册的图书在巴黎圣雅克芸香大街（rue Saint-Jacques）两侧出售，这在当时欧洲各大城市中是稀松平常的事情。18 世纪，法国爆发了一场激烈的论战，其规模与发生在英国的那一次旗鼓相当，掀起了新一轮研究与出版的热潮，此后法国大幅放宽了对出版业的管制。德国各公国也出现了类似趋势，但依然南北分化严重：在北方一些公国已全面放开检查制度的同时，罗马天主教的尖刀依然严厉摧残着南方的知识进步，巴伐利亚省（Bavaria）的情况尤为严重。意大利各公国也出现了类似的分化，人们的读写状态完全取决于当地君主的个人喜好。欧洲仍有不少人谴责阅读行为过于自由化，这促使法国作家伏尔泰（1694—1778）在他的讽刺散文《关于阅读的危险》（Concerning the Horrible Danger of Reading）中"附和"道：书籍的确非常危险，它"消灭了愚昧无知，让太平盛世失却了卫护和保障"。

　　正是在这种怀疑与畏惧的氛围下,法国王室宣布禁止出版瑞士裔法国哲学家、作家让-雅各·卢梭(1712—1778)的自传《忏悔录》。这部著作无疑是法国文学史上的登峰之作。1768 年冬季从英国返回巴黎后,卢梭从书中节选出若干章节,在一系列集会上朗读,据说当时上流社会的支持者们感动得泪流满面。在 1781 年至 1788 年间,这部巨著终于得以出版发行,全书共计 12 卷,当时卢梭已经辞世。

　　法国哲学家丹尼斯·狄德罗(1713—1784)高度评价这种为有鉴赏力的听众朗读作品从而推动社会进步的做法。1759 年他这样写道:“双方都没有刻意考虑自己的角色,读者以自己认为最合适的方式去读,听者以自己认为最合适的方式去听……如果还有第三方在场,他也会遵循同样的原则。这是一个三方兴趣的统一体。”[19]在狄德罗去世前的第三年,他甚至自嘲曾经企图通过诵读的方式来医治妻子娜妮特(Nanette)在文学上的顽固态度——娜妮特曾声称自己只阅读“可以使灵魂得到升华”的书籍。狄德罗说:

　　　我每天都读书给她听。一日三次,每次少量《吉尔·布拉斯》,清晨、午饭后、傍晚各一次。等读完这本书,我们会继续读《两根木棍上的恶魔》(The Devil on Two Sticks)、《沙拉曼卡的年轻骑士》(The Bachelor of Salamanca)以及其他一些赏心悦目的书籍。经过几年时间几百次阅读,我将最终完成对她的治疗。如果真能得偿所愿,也就无怨无悔。有趣的是她对每一位来访的人重复我刚刚读给她的内容,因而使我的治疗功效倍增。我一贯认为小说都是些肤浅无聊的东西,但现在终于发现它们竟然是治愈忧郁的良药。下次见到西奥多·特隆香博士(Theodore Tronchin),我就把自己开的处方送给他:8 页至 10 页斯卡伦的《罗马喜剧》(Roman comique);四章《堂·吉诃德》;拉伯雷书中精选的段落,辅以适量的《宿命论者雅克》(Jacques the Fatalist)或《曼侬·莱斯科》(Manon

Lescaut）。如有必要，可以像换药一样，采用大致相同的药剂替换。[20]

　　在当时法国社会的一些圈子里，这种"放荡不羁"的文章（如勒萨日、普雷沃及狄德罗撰写的文章）曾引起道德上的激愤，这在今天是难以想象的。

　　躺在床上看书在当时被认为是无所事事的表现，受到"高尚"社会的鄙视。1900 年受封成为圣徒的法国教育家、圣约翰洗者喇沙（Jean—Baptiste de La Salle）曾在 1703 年训诫世人："切莫仿效某些人终日忙于读书，切莫不睡觉躺在床上，美德由此而生。"然而这种令人愉快的做法还是继续盛行。阿尔干灯（Argand lamp）是对昏暗烛光的一次标志性改进，后又经美国政治家托马斯·杰弗逊（1743—1826）进一步改良。18 世纪后半叶，这种灯让英格兰昔日高朋满座、烛火通明的晚宴"黯然失色"，越来越多的人喜欢在傍晚时分走进卧室，在明亮的灯光下享受独自看书的乐趣。[21] 1800 年的卧室兼具社交功能，人们在此招待客人，谈天说地。卧室里设有椅子、窗座，通常还有两三架书。但到了 19 世纪，又是另一番情景，卧室转而成为躲避社会喧嚣的避难所。人们在这里梳洗打扮、享受宁静、放松身心，独自品尝开卷之乐。会客室、休息室及走廊逐渐开始接替卧室的其他功能。少数豪门大户还设有独立的私人图书室。富人们竞相购买成套的精装书，一排排满满地摆放在又高又宽的书架上，当然很少打开阅读。

　　此时，各阶层的人都在读书，或至少努力去读书。18 世纪后半叶，就连巴黎人家中的男仆、女仆也模仿起主人儒雅的社交方式，书写并互相交换起了情书。[22] 虽然这一极具魅力的习俗并未在这一人群中广为普及，但它至少说明识字的人数正在不断增加，而正是这些人在繁荣的大都市里争相购买著名的系列平装书"蓝色丛书"。而在拿破仑的部队中，能读会写已经成为普通士兵晋升为下士的前提条件。[23]

　　教授阅读的各种新老方法都开始流行。尼古拉斯·亚当（Nicolas

Adam)是"整字教学法"（whole-word method）在法国的倡导者，他对这一教法的有效性深信不疑：

> 当你向一个小孩展示一件物体，例如一件衣服时，你会先向他展示衣领褶边，然后袖子，之后前襟，接着再给他看衣服口袋、纽扣吗？不，当然不会。你会将整件衣服展示给他看，然后对他说：这是一件衣服。这才是孩子们从保姆那儿学习说话的方法。那么为什么不用相同的方法教他们阅读呢？不要让他们拘泥于字母，也不要让他们使用任何法语、拉丁语的工具书；就让他们用自己能够理解的整字来陶冶自己，这样，他们从中得到的更多的是放松与愉悦，而不是印刷出来的字母与音节。[24]

亚当对整字教学法的宣传最终引发了一场激烈的教育论战，以千钧之势席卷全国直至今日。当然，不论是解构主义还是整字教学都未能彻底占到上风，因为真正学习阅读的过程显然要同时依赖于两种甚至更多方法。（见第七章）

如前所述，法国贵族们的巨型图书馆，不少已有数百年历史。在大革命期间，这些图书馆经历了一场空前浩劫，其藏书或遭洗劫，或因保存不善而腐烂蛀蚀，还有一些则公开拍卖，买主主要是英国和德国的收藏家们。这一动荡致使法国一批价值连城的图书流失海外。幸好最后的一次竞卖为法兰西保存了一批藏书。1816 年，雅克-西蒙·梅林（Jacques-Simon Merlin）在巴黎以称重方式购买了大量的书籍，其中不乏稀有的珍本，将它们存放在特地为此购买的两栋五层楼的房子里。[25]法国政府后来终于找到地方存放这些在洗劫、虫蛀、拍卖中幸存下来的书籍，这就是法国最早的公共阅览室（其书籍只供阅读，不外租或借阅）。然而几乎没有几个法国读者能够在此尽情享受阅读的乐趣，因为19 世纪中期之前，这些阅览室的开放时间一直受到严格限制，而苛刻的着装要求则将大多数读者拒之门外。[26]

1648 年,经历过三十年战争的浩劫,德国各公国在文化、社会风俗上均经历了一次重生。各国君主抛弃了早先的中欧传统,转而全盘接受更为法国化的社会习俗。法语和法国文学成为德国皇宫不可或缺的部分。在整个德国,法式礼仪与举止(包括阅读行为)成为上流时髦社会争相效仿的对象。然而就在上层人士数典忘祖之际,18 世纪德国为数不多的文人志士开始了寻根之旅。他们出版、阅读中世纪的本国作品,甚至发动了一场以本国特有经历为背景的本土文化运动——"狂飙运动"(Sturm und Orang)。但是,这一运动的追随者们,如青年作家约翰·沃尔夫冈·冯·歌德(1749—1832),仍旧不得不在魏玛这样的偏僻小国寻求资助。然而不论是法式精英文化还是德国本土文化,对于庞大的中产阶级来说,都显得无足轻重,因为汉堡、柏林及法兰克福等大城市居民所钟情的依然是宗教作品。但是与英格兰类似,在一百年间人们的阅读口味逐渐开始转向言情小说、日记文学、历史、法律及其他出版物。到这一世纪末,对此类作品的需求已远远超越了宗教作品。[27]

当歌德还是法兰克福的一名少年时,他目睹了一次焚书的过程:

> 那是一部法国喜剧小说,它无碍于政治,但不容于宗教和道德。眼睁睁地看着惩罚降临在这无生命的物体上,的确令人不寒而栗。堆积如山的纸张被烈焰吞噬,用火钳耙开以便充分燃烧。烧焦的碎片不久便飘向空中,人群贪婪地追逐着、捕捉着。然而即使真的逮住只言片语,多数人获得的怕也不过是享受禁果的快乐。如此看来,倘若烧书是为了替作者显身扬名,他倒未必不会欣然自喜,额手称庆。[28]

271

"我期待怎样的读者呢?"步入中年的歌德在作品中发问。"最公正的读者是那些忘记作者、忘记自我、忘记整个世界,而只活在书中的人。"歌德堪称德国最出类拔萃的学者、剧作家(《浮士德》)、小说家(《少年维特的烦恼》、《威廉·迈斯特》、《亲和力》等)、诗人、自然科学家和政治家。1774 年他在诗歌《书信》(*Sendschreiben*)中断言:"看,这就是一本书存在的本质……难解,但并非不可解……"他将生活比作一本书,一本需要内化、细细加以品味的书。

18 世纪末,作为多种社会力量的产物,一种独辟蹊径的"中产阶级文学"(middle-class literature)出现在德国大地。然而这种文学似乎与中产阶级下层无缘,更与劳动人民相距甚远。此时,大多数商人及手工业者对阅读的兴趣开始淡化,新教牧师和新兴职业人士开始向社会灌输迥异的价值观念和文化品味,这一趋势对 19 世纪德国民众的阅读状况产生了决定性影响。

俄国女皇叶卡捷琳娜二世(Catherine the Great,1762—1796 年在位)出生于德国。在其统治期间,有个名叫克罗斯特曼(Herr Kloster-man)的人凭借出售一米左右长的不透明书壳而发家致富。这种书壳内塞满了报纸,看起来和真正的书卷一模一样。王公大臣们利用这些空"书"填满了庄园内的书架,希望给酷爱藏书的女皇留下深刻印象。[29]在某种程度上,这是当时整个国家倦怠读书的征兆,有读书之名通常远比有读书之实更为重要。少数贵族虽然也看书,但主要读法语著作。

272 在整个俄国,几乎没有几个人用俄语读书。除了俄国正教教会以外,阅读其实仍被看作是来自西欧的新奇事物。

19 世纪

18 世纪末到 19 世纪中期的三次革命标志着巨大的社会变革:美国的政治革命、英国的工业革命和法国的社会革命。蒸汽机为工业提供动力,创造了空前的财富,并引领了铁路及海上运输的革命。有地农民骤然涌入新兴的中小型工业城市,造成城市人口激增。1800年,欧洲人口超过 10 万的城市有 22 座,仅仅半个世纪后,就猛增至

47 座,其中英国就占了 21 个。(伦敦仍然是欧洲最大的城市,在这一时期,其居民由 96 万上升到 230 万;巴黎则由 54.7 万上升到 100 万。)在日益扩大的中产阶级当中,受过良好教育的城市居民逐渐奠定了社会生活的基本模式,而大批背井离乡的文盲则威胁着社会的稳定。人们希望由国家、公国甚至城市自己出资,依靠公共教育更好地同化这一潜在的危险人群。但在当时,这一做法仅仅影响了几代都市儿童,向他们灌输了城市精英阶层的理念。如果说在 18 世纪读写文化征服了社会的中层,那么自 19 世纪始,它开始向下层普及(先是城市周边地区,然后延伸到乡村地区),并以基督教传统价值观念为媒介,向下层人民灌输纪律、职业道德、公民责任等统治阶级的主要理念。

　　阅读变得越来越容易。较之以往,不仅图书价格更为便宜,图书数量更加丰富,照明措施也得到了极大改善。专门的照明灯具及煤气灯开始普及,从而使更多人有条件读书,特别是那些新兴的"苦力阶层"。他们在工厂里从事体力劳动,每周工作 6 天,每天 12 小时甚至更长时间,只有在晚上特别是星期天下午才有空读读书。因此,这项新技术极大地推动了阅读的发展。

273

　　19 世纪早期,在英国和北美,读书仍旧是男子的特权,女子读书被认为有伤大雅。(在许多犹太社区,禁止女子读书的条例直到 20 世纪才得以取缔;而不少伊斯兰国家至今仍反对女子读书。)在这一时代最初的二十年间,即使在最时髦的社圈内,人们仍然认为"年轻女子公开读书不合时宜"。正如英格兰诺里奇城(Norwich)作家哈里特·马蒂诺(Harriet Martineau,1802—1876)后来回忆的那样:

> 她应该坐在客厅里,一边刺绣,一边听别人大声朗读,随时准备接待(女性)拜访者。当客人到来时,话题自然会转到刚读过的书上,因此这本书必须是经过精挑细选的,以免客人受到惊吓而在访问的下一站描述在此目睹的放肆与散漫。[30]

当然，女子聆听男子朗读受到当时社会的普遍认可。

"阅读时应以好书为伴"，英国牧师、作家西德尼·史密斯(1771—1845)曾如此告诫世人。哪些书能够成为良伴，他自然了如指掌，因为正是这些书让他这样的学者得以步入精英社会，并为之增光添彩。此类看法通过教会及其他途径传播开来，并获得普遍认同，但也有人更喜欢无拘无束地阅读。随笔作家、评论家查尔斯·兰姆(1775—1834)就是自由阅读的坚决拥护者之一，他极力褒扬自由阅读所带来的力量："我素喜徜徉于他人的思想之中。只要不走路，就在阅读；我无法闲坐空想，书本会引领我思考。"[31]在兰姆看来，书籍不是用以向他人炫耀的物品，而是自己的密友，是珍爱的收藏，是值得倍加珍惜的内心情感："自己的书可以深入阅读，因为和它早已熟识，熟悉每一处污渍，每一处折角。书上的污渍令你想起曾经一边吃着黄油松饼，一边喝茶时翻过的这一页。"

274

古希腊哲学家柏拉图憎恶小说，将其从理想国中驱逐出去(参看第二章)。19 世纪的传统礼教似乎继承了这一观点，对读者跨入虚幻的殿堂始终难以释然。埃德蒙·威廉·高斯(1849—1928)在其自传《父与子》(Father and Son)中生动记述了这种残存的反感。事情发生在高斯母亲身上。19 世纪初，当她还是个孩子的时候，曾喜欢无拘无束地读书、编故事，但是在严格的加尔文教家庭教师的教育下，她开始相信这种"娱乐"是有罪的。29 岁时，她在日记中写道："从那时起，我认识到编造任何故事都是有罪的。"[32]后来，她和丈夫开始用加尔文主义教育儿子。孩子没有听说过海盗，只听说过传教士；没有听说过仙女，只听说过有蜂鸟。多年之后高斯这样写道："他们希望我敦本务实；结果却让我变得善问而多疑。……要是他们肯将我包裹在超自然幻想的柔软褓襁中，我的心灵必然早就毫不犹豫地听命于他们的教导。"长大后高斯毅然抛弃了父母灌输的价值观。

朗读继续受到人们的青睐，但同公元 1 世纪的古罗马时代一样，选择书籍依然是一个敏感问题。事实上，这一选择能够在很大程度上决定什么样的作品"适合"出版,进而形成一种社会自发的书籍检查机制。1808 年,简·奥斯汀(1775—1817)曾描写自己和家人是如何在罕布郡(Hampshire)的家中终日大声诵读、品评书籍的:"我应该喜欢玛弥恩(瓦尔特·司各特作品中的人物)吗?迄今为止还不喜欢。詹姆斯(简的大哥)每晚都大声朗读这本书——当然只读一点,10 点钟才开始读到晚饭时分。"[33]简还写道:"我的父亲每天早晨为我们读威廉·库柏的诗,只要有空我都会去听。家里有一本罗伯特·骚塞的《埃斯普里勒的信》(*Espriella's Letter*)的第二卷,我会借着烛光大声朗读。"但是,当家中有人读让利夫人(Madame de Genlis)的《阿尔丰茜娜》(*Alphon-sine*)时,"刚读了 20 页,我们就觉得非常不好,除了译文糟糕外,内容也很粗俗,真是有辱斯文。于是我们换了《女吉诃德》(*Female Quixote*)来读,它使整个夜晚其乐融融,对我来说这真是一本好书。"(人们不免将这样的夜晚与现代家庭中的电视之夜相比,结果遗憾地发现很多有价值的东西已经遗失了。)

　　有些作家为他人朗读是为了润色自己的作品。小说家塞缪尔·巴特勒(1835—1902)就曾坦言:"我常常希望朗读自己的作品,一般情况下也的确会读。读给什么人听倒无所谓,只要他们不是过于聪明以至于让我担心出丑就行。我自己看时认为没有问题的部分,只要出声地读出来,就会立刻发现其中的不足之处。"[34]还有一些作者因为生动地诵读自己的作品而一举成名。阿尔弗雷德·丁尼生勋爵(1809—1892)在伦敦的文学沙龙里满怀激情地诵读他的长诗《莫德》(*Maud*),其情感之强烈为一般听众所不及,甚至有言过其实之嫌。一次朗读时,丁尼生竟潸然泪下,诗人及画家丹特·加布里埃尔·罗塞蒂(1828—1882)亲眼目睹了这一场面,"激动时刻,他抓起一块大锦垫,下意识地用双手拼命地拧。"[35]

　　作家当众朗诵自己的作品在 19 世纪盛极一时,达到西欧近两千年来未有的程度。在大不列颠及北美地区最负盛名的首推查尔斯·狄更斯(1812—1870)。不论是像巴特勒那样为邀请来的朋友私下朗读以改进自己的作品,还是作为名人应邀在众人面前大声朗诵,他的出色表现都令同时代的其他作家相形见绌。首次大型巡回朗诵时,他访问了英国40多个城镇,总共朗诵了80多场。从感情上征服听众成为他的主要目标。狄更斯不是演员,却是一个完美的朗诵家。为激起听众的最大共鸣,他仔细编写了原作的"朗读版",更在朗读稿的页边标上详细的批注,提醒自己什么时候要表现出什么样的情感或插入什么样的手势。[36]他四处朗读,目的是使自己成为小说的可视渠道,像演员那样让
276 作品通过自己获得生命。狄更斯的朗读有血有肉,作家真正成为了作品的化身。也许这就是为什么每次朗诵完毕他从来不谢幕的原因。他只是鞠个躬就匆匆离开舞台、大厅或房间,去换掉汗水浸透的衣服。可以说,狄更斯将现代公开朗诵推向了顶峰。

其他类型的公开朗诵也应运而生。例如1865年,牧师诵经传教的风俗在古巴雪茄制造厂里复兴,但同年因其具有颠覆倾向而遭西班牙政府取缔。[37]古巴移民将这一习俗带到美国的基韦斯特、新奥尔良和纽约,并从1869年一直保留到20世纪20年代。从早到晚,只要在做工,他们就听别人朗诵史书、小说、报纸、诗歌、政治小册子等。这是否促进了那些目不识丁的工人学习阅读,我们不得而知。但是朗诵确实使这些麻木的思想得到启迪和灵感,双手在劳作的时候,头脑依然可以自由地学习和思考。有些在传送带边工作多年的烟草工人甚至可以将整部作品倒背如流。

出版业

19世纪初的出版商已经与书商区别开来,他们意识到书籍有两个消费群体:一类是愿意出高价买好书的精英;另一类则是文化品味一般的中下层老百姓。如果书的价格再低一些,题材更广泛一些,中下层的消费潜力将是巨大的。最先意识到这一点的当然要数那些沿街叫卖的书贩子。19世纪早期,那些刚刚印刷出来、以精美皮革装订、镀有金字

的新书,依然卖得天价。以法国为例,买一本新小说要花掉一个农场工人月工资的 1/3,而一部 17 世纪精品著作的首版本仅为其售价的 1/10[38](现在的情况则恰恰相反:有两百年历史的古籍要比新版的精装书贵 10 倍)。自 15 世纪印刷术发明以来,书籍制作生产开始受到市场引导,现在则完全臣服于市场。尽管部分出版商仍坚持为精英读者服务,但大多数都已选择通过扩大销量提高利润。一个迄今为止一直遭到忽视的社会群体成了出版业的新目标——大众。

这一转变的结果是"图书产业"的崛起。

书籍成了批量分销的产品。随着收入的增加,人们大量购买并阅读书籍,读书之风盛行。以往许多家庭最多拥有一两本宗教书籍,现在则几乎家家户户都拥有《圣经》、字典、周刊、几本小说以及各式各样的教科书。医生、律师维持了专业图书馆并彰显了其对职业发展的重要性。人们的阅读品味也发生了变化,中产阶级和普通百姓也开始阅读经典名著,他们总算可以买到比较便宜的版本。狄更斯系列小说在英语国家风行、雨果的作品则在法国广为流传。作家的范围也愈来愈广,从大学教授(尤其在德国)到医生、公务员,甚至记者(如英国的狄更斯,美国的马克·吐温)都能够成为作家,这令当时不少人唏嘘不已。

启蒙运动使法国书籍征服了整个欧洲,大革命却给法国书籍带来了灭顶之灾,令法国图书业沦落到走投无路的境地。宗教书籍作为当时出版业的命脉惨遭禁止,新组建的人民政府没收了教会图书馆,查封并关闭了私人图书馆。革命以前的书籍被停止销售,其中大部分被销毁。这种情况一直持续到拿破仑·波拿巴统治的法兰西帝国时期(1804—1815)。法国的读者可谓生不逢时,因为当时大多数出版社仅有权印刷官方表格、立法记录及实用文本。[39]直到 1815 年封建王朝复辟,君主制重新确立,图书出版业才重又在法国兴旺起来。由于宫廷、庄园、住宅内的私人图书馆惨遭劫掠,亟待修复补充,图书出版业迎来一个新的时代,开始大量出版成套的全书:各种字典、传记、游记、考古、

278 医学及植物学等方面的专著,特别是那些传世经典及社会哲学家的著
作。浪漫主义文学运动虽然最初发展缓慢,但最终吸引了大批读者,这
由意大利、英国和西班牙戏剧的法文翻译可窥一斑。然而总体而言,书
籍对于大众来说还属于奢侈品,大多数法国中产阶级读者还是通过租
借图书店获取阅读资料。

19 世纪的出版业实现了不少创新(首先在英国,后又在其他地
方),从而最终决定了 20 世纪的国际图书消费习惯。最早的袖珍口袋
书系列以及单卷本 6 先令小说在此时首次亮相。版税制度及新兴的作
家协会使英国作家的权益得到保护。书商协会和出版商协会则共同致
力于维护和推动两大行业在英国及海外的发展。1822 年在英格兰,人
们开始用布面取代昂贵的皮革装订书籍。广告很快在这些便宜的书皮
上崭露头角。书籍在公众心目中的形象由此转变,从此不再是高雅的
艺术品,而是一件普通的日常生活用品。书籍的真正价值在于其内
容——虽然此时书籍装订已达到登峰造极的水平,但同时也面临着边
缘化的命运。

“藏书室”,不论多小,都能令哪怕最简陋的居室蓬荜生辉,而陈列
的书籍则反映了其主人的志趣爱好。稀有昂贵的书籍是狂热的古董爱
好者和收藏家的最爱,大多数欧洲和北美读者看书则是出于实用和消
遣的目的。方兴未艾的图书产业依据这一定位重新调整了自身的发
展。另一方面,图书在当时还主要是用以满足室内阅读和花园阅读的
需求,依赖于照明。但随着火车旅行的出现,人们的活动范围日益扩
大,这就要求设计一种与仅供室内阅读的书籍完全不同的书籍,一种具
有特定主题、大小、长度(参见下文)的廉价旅行书籍。这一创新同样也
起源于英国。

英国几家出版社试图效法前人,批量生产系列宗教书籍。1827
279 年,实用知识传播会(the Society for the Diffusion of Useful Knowl-
edge)发行了一套“实用知识图书”(Library of Useful Knowledge),每
册售价仅 6 便士。之后又出版了以文化知识宣传为主的“趣味知识丛

书"(Library of Entertaining Knowledge)、"一便士百科全书"(Penny Cyclopaedia)以及备受欢迎的《便士杂志》(*Penny Magazine*)。随着这些丛书和杂志日渐兴起,传统的图书贸易则走向末路。[40]尽管读者群体早已给出版商指明方向,但出版巨头们似乎陷入了几个世纪以来形成的传统定势之中难以自拔。瓦尔特·司各特爵士的小说大获成功,每部以 31 先令 6 便士的天价售出,难道不足以说明富有的上层读者群仍然存在?

19 世纪二三十年代经历了通货膨胀、通货紧缩、图书销量锐减等一系列打击。在同行破产的警示下,伦敦及爱丁堡的出版商开始生产平装书,售价仅仅为 5 先令。然而对大多数读者来说这依然是天价,图书馆租借图书业务因而兴旺发达。为保证资金流通,出版商开始以低价分期发行畅销作品。例如,1836 年至 1837 年,查尔斯·狄更斯的名著《匹克威克外传》(*Pickwick Papers*),其中彼此相关的每一个故事均采取单行本的形式以 1 先令的价格售出。而这是当时的狄更斯爱好者阅读其作品的唯一途径。

定期出版物也对这一市场力量作出了积极反应。为了吸引 19 世纪 30 年代识字的劳工,英国出版商爱德华·劳埃德(Edward Lloyd)仿效《星期日时报》(*Sunday Times*)的生产方式,使用轮转印刷机印刷,在《一便士星期日时报》(*The Penny Sunday Times*)和《警务报》(*The Police Gazette*)上连载小说。1836 年劳埃德开始连载《便士血腥》(*Penny Bloods*),详细记载了流氓、小偷、强盗的生活,以低俗、惊悚的恐怖故事招徕读者。这类出版物虽然遭到了正义人士的谴责,但公众对之趋之若鹜,也畅销了数十年。为了抵制此类出版物,伦敦圣教书会(the Religious Tract Society)于 19 世纪 60 年代开始创办自己的周刊《英国男孩周报》(*The Boy's Own Paper*)与之竞争,其销售量很快达到 50 万份,后来的《英国女孩周报》(*The Girl's Own Paper*)销售量紧随其后。[41]

1826 年到 1848 年间,法国图书业举步维艰,依靠传单、海报、报

280 纸书评对新书大力推介惨淡经营。与英国类似,新技术不断发展增
加了书籍的印量,降低了书籍的成本,而类似的连载出版计划也为业
界带来了收益。以勒萨日的《吉尔·布拉斯》为例,该书分为 24 册出
版,每册仅售 50 生丁(半法郎)。而当时八开本图书的售价仅为 3.5
法郎,比几年前减少了一半。世界经典名著,如荷马、莎士比亚、歌德
及 17 世纪至 18 世纪法国文豪的佳作,开始以全新的样式更为廉价
地服务世人。

　　然而在法国,由于大多数工人、职员、手工业者、商人每天的收入仅
为四个多法郎,当时的主要读物依然是价格低廉的定期出版物。1848
年,古斯塔夫·阿瓦尔(Gustave Havard)出版了普雷沃(Prévost
D'Exiles)创作于 1731 年的名著《曼侬·莱斯科》,采取四开本形式,不
删节,双栏排印,书中配有版画插图,而售价仅为 20 生丁。此举开创了
法国廉价平装书的时代,高品质的文学佳作从此飞入寻常百姓家。阿
瓦尔成为欧洲以底线价格出售顶级作品的第一人。截至 1856 年,他总
共出版了约 6000 余万册图书。[42]

　　与英国类似的另一方面是法国出版商于 1835 年至 1845 年间开始
自立门户,与销售商分庭抗礼。他们更加注重市场策略、销售潜力、宣
传及发行工作。出版界从此乾坤倒转,不再对精英社会唯命是从,转而
服务于普通读者,出版他们喜闻乐见的书籍。到 1850 年,法国各大主
要出版社(至今仍欣欣向荣)均已宣告建立,开始以大众价格出版古典
及现当代的高质量作品,有些出版物销售量之巨达到了空前的规模。
比如,1834 年到 1880 年间,阿榭特出版社(Hachette)推出圣旺夫人
(Madame de Saint-Ouen)的《法国简史》(*La petite histoire de
France*),共售出 2276708 本。在法兰西第二帝国时期(1852—1870),
法国出版业完全以市场为导向,锐意革新,终于走出低谷,书籍出版的
数量成倍增长。

　　尽管如此,在法国印刷、阅读最多的依然是定期出版物及政府文
件。与此同时出版商开始分工,以期垄断各类特色书市场——获奖图

书、语法书、词典、儿童读物，甚至色情系列。法国出版业具有得天独厚 281
的优势。由于法语撰写的书籍风靡全球，所以法语书籍的印量稳稳高
于英语、德语、意大利语或西班牙语版的书籍。到 1900 年，从俄罗斯少
女到日本学者，到堪萨斯的女中学生都兴致勃勃地阅读属于自己的法
语版维克多·雨果、埃弥尔·左拉或者儒勒·凡尔纳。

　　19 世纪，德国的上流社会人士阅读的依然也多为法语著作，而阅
读德语著作的只有中产阶级读者，抑或有学问的普通读者。国内最流
行的依然是德语《圣经》和宗教书籍，在识字率较高的北方新教徒中情
况尤为如此。由于诸侯割据、政府权力分散，早在 18 世纪，盗版风潮就
开始在德国泛滥，莱比锡因而迅速崛起，成为德国书籍贸易的中心。来
自整个德语地区的订单铺天盖地涌向这里的出版商和批发商。[43]随着
工业革命的爆发，德语书籍的需求急剧增长，对德国社会产生了比法国
更为深刻的影响。其直接结果是：城市化进程加速、人民生活水平提
高、教育体系日趋完善、技术培训更为成熟。许多财富和文化中心出现
了越来越多的书籍经销商，他们拥有较高的社会地位。19 世纪初，柏
林和斯图加特开始在书籍贸易上与莱比锡一争高下，德国的书商旋即
发展为欧洲最为国际化的书商，他们销售各种语言的书籍，并且实施超
越本土市场的全球性战略。

　　德国此时最负盛名的"畅销书"当推百科全书——《社交词典》
(Conversationslexikon)。该书由勒贝尔(R. G. Lobel)和弗兰克(C. W.
Franke)首倡，最终由弗里德里希·阿诺德·布鲁克豪斯(Friedrich
Arnold Brockhaus)于 1796 年至 1808 年间完成，全书共 6 卷，另有 2
卷补遗(1809—1811)。竞争者很快纷纷效法，并且也都获益颇丰，如约
瑟夫·迈耶的《社交大词典》(Grosse Konversationslexicon)1907—
1909 年间共出了 6 版 20 卷。早在 19 世纪 20 年代，迈耶就曾出版、销
售过盗版的德国古典文学作品，每卷售价仅 20 便士。在德国读者中带 282
插图的周刊也颇受欢迎，如莱比锡的《凉亭》(Gartenlaube)，1861 年销
售量约为 10 万份，到 1875 年猛增至近 40 万份。[44]

当时的德国在优质平装书生产方面引领世界潮流。从 1841 年开始,莱比锡出版商陶赫尼茨(Christian Bernhard Tauchnitz)以每周一本的速度出书,他的后人将这一记录保持了一个世纪,共计出版了5000 余种图书,印量在 5000 万册至 6000 万册之间。[45] 1858 年,还是在莱比锡,出版商雷克拉姆(Anton Philipp Reclam)出版了 12 卷德译莎士比亚全集。这一冒险之举带来了巨大的经济收益。雷克拉姆于是决定再版。但此次他改用粉版平装书形式,分 25 册出版,每本仅售 10 便士,轰动一时。此后不久,随着 1867 年北部德国联邦(Northern German Federation,德意志国家形成的开端)宪法生效,沉寂了三十余年的德国本土作家作品得以正式成为共有领域。一时间,大批德国古典著作的廉价平装本涌入市场。雷克拉姆也拓展了其平装书的理念,开始采用"万有文库"(Universal-Bibliothek)这个系列名称出书。首发歌德著《浮士德》,第一部售价同样仅为 10 便士,数千本书随后而至,几乎囊括了所有世界文学名著。虽然在许多西方国家不乏仿效者,但是雷克拉姆的图书一直稳居榜首成为世界上最具盛名的平装书系列。

新大陆的阅读

西班牙、荷兰、英国和法国殖民主义者将欧洲的阅读传统带到了北283 美,于是出版业和报业以英国拓荒者为主力,开始向西挺进:田纳西早在 1701 年就出版了报纸,俄亥俄则于 1793 年出版报纸;圣路易斯于1808 年开办印刷厂,加尔维斯顿于 1817 年,旧金山于 1846 年分别设厂印刷。[46] 仅 1820 年至 1852 年(三十余年)间,东海岸的出版商就向市场推出了约 2 万 4 千种图书,相当于 1640 年至 1791 年(一百五十余年)间出版图书数量的总和。

纽约、费城、波士顿和巴尔的摩引领北美出版业,其它一些城市紧随其后。到 19 世纪 50 年代,俄亥俄州辛辛那提市的书籍出版公司已不下 25 家。到了美国南北战争时期(1861—1865),一个密集的出版网络已经形成,报纸、杂志和书籍得以成为普通日常用品。美国出版业生机勃勃、资源丰富、积极进取。在 20 世纪初期,它称霸于世界英语书籍市场,令英国相形失色。由于疆域广大,美国 19 世纪 90% 的书籍都是通过订购、邮购或流动销售的方式获得。而欧洲几乎所有的书籍均通过书店销售。在用途和重要性方面,大多数美国人认为书籍不及报纸和杂志,后来又不及收音机、电视机和个人电脑;然而在欧洲的大多数地方,书籍依然享受着至高无上的地位。到了 20 世纪后半期,大多数欧洲人开始效仿美国人,改变了对书的传统看法。

1215 年,英格兰约翰王在大宪章(Magna Carta)上加盖玉玺,对贵族、教会、自由民的权利和身份予以承认。墨水写就的羊皮纸不过是一份文件,不供人阅读,而是在有人违反时作为法律依据存在。然而,到 1787 年美国宪法问世之时,本杰明·富兰克林(1706—1790),这位美国宪法之父、费城重要的出版商和印刷商,坚持认为这份文件应当印刷成千上万份向公众发行。富兰克林大声疾呼,这部关乎人权的根本性纲领应当让尽可能多的美国人民(主要指男性白人有产者)阅读,这不仅仅是他们的基本权利,更是一个自由国家平等公民的责任。这一态度无比深刻地揭示了数个世纪以来阅读在社会中所取得 284 的进步。

阅读本身成为这个新生的“平等”社会的柱石。

阅读教学法得以在美国发展或复兴。独立战争时期,康涅狄格教师诺亚·韦伯斯特(Noah Webster,1758—1843)认识到,儿童只有发好每个单独音节的音才能学会“正确”的阅读,但是他感觉到,要让孩子们做到这一点,就必须把英语拼写中“不发音”的字母去掉。于是战争结束不久,韦伯斯特就出版了《美国英语发音手册》(*The American Spelling Book*,1788),他在书中推出了一种独具特色的美式拼写方法,对传统的拼写进行了多处改进,如去掉单词“colour”和“honour”中不发音的“u”。民族主义者韦伯斯特宣告,所有的美国人应当拒绝使用敌国(英国)的拼写方式:"我们的荣誉感要求我们不仅在政治方面,还要在语言方面拥有自己的制度。"尽管他于1828年出版了《美式英语词典》(*American Dictionary of the English Language*),从而成为北美最重要的词典编纂家,但在当时并未能产生立竿见影的影响。韦伯斯特于1843年在贫病中寂然辞世,几乎为世人所遗忘。但在他身后,特别是在堪称出版界奇迹的1847年修订版《韦氏词典》(*Merriam-Webster Dictionary*)问世之后,韦伯斯特的"美式拼写"成为美国的标志。

美国南部诸州一直以严酷的法律禁止黑人奴隶甚至自由人学习读写,这些法律一直到1865年南北战争中南方战败后才得以取缔。尽管如此,还是有不少黑人偷偷地学会了阅读,然后又教会别人阅读。他们在主人、其他白人和可疑的黑人面前把书藏起来,也从不暴露自己的阅读能力。[47]曾经身为黑奴的丹尼尔·道迪(Daniel Dowdy)回忆道:"第一次抓住你读书写字,用牛皮鞭抽打;第二次,用九尾鞭;第三次会砍掉你一节食指。"[48]实际上,其他许多奴隶主手段更加残忍,若抓住哪个黑人教别人读书,白人种植园主会毫不留情地吊死他。

285 　然而,黑人不屈不挠地坚持学习。有些人向善良或开明的白人学习,但大多数人是向识字的黑人学习。由于害怕被发现,所有学习活动都严格保密,在凝重紧张的气氛中进行。著名的黑人废奴主义者、作家、出版商弗雷德里克·道格拉斯(Frederick Douglass,1817—1895)就出生于奴隶家庭,他在回忆自己的学习经历时说:

> 常常听到女主人朗读圣经……这使我对阅读这一秘技产生了极大的好奇心,并激起了我学习的欲望。当时,我对这门美妙的技艺一窍不通,也不了解学习阅读会给我带来什么,我是如此信任我的女主人,所以就斗胆请求她教我阅读……在她善意的帮助下,我迅速掌握了字母的读法,并且能拼出三四个字

母组成的短词……（我的男主人）不准她再教我学习……但是
他反对我学习的强硬态度反而增强了我求知的决心。所以在
学习阅读这件事上，我不知道是该感谢男主人的坚决反对，还
是女主人和蔼善意的帮助。[49]

　　其他奴隶则没有这么幸运，他们必须想出巧妙的计策才能艰难地
获得打开阅读神秘大门的金钥匙。托马斯·约翰逊是 19 世纪 80 年代
英格兰著名传教士，在南北战争前曾是奴隶。在强烈的阅读欲望的驱
使下，他偷了一本《圣经》，并小心地藏了起来。从此每天晚上他都认真
地听主人阅读《新约》，并且怂恿主人重读相同的章节，自己好默默记在
心里，回去后再与偷来的《圣经》进行比对。小主人做功课时，约翰逊就
装作很佩服的样子说："看在上帝的分上，再读一遍吧！"于是孩子就高
高兴兴地再读一遍，他就这样偷偷地汲取知识。1861 年内战爆发时，
约翰逊已能背着主人读报纸。战后，在离开美国去英格兰之前，约翰逊
创办了一所私立学校，在那里教授获得权利的兄弟姐妹们学习文化，用 286
知识武装刚刚获得自由的黑人。[50]

"从头读到尾！"

　　运用木刻版画技术印刷商可以将文本和插图印在同一张纸上，成
本低廉的插图出版物（最早的杂志）应运而生。在英格兰，带插图的《便
士杂志》(*Penny Magazine*)于 1830 年首次亮相。三年后，德国人仿效
这一做法，创办了德文版《便士杂志》(*Pfennig-Magazin*)，销量达数十
万份。[51]这种"插图刊物"吸引了广泛的读者，中产阶级家庭几乎家家都
有，如英国的《伦敦新闻画报》(*The Illustrated London News*，1842 年
起发行)、法国的《画报》(*L'Illustration*，1843)以及德国的《画报周刊》
(*Illustrierte Zeitung*，1843)。

　　18 世纪到 20 世纪成为报纸发展的"黄金时代"，各国民众读的

最多的就是报纸。伦敦作为欧洲最大的城市一直是报业中心。在
19 世纪 20 年代,报纸正当其时,萨克雷在其名著《名利场》中写道:
"整个欧洲一片战乱,各个帝国都在拼杀;订阅《信使报》的人有数万
之众……"[52]作为欧洲大型产业,报业拥有数千名员工。早在 1832
年,报刊编辑和新闻记者就利用专业通讯社如巴黎的加尼埃记者站
(Correspondance Garnier)频繁获取信息。但直到 19 世纪 40 年代,通
讯社才得以完全普及,当时建立的大社有德国沃尔夫通讯社(Wolff
Agentur)以及 1849 年创办的路透社(Reuterburo,1851 年后迁往伦
敦)。报纸迅速将世界要闻传递到百姓餐桌,每天对数千万欧洲人产
生影响,可以让政府一夜之间威信扫地,从而形成了巨大的政治力量。
英国还出现了一些工人报纸(法国和德国于三四十年代相继出现),但
是由于政府的干预和压制以及缺乏足够的付款订户等原因,不久便偃
旗息鼓。

287　　　报纸、周刊诞生伊始并非快餐读物。实际上,18 世纪、19 世纪的读
者有的是时间去品评这种时效性作品。没有醒目的大标题去"捕捉"读
者的注意,因为读者早已对此高度关注。记者们举繁若简、不厌其详,
动辄占用几栏,甚至几版深入探讨。他们旨在激发理性思考而不是煽
动情绪。作为回报,普通读者对读过的内容细细品评、深思熟虑。当时
报纸和周刊上的许多文章像学术刊物一样,甚至后附作者的签名。然
而,这种做法很快便发生了变化。

　　美国是大众刊物的沃土,各种各样的读物自由发表,实现了保守、
专制的欧洲闻所未闻的繁荣局面。虽然其发行量在 19 世纪初相对较
低,但是通过降价(最低到一美分)以及耸人听闻的报道,纽约的报纸编
辑们于 19 世纪 30 年代一路领先,创造了骄人的发行量。截至 1850
年,美国已拥有 240 家日报,发行量达 75 万份(60 年后增长为 2340
家,销售量为每天 2400 万份)。日报成为美国社会最主要、最具影响力
的读物。

　　与此同时,报纸和期刊实现了内容多样化。它们竞相为读者提供

更为广泛、多样的信息,以满足读者日益提高的品味和鉴赏力。以往地方出版业主要迎合读者兴趣提供即时的信息,此时也开始刊登文学评论、学术论文、戏剧和音乐评论、小说连载等。实际上,那个时代的许多著名小说都是首先在日报、周刊或者月刊上发表的。

"阅读伴我一生"

19 世纪中期,在大多数发达国家,书面文字已不再是上流社会的附属品,而是人们日常生活的一部分。比如,在教堂读赞美诗已成为礼拜活动不可缺少的一部分,不会阅读的人常常感觉被排挤在圣事活动之外,因为集体阅读界定了基督徒的内涵。然而阅读的范畴远大于此,它超越了印刷的圣经读本、赞美诗、小说、报纸和杂志,涵盖了路标、店牌、商标、布告栏或德国圆形广告柱上的广告。过去阅读与某些孤立的事物发生联系,现在则存在于人们目光所及的方方面面。

新的文学亚类不断涌现。以小说为例,出现了犯罪小说、科幻小说、恐怖小说等分支,每一种都是社会变革的回声。作者和读者一样各有专攻。儿童文学作为独立的商业市场在 19 世纪首次亮相(而到了 20 世纪末,已经成为世界上发行量最大、利润最高的读物)。数个世纪以前作家们有在书前撰写鸣谢的传统,这种鸣谢较为夸张,以今天的标准看来华而不实,主要为统治者或名流歌功颂德,是一种获得赏赐的手段,但更重要的是为作品寻求庇护和支持。然而从 19 世纪开始,这一传统普遍让位于"前言"(Foreword),即作者写给读者的一段个人介绍。这一变化不仅标志着市场力量的变化,而且标志着人们心理态度的转变。也就是说,此时在作者和读者之间已经建立了直接的联系。读者成为了"朋友",作者也不再需要任何庇护人。

这一时代读者们所听到的最为亲切的呼唤无疑来自美国诗人沃尔特·惠特曼(1819—1892)。他对《草叶集》精益求精,在第 3 版(1860)

中,他的轻声呼唤震撼人心:

> 伙伴哟,这不是书本,
> 谁接触它就是接触一个人,
> (现在是夜里吗? 我们是单独在一起吗?)
> 你所拥抱的是我,也是我在拥抱你,
> 我从书中跳出,投入你的怀中……

289

也有人对这些新的文学体式心怀芥蒂。英国小说家乔治·艾略特(又名玛丽·安·埃文斯,1819—1880)就是其中之一:

> 女作家的无聊作品……是个分支繁多的物种,以各种类型的无聊而著称于世——或空虚浅薄,或平淡无奇,或矫揉造作,或迂腐狭隘。凡此种种特征融合一处,集女性无知之大成,即宣告这一门类小说的诞生。我们或可将之划归"头脑—花帽"(mind-and-millinery)类物种……这些女人庸庸碌碌却投身创作,借口是其他职业将她们拒之门外……"只要耕耘总有收获";但是依我之见,这些无聊小说非但不是耕耘的收获,恰恰是没事瞎忙的产物。[53]

这一评价的背后是一个女性读者的时代,她们在文学沙龙、社团、家中,甚至在办公室里一展所长;她们涉猎广泛,以史无前例的方式为民族文学作出贡献。[54]19 世纪妇女的阅读习惯更为广泛、自由,为 20 世纪妇女解放运动奠定了基础。

这一时期,阅读已经成为西方社会儿童教育不可或缺的组成部分。许多儿童深藏内心、难以磨灭的记忆不是来自于生活而是书本,这是前所未有的。也许狄更斯的《大卫·科波菲尔》可以让我们回想起那个时代的特点。母亲改嫁专横的默德斯通(Murdstone)先生后,大卫在家中遭到幽禁：

> 要不是有那一件事,我想我准会变得完完全全蠢头蠢脑了。

> 那事是这样的。我父亲在楼上的一间小房间里留下来为数不多的一些书,家里没人为它们操过心。那间小房间紧挨我的卧室,我可以很容易拿到它们。就从那间无人管理的小房间里,走出了一群显赫人物,有罗德里克·兰顿、皮尔格林·皮克、汉弗来·克林克、汤姆·琼斯、威克菲尔教区的牧师、堂·吉诃德、吉尔·布拉斯和鲁滨逊·克鲁索。他们都把我当作朋友,保全了我的幻想,保全了我对某些超越自己当时处境的东西的渴望。他们,还有《一千零一夜》和《精灵的故事》(*Tales of the Genii*),没有对我造成任何伤害,就算那些书真有什么不好也没对我构成伤害,我一点也没发现什么害处。至今我还为此惊讶,当时在重重问题的困扰下,我绞尽脑汁还错误百出,居然还能找到时间读书。

> 这是我唯一的也是经常的慰藉。想到这时,我脑际总会出现这样的画面:夏季的夜里,孩子们在教堂的院子里玩耍,而我却坐在床上拼命地看书,阅读似乎要伴我一生。[55]

苏格兰作家罗伯特·路易斯·史蒂文森(1850—1894)也有过类似的经历。孩提时代,奶妈艾莉森·卡宁汉姆(Alison "Cummie" Cunningham)曾经给他读过很多东西。他满脑子装的都是苏格兰爱情故事、冒险故事、加尔文主义的思想、圣歌和各种鬼怪故事,这些都成为他后来创作中的素材。成名后他曾对奶妈提起:"是您让我对戏剧萌生了热情。"[56]

正如前文中惠特曼所述,在 19 世纪,对于大多数人而言,阅读完全是个人的事,是私密的事,它令人意动神摇,而这一魅力此前只有圣人

290

和饱学之士才有机会领略。苏格兰著名史学家托马斯·卡莱尔的爱妻、文学家简·卡莱尔(1801—1866)评价,阅读借来的书就"如同偷情一般"。[57]

旅行读者

1850 年,识字能力普及使北欧地区日益富庶,而东欧、南欧地区则因普及率较低而发展迟缓。瑞典 90% 的人口"识文断字"(相对而言),使该国具备阅读能力的人数居于欧洲首位。紧随其后的是苏格兰和普鲁士,其识字率达到 80%。英格兰和威尔士有阅读能力的人口比例为 65% 至 70%,在法国这一比例为 60%,西班牙只有 25%,意大利为 20%,希腊和巴尔干半岛则更低。俄国识字率仅为 5% 到 10%——西欧各国早在三百年前就已达到这一比例。结果是俄国国内读书的人寥寥无几,果戈里、莱蒙托夫、普希金、屠格涅夫等人的作品多在海外流行。

阅读在外界传播的同时,其作为大脑活动的内在过程也开始为人们所了解:可以说,对旅行读者(大脑)本身的考察成为一次特殊的阅读旅程。法国科学家米歇尔·戴克斯(Michel Dax)和保罗·布罗卡于 1865 年指出,大多数人的大脑左半球生来就具有对语言就行编码、解码的功能。[58]然而人们也发现,在接触语言后,任一半脑都可独立发挥这一功能。也就是说,人生来就有理解语言和进行言语表达的能力,但这种与生俱来的能力必须由外部因素直接激活。这一发现对于阅读的寓意是显而易见的。它意味着早在苏美尔人阐述系统语音学之前,他们的神经系统和大脑就已经预置好去理解和运用这种尚不为人所知的能力了。此后各地的无文字民族也具备类似的能力。中国人在约公元前 1400 年首次接触到中亚地区书写文字,日本人于约公元 100 年或更早开始接触中国文字,复活节岛的岛民则于 1770 年开始了解西班牙的拉丁字母。换言之,任何一个社会在了解阅读为何物之前,就已具备了阅读的潜能。就像孩子在第一次体验阅读之前，就已经拥有了与生俱来的阅读能力。

旅行读者也确确实实四处游历。与古罗马时代类似，19 世纪的欧洲读者喜欢随时随地享受文字食粮，尤其是在旅途中。当时欧洲新建的铁路为其提供了这样的机会。实际上，乘火车旅行成就了一个全新的出版分支：铁路图书。火车站的书摊可以满足旅行读者们的各种需求。这种全新的消遣方式不仅带来了廉价、可丢弃的出版物，更逐渐改变了公众的阅读口味。欧洲第一家火车站书店，位于英国伦敦尤斯敦 (Euston) 火车站的史密斯父子书店 (W. H. Smith & Son) 于 1848 年开业。这家书店主营八开本系列图书，如"旅行阅读系列"(Run & Read Library) 和"卢德里奇铁路系列"(Routledge's Railway Library)，并兼售报刊杂志。作为这些图书的主要读者，中产阶级支撑起一个迎合自己口味的庞大的图书市场。不过维多利亚女王时代的其他人显然喜欢更刺激的读物。在奥斯卡·王尔德的喜剧《不可儿戏》的第二幕中，关多琳 (Gwendolen) 就这样说过："我每次旅游，必带日记。人们乘火车的时候，就应该读些令人震撼的东西。"[59]

全球效应

对当今世界上大部分地区而言，"阅读"意指西方的书面文化传统，而本地文学则仍主要但非唯一地表现为口传文化。这两种传统，外国书写文化与本土口头文化，通常是泾渭分明的。正如《贝奥武甫》的作者在一千三百年前所指出的：两者的矛盾从根本上来说是不可调和的。如果两者只能存其一，那么书写文字凭借其不可抗拒的优势，将最终得以传承。

值得注意的是，18 世纪晚期到 20 世纪早期，西方国家开始向以往从未接触过的地区扩张，从而首次将阅读带给了数以百万计的没有文字的人们。这些民族受到启发，或模仿拉丁字母，或仅借用书写理念,创立了自己的文字或书写系统。起初,这些无文字民族对外国的书面作品既不信任也不理解,所以将言语转换成图形符号的书写理念要得到认可必需首先与当地口头文化结合。当众朗诵利用当地修辞手段写成的土著语文本通常可以达到这一效果。显然,这些民族在当时并不急需文字,因而希望以自己独特的方式模仿外国书写系统。就像首次接触到埃特鲁斯坎语(Etruscan)、拉丁语和希腊语的西欧人一样,这些民族仅仅在社区礼拜会上朗读自己的书面传统,或在当地土产、工艺品上刻上名字及简短的话语。这一过程通常已超越了物品本身的范畴,其所表现的是具有神圣或神秘色彩的阅读行为本身。

以这种方式创造的土著文字系统包括非洲的瓦依文(Vai)、提克文(N'ko)、曼迪文(Mende)、巴姆穆文(Bamum)、欧斯马尼亚文(Osmanian)以及希科雅(Sikwayi 或 Sequoya)创立的印第安切罗基文字(Cherokee)、哈德逊湾地区的克里文字(Cree)、阿拉斯加文字(Alaskan)、加罗林群岛文字(Caroline Islands)、复活节岛(Easter Island)的朗格朗格文字(rongorongo)等数十种文字。

然而,一旦当地文字通过复制、仿制等方式得以创造并取得合法地位,与西方人尤其是与圣经传教士的交流及商业往来旋即增多。人们自然而然开始更加熟悉并依赖拉丁文字。最终,面对具有诱人长处的"上等文字"——拉丁文的入侵,仿效的文字及文学必然丧失其优势地位。通常仅两三代后,这种地方文字就因无法与拉丁文字抗衡而被丢弃。这一过程在世界各地以不同的方式不断重演,其结果总是殊途同归:由于借用拉丁字母的缘故,当地的古代口语传统及其附带的特征,虽然参与了当地书面语的仿制或复制过程,最终被批量丢弃了,取而代之的是西方拉丁字母所带来的文学类型、样式、风格、价值观与风气。

数个世纪以来,从北非到中非,阿拉伯辅音字母成为阅读材料的主要载体,千千万万的人用它来阅读《古兰经》。18 世纪和 19 世纪,尼日利亚出现了一种"祈祷板"。这种祈祷板与欧洲几百年来用于教孩子认字母的角书识字板类似,不同的是祈祷板的手柄在顶部,下方则雕刻成月牙形,刚好可以放在成人腿上。写好的《古兰经》就贴在这样的板子上。

伊斯兰教规规定,不得以任何形式变更或篡改《古兰经》经文,即使是为帮助儿童阅读所进行的简化也不例外。因此,包括非洲黑人在内的所有穆斯林,都是通过一种"绠短汲深"的方式学习阅读,从而严重制约了伊斯兰教地区儿童的教育进程,致使大多数伊斯兰地区文盲比例普遍较高(一些经济发达的伊斯兰国家现在已采用了西方的教学方法,用其他教材取代了《古兰经》)。直到 19 世纪末,伊斯兰国家才引进了其他地区早已广为使用的印刷术,而其使用范围也往往局限在某些大城市里,这比欧洲晚了整整四百年。

由于英国、法国、比利时、德国和葡萄牙的殖民扩张,大多数撒哈拉沙漠以南的非洲国家吸收了拉丁文字,这一过程自 19 世纪晚期起表现的尤为明显。这些国家的人们最初阅读的可能主要是基督教典籍,但后来逐渐形成了强大的本土文学。比如,尼日利亚作家沃莱·索因卡曾于 1986 年荣获诺贝尔文学奖。虽然目前多数发展中国家人群的阅读习惯与发达国家已难分伯仲,但依然存在很多明显的不同,最典型的是阅读材料的差异。发展中国家阅读宗教类读物(如《圣经》、《古兰经》)的比例较高,而发达国家则更倾向于阅读时效性读物(如白领阶层的办公材料、报纸、新闻以及网络资源)。

19 世纪,南美地区的法国书商主要来自诺曼底和阿尔卑斯地区,他们开辟了类似欧洲的销售网络(加尼埃兄弟为其中之一,他们在巴黎的家族继承了"蓝色图书系列"的销售)。在世界其他地区,流亡者经营的专业书店,为俄国统治下的波兰人、土耳其统治下的希腊人和亚美尼亚人等被压迫民族印制、传送宗教、文化、政治读物(在这一过程中,跨境流动书贩往往需要冒生命危险)。今天,人们很难想象,这种偷运的秘密读物对于那些受压迫民族具有多么重大的意义。它们带去了自由的希望,对于捍卫民族意识助益良多。

295　　　19 世纪末,在西方以外的国家,西方阅读的类型、品味、风格、价值观、风气、印刷以及发行方式,几乎全面取代了当地的传统模式,中国也不例外。尽管当时的中国其实具有比西方更为丰富的文字传统,但西方读物一经进入,就立刻被全面吸收,并产生了一系列的连锁反应。这些外国读物通常会成为民族复兴的启蒙性标志,体现了进步、现代化、民主选举等西方理念。新兴的精英阶层正是利用这些理念,打击旧贵族的统治,保障自己及其拥护者的财富和权力。而其最终结果是什么呢?

20 世纪单一阅读文化宣告诞生。

20 世纪

19 世纪的各项变革构成了 20 世纪全球阅读的主要特征。革新,尤其是技术革新在这一时代继续突飞猛进。造纸、印刷和装订技术不断得到改进,增加了印数,降低了单位价格。以德国为例,1870 年原材料成本占到书本价格的 30%,而到 1912 年这一比例则降至 12%。技术革新使低质机械木浆纸装订的书籍得以批量生产,保证了出版商的利润,促使他们不断出版类似的书本。结果,更多的读者开始熟悉原本超越自己"地位"的艺术形式,阅读品味得以提高,对同类书籍的需求持续增长。

书籍已经成为了一种大众消费品。

20 世纪初期,全球印刷业仍以期刊、广告、政府文件为主,占到市民可阅读材料的绝大多数,当然读者并不一定真正阅读这些东西。一战(1914—1918)之前,人们与外部世界沟通的主要媒介依然是定期出
296 版物:报纸或杂志。阅读这些读物可以使人们足不出户便掌握世界动态,从而对整个时代产生了重大而深远的影响。定期出版物可提供新闻、公告、普通资讯、广告甚至优秀的文学连载,因而成为一家人晚间休

闲消遣的重要组成部分,这一地位后来先后被收音机和电视机所取代。作为印刷品,定期出版物在当时拥有最为广泛的读者群。由于当时全民教育还处于发展初期,市民通常只学习 6 年就离开学校,所以日报、周报和杂志便成为这些主流读者获取外部信息以及与世界保持联系的最主要的渠道。

此时,日报的内在形式发生了变化。标题以索引的方式进行分类、概括。议论文让位于简单的事实陈述。插图而今常换成照片,取代了详尽的描述——正所谓"一图抵万言"。公众则走马观花,在报上搜寻感兴趣的话题,然后作简要阅读。他们浏览版面,追求迅速的刺激或简要的总结,从而使每日读报带来的闲情逸致丧失殆尽。至于更有深度的文章,则要从周报(工薪阶层多在周日下午有时间阅读)或月刊中获得。相比而言,日报沦为一种文摘,仅供行色匆匆的读者翻阅。既然人们对日报的期望不过如此,报纸出版商则要么适应,要么退出。这样的发展结果是,在 21 世纪初,几乎所有日报都在尽量压缩文章长度,增加标题和彩色图片的数量。

阅读与各种技术如影随形、相得益彰,而某些技术在这一时代尚不为人所知。20 世纪初,人们观看无声电影时,必须阅读字幕才能看懂情节。除了将馅饼拍在脸上这样令人捧腹的场面外,目不识丁的人就无法从无声电影中捕捉更多的快乐了。电影在那个辉煌时代盛极一时,其影响力如日中天,非今天所能想象。1926 年,仅在美国每周就有 5000 万左右的人观看电影,且大部分为成年人。这样,电影字幕以及报纸构成了当时全球亿万人民阅读的主要内容。20 世纪末,另一项科技发明带来了真正的阅读革命,这就是个人电脑。与无声电影不同,个人电脑需要积极、直接、全面地处理书面文字——至少目前如此,因为语音识别系统尚处于初级阶段。这种以阅读为基础的行为必将对未来产生难以估量的影响。实际上,在很多情况下,文字读写已经取代了口头交流:如今,比起打电话、上门拜访或朋友聚会,人们更喜欢使用电子邮件、聊天室以及互联网进行交流。电脑屏幕已成为全球数十亿人日常生活的范畴,令无声电影银幕的辉煌纪录黯然失色(见第七章)。

截至 1900 年,英格兰、法国、德国、美国的功能识字率已经达到约 90%,这主要得益于其政府大力推进并切实执行教育立法。其他地区的普及率稍低,比利时 88%,奥匈帝国 78%,意大利约 60%,俄罗斯的一些中心城市也超过了 50%。[60] 这种进步成为许多巨大变革的摇篮。"通常当识字率达到或超过 50% 时,就会发生巨变。英格兰在 17 世纪,法国在 18 世纪末,而俄国在 20 世纪早期"。[61] 这证明正是阅读能力及其积极运用,为当代社会重大变革奠定了基础。虽然普通大众仅限于基础阅读(主要是报纸,较少阅读馆藏书籍、几乎不读经典作品和学术作品),但这种基础的阅读能力依然武装了他们,赋予了他们获取知识的重要手段。

俄国的发展很能说明问题。[62] 19 世纪中期,全俄 90% 的人口居住在农村地区,每 6 名男性中最多有 1 人能进行基础阅读。到 1897 年,由于俄罗斯帝国推行了成功的教育政策,8 岁以上识字的男性达到 1/3。也就是说,男性受教育的比例增长了近一倍。苏联建国后,其第一任领导人弗拉基米尔·伊里奇·列宁(1870—1924),对受教育人口比例低于 1/3 的现状非常不满,指出:"对于文盲没有政治可言。"1919 年,他要求 8 到 50 岁之间的文盲必须入学接受教育。结果到 1921 年苏联国内战争结束时,约有 500 万人掌握了读写技能。根据官方公布的消息,五年间,苏联约 45% 的乡村人口脱离了文盲状态。虽然教育状况已明显改观,但苏联第二任领导人约瑟夫·斯大林(1879—1953)指出,文盲的存在仍极大制约了本国工业的增长。他将扫盲作为苏联 30 年代的头等大事。到 1939 年,据官方数字显示,苏联 9 岁至 49 岁的国民当中,89% 的人已具备了读写能力。

这是有史以来最伟大的扫盲运动。苏联领导人对阅读能力的判断相当准确,为了提高工业生产力,他们把扫盲作为经济上的迫切要求,自上而下地严格执行。苏联人实际阅读的内容当然完全是另一回事,主要是些培训与技术手册、接受审查的期刊、党政文献,还有少量获准刊行的经典作品。尽管如此,苏联人仍如饥似渴地阅读这些读物,把阅读作为他们首选的消遣方式。

20世纪30年代成为西方平装书的黄金时代。企鹅出版社(Penguin Books)于1935年在伦敦首次推出一套10本的系列平装书,每册售价仅6便士。由于销量不佳,出版商找到了伍尔沃思(Woolworth)集团旗下的一家杂货连锁店商谈销售事宜,结果获得店主妻子的热情支持。她认为把书本像火柴、尿布一样低价兜售是个绝妙的想法,并鼓励丈夫说服集团管理层。管理层果然接受了这一提议。结果到1939年第二次世界大战爆发前夕,企鹅出版社的平装书得以在数百所伍尔沃思连锁店出售,创下平装书销量之最,打破了德国雷克拉姆系列(Reclam)所创的纪录。到20世纪60年代,除东欧和东亚的共产主义国家以外,企鹅书籍在世界各地的书店销售。寻求价格便宜、方便携带的优质图书这一创意,由阿杜斯·马努提斯于15世纪首倡,最终在20 [299]世纪由企鹅出版社推向了顶峰。今天,企鹅出版社依然是全球最大的平装书公司,以各种语言出版平装经典丛书。[63]

一些古老的阅读习惯得以传承。公共阅读便是其中一例。出生于美国密苏里州的英国诗人、剧作家、批评家托马斯·斯特尔纳斯·艾略特(T. S. Eliot,1888—1965)不但经常在公众面前大声朗读,而且在广播里用低沉、忧郁的声调征服听众。威尔士诗人狄兰·托马斯也经常在公众面前吟唱自己的诗歌,时而在读到一半时戛然而止,停顿足有一分钟,时而在字词之间陡然提高声音爆发出激情。(古罗马的雄辩家想必对此欣赏有加。)公共阅读在今天得以继续存在,其原因与小普林尼时代别无二致:为图书打开销路,让作者显身扬名,从整体上推进阅读和出版的发展。公众对诵读趋之若鹜的原因也颇为类似:娱乐,得见名人尊容,倾听名人的声音,分享作者的权威诠释,学习。如遇其他作家友情出场,则是为了支持同事或推出新人,这一点也与小普林尼时代如出一辙。

与以往有所不同的是,近代的公共阅读不再以润色作品为目的,因而不再是一种对话,而是一种独白。由于社会日益庞大,对话式阅读已难以为继。对此,图书业的成本核算师最有发言权。如今的大多数广播电视播报和节目里都有朗读,但面对的却是不露脸面的受众,因而很少有或者然断然没有互动的响应。恐怕只有沃尔特·惠特曼之类的人物才会贸然接二连三地润色自己的《草叶集》,使之成为复制自然本身的一种艺术作品。这一点几乎无异于莱昂纳多·达·芬奇在其重情的一生中每每给自己的《蒙娜丽莎》增添几笔。

检查制度的阴霾一直笼罩着读者与作者。针对北美禁止"淫秽猥亵"文学作品的非常态运动,美国散文家亨利·路易斯·门肯(H. L. Mencken,1880—1956)于1917年评论道,该运动的"目标不是树立圣贤,而是打击罪人"。[64] 几百年来,此类文学一直是伦理学家和宗教团体攻击的对象,20世纪最有名的案例包括戴维·赫伯特·劳伦斯的《查泰莱夫人的情人》(1928)和亨利·米勒的《北回归线》(1934),这些作品对社会容忍的底线提出挑战。20世纪60年代末,西方对文学作品中性描写的检查制度最终解体,一时间描写露骨的出版物甚嚣尘上,而新写实文学也得以发展,真实反映但并未能推动该方面激进的社会变革。(大多数伊斯兰国家和亚洲国家直至今日仍严格限制带有性描写的文学作品。)

被解放的不仅仅是性。1966年罗马宗教裁判所(the Scared Congregation of the Roman Inquisition)停止发行《禁书目录》,同时承认罗马天主教廷的书籍审查制度是时代的错误。在1948年编辑的最后一版目录中,法国的伏尔泰和英国的格雷姆·格林被列为"危险"作家。

20世纪书籍审查的主要对象是政治作品。1933年5月10日,阿道夫·希特勒在任德意志帝国(German Reich)总理后仅三个月,就在柏林焚毁了2万多本书,成为该时期极具象征意义的事件。据估计,这次精心策划的事件吸引了10万多人观看。希特勒的宣传部长保罗·约瑟夫·戈培尔对聚集的观众宣称:"今晚,你们大家干得非常好!将旧时代的糟粕统统丢进了火里。这一伟大而富有象征意义的行动向全世界宣告:旧的精神已经死亡,而新的精神将浴火重生!"随着新闻短片中的摄像机镜头,可以看到付之一炬的包括贝托尔特·布莱希特、托马斯·曼、阿尔伯特·爱因斯坦、卡尔·马克思、西格蒙特·弗洛伊德、爱弥尔·左拉、马塞尔·普鲁斯特、赫伯特·乔治·韦尔斯、厄普顿·辛克莱、欧内斯特·海明威等数百位名家的作品。十二年后,德国大部分地区满目疮痍,而这些作家所拥有的德国读者却超过了以往任何时候。

共产主义国家审查传播资本主义思想的读物;资本主义国家虽然报复的成分较少或者不够明显,也审查传播共产主义思想的读物。值得注意的是,在战后东欧阵营的书店里,至少一半书籍是政治、经济、行政管理等各个方面的共产党出版物,主要共产主义者的论著以及类似的意识形态方面的作品。其他类型的图书则遭到严格审查。当然,随着苏联的解体,东欧各地的情况开始发生变化,取而代之的是生机勃勃、积极进取的出版方式和亲美的西欧读物。有意思的是,东欧实现阅读自由化后,读物却贬值了,这是因为它们不再是珍藏的违禁品,而成为稀松平常的东西。

政治审查在其他许多地区造成了恐怖统治。1975 年,波尔布特领导的共产主义红色高棉接管柬埔寨首都金边,国内各大图书馆首当其冲,毁于一旦,紧接着全国近一半的人口遭到灭顶之灾(从 810 万锐减到 430 万);而今天在柬埔寨,阅读又重新开始繁荣发展,新的图书馆早已取代被破坏的图书馆。1981 年,奥格斯图·皮诺切特将军领导的智利军政府所开列的众多禁书中,甚至包括塞万提斯的《堂·吉诃德》(最为流行的西班牙语作品),原因是这本书宣扬个人解放,挑战传统权威。而今在智利,人们又可以阅读《堂·吉诃德》以及从前被禁止的所有书籍而不受任何处罚。

在整个文化发展的进程中,独裁统治者总以为限制阅读、销毁书籍可以为自己争得权力、赢取时间,可以抹消历史从而创造新的命运。然而每次都是自食其果，以失败而告终。文明社会认为，真正强大的力量源自个人自由，而其首当其冲的表现形式就是不受审查的自由阅读。

19 世纪中期，在多数发达国家，阅读成为习以为常的能力，不识字被社会视作耻辱。而在 20 世纪末的发达国家，如果没有阅读能力，则根本无法在社会中发挥作用。在这个时代，文盲的处境甚至比残疾人更为悲惨，因为其心灵遭到了放逐。

阅读成为我们进入人类社会的会员证。

19 世纪首次出现的某些文学亚类，诸如犯罪小说、科幻小说等类型，在 20 世纪后半叶又进一步细化为历史犯罪小说、惊悚犯罪小说、娱乐犯罪小说以及描述太空旅行、时空漫步、电脑世界的各类科幻小说。小说之所以成为当今世界最畅销的文学类型，正是因为它综合了散文的理性和戏剧的激情。英国著名文学史学家伊文斯爵士（Lord Evans）曾称小说为"一种全方位探究普通人生活、并证明其值得一写的文学形式"。他进一步指出："出于某种原因，在这种文学形式的创作中，女性足以与男性媲美。小说的未来可能会更多地与女性联系在一起。而当代小说的读者很有可能主要是女性读者。"[65] 虽然伊文斯时代的人们曾经担心看电视会最终取代阅读，但是当今世界的实际情况是小说的销售形势一派大好，而据推测，市场还会继续扩大——主要对象是女性读者。

然而，当今世界的主要阅读材料仍旧是日报，在发达国家紧随其后的是电脑屏幕。在世界各地，白领一族作为享受固定薪金的非体力劳动者，通过阅读、处理打印文稿或电子文稿谋生（电子文稿已开始成为主流）。阅读其实已经成为白领的主业。在 20 世纪的最后十年，发达国家的白领人数最终超过了蓝领。也就是说，在发达国家，阅读成为了人们的衣食父母。

19 世纪晚期开始，世界范围内的主要读物由数量越来越少的印业巨头决定,批量生产,然后再批量消费。步入新世纪,大多数人终于摆脱了文盲状态,但荒谬的是,可供他们选择的书目却越来越少。利用一部畅销书供养九部优秀作品的传统出版战略在 20 世纪 70 年代就被彻底抛弃:而今,只有"肯定畅销"的书籍才能得以出版。其结果是印类锐减而印量激增。由于巨大的印量必须有更为充足的资本才能盘活运转,实力不够雄厚的竞争者不得不偃旗息鼓,从而造成了少数印业巨头一统天下的局面。而这些巨头又转而被巨型的出版"帝国"所吞并,这 303 些帝国由专业人士打理其管理和生产,并拥有众多的附属产业,这一运行模式在当今世界屡见不鲜(当然也有个别例外)。家族式企业早已演变为跨国银行控股管理的公司。伴之而来的结果是,现代书籍实际上将被视为全球商品的最终表现形式——货币。

20 世纪孕育出一批畅销小说,如埃里希·玛丽亚·雷马克的《西线无战事》(1929)、玛格丽特·米契尔的《飘》(1936)、杰罗姆·戴维·塞林格的《麦田守望者》(1951)、约翰·罗纳德·瑞尔·托尔金的《指环王》(1954—1955)以及考琳·麦卡洛(Colleen McCullough)的《荆棘鸟》(1977)。这些作品创造了数百万册的销量,与一直雄霸一方的《圣经》一较高下。然而,在 20 世纪末,一种新的出版现象在全球范围内出现,这就是"超级畅销书"。在极短的时间内"超级畅销书"可以在全球范围内同步发行多种语言版本,创造数千万册的销量。

尤其值得一提的是乔安·凯泽琳·罗琳(J. K. Rowling)在 20 世纪 90 年代末创作的系列青少年读物《哈利·波特》。这一系列读物效仿近年来电影和流行音乐产业的运行模式,取得了空前成功,昭示了图书出版业的未来,即筛选出少量有影响的英文著作,大量印刷,主要供广大青少年读者阅读("儿童读物"区占据了全球新翻修书店建筑面积的一半左右)。五百年前,威廉·卡克斯顿精明地选择伦敦成年英语读者为目标,赚取了几千英镑。而今天的卡克斯顿们以全球青少年读者为目标,获利数百亿。

新的全球营销战略——极少量书目发行最大化——造成了世界文

学的单一化倾向,令人不无忧虑。一小撮著名英语作家的书籍充斥了全球的书店和图书馆,这些书主要是儿童读物、爱情故事以及恐怖小说,遵循某种程式化的传统情节,绝不跳出正确的政治范式(出于利益考虑,由企业的成本核算师决定)。这些书籍又被翻译成希腊语、古吉拉特语(Gujarati)等任何有利可图的语言版本。这一做法消除了文化的差异性,更令人担心的是,它把整齐划一价值观和社会文化强加给世界各地的人们,这一观念由美国出版商筛选,带有某种民族甚至民族主义的倾向。在开放的市场竞争中,本地文学力量薄弱,终于被淘汰出局。对于很多国家来说,这一趋势令人警醒,因为它已经威胁到民族认同感。

　　近期其他一些趋势也同样值得我们关注。据估计,当今世界85％的人口(超过50亿人)具有读写能力。然而,在美国这个全球出版业的大本营里,约有15％的大学毕业生被认为是功能性文盲。[66]同时,在某些经济欠发达国家,国民识字率之低依然令人不安,很多地方的国民识字率仅与三百年前的西欧相当。难怪这些国家仍在等待着自己的工业革命和启蒙运动。当然前提是这两项外国的运动当然也能给这些地区的人民带来相同的益处。不言而喻,无论当地居民最终将如何利用新近获取的知识,普及教育、适当提高全民文化水平是他们走向繁荣的必由之路。然而一旦上述计划取得成功,这些民族的阅读习惯必将扬弃传统,效法西方。在这些地区,阅读的内容也将由白领的工作材料、报纸、杂志及其他一些东西组成,它们无一例外都是通过翻译从西方传入的。最为重要的是,这些文化新人还将涉足网络。

　　或许是爱默生的先见之明,书写文字的确已成为我们"普遍意识的庄严表达"。但他的确绝没有想到,现代阅读方式正在促成全球文化的单一化。书籍、期刊,尤其是作为新贵的电子屏幕正发出人类的最强音。上古时代"不朽的见证"正以千兆字节之速度倍增。各种读物反映出我们生活的方方面面,让我们在每个工作日忙忙碌碌,给我们以灵感，为我们指明方向，让我们娱乐消遣，也把我们拉入网络之中。

让我们一起阅读未来吧。

阅读的未来……

第七章　阅读未来

在莎士比亚的不朽剧作《哈姆雷特》第二幕第二场,御前大臣波洛涅斯关切地问道:"殿下,您在读什么?"王子避而不答,语带讥消:"空话、空话、空话。"许多读者都想弄清楚这位年轻的王子到底在读什么,从而窥透他内心的迷雾。当然,王子读的是什么书迄今仍不得而知。阅读本身才是问题的关键所在:浩如烟海的信息要求每一位成熟的读者每天进行理性选择、分析和理解。那些尚不成熟或者被信息过载搞得晕头转向的读者则往往会忽视对噪音的甄别与判断。这场戏蕴含的更大启示是:的确存在一种方法可以超越孤立的字词,超越纷杂的资料。唯有将信息转化为知识,实现经验的理性升华,人们才能面对、理解、充实自己的未来,达到人生应有的理想状态,从而避免重蹈年轻王子的覆辙。

我们今天在这里重提哈姆雷特的困境,是因为现代文明也面临着同样的问题。过去,信息交流缓慢、不够准确、有限并且昂贵;如今,交流变得快捷、相对准确、无限而且廉价,但同时也将我们淹没在信息之中。

例如,1750年美国出版的科学、技术以及评论类学报仅有10种。此后每50年增长10倍。到1950年,这一数字即达到10万种之多。从那时起到2000年的五十年间,该数字再度增长5倍,使全美杂志总数达到50万种。然而这一速度根本无法与目前网络杂志的飞速增长相媲美。而今,全球读者只要轻轻点击一下鼠标就可以轻松获得巨量信息。书面文字的复制繁殖、多样化以及加速传播构成了当今"信息狂

308 潮"的主要特点。对于这一以阅读为基础的现象，必须采用以阅读为基础的策略加以应对。

一个极为成功的策略就是传统书店通权达变，成为令人耳目一新的现代书城：多层铺设、宽敞开阔、格调高雅，带给人无限惊喜。在现代书城驻足，已成为一种人生体验，成为这个星球上宏观获取印刷信息的理想方式（公共图书馆也已开始仿效这种新做法）。曾几何时，书籍按照作者姓氏编目，林立在高不可及的书架上，令人望而生畏。如今，在一个个温馨舒适的书岛，现代读者感受到一种融洽有致的氛围。图书分区归片、检索方便，可以跳过无关的区域，很快找到自己需要的书籍。在这个友好便利的"公共天地"里，花花绿绿地陈列着各种名家经典、时髦读物，吸引着各种各样的书友驻足其间，其中不乏电脑迷、影迷、体育迷，也有美食家、音乐发烧友、旅行爱好者、DIY 爱好者，更有女权主义者、同性恋者、宗教人士、"新时代"信徒，更不乏儿童读者的身影。身处这样一个新时代的亚历山大，人人都有一个共同的追求——陶醉在书写文字带来的快乐之中。今天的书店不但是寻求心灵慰藉、躲避尘世喧嚣的世外桃源，更是自我发现和灵魂升华的福地洞天。

在许多人眼中，这恰恰曾经是地区教堂的使命。

个人电脑正迅速成为这一理念在个体层面的延伸。不论在家中还是在学校，只要打开电脑就可以了解整个世界，而这一行为必然与读写发生某种联系。网络为全球志同道合的读者建立起一个共同的家园。我们可以被铺天盖地的信息所淹没，但只要与网友"连线"在一起，就不再感到形单影只。整个世界就是我们的书店。

然而，个人阅读一如既往地要求对信息进行筛选、分析和理解，这也是现代文明所面临的最为严峻的挑战。法国历史学家亨利-让·马
309 丁曾提醒人们："我们必须学会利用如此丰富的信息，把握好这种宝贵的自由——也就是说，我们必须做好充分准备，并深刻地认识到：人类社会归根结底还是有血有肉的人组成的。"[1]

这一忠告非常及时。制片人喜欢在纪录片中让专家坐在汗牛充栋

的书架前绝非巧合。这与18世纪俄罗斯王公贵族争相购买克罗斯特曼的空壳书颇有异曲同工之妙。有形无实的读者，其存在掩盖了一个更为根深蒂固的隐忧——作为新贵的成熟读者会与整个社会脱节。数千年的知识，鼠标一动便唾手可得，然而，能理性使用这一神奇之物的人却似乎屈指可数。工作一天之余，大多数人依旧翻翻报纸，看看杂志，然后看上一晚上电视，接着才会读10到15分钟的书，也好让自己早点睡着。与一个世纪以前大相径庭的是，如今的莎士比亚、歌德、雨果、塞万提斯（且不说荷马和维吉尔）不过是高中生或大学生的阅读作业，毕业之后很少有人问津。虽然教育制度依然在竭力维护文学这一古代文明的中流砥柱，并在一定程度上唤醒了人们对阅读的永恒渴求，然而与19世纪相比，一个惨淡的事实是，整个社会读书的人越来越少。

文化阅读与实用性阅读，即办公文件、信函、标志、标签、说明书、广告等的阅读存在着本质区别。然而当"文化"本身似已转化成为一种企业产品，文化阅读在未来的发展方向也就变得扑朔迷离。正如前文所言，全球化进程意味着书目越来越少，来源国越来越少，意味着英语"超级畅销书"一统天下的时代。在阅读过程中，在日常生活的方方面面，当今社会的发展意味着语言多样化、民族多样化的终结，意味着全球单一文化的开端。但是应该看到，一个伟大的进步正朝我们走来——全球性文化普及。当美国总统吉米·卡特哀叹"全球有近10亿人不具备阅读能力"时，[2] 他忽视了一个更为伟大的奇迹——全球已有50多亿人具备了阅读能力。文字在为人类服务的五千七百余年间，还从未覆盖过如此庞大的社会群体。

在未来，这一群体还将会继续发展壮大。

但是由于新技术，特别是个人电脑和网络技术的出现，未来的阅读群体将会与现在截然不同。古希腊、古罗马的艺术与风尚曾给两千年之久的西方文明注入了活力，也对我们产生了毕生的影响。面对新兴的电脑时代以及与之相伴的全球化，我们难免会感到惶恐不安。其程度不亚于古罗马哲学家、政治家波伊提乌（480—524）在狄奥多里克大帝的拉维纳朝廷上（Theodoric's Ravenna）听到东哥特人的圣歌时的心境。当我们意识到旧式阅读正在发生根本转变时，我们诚惶诚恐地期待着将要取而代之的新式阅读。"阅读，以铭刻在心"。这句话激励着人们永不放弃祖先们视若至宝的遗产。然而法国小说家古斯塔夫·福楼拜（1821—1880）的谏言则更为发人深省：

"阅读，以求生存。"[3]

变革篇

如前所述，无数的变革造就了阅读史。在各项变革中，与文本关系最为密切、并对世界各地出版商产生直接影响的莫过于称为"文字编辑"（copy editor）的"首席读者"的出现。文字编辑负责在出版之前校阅作品的打字稿（即作者终稿）。具体来说就是负责检查稿件的前后一致性，根据出版社的要求规范和统一出版体例，从而在总体上实现稿件的"专业化"。原作者可以在小样上对文字编辑的意见提出异议，进行校正、补充，并校勘最终的清样。这种由专人审查作品的传统古而有之，在 15 世纪伴随着早期印刷商的出现而再度兴起，但一直到 17 世纪早期才得以制度化。

例如，在《钦定本圣经》翻译的策划阶段，英国最伟大的希伯来学者休·布劳顿（Hugh Broughton）就曾建议国王詹姆斯一世"首先安排多人各自翻译一部分，确定风格得体、理解准确后，再由专人统稿，以免对同一个词的翻译前后不一致"。[4] 这种做法可对译文加以规范化，使其在语言、风格、用法方面接近感觉上的"理想"状态，在 17、18 世纪日益普及。之后，许多作者甚至在交稿之前都效仿这一做法，并会参考此前出版物的格式。这种协同合作创造了当今各地出版界通用的统一标准，同时缔造了从各种方言口语的印刷版中人工提炼出来的"普通话"。

目前同一进程正在塑造阅读的未来。一种新的"电子出版标准"已经初现端倪。这一标准虽未正式定义，但已在不知不觉中为人们所广泛运用。这一发生在基层的变革是阅读系统所固有的、无法逃避的，每一位读者至少都应该对其要求有所了解，并认识到它对整个社会产生的广泛影响。

在各类认读语境中，个人阅读行为都发生了巨大变化。商业精神主宰着我们的阅读环境：招牌、广告牌、飞机在空中拉出的标语等，不一而足。个人电脑引领职业阅读（如办公文件、教学、专业写作等）发生了翻天覆地的变化。信息性阅读（如研究资料、指令说明、设备监测、自学等）如今通常在电子屏幕或仪器上进行，或由电脑打印输出后进行。娱乐性阅读（如阅读小说和纪实文学）正在将文化读者推向一个迄今为止最不可思议的网络世界（见下文）。宗教、礼仪性阅读（如《圣经》、《古兰经》、《摩西五经》、《吠陀经》等经文）正空前繁荣。甚至不经意的阅读活动（如橱窗广告、车体广告，塞到手里的、脚下踩到的宣传单）都在急剧增加，原因是社会正出于商业目的而努力发掘文字的潜力。

当然，唯有那些鼓励并支持合法"阅读文化"的社会，特别是崇尚和热爱书籍的社会，才能够走向繁荣昌盛。[5] 历史上，首先是东亚的一些民族（如中国人、朝鲜人、日本人）、印度人和犹太人（以及中世纪的阿拉伯人）做到了这一点。随后是欧洲，后来是北美。目前还有一些民族正亟待建立这样一种文化，如非洲的大部分民族、中南美洲许多民族、太平洋岛国的居民、澳洲土著居民、因纽特人等等。如此一来，通过阅读进行学习成为了一种个人需要，如呼吸一般不可或缺。因为读写能力首先是"一种催化剂，它使人类得以对知识进行大规模组织、批判性积累、存储和提取，人类可以藉此系统化地运用逻辑知识，追求科学、构思艺术"。[6] 如果意识不到阅读的必要性，就会忽视阅读的各项优势，从而最终丧失在人类种族中的地位。

312

即使在书写社会里，人们有时也难免会焚琴煮鹤。1980年田纳西州霍金斯县小学的学生家长曾指控公立学校系统侵犯宗教信仰自由，理由是其拟定的课程大纲中包含有"侮辱性"作品，如《绿野仙踪》、《金发姑娘与三只熊》(*Goldilocks*)、《灰姑娘》(*Cinderella*)等。[7] 尽管有人可能对此一笑置之,然而它毕竟显露出古而有之的陋习。总有某些宗教信徒要求只读经文,总有某些讲求实际的人要求只读纪实文学,总有某些不学无术的人要求什么都不读。每个人都试图用自己的方式来限制阅读,结果反而阻碍了社会的发展。这不仅仅是对个人自由的侵犯,更是对人类文明所犯下的罪行。现在,大多数发达国家终于开始将自由阅读原则奉为真理,堪称近代历史上又一次"无声的胜利"。

选择文化阅读材料事关重大。即使文学人士对此提出的观点也难免与常识判断相左。例如,奥匈帝国时期的捷克作家弗朗茨·卡夫卡(1883—1924)曾写信反驳一位友人的观点:

> 依我之见,唯令人芒刺在背之书方值得一读。书若不能如当头棒喝、催人警醒,又何必要读?难道诚如君言,读书只为取乐?果如此,无书可读,岂不也令人心花怒放?而取乐之书,若果有必要,大可亲自执笔。我平生所求,乃以切骨之痛扣击心灵之书,乃令人如失挚爱、痛贯心脊之书。好书,必令人如迁臣逐客,放浪山林,远离人寰,痛心绝气。好书,必如一柄利斧,破除心中久冻之冰。[8]

当然,并非人人都赞成卡夫卡的观点。文化阅读活动因而将会,也应该会继续包含人类所有的经历。在崇尚书写文字的社会,阅读会继续发展,包含更多的种类、技术和领悟,从而真实地记录人类自身的转变。

在文化阅读中,一项出人意料的变革是宗教文学突然复苏。直到19世纪末,宗教读本一直是大多数西方人阅读的首选。但随着通识教育的开展,世俗文学开始成为阅读的主流。而今宗教文学出现反弹趋势,这或可归因为宗教意识复苏、第三世界国家识字率上升、廉价的印刷经文随处可见等因素。但是,这一趋势并非处处受到欢迎。以西方世界为例,近期,"神创论者"(creationists)掀起了基要主义文学浪潮,公然挑战进化论，藐视这一科学家和神学家早在 19 世纪 60 年代就已作出的定论，进而质疑科学和启蒙运动。这一现象让我们悲哀地想起了弗留利（Friuli）磨坊主梅诺齐奥（Menocchio）的悲惨故事。缺乏恰当的教育和成熟的判断力是其背后共同的原因。两千四百多年前，苏格拉底就曾警告不要让拙劣的读者接触文字。而目前此类基要主义文学已经拥有数以千万计的读者群，侵蚀着我们来之不易的知识化进程，对现代文明构成了潜在的威胁。

在整个 19 世纪及 20 世纪初，德国学者就基督教《新约》的历史起源进行了广泛研究，证明"神谕"实际上是由许多不同时代的作品整理加工而成的。在 21 世纪初，犹太学者对《旧约》，也就是犹太《圣经》进行了同样的研究。而伊斯兰教学者也在采用现代比较方法对《古兰经》进行研究。

后者的工作尤其危险。穆斯林原教旨主义者可能对任何怀疑《古兰经》"圣洁、完美起源"或亵渎其神圣性的人予以报复。英国作家萨尔曼·拉什迪因其英语小说《撒旦诗篇》（*The Satanic Verses*，1988）触怒了伊朗宗教界，而被下达了法特瓦（fatwa）追杀令。埃及作家纳吉布·马哈福兹遇刺受重伤，原因是他的一部作品"反宗教"。而巴勒斯坦学者苏里曼·巴希尔被他的学生从纳布卢斯大学二楼的窗户扔了出去，只因为他坚信：作为一种宗教，伊斯兰教是经长期发展形成的，而不是直接自先知口中诞生的。

尽管如此，依然有一些无畏的伊斯兰教学者指出，同《圣经》一样，《古兰经》也是早期多种版本相互竞争的产物，并且几个世纪以来一直遭到误读和误译。他们认为，伊斯兰教的大部分教义，包括先知穆罕默德的生平和言论，都是根据他身后一百三十年到三百年之间的文本写成的。事实上，《古兰经》似乎是一个"不同的声音或不同的文本经过几十年甚至几百年的时间汇编而形成的混合物"。[9] 甚至有人宣称，《古兰经》的部分内容是由早期基督教的阿拉米语（Aramaic）译本演化而来的。还有人开始采用研究《圣经》的手段和方法，小心翼翼地探询"穆罕

默德的历史"，分析伊斯兰教。对于伊斯兰国家而言，大部分的阅读活
动依然是围绕《古兰经》进行的，这或许正是制约其获取知识解放、扩大
国际交往的最大障碍。尽管《古兰经》能够起到精神慰藉和维护社会稳
定的作用，但目前它已经成为阻碍这些国家社会发展的最大障碍。当
前所谓的"现代危机"——日益世俗化和西方化的挑战——预示着在新
世纪一场翻天覆地的社会变革将出现在伊斯兰世界。

　　有关阅读的另一项变革正在进行当中，这就是书籍翻译有增无减。
翻译行为古已有之。古罗马早期文学有很大一部分是经希腊原著翻译
得来的。而英国出版之父威廉·卡克斯顿事业成功得益于他本人对拉
丁语、法语著作的英语翻译。19世纪俄国小说家通过翻译外来作品赢
得了大批读者。翻译是书写文字的独特转变。人们可以传递原文的大
意，却永远无法传递其民族特质。因为每一部原著都承载着作者的心
声，蕴涵着作者所处的文化和时代特征。通过阅读外文原著，读者可以
315 获得一种无可比拟的兴奋感。那不但是一种令人称奇的成就感，更是
一种交流感、一种窥透迥异思想的莫名激动。然而读译作的时候，异国
情调和时代特色因似曾相识而变得寡淡无味，这种兴奋的感觉也就荡
然无存。即便如此，近年出版的英美浪漫小说和恐怖故事仍继续大量
翻译成外国文字，充斥着世界各地的书城和机场书店。这一潮流必将
继续下去，直到有朝一日各国语言全都俯首称臣、销声匿迹，英语原著
最终一统天下。

　　同时发生的还有其他一些转变。以往许多令人畏惧或禁止涉足
的阅读领域，如今已成为人们的最爱。如同日本平安时代超然世外
的女性读者一样，现代社会的边缘人群可以自由阅读那些反映自己
独特地位、经历和弱点的书籍。以同性恋读者为例，其阅读就很有特
色。据美国作家埃德蒙·怀特介绍，这种作品是由自述个人差异性
的做法演化而来的："正如他们在酒吧或心理诊所的长椅上把自己的
故事一讲再讲，就像是枕边夜话。"[10]怀特称这种"自白式"文学不但
有助于同性恋者直面自己的过去和今朝，而且可以造就他们的未来，

建立并揭示其认同感。所有边缘化读者——妇女、同性恋者、黑人、流亡者等——都出于同样的原因、以同样的方式阅读。通过阅读可以分享差异性，提醒自己并不孤立。当今社会对这种阅读的需求相当巨大。

与 19 世纪 30 年代类似，当代定期出版物（报纸、周刊、杂志）及政府、企业印刷品拥有比书籍更为广泛的读者。这种情况并非西方国家所特有。以世界出版大国日本为例，其报纸发行量仅次于俄罗斯。1994 年日本全国人口为 1.26 亿，而日均报纸发行量却达到 7100 万份。每个日本家庭平均每天要读两份报纸。然而放眼世界，书籍阅读的频率紧随其后，现在再穷的人都能买得起一本书并且能够读懂其中的内容。

出于经济方面的考虑，出版商在审定出版计划前，首先会考虑其未来的发行量。如果没有作者本人或者机构的资助，就要求通过一定的印量来确保利润。由于现在每隔一两年就要评估各种出版物的收益率，书籍也沦为了短期出版物。并且，由于受到收音机、电视机以及个人电脑的挑战，书籍已不再是人类获得通用信息的主要来源，书籍必须突出其他优势才能维持自身在社会中地位，比如，爱情小说和恐怖故事可让人们逃避现实；教育资源、参考文献和学术书籍可支持学术研究；而经典作品则给人们带来启迪和思考。特别是在过去的二十年中，西方世界大量出版儿童文学、妇女、体育、旅游、烹饪、电脑、信仰和新时代等门类的书籍，由于利润丰厚，书店设立分区专门负责上述门类书籍的销售。

近年来儿童出版物陡然呈现猛增态势。由于这些读物主要来自英美两国，导致许多智利的孩子长大后熟悉美国西部更甚于阿塔卡马沙漠（Atacama），印度儿童熟悉哈里·波特更甚于《吠陀经》（*Vedas*），而中国孩子更熟悉的是米老鼠而不是毛主席。阅读是一种强大的国际性工具，它可以灌输思想、异化心灵，从而模糊甚至抹去人们的民族身份。阅读之于大脑正如食物之于身体，它能决定我们可以成为什么样的人。

社会历史学家乔纳森·罗斯曾搜集了一些有关阅读的普遍看法。[11]在 21 世纪初或可视为放之四海而皆准的箴言：

- 文化读本的发行量与其实际社会影响力无关。
- "高雅"读物仍然比"通俗"读物更具吸引力，并且能够更好地反映大众观念。
- "高雅"读物通常会挑战而不是维护社会政治秩序。
- "杰作"的标准由普通读者而不是由精英人士确定。

不管人们喜不喜欢，阅读是平等的、讲原则的，对于高层次的男男女女更具吸引力。人们寻求精华，而非糟粕。不管是为了愉悦身心，为了获取信息，还是为了专业学习，大多数读者都愿意挑选自己认为最好的书。因此，文化阅读是衡量一个社会品位的有效尺度。

古老的对抗依然存在。比如，在全球许多地方，口传传统仍然与书写文字分庭抗礼。其实口头文化和书写文化之间并非势不两立。正如我们所看到的那样，口头话语滋养书写文字，直到有一天被书写形式蚕食殆尽。这其实是个阶段性问题，而不是彼此对立的问题，这一过程还会继续进行下去，直到整个星球的人都具备了读写能力，那也就意味着口传传统的彻底消亡。这一天已经为期不远了。比如在新几内亚，几个尚处于新石器时代的部落目前刚刚接触到书写这一奇迹。但是在几年之内，他们的孩子们就会变为活跃的网民，徜徉在信息技术时代网络的世界里。

书写技巧一直受到语言的限制，过去如此，将来也必然如此。然而阅读能力却是以视觉为基础的，或者对于盲人来说，是以触觉为基础的，所以大可不必受到如此限制。近年来的许多创意表明，阅读活动在这方面将大有作为。20 世纪 70 年代全球旅游业的兴起催生了一件令人神往的新生事物。人们利用一目了然的象形符号（如公共汽车、出租车、男、女等），在世界各地的机场、港口、火车站、旅馆和其他地方为游客提供便利。这种"象形"读物在短暂的时间内获得了巨大成功,从而启发现代研究人员扩展这一概念,将更多的人类思想纳入非语言的象形文字范畴,一种可以自动阅读的"视觉语言"应运而生。[12]

视觉语言(VL)是以语音为基础的书写文字和以视觉为基础的图形文字在现代杂交的产物,为阅读活动提供了一个崭新的维度。视觉语言的倡导者们坚信,较之目前的阅读,视觉文本能够更为高效地传递复杂概念,从而使我们得以从容地应对每日泛滥成灾的书面信息。视觉语言主要是通过大幅缩短人类消化复杂材料的时间来达到这一目的。[13]

视觉语言的目的是利用简单的方法传递复杂概念,辅助大脑进行 318 认知处理,从而消除信息过载。视觉语言优于将文本和插图简单并置的做法,通过独特的象形句法结构和语义系统,实现口语和书面语难以企及的自由表达。与书面文本不同,图像在连续文本中呈标准化排列,可同时调动人脑中负责处理言语信息和非言语信息的两条通道,从而取代传统的书写形式。人们相信,通过同时使用两个信道,视觉语言的读者可以理解得更快更好。而视觉能力与概念能力同时作用可大为提高人脑的信息处理效率,从而使读者能够记住更多的内容。

视觉语言早已渗透到生活的方方面面。电视遥控器的按钮组成了一个特别的句法系统。微波炉上的圆形、椭圆形、方形和矩形都是句子,它们可以组成精确的"段落",方便用户选择合适的命令。在汽车里我们也被视觉语言所包围:速度表、里程表、燃料表、收音机界面、电量指示等等;全球卫星定位系统(GPS)可以通过简单易懂的图像告诉我们身处何方,车载计算机则通过类似的简单图像连续显示驾车路径和目的地。通过区分大小、形状、颜色、位置和方向等,电脑的图标式句子可以使很多信息一目了然。虽然大部分人对视觉语言视而不见,对其重要性也一无所知,但我们的确一直在"阅读"视觉语言。

为数不少的视觉语言常以传统文本的形式呈现,包含字母、数字、标点以及!、?、+、>等常见符号,读者阅读的是视觉文本,而不是口头文本。两个系统的结合使得读者几乎可以在瞬间理解大量的信息,这也恰恰是当前视觉语言的主要任务。目前研究人员正在考虑如何对这一理念加以拓展,从而传递更长更复杂的信息,比如建筑指令、程序说明甚至概念推理。当前视觉语言在细微程度和准确性上还较为薄弱,尚无法完整传达人类思想,所以还不至于对传统写作构成威胁。然而,

319　它已经成为对传统写作的一个强有力的补充,为写作能力提供了一个新的维度。从理论上讲,视觉语言的潜力是无限的。

　　阅读中有一个方面似乎永远不会因创新而改变。自从 17 世纪晚期精读转变为泛读以来,文化阅读一直以兼收并蓄为特点,这是相当必要的。今天,如此之多的书籍、报纸、杂志(还有网页)让我们目不暇接。尽管教育家会提出这样那样的要求,但读者不一定总能厚此薄彼、分出三六九等。虽然明智地选择书籍是必要的,但约翰逊博士的忠告也言犹在耳,"人应该根据自己的兴趣来阅读"。每一个人都应该尽量博览群书,并且毕生如此,因为限制阅读就意味着限制生命。牛津大学著名生理学教授弗朗西斯·阿什克罗夫特(Frances Ashcroft)最近坦言:"我的床头堆满了书,有小说、诗歌、科普读物,还有从机场买回来的畅销书。"[14]

　　这种博杂是人们所熟悉的,也是非常重要的。

技术篇

　　各种新发明也在塑造阅读的未来。[15]出版物不再仅仅意味着印刷品。微缩胶卷和微缩平片的出现使人们可以对大量书面材料(书库、档案或系列丛书)进行归档、保存并以极低的价格出售。激光影碟、视频光盘以及只读光盘使得阅读的成本更加低廉,更加容易获得。不久之后,主要的资讯信息,如参考书目、图书目录、电话簿等内容将存储在仅供电脑播放的光盘上,以便及时更新。这些资料有不少将以网际文本的形式存储在互联网上,以便人们从全球任意地方即时获取。书面文

字正在淹没我们所拥有的这个世界，并与之水乳交融。

观看电脑屏幕已经成为全球数十亿人每天的必修课，而在 20 世纪 70 年代，这一数字还只是几千。看来用不了多久，全世界的人就会更多地接触个人电脑而不是书籍。在很多环境下，网络语言已经开始取代口头语言。包括办公室职员、记者、编辑、作家、学生在内的许多人 ₃₂₀ 其阅读到的言语比听到的言语还多。今天，阅读一族（Homo legens）甚至允许新技术"超越"自身——二进制码使得计算机无需人类参与就可以自行读取另一台机器的资料。

阅读活动从童年步入成熟，已经不再需要其创造者参与其中了。

但是，人类要想阅读这种以电脑为基础的文本，就必须把二进制码转换成传统的代码（字母、音节、语标），在屏幕上显示出来或输出"打印件"。与此相关的创新不计其数。比如，在眼镜上装上与电脑相连（现在是与网络相连）的屏幕，就能够让外科医生、技师、运动员、评论员、战士、警察、政客、特工以及其他人员在各自的活动中神不知鬼不觉地读取大量资料。

伴随着新技术，现代阅读活动分化发展，更为引人入胜。比如，大英图书馆（British Library）引进了一台专门的数字化阅读器。读者可以通过阅读器接触到电子版的珍本书或手稿，而电子书页非常清晰。读者通过触摸特制的屏幕"翻动"书页，手指轻轻一碰就可以放大显示或作进一步的研究。遗憾的是，大英图书馆只有少量珍本书和手稿可采用这种方式进行阅读，因为要把这里的书全部数字化需要 200 人工作 400 年之久。美国国会图书馆（Library of Congress）是目前全球最大的有形图书文库，堪称现代世界的亚历山大图书馆。然而，在强大的网络面前，宏伟的有形图书馆却相形见绌、黯然失色，因为网络能够使读者即时访问世界上任何一家图书馆。尽管目前只有一小部分书籍可供人们在网上浏览，但专家们预测，一旦新的扫描技术使数据迅速录入成为可能，网络书籍的数量将会呈几何级数飞速增长。我们有理由相信，网络图书馆终将在全球范围内取代有形图书馆。届时，"阅读"将无一例外地在电脑屏幕上进行,而有形图书将成为明日黄花。

321　　　新技术的发展使阅读得以进入以往书面文字不曾涉足的领域。以阅读为基础的网络聊天取代了简单的对话,营火和壁炉都让位于闪烁的电脑屏幕,阅读行为本身成为仅存的人类因素。手机短信似乎更为势不可挡。"短信息"静静地出现在小小的手机屏幕上,比语音通话更加便宜。这种文本交流方式备受各地青年人的青睐。在日本和一些较为富庶的欧洲国家,在人口较为稠密的地区,年轻人每天至少要收发50次以上的"短信"。

　　　令人隐隐感到不安的是,"短信息"的出现或许预示着未来的民众会用阅读取代交谈。与网络聊天类似,阅读在无声文本和有声对话之间搭建起了一道桥梁。当前全球手机用户每月使用这种"短消息服务"(SMS)超过150亿次,而新款手机的制造商已开始采用"增强型短消息服务"(EMS)以便使用户可以收发更长的信息。这样一来,写信息不再惜字如金,短信的收发将更加方便、频繁,从而造就新一代"手机读者"。

　　　电子邮件、网络聊天、手机短信的出现,使阅读交流较之口头交流的优势地位日益加强。以各种方式接触电子"文本"的青年一代,将会很快跨入成年人的行列,掌握更为复杂的能力和技术,决定阅读不久的将来。未来社会对阅读的需求似乎注定将更甚于以往。

　　　毫无疑问,未来社会的人们会更多地使用"电子纸张"进行阅读。这种纸张有望以其轻便、柔韧、清晰、质感的特点取代传统纸张。[16]尽管外观与如今的纸张区别不大,但"电子纸张"实际上相当于一个可不断更新显示内容的电脑屏幕。柔韧的塑料底板内衬透明的微缩胶囊(内含混装在一起的黑、白粒子),加压后黑、白色粒子会被激活,从而显示或消除文本。从理论上讲,"电子纸张"会使印刷的可及性和潜能发生质的飞跃。人们可以把整个图书馆的书下载下来,做成便捷的"报纸",然后可以把它折叠起来带到任何想去的地方。"电子纸张"阅
322　读器目前正在开发全色显示技术,从而让栩栩如生的图片也能展现在

电子屏幕上。

一旦电子纸张的造价足够低廉，人们就可以把许多页电子纸装订成"e书"，即性能极佳的电子图书。20世纪90年代初，网络图书馆首次开始提供不受版权限制的免费电子文本。然而许多读者都感觉到这种阅读方式与人们对轻松阅读的理解相去甚远，在个人电脑屏幕上大量阅读文本很不舒服，即使小巧的笔记本电脑也让人感觉格格不入。这促使人们开始制作专门用于阅读的便携式电子阅读器，约为一本普通小说大小，但具备存储功能并可以通过黑白屏幕显示信息，这就是电子图书。

电子图书的前景似乎无限广阔。这种即将问世的电子图书将会由一系列处理器芯片控制，由电池提供能量，读者可远程下载当地报纸、荷马的《奥德赛》甚至《大英百科全书》。虽然看上去与普通图书无异，但它可通过下载即时更新文本。远程信息系统还可使读者随时与外部世界保持联系，接收各类信息、警报、更新及自己优选、定制的其他内容。而文本信息的切入方式可由读者自行设定——整页替换、文本框插入或点击图标进入。全息激光图像技术的加盟可以使有声有色的三维动画插图出现在页面上。超文本链接技术与电脑软、硬件紧密结合则可让用户轻松地创健、保存、浏览文本，并且不按顺序在各类相关信息之间轻松跳动，阅读电子书将成为一种完全的个人亲身体验。

每一本这样的电子图书都会提供插图和目录，这样一来，其丰富多彩的程度不亚于我们所目睹和体验的整个知识世界。历史上，黏土书板和莎草纸被羊皮纸替代，结果装订成册的羊皮法典得以为个人所珍藏；而随着羊皮纸被纸张取代，大批印刷书籍开始填充世界各地的家庭书架和图书馆。同样，电子纸张及其衍生物电子图书，无疑将会宣告阅读领域另一划时代革命的到来。

各大出版商均看好电子版的报纸、杂志和图书。然而目前，电子出³²³版物依然存在明显缺陷，如成本高昂，电池待机时间短，屏幕太小不实用，没有形成标准的文件格式，存在版税问题等等，从而制约了自身的发展。大多数分析家预测,电子阅读发展的第一波助动力将会来自高等学府,在那里电子图书将主要成为教科书和标准参考资料(词典和数据库)。由于便于检索和更新,这种电子教材较之传统教材更为用户友好。目前,美国部分高校开设的课程已开始要求使用电子教材。市场分析显示,在短短几年时间内,1/4 的大学课本将会实现电子化。方兴未艾的电子图书出版业还在设计新的硬件以取代灵活性较差的板式阅读器,原因是截至目前,在与传统纸质图书的竞争中,这种阅读器的表现一直不如人意。

毫无疑问,电子阅读终将一统天下。一旦这一天到来,阅读领域,特别是文化阅读领域,将会再度发生翻天覆地的变化。以往被动的读者,只要愿意,都可能成为主动的读者,参与故事情节的设计和结局的安排。通过在"文本区块"(Lexias,指屏幕大小的用以构成超文本的文本片段)之间设置一种或多种链接路径,读者可以从故事的一部分转入另一部分。不同的路径会使情节重新排列,让读者在故事中来回穿梭,从而读到不一样的东西。

在此情况下,当书写文字转变为实时的、互动的、开放式的文本,文学的定义就不得不随之改变。这种"虚拟叙事"方式使得作者、主题、创作意图等概念变得毫无意义,因为每位读者都成了作者。换言之,电子文学作品不再是孤立的成品,而是具有可塑性的潜在文本,作品的结构和意象有赖于读者的互动才得以转换生成。这一概念超越了文学范畴,融探险、表演和创造为一体。媒介具有诸多动态潜势,从而使媒介本身黯然失色。"我们没有了媒介意识,既看不到文字,也看不到胶片,只感知故事本身的力量"。[17] 这一点似乎在超越我们对"阅读"一词的理解,从而使其功能向一个全新乃至全然陌生的领域拓展。

电子图书方兴未艾,其终极形态尚不得而知。但可以肯定,未来的阅读与今天的阅读会迥然不同。传统书籍依旧会存续几个世纪,一如既往地为收藏者青睐,其装帧成为人们珍爱的艺术品,外在的统一成为质量与传统兼顾的不朽"印记"。正如苏美尔人的泥板一样,有形图书将一如既往地使文字真实可见,这是电子图书永远无法企及的。尽管阅读有形图书和电子图书在本质上是相同的,都是视觉系统对书面文字进行加工处理的过程,但电子图书终将为人类提供更为丰富的阅读体验,诸如全息文本、动画文本、超文本、互动文本等其他无法想象的文本形态。鉴于此,随着时间的推移,传统图书将会逐渐过时,电子图书将不仅会成为司空见惯之物,而且也会成为唯一的原型。

电子阅读本身,将以其丰富多彩的活动最终定义"读"这一概念。

阅读学习与信息处理

心理学家詹姆斯·希尔曼认为,一个人如果在童年时代曾经读过故事或者听人讲过故事,那么"他会比没有这种经历的人心理更健康,具有更好的预后……幼年时期的阅读活动实际上提供了一种了解生活的视角"。[18]他发现这些早期阅读会"让人身临其境、感同身受,与现实生活中灵魂得以升华的方式完全一致"。由于当今社会主要是通过阅读能力来检验孩子的进步程度,阅读不仅成为教育研究的重点,更成为学校课程设置的基础。

在过去的二百年间曾经涌现了数以百计成功的阅读教学法。但要达到既定的目标究竟需要方法还是需要个性,仍然不得而知。现行的众多教学法中依然存在很多分歧——共性阅读法还是个性阅读法,分解语音法还是整字认知法,课内教学还是强调家长参与的课外教学。（以后者为例,家长为孩子朗读,并就朗读的内容与孩子进行讨论,似可极大提高其阅读能力。） 325

阅读教学法研究目前才刚刚开始探求关于阅读学习过程本质的种种问题。但有一点是显而易见的:学习阅读,没有最佳年龄,也没有一个精确的标准可用以衡量孩子是否已具备了学习阅读的基础。[19]诚然,孩子在开始阅读之前必须掌握一些基本的概念。比如,他们需要了解字母的作用,知道有哪些字母,并能识别这些字母;能识别不同的发音组合；能连读简短的单词。孩子还应具备某些心理能力以保证理解，比如概念接受能力、注意力、记忆力、智力以及左右方向感（纵排文本由按顺序排列的符号群和文本栏构成，尤其需要这一能力）。除此以外，初学阅读的孩子还应掌握几项基本的语言技能，比如辨音能力、基本流利地表述语言的能力以及服从指令的能力等。然而，即使是一岁的孩子也可以学习阅读。孩子的阅读能力取决于很多因素，但其中最为重要的或许还是父母耐心细致、尽心尽力的培养。

现代教学实践强调激发阅读动机。[20] 以往种种枯燥乏味的读物几乎已完全被孩子自己挑选的读物所取代。单词卡片、字母骰子、帖纸书、造句练习卡之类的教具可以寓教于乐地教会孩子分类、排序和搭配句型，进而理解阅读的四个基本步骤——字母、单词、词组、句子。人们不再告诉孩子如何阅读，而是积极向孩子展示如何独立解读不熟悉的单词或短语。过去一直特别强调分解语音法，而今则鼓励孩子们综合各种方法学习阅读，如着眼单词或短语，查看词首字母，甚至参阅插图等。

326　　　这种新方法在 20 世纪七八十年代大受欢迎，然而却导致全球所有发达国家的阅读成绩直线下降。日本因坚持传统的阅读教学法而得以幸免。于是教育专家们只好重拾"分解语音法"，或者至少将之作为对新方法的必要补充。这一方法重视字母的分解与组合，通过读每一个字母将整个单词拼读出来。结果凡重新采用"分解语音法"的地方，阅读成绩均得到明显提高。

其实 19 世纪早期以来，教育界一直在分解语音法和整字认知法两种教学方法之间徘徊不决。语音法通过在字母表中明确字母和发音之间的关系，按音"拆解"或组建一个完整的单词，如 c，a 和 t 拼在一起就发"cat"这个音。整字认知法则强调在不拆解单词的情况下对单词进行整体认知，如"cat"就是"cat"，而不是三个单独发音字母的组合。分解语音法的优点是从基础开始，大部分（而非全部）单词都可以用这种方式进行拆解，这也恰恰是字母文字的潜在规则。然而很多孩子可

能会在 light，through 和 rough 这样的古词面前不知所措，因为分解
语音法在这种情况面前无计可施。整体认知法对于阅读这样一些更大
的单位固然更为有效，然而却对生词一筹莫展，并且有可能影响阅读的
流利程度。因此现在许多教育家都认为在掌握语音基础知识后再辅以
整体认知策略或许是更"自然"的方法。

　　盲人就是使用整字认知法凭借"感觉"学习阅读的。美国作家、演
说家海伦·凯勒（1880—1968）不但双目失明而且两耳失聪。幼年时
代，首先学习了拼写规则，然后利用从老师那里得到的单词卡片来学
习，卡片上印有由凸起的字母组成的整字：

　　　　我很快就明白了，每一个凸起的字都代表某种物体、某种行为
　　　或某种特性。我有一个框架，可以把所学到的字放在上面摆出
　　　短句子。但我在用这些硬纸片排列短句之前，习惯于用实物把
　　　句子表现出来。比如我先找出写有"娃娃"、"是"、"在……上"
　　　和"床"的硬纸片，把每个硬纸片放在有关的物体上，然后再把
　　　娃娃放在床上，在旁边摆上写有"是"、"在……上"和"床"的卡
　　　片，这样既用词造了一个句子，同时又用与之相关的物体表现
　　　了句子的内容。[21]

327

整字认知法无疑非常适合盲人学习阅读，因为盲人很容易把触摸到的
整词与触摸到的物体联系起来，从而在词素和所指物之间建立一种直
接的一一对应的关系。1996 年，神经心理学家阿尔瓦罗·帕斯库尔·
莱昂证明，天生失明的人居然会借助视觉皮层阅读布莱叶盲文
（Braille）；由此推断，盲人大脑中负责视觉的部分并非闲置，而是在辅
助触觉工作。[22]然而，对于那些视力正常的学习者，由于没有类似的经
历，他们在纸张、黑板或电脑屏幕上看到的整词只不过是一堆令人眼花
缭乱的抽象线条而已，不代表任何具体的事物。

　　介于分解语音法和整字认知法之间的是音节教学法。[23]这一方法

首先通过音节卡片对音节进行整体识别,学习像 cat, see, ox 或 pen
这样的单音节词,然后将卡片放在桌子上组成短语或完整的句子。卡
片之间的组合相当重要,把 ox 中的 o 加在 pen 的前面,就可以组成像
open 这样更为复杂的多音节词,这一点也证明元音是多价的。

　　这三种基本的教学层次——分解语音法(字母)、音节法(单音节
词)和整字认知法——与每个人希望接触书写的顺序有关。不少教育
家认为掌握一种顺序就绰绰有余了,但实际上一个人一旦掌握了阅读
能力,就必然涉及所有三种顺序,因此在学习过程中对于三种顺序应予
以同等的关注。当然,在学习阅读的起始阶段,人们普遍认为最简单易
行的是自下而上的方法,即字母＞音节＞完整单词＞短语＞句子的方
法。

　　人们同时认识到,所谓"单一阅读"并不存在。在不同时间、不同情
况下应采用不同的阅读策略;不少人阅读一段短文时甚至会采用若干
种不同的策略。初学者会用语音分解法磕磕绊绊地阅读;一目十行的
读者出于某种目的也会慢条斯理、字斟句酌地阅读;不论词汇量大小,
读者都可能选择快速阅读;此外还有朗读、速读(扫读、跳读和技巧阅
读)、批判式阅读、休闲式阅读、研究式阅读、校对式阅读以及其他各类
阅读。大多数人会接触到上述所有各类阅读方法,而且视情况不同,每
天至少几次。几种阅读策略也可能会出现交叉,如为乐趣而研读,为校
对而朗读,为批判而速读等等。阅读方法不停地变换以适应新的需求。
所以,阅读实际上包含各种不同的过程和活动。特定的情境及个人态
度会决定人们自觉不自觉地采取哪一种阅读方法。

328

　　总体说来,人们都是先由语音分解入手学习阅读,但随后很快就会
超越这种以"字母"成分为基础的方法(当然,遇到生词或外来词,依然
会习惯性地采用这一方法)。人们按音节把单词拼读出来,如"cer-ti-fi-
cate"。然而一旦掌握了这种方法,并将例外情况予以内化,人们就开
始以整词为单位进行阅读。也就是说,熟练的读者通常都是在瞬间阅
读整词甚至整个短语,并将其当作概念单位或者"词语图像"来识别的。

在欧洲语言中,用英语学习阅读是最困难的。一般儿童用一年时间就可以掌握基本阅读能力,而英语,儿童却需要两年半左右的时间。这首先是因为学习日耳曼语族的语言(如德语、荷兰语、挪威语、瑞典语、丹麦语、英语等)通常比罗曼语族的语言(如法语、意大利语、西班牙语、葡萄牙语等)起步慢。原因是日耳曼语族的语言经常含有某些特殊辅音组合,迫使初学者不得不放慢阅读速度以便将夹在中间的音分辨出来,比如"angst"中的"s"。其次,包括德语和丹麦语在内的大多数欧洲语言,其字母与发音之间都存在"固定"的对应关系,而英语拼读在很大程度上是灵活的,依具体情况而定的:字母可以有多种读音,很多情况下根本不发音(如在"isle"和"though"中)。这真是对历史的一大讽刺:当今世界上最重要的语言,竟然也是世界上最难的语言,不仅阅读的方法很难学,其语言本身也很难学。结果,在各种语言中,英语读者经诊断患阅读障碍症的机率是最高的。

阅读活动的神经心理过程也日益受到关注,使我们对阅读产生了更为深入的认识。人们或许还记得,针对视觉行为问题,中世纪的阿拉伯学者伊本·阿勒-海萨姆(Ibn al-Haytham)曾经对"纯粹感觉"(pure sensation)和"知觉"(perception)的概念加以区分,认为"纯粹感觉"是无意识的或不自觉的行为,而"知觉"却是一种自觉的认知行为——阅读文本的行为即是如此。这一理论首次将"看"(seeing)和"读"(reading)区别开来,科学地阐释了阅读这一有意识的行为过程。 329

伊本·阿勒-海萨姆在中世纪的发现,最近为神经心理学家安德烈·罗奇(Andre Roch)所证实。他对人们如何"看到"(物理反应)书面材料然后对其进行"思考"(使用现有知识对获取的信息进行加工)的过程加以观察,发现大脑对阅读材料的处理与某种后天获取的系统有关。这种系统已经内化,处在同一时代和相同地理位置的人均拥有相同的系统(当然,地理参数已越来越无关紧要):

眼球从页面上获取信息传递给大脑中一系列特化的神经元集

团。每一神经元集团占据大脑的某一区域并执行特定的功
能。这些功能的具体内容人类尚不得而知,但脑损伤病例显
示:一旦某种神经元集团与其他集团脱节,病人就可能出现无
法阅读某些单词、某种语言或无法大声朗读的症状,甚至出现
用一组词替换另一组词的症状。这种脱节似乎存在无限的可
能性。[24]

罗奇及其同事认为,仅靠接触口头语言还不足以全面开发人脑两半球
的语言功能,学习一种共享的书写符号系统对充分开发大脑功能可能
是必要的。[25]

也就是说,人类只有通过阅读才能全面掌握语言能力。

这一结论非同寻常,因为人类阅读活动只有约五千七百年的历史。
如果人类某些杰出的天赋和能力的确可以在体内休眠,直至社会变革
将其唤醒,人类自身的不断进步或可由此得以解释。"潜在智能"(po-
tential intelligence)是另一位神经心理学家理查德·格雷戈里新近创
立的一个术语,这一概念无疑将会对自然选择理论构成挑战,因为自然
选择只能解释业已证明实际存在的能力。作为现代神经心理学研究的
前沿理论,潜在智能理论认为,阅读能力只是人类各种潜能中表现最为
明显的一种。该理论同时假定大脑活动存在一种超级状态,这种状态
能使人脑各部分出现相互作用的异常现象,这一异常可在恰当的时候
转化为日常功能。[26]

20 世纪初,语言学界泰斗、瑞士著名语言学家费迪南·德·索绪
尔曾指出:"口语和书写是两个截然不同的符号系统;后者存在的唯一
目的就是代表前者。语言学研究的对象不是书面语言加口头语言;口
头语言本身就构成语言学研究的全部对象。"[27]现在我们知道这一论断
是不正确的,因为口语与书写之间的关系远非如此简单。这两个领域
与不同的大脑区域相关,可以相互作用,也可独立存在。不论是阅读新
生的"视觉语言"还是标准的书面语言,阅读实际上都可以与语言彻底

分离开来(见下文)。

那么,究竟何为阅读?目前还没有确切的答案。现代研究表明,答案可能与意识本身的定义密切相关。

由于阅读活动的生理过程与更高级的神经心理过程截然不同,人们已经对之形成了较为深入的了解。早在19世纪,法国眼科医生埃米尔·加瓦尔(Emile Javal)就已经证明,阅读时,人眼以每秒钟3至4下的速度跳动,并且以每秒约200度的角度旋转。由于这种快速眼跳会干扰认知,"真正的"阅读只能在跳动的间歇发生。然而人类只能感觉到连续性,我们将这种跳动屏蔽于意识之外,只记录下文本所传递的连续的思维与情感。至于这种抑制如何进行、为何会发生,人们尚不得而知。

用精确的术语来讲,在阅读的生理过程中,眼球在一系列眼跳(saccades,快速跳动)和注视(fixation,瞬间稳定)中沿着一行文字运动。每一秒钟可以注视大约3到4次,当然这一数字可能会因内容和语际差异而不同。在注视过程中,眼球后部视网膜中的神经细胞把光线转化成电脉冲。最清晰的影像是在视网膜中央凹内形成的,这一区域只能允许2度的视角。正是视网膜中央凹使我们能够分辨出字母、音节字符、语标符号等语素。现代计算机技术使我们得以测定注视期间的感知力。一个人以大约30厘米的距离阅读一篇普通篇幅的文章,通常在一次注视期间最多只能辨认2到3个简短的单词 —— 也就是说,可辨认约10个字母以下的文本单元。这些单词一旦被感知到,就会立刻经由视觉神经传送给大脑。在此之后发生的过程构成了现代神经心理学研究的前沿课题。

理解文本是一个极其复杂的大脑处理过程。教育心理学家梅林·C. 维特洛克断言:"要理解一个文本,我们不仅要读它,这里我们使用的是'读'这个词的本义,更要构建文本的意义。……读者……通过创造意象和进行文字转换来再现文本意义。最为重要的是,读者在阅读时,要把个人知识和经历与书面的句、段、篇章联系在一起,并以此生成意义。"[28]换言之,阅读时大脑并不是单纯对原文的意义加以复印,而是要独立对信息进行加工处理。我们将感情融入阅读,想象、推理、前后参照,同时进行其他许多复杂的大脑活动。阅读活动几乎是独立于白纸或屏幕上的一个个黑字进行的,显然文字仅仅是在知觉和处理的较低层面被记录下来,几乎是无意识地获得的。一些研究人员相信,阅读可能是同思考一样复杂的活动。[29]

这一研究领域在当前备受瞩目,因为它有助于帮助儿童学习如何更快更好地阅读,并有助于解决功能性文盲的某些问题,这也是令大多数发达国家颇为头痛的问题。在阅读信息处理方面最有价值的发现来自对大脑受损者和阅读障碍症患者的研究,尤其是后者对研究贡献颇多。

332　　　阅读障碍症是一种发育性障碍,患者会在阅读、书写、计算等方面出现一种或多种学习困难。障碍症不是疾病,而是另外一种体验书面语言和/或数字的方式。其患者又称"字盲",主要表现为处理阅读的方式与他人不同,而其智力及艺术创造力显然并未受到任何不良影响。许多杰出人物都曾患有阅读障碍症,如列奥纳多·达·芬奇、汉斯·克里斯蒂安·安徒生、威廉·巴特勒·叶芝、托马斯·爱迪生、阿尔伯特·爱因斯坦……当代有影星安东尼·霍普金斯以及汤姆·克鲁斯。世界上多达十分之一的儿童存在某种形式的阅读障碍。这一情况可能是由人体第18对染色体上某种特定的基因造成的,该基因可诱发阅读障碍。[30]目前人类尚未能掌握"治疗"阅读障碍的方法。

阅读障碍有各种类型,包括语音阅读障碍(phonological dyslexia)、深层阅读障碍(deep dyslexia)、表层阅读障碍(surface dyslexia)以及发展性阅读障碍(developmental dyslexia)。[31]阅读障碍可以是后天形成的,具有良好阅读能力的人也可能由于脑损伤而产生阅读障碍。

根据在阅读词汇文本时所表现的症候不同,临床医生可以辨别阅读障碍的类型。语音型阅读障碍患者(phonological dyslexia)可以朗读熟悉的单词,但无法朗读生词或没有意义的单词。"语音阅读障碍"

这一名称本身就表明字母阅读可以绕过从字母到发音的处理过程,直接在字母和意义之间建立联系。因此这种阅读障碍患者虽然不能把字母的音发出来,却仍然可以看懂由字母组成的文本(大多数人习惯于在阅读时将字母和发音联系起来,但其实不一定非要如此,尤其是在进行流利阅读的时候。采用整字认知法的读者几乎无一例外地掌握了这种高层次能力,他们只有在遇到生词或外来词时才会求助于语音分解法)。深层阅读障碍患者(deep dyslexia)不但存在同样的问题,而且会出现语义错误(如把"dinner"当成"food")、视觉错误(把"saucer"当成"sausage")、词源错误(把"birth"当成"born")、抽象错误(把虚词"for"当成"and"),混淆或者误认非词(把"dup"读成"damp")。表层阅读障碍患者(surface dyslexia)几乎无法使用整字认知法阅读,因此看不懂拼写不规则的单词(比如"yacht")以及同音词(如:"rode"和"rowed"),这些单词发音不够明确,且无法通过拼写予以辨识。

有些儿童虽然身体健康,智力正常,但是由于神经心理方面某些不明的异常状况,阅读、书写和拼写能力低于正常水平,这种阅读障碍统称为发展性阅读障碍(developmental dyslexia)。发展性阅读障碍患者不仅无法处理各种形式的书面语言,而且识别数字符号和短时记忆(比如遵循指令)的能力也较差。该障碍可能对儿童造成毁灭性影响,会造成自闭、攻击性行为甚至自杀。

另外一些阅读障碍与视觉有关。有的容易混淆拼写相近的单词(把"met"读成"meat"),有的把单词混合起来("near"和"light"一起读,变成了"night"),还有一种更为普遍的障碍症是辨认一个单词时不得不把它"拼出来"(c-a-t 拼成 cat)。也有混合型阅读障碍,就是上述阅读障碍中的几种同时发生。阅读障碍还会体现出不同的社会特征。比如,对日本阅读障碍患者的研究发现,人脑对表音符号和表意符号是分别处理的。也就是说,阅读日语两种假名有障碍的读者,阅读从汉语借来的汉字时不一定有问题。由此推断,人脑中特定的神经功能与特定的阅读活动相联系。人类大脑"设计"之初并未考虑到要适应近期才形成的书写能力,却高质量地满足了这种书写需求,尽管错误也时有发生。

专家发现,讲英语的儿童不但容易写错会读的单词,还经常会读错能写对的单词。这两种缺陷均经常出现,且表征明显。[32] 会读但写不对的词指类似于"egg, light, train, school"这样的词,原因是这些词无法根据发音推测拼写。能写但读不对的词指类似"leg, bun, mat, pat"这样的词,其拼写与发音一致,但单词太短,没有显著的发音提示。解决这两种问题的唯一办法就是同时使用语音分解法和整字认知法。比如学会整字认知法后,可以把"light"当成一个整体的单词去读;而要拼写"bun",则要学习语音分解法。

334　　阅读早慧(hyperlexia)的情况有所不同。这一术语指某些儿童具有超越自身年龄阶段的阅读能力以及其他能力。[33] 早慧儿童在其他方面智商低下,运动能力发育迟缓,但 3 岁左右就可不借助外力进行阅读,5 岁就能像 10 岁儿童那样流利阅读。但是他们无法真正理解自己得以准确使用的词汇,更难以将所读到的东西与实际的物体或画面联系起来。此外,这些儿童在发育和行为方面还表现出不少与自闭症患者类似的症状。与其他阅读障碍患者正好相反,他们可以很轻松地拼读非词。阅读早慧同时也是一种神经心理学现象,其病因同样与人体基因有关。

由于"古体"拼字法已无法反映一个民族的现代口语,通常被视作是普及读写的最大障碍,各国进行拼写改革的呼声四起。然而,除了若干印度文字和藏文这样个别的例子外,这一做法往往无异于缘木求鱼。比如,为了使英语更简单易学,不少人呼吁改革英语拼字法。但是生成派音系学家的观点颇有见地,他们认为语言应该从两个结构层面上(即深层结构和表层结构)进行分析,而"传统的英语拼字法几乎是……一种完美的表现英语词汇的系统"[34]。

拼写改革所遇到的最大的也是最鲜为人知的障碍或许在于:未能关注阅读与书写之间的本质对立,而将二者看作同一的过程[35]。事实上,阅读和书写是独立运行的两种大脑活动。书写在此处亦即拼写。很多人拼写能力很强但阅读能力却很弱,另一些人则阅读能力很强而拼写能力很差。这主要是因为这两个过程在人脑中涉及不同的学习策略。拼写是一种积极的语言活动,需要视觉和语音因素参与,直接与语音要素发生联系。而阅读是一种被动的视觉活动,大多数情况下(初学者除外)可以绕过发音,使图形资料与意义直接联系。迄今还没有哪一种拼写改革能够将如此泾渭分明的两种神经活动充分调和起来。

拼写活动特立独行,在几个世纪的"悄然"发展过程中保留了词语 335 间的本质联系。如果我们只是写下听到的内容,就可能无法从视觉上发现词语间的共通之处。比如 sign 和 signature 这两个英语单词,第一个单词里保留了古有的"g",尽管这使得单词的拼写和发音不够一致,但是读者不需要借助发音,就能一眼看出意思来。在流畅阅读的过程中,人们阅读的是意义而非语言,是思想而非声音,所以文中貌似"不必要"的字母其实总是必要的。拼写改革的倡导者往往忽视阅读活动的一个基本特点,即阅读是以视觉为基础而不是以听觉为基础的。如果改革与几个世纪以来形成的内在视觉模式(不管实际发音如何)不相适应,就可能会造成事与愿违的后果,造成更大的疑义,从而有悖书写的社会功能——把相同的意义传递给尽可能多的人。

众所周知,很多人可以默读外语,却一个单词都说不出来。一个典型的例子是不少日本人都喜欢阅读莎士比亚的原版作品,却一个英语单词都不会说。他们之所以拥有这种能力是因为负责阅读的大脑系统和负责口语的系统不同。这一方面非常奇特的现象就是联觉现象。对于联觉者而言,一种感觉被激活后会伴生出其他的感觉。比如,联觉者看到的书写字母可呈现出不同颜色,这是因为其大脑会给每一个字母单独进行神经编码。一些人看到的 A 是粉红色的,L 是淡黄色的,F 是蓝色或绿色的,而 R 是灰蓝色的。当然,联觉者对字母颜色的认定并不是统一的,每个人都有自己的调色板。只有一个字母看法大体一致——56％的联觉者认为 O 呈灰白色。

字母本身并没有颜色，它们只是激活了临近的或者互补的感受器，从而在脑海中触发了颜色的"闪现"。正电子断层扫描（Positron Emission）以及磁共振成像技术（Magnetic Resonance Imaging）均显示，单词的发音会刺激受测联觉者的大脑并在内部产生血液流动，这表明神经活动增多，特别是在视觉皮层区域内表现明显，这是因为视觉皮层与按照颜色进行图像分类的工作相关。由此推断，当联觉者在阅读过程中看到颜色时，实际上是在对没有接收到的信息进行"加工"。

当被问及是否认为阅读中可以看到颜色是一种残疾，一位联觉者答道："这使我的生活更加丰富多彩……有助于提高我的文学鉴赏力。我不但可以体会单词的意思，更可以欣赏它们的外表。"

大致每 300 个人中就会有一个人有某种形式的联觉经历。这种情况多在同一家族中出现。最令人称奇的数据是：

男女联觉者的比例是 1∶6。

"第六感"

人类的发音器官已完全适应了说话，但由于书写是新近获得的一种能力，手眼器官在生理结构上尚未能对之完全适应。虽然我们可以整天读来写去，但物种毕竟没有进化。因此，该领域的研究多集中在一个问题上，即在读写过程中，眼睛和大脑是如何运作以实现对语言的加工处理的。当然，阅读往往会超越语言的范畴，成为某种独具特色的过程。

要界定这一特色究竟为何物绝非易事。"解剖学家和生理学家迄今未能定位人脑中专门的'阅读中心区'。阅读过程中大脑的很多区域都很活跃，但无一是单独服务于阅读的。"[36] 如果说阅读活动有什么特质的话，似乎应该是对文字意义与生俱来的追求，"读书以求意"。[37] 因此，任何有关阅读的理论必须解释形意之间的本质联系。阅读活动是通过视觉进行的，但触觉其实也可用于阅读（比如布莱叶盲文）。理论上来说,甚至可以通过味觉和嗅觉进行阅读。通过听觉来阅读则不再算作阅读,而是"听别人阅读"。不过有人可能会对此提出异议,认为听取莫尔斯代码(Morse Code)或者类似的东西获取信息就是利用听觉337阅读,所以听觉阅读也是可行的。(另外,拼写也是一种以声音为基础的阅读。)

　　默读往往极少或无须对语言各层面进行协调并用。据磁共振成像结果显示,视觉信息进入大脑可直接与概念信息相关联。比如,语音阅读障碍患者虽然无法将孤立的字母转换成声音,但只要是语言中存在的整词,他们都能读懂。这表明大脑路径可以超越音系层面,直接从字素进入意义。其原因是,单词或短语的形态本身,有别于其发音,最终独立于语言之外,用以指称事物、概念或行为。聚精会神地阅读甚至可能产生某种类似于"入定"的心理效果,读者全然游离于阅读时空之外,游离于引发反应的文本世界之外。阅读转瞬间开启了知识与体验相融的崭新维度。

　　阅读活动还涉及某种更高形式的信息处理。比如,字母在真实的单词中比在虚构的单词中更容易辨识;流利读者常犯句法错误或语义错误,但不会出现语音错误;所有的读者都经常忽视印刷错误。这些常见现象表明阅读过程中存在某种更高层次的大脑活动,而绝非仅仅将单个的语言符号连接在一起。以文字形式记录口头语言也许是书写的肇始,并且维系了数千年之久,但是至少自默读出现以来,这一行为已经发生了根本性的转变。阅读成了另外一种东西。

　　接近于人类感觉的某种东西。

　　正是由于阅读,书写才使话语视觉化,人们得以在推理过程中建立种种新型联系。[38]鉴于此,这种新的媒介超越了传递口头语言的最初目标,进而在认知过程各个相关阶段发挥自身的独特作用。毫无疑问,作为书写系统的重要组成部分,单个字素本质上来讲是同音素(拼音文字)、音节(音节文字)甚至整字(语标文字)密切联系的。初学者正是通过把字素同具体的发音联系起来学习阅读。发音实际上已经成为建筑338

阅读大厦的脚手架。然而,随着读者与书写系统或文字的接触日益频繁,字素的意义,不管是单独的还是组合的,都会逐渐脱离发音,单独接受大脑的加工处理。所以,流利的日语读者一看到整词字素"雨",无须将"ame"这个音内化就可领会它的意思。英语读者看到"rain"也一样,没有必要先读出这个单词。

人们一贯认为:"阅读过程中遇到生词应使用语音分解法……而遇到拼写不规则的熟词时则需要使用整字认知法(即对单词进行整体认知),即使是作家也不例外。"[39] 其实,流畅的阅读主要是以整体认知为主的。娴熟的读者在阅读拼音文字的时候,并不是按顺序阅读每个字母,而是按照更大的概念单位依次阅读,具体来说就是阅读完整的单词或短语。所谓语素阅读法(morphemic reading)是指对 read 和 ing 之类的语言成分进行阅读,它们是最小的语义或语法单位。较之语音分解法,语素阅读法处理速度快,因而可以在更高、更广的层面上理解概念。[40] 通过研究流利的成年读者的阅读方法,人们发现大脑这个"工具包"内有很多种技能,各自由不同部分负责:缓慢阅读、急速阅读、全神贯注地阅读、心不在焉地阅读、略读、细读、回溯、跳读、减速阅读、加速阅读等等。某些技能的选用受到外因影响,比如生词的出现。然而大部分是受内因影响,比如情绪、姿势、态度等因素。

换句话说,阅读其实已经接近思考本身了。[41]

大量资料显示,书写是一种技能,而流利阅读是一种天赋。也就是说,书写是一种"通过训练后天获得的技能",而流利阅读是一种"身体或思想上与生俱来的天赋",它能够做到技能所望尘莫及的事情。精细的书写技能,辅之以快速默读,似乎使人类流利阅读的潜能得以释放,而这一潜能实际上是由相互作用、不断发展的多元能力组成的复合体。阅读是依附于视觉(对于盲人而言是触觉)进行的,它以超越知觉的方式直接将视觉(或触觉)与思维联系起来。然而,阅读很少单纯依赖视觉模式(或触觉模式)进行,而是将语音与视觉(或触觉)策略交互组合,以多种方式进行。如此说来,我们或可将阅读称作"超视觉活动"(或超触觉活动），因为它既依附于相关感觉，又是对相关感觉的补充。

因此，阅读是我们真正的"第六感觉"。

毫无疑问，成人的思维大多是以语言为基础的，抽象的概念性推理尤为如此，通常受到自然语言的制约和影响。但是在这些早期观点继续流行的同时（如"萨丕尔-沃尔夫假说"［Sapir-Whorf hypothesis］认为语言影响思维），人们开始认识到非语言思维的频率并不亚于语言思维。非语言思维指以图像、情绪、意识数据的收集和映射为基础，按照一定逻辑序列整合、建构本体感受（身体和感官的意识）的过程。语言是一种编码的有声符号系统，目的是向他人传递思想，故而其书面形式就是一种激发本体感受的视觉符号系统。也就是说，如果人们经常阅读某种形式的文本，那么阅读时既不是看单词也不是听语言，而是将这些符号所传递的图像、情感和感觉信息加以综合。正因如此，一部小说才能够使读者超越此时此地，产生一种近乎"入定"的状态。阅读确实是一种"第六感觉"，它使人类拥有了一种在书写系统出现之前不曾拥有的感知能力。

阅读无疑在许多方面给人类注入了新的力量。比如，阅读记忆是大脑的一种归档系统，能够帮助人类对知识予以保留和组织。这一能力在西式教育体系下得以进一步发展。过去，具有听觉天赋的人耳闻则诵，从而成为社会的宠儿。但自书写诞生以来，听觉学习者的优势逐渐被视觉学习者所超越。而今，具有视觉天赋的人因为过目不忘，展现出渊博的学识。阅读记忆甚至创造了一批具有非凡记忆力的"超人"，这些人可以把整座图书馆的信息储存在大脑当中。人类最伟大的成就通常正是由这些人取得的。

340

显然，定期阅读刺激并促进了视觉记忆的发展，使之超越了其他感官记忆。人们不禁好奇，这种人为的能力是否会在子孙后代中发扬光大呢？换句话说，自然选择是否会钟爱那些具有阅读记忆能力的人？其前景扑朔迷离，使人产生无限遐想。而畅想阅读的未来，就是畅想人类自身的未来。

阅读的归宿

法国哲学家、小说家、剧作家让-保罗·萨特(1905—1980)回忆说:"和柏拉图一样,我由关注知识到关注知识主体,相对于物质世界的现实我更了解意识中的现实。我首先获得的是知识,而它是以物质形态体现出来的。正是在书籍中我得以邂逅整个宇宙。书中的世界已分门别类,是思考与领悟的结晶,当然彻底认识它依然绝非易事。"[42]许多人正是通过阅读这种"二手"的方式来间接体验大千世界、丰富自身的。

然而,随着社会的进步,阅读能否继续独领风骚? 认为阅读前景暗淡的不乏其人。他们认为,计算机语音应答系统很快就能提供人们所需要的一切信息;全球化浪潮将会使书面文字趋向统一而变得毫无意义;人类文明将越来越青睐电影、电视和流行音乐。那么谁还需要阅读呢?

对于每一个从阅读中获益的人,答案是不言而喻的。

作为阅读的一种补充,计算机语音应答系统必将大受欢迎,但它永远不可能取代用途更为广泛的书面文字。全球化无疑是 21 世纪人类生活的写照,但恰恰是拉丁字母系统推动了这一进程的发展。而电视、电影和音乐等各类现代元素本身就是拉丁字母阅读所赋予的一种特权。[43]尽管由于宗教(阿拉伯文、希伯来文)、社会经济(日语、俄语)等原因,其他的书写系统和文字无疑还将延续数百年,但拉丁字母系统凭借其"键盘垄断"及强大的适应力,绝不可能被忽视或替代。拉丁字母的优势之一在于其无与伦比的简洁性。[44]这种简洁性使其既灵活多变又充满力量,从而可以继续生存发展。

五百多年前,活字印刷术问世,拼音文字从此获得了巨大的优势,技术与文字此次完美的联姻最终改变了整个世界。在当代,个人电脑以拉丁字母为基石构建了整个电子社会,并同时编织着每一个人的未

341

来。如今,拉丁字母系统已成为全球最为重要的书写系统,英语作为主流媒介,正在推动全球化这一最具争议却意义深远的进程不断向前发展。随着互联网的诞生,拉丁字母已成为全球信息交流的生命线。

不久的将来,它将成为阅读的化身。

通用的拉丁字母未来表现的依然是生活本身。人类总是一个由相互矛盾、不断变化的无数印象组成的混沌体。要理解这些现象,要生存并发展下去,就要寻求意义,探询秩序。在过去的几个世纪里,这一使命一直是通过阅读来完成的。阅读以学习为首要目的但不是唯一目的(读小说首先也是一种学习经历),涵盖人类所有的知觉并对之加以开发利用,从而成为人类的"超级感觉"。正如前文所述,阅读甚至可以取代所有知觉,从而创造并长期保留与现实生活截然不同的世界。阅读与其他知觉不同,必须通过学习及个人重构才能够掌握,其本质属性不依赖于直接的感官输入,而通常取决于每一位读者的智力水平及早期所接受的训练。

然而并非只有人类才具备阅读能力。在人为控制的环境下,倭黑猩猩、非洲黑猩猩、猩猩、大猩猩均能按时阅读各种特制的"符号字"键盘(lexigram,键盘上的符号代表固定的词汇或行为),并能据此作出管理员可以理解的反应或表述。更为奇特的是,现代计算机可以在没有 ³⁴² 人类参与的环境下交换信息,这种情况一天要发生几千万次。一家电子商务公司在其电子销售广告下面的最新留言是:"请注意,您的答复由机器读取。"[45]这充分说明"阅读"的本质正在发生改变,其未来已成为科幻小说的素材。

读写能力正在全球得以普及,这预示着阅读尚不可能宣告终结。欧洲、北美、东亚及大洋洲的大部分国家宣布,其14岁以下的儿童的入学率为100%。尽管世界其他地区的平均入学率仅为50%甚至更低,但这一状况将很快得到改观。目前巨额国际基金已投入运行,旨在提高第三世界的文字普及率。从这些计划中获益的将绝不仅仅是接受资助的人,地球上的每一个人都会从中受益。新的读者群体将会开创新的市场,扩大地方就业,从整体上提高购买力,刺激全球消费,促进共同富裕。更为重要的是,意识得以增强。世界将会更加富庶,富庶得名副其实。

阅读是一种累积能力,呈几何级数递增。每一阶段都以此前的阅读为基础,进而为后来的阅读拓宽道路。博览群书、善用所学、掌握书面文字从而驾驭语言、文化,往往受到社会的礼遇,这是亘古不变的道理。

事实上,阅读只有一种"归宿",那就是知识。

解读未来,我们会发现,阅读的未来前景广阔。实用性阅读(与工作有关的课题、计算、信函、符号、标签、广告等等)将会继续繁荣发展。小说和纪实文学阅读(文化阅读)将会继续跟随文明的步伐前进,体现全球日益加速的技术化、企业化、文化一体化趋势。毫无疑问,现有的体裁,如小说、传记、旅行指南、史书等等还将继续存在,但是它们将进一步分化并相互融合产生新的亚类。尽管目前尚未出现恐怖历险教343 程、火星名人录、时空旅行指南或者虚拟品酒史之类的历史书籍,但这只是个时间问题。科技引领发明,创造服务社会,以盈利为目的的创新将一如既往地成为出版业发展的原动力。

在小说阅读方面,西格蒙德·弗洛伊德(1856—1936)曾表示:"对虚构作品的欣赏源于对自身思想压力的释放……阅读使人得以享受自己的白日梦而无需自责或羞愧。"[46]今天大多数专家对此持反对意见。弗洛伊德或许是受到压抑的罪疚情结的影响,这一情结源自他在"帝国"统治时期(19世纪奥匈帝国)排犹主义阴影下度过的童年时代,因此他并未能对小说阅读的本质作出准确判断。现在我们认识到,这种特殊的阅读实际上要求大脑进入紧张状态,而不是释放压力。阅读小说与白日梦有着本质区别,它是一种自愿的、集中的怀疑搁置(suspension of disbelief),这本身就是一种创造活动。读者在阅读过程中让自己的心灵挖掘、塑造白纸或电子屏幕上的超感世界,不但对体验作出反应,而且重新塑造这种体验。

正如思维一样,阅读是一个仁者见仁、智者见智的过程。图书馆和书店里的图书分类恰恰暴露了人类试图将世界分门别类的想法其实荒谬可笑、不切实际。比如丹尼尔·笛福的《鲁滨逊漂流记》(1719),放在历险目录下是激动人心的流浪传奇,放在游记目录下则堪称对热带海岛生活的生动描述,放在社会学目录下是对18世纪早期原始部落的深刻探究,放在小说目录下则可称作逃避现实的惊险读物,放在儿童文学目录下是关于原始生活的颇有教益的故事,放在神学目录下则可以看作是在异教地区对基督教教义的书面辩护,而如果放在经典著作目录下则成了西方文学的一部擎天巨作。对同样一部著作进行描述时,每一种归类方法都只能对其价值窥见一斑。阿根廷文集编撰家、小说家阿尔维托·曼古埃尔曾一针见血地指出:"无论图书馆选择怎样的分类方法,对于阅读行为而言都是一种专制的独裁统治,这就迫使读者,尤其是严谨审慎、思维敏捷的读者,要亲自把书籍从图书馆对它的判决中拯救出来。"[47]分类行为本身就与阅读的初衷背道而驰,因为引领生活才是阅读的目的。

尽管作家的创作手法多种多样,但往往(偶有例外)仅限于某种语言、某一风格、某一社会域及某种寓意。然而读者是无拘无束的,可以随心所欲地理解、阐释作品,并对之作出反应。有些反应甚至是无心的,比如20岁阅读《哈姆雷特》和50岁阅读的感受就会大相径庭。正如英国小说家弗吉尼亚·伍尔芙(1882—1941)所说:"如果将一个人阅读《哈姆雷特》的感受逐年记录下来,将最终汇成一部自传。"[48]文学作品不是经书,而是依托语境即时反映生活,指引生活。没有任何文本可以对读者发号施令,重要的宗教经文也不例外。读者自己选择如何去反应,如何去思考。阅读的奇迹就在于作者永远不是主宰。

在阅读中,读者扮演上帝的角色。

希腊神话里,一位名叫那喀索斯(Narcissus)的英俊少年因迷恋自己在水池中的倒影郁郁而终,死后化为一种以他名字命名的鲜花。我们所读的每一本书、每一部戏剧、每一首诗都是那个水池,我们会在水中发现自己,赞美自己。随着自身的变化,水池中的形象也会随之变化,因此重读作品就是重新发现自我。实际上,每一文本都独立于个体的独特存在之外,蕴含难以胜数的潜在溢美之词。我们尊重苏格拉底这样的伟大哲人,但是所谓"正确的"或"权威的"解读并不存在。书面文本自行其是,几百年来、几千年来一直如此。它一次次被重新发现或重新认识,因为社会在变化,个人在变化,人们对同一文本的解读不会一成不变。没有一种阅读是终极的,读者在每一次阅读中都会重塑自我。

我即书,书即我。

阅读充满感召力。在读完莎士比亚的《李尔王》之后,小说家丽贝卡·韦斯特夫人(1892—1983)掩卷自问:"这种感觉究竟是什么? 这些伟大的艺术作品到底对我的生活产生了怎样的影响? 为什么我会感觉如此快乐?"[49]有时整个地区的人都会因阅读而"喜气洋洋"。1933 年,詹姆斯·希尔顿出版了其畅销小说《消失的地平线》(*Lost Horizon*),
345 故事的背景位于中国云南省的中甸县。2001 年,当地为了吸引游客增加外汇收入,正式将该县更名为"香格里拉县"(Shangri-la)* 有时整个一代人都会因阅读而疯狂。罗琳(J. K. Rowling)的系列小说《哈利·波特》近年来在全球青少年读者中掀起了阅读狂潮,厚如电话簿一般的书本也无法阻挡人们阅读的热情。

甚至想象中的阅读也能给人以鼓舞。1987 年至 1991 年,坎特伯雷大主教(the Archbishop of Canterbury)派往中东的特使特里·韦特(Terry Waite)在黎巴嫩遭到监禁。他后来回忆,在那段日子里,正是通过在头脑中反复"重读"自己喜欢的书籍,他才得以保持健全的心智。

阅读可以消除孤独、驱散无情、赶走生活中的绝望,带来友爱和慰藉。有人在阅读中追寻更高的现实,比如让-保罗·萨特。有人则为了逃避或救赎而拥抱书籍。正如狄更斯小说中的主人公科波菲尔所说,"我唯一的也是经常的慰藉",儿时最珍贵的瞬间,常常就存在于阅读之

---

*   原文所注时间为 1991 年,经查证有误,应为 2001 年。——译注

中，它令人终生回味、历久弥新。

"空话、空话、空话"，哈姆雷特曾幼稚地向御前大臣波洛涅斯抗议。其实集中的信息管理本身就可以将阅读引向它最终的归宿——知识。不以知识为归宿的信息就如同海滩上的沙子——多而无用。

正如五百多年前印刷机推动了阅读的进步，现代计算机也将在阅读的发展过程中发挥举足轻重的作用，因为电子革命首先是一场阅读领域的革命。1974 年，位于波多黎各的阿雷西沃射电望远镜（Arecibo radio telescope）向武仙星座发射了由计算机生成的阅读资料，其中包括地球生命物质的化学成分、人类形态以及太阳系的信息，将在两万四千年后抵达武仙星座。阅读也使我们得以了解两万四千年前尼安德特人（Neanderthals）头骨上均匀排列的切痕所传达的"信息"。

地球上最早的生命体通过进化形成了原始的交流机制，使物种、性别和意图等信息得以传递。如今人类早已超越了发音语言本身，超越了时空，而这一切都要归功于人类不同寻常的超感觉：

阅读。

引文出处

ONE · THE IMMORTAL WITNESS

1 Miriam Lichtheim, *Ancient Egyptian Literature*, vol. 1 (Berkeley, 1973).
2 Uta Frith, 'Reading by Eye and Writing by Ear', in P. A. Kolers, M. E. Wrolstad and H. Bouma, eds, *Processing of Visible Language* (New York, 1979), pp. 379–90.
3 D.C. Mitchell, *The Process of Reading: A Cognitive Analysis of Fluent Reading and Learning to Read* (Chichester and New York, 1982).
4 Adapted from David Crystal, *The Cambridge Encyclopedia of Language*, 2nd edn (Cambridge, 1997).
5 Roy Harris, *The Origin of Writing* (London, 1986).
6 Julian Jaynes, *The Origin of Consciousness in the Breakdown of the Bicameral Mind* (Princeton, 1976).
7 Pierre Chaunu, 'Foreword', in Henri-Jean Martin, *The History and Power of Writing*, trans. Lydia G. Cochrane (Chicago and London, 1994), pp. vii-xiv.
8 Steven Roger Fischer, *A History of Writing* (London, 2001).
9 *Ibid.*
10 Martin, *The History and Power of Writing*.
11 Fischer, *A History of Writing*.
12 Marvin A. Powell, 'Three Problems in the History of Cuneiform Writing: Origins, Direction of Script, Literacy', *Visible Language*, XV/4 (1981), pp. 419–40.
13 Robert Claiborne, *The Birth of Writing* (New York, 1974).
14 Dominique Charpin, 'Le geste, la parole et l'écrit dans la vie juridique en Babylonie ancienne', in *Ecritures, système idéographique et pratique expressive* (Paris, 1982), pp. 65–74.
15 Fischer, *A History of Writing*.
16 Roland G. Kent, *Old Persian: Grammar, Texts, Lexicon*, American Oriental Series, 33 (New Haven, CT, 1953).
17 Rüdiger Schmitt, *The Bisitun Inscription of Darius the Great: Old Persian Text* (London, 1991).
18 David Diringer, *The Hand-Produced Book* (London, 1953).
19 Piotr Michalowski, 'Writing and Literacy in Early States: A Mesopotamianist Perspective', in Deborah Keller-Cohen, ed., *Literacy: Interdisciplinary Conversations* (Cresskill, NJ, 1993), pp. 49–70.
20 Georges Roux, *Ancient Iraq* (London, 1964).
21 Claiborne, *The Birth of Writing*.
22 *Ibid.*

23 C. J. Gadd, *Teachers and Students in the Oldest Schools* (London, 1956).

24 William W. Hallo and J.J.A. van Dijk, *The Exaltation of Inanna* (New Haven, CT, 1968).

25 Rephrased from the citation in Alberto Manguel, *A History of Reading* (London, 1996), replacing 'wise ... ignorant' with 'tutored ... untutored'.

26 Martin, *The History and Power of Writing*.

27 M. W. Green, 'The Construction and Implementation of the Cuneiform Writing System', *Visible Language*, XV/4 (1981), pp. 345–72.

28 Jerrold S. Cooper, 'Sumerian and Akkadian', in Peter T. Daniels and William Bright, eds, *The World's Writing Systems* (Oxford and New York, 1996), pp. 37–57. Also M. Civil and R. Biggs, 'Notes sur des textes sumériens archaïques', *Revue d'Assyriologie*, LX (1966), pp. 1–16.

29 Epiphanius Wilson, *Babylonian and Assyrian Literature* (Miami, 2002); B. Meissner, *Die babylonische-assyrische Literatur* (Leipzig, 1927).

30 C.B.F. Walker, *Cuneiform*, Reading the Past (London, 1987).

31 Florian Coulmas, *The Writing Systems of the World* (Oxford and New York, 1989).

32 James W. Thompson, *Ancient Libraries* (Hamden, CT, 1940).

33 Claiborne, *The Birth of Writing*.

34 *Ibid.*

35 Hermann Hunger, *Babylonische und assyrische Kolophone*, Alter Orient und Altes Testament, 2 (Kevelaer, 1968).

36 Claiborne, *The Birth of Writing*.

37 *Ibid.*

38 Otto Schroeder, *Die Tontafeln von El-Amarna*, Vorderasiatische Schriftdenkmäler, 12 (Leipzig, 1915).

39 Fischer, *A History of Writing*.

40 Robert K. Ritner, 'Egyptian Writing', in Daniels and Bright, eds, *The World's Writing Systems*, pp. 73-84.

41 John Baines, 'Literacy and Ancient Egyptian Society', *Man*, n.s. XVIII (1983), pp. 572–99.

42 J. Baines and C. J. Eyre, 'Four Notes on Literacy', *Göttinger Miszellen*, LXI (1983), pp. 65–96.

43 Baines, 'Literacy and Ancient Egyptian Society'.

44 Wolfgang Helck, *Die Lehre des Dw3-Htjj* (Wiesbaden, 1970).

45 Paul C. Smither, 'An Old Kingdom Letter Concerning the Crimes of Count Sabni', *Journal of Egyptian Archaeology*, XXVIII (1942), pp. 16–19.

46 Baines, 'Literacy and Ancient Egyptian Society'.

47 J. J. Jansen, 'The Early State in Egypt', in Henri J. M. Claessen and Peter Skalník, eds, *The Early State* (The Hague, 1978), pp. 213–34.

48 Baines and Eyre, 'Four Notes on Literacy'.

49 R. O. Faulkner, *The Ancient Egyptian Pyramid Texts* (Oxford, 1969).

50 Claiborne, *The Birth of Writing*.

51 Baines, 'Literacy and Ancient Egyptian Society'.

52 Lichtheim, *Ancient Egyptian Literature*; William Kelley Simpson, ed., *The Literature of Ancient Egypt* (New Haven, CT, 1973).

53 William L. Moran, trans. and ed., *The Amarna Letters* (Baltimore, 1992).

54 *Ibid.*

55 Thompson, *Ancient Libraries*.

56 Baines, 'Literacy and Ancient Egyptian Society'.
57 Asko Parpola, *Deciphering the Indus Script* (Cambridge, 1994).
58 Fischer, *A History of Writing*. See also Steven Roger Fischer, *Evidence for Hellenic Dialect in the Phaistos Disk* (Berne *et al.*, 1988) and *Glyphbreaker* (New York, 1997).
59 Crystal, *The Cambridge Encyclopedia of Language*.
60 Baines, 'Literacy and Ancient Egyptian Society'.

TWO · THE PAPYRUS TONGUE

1 Pliny the Younger, *Plinius der Jüngere, Briefe*, ed. Helmut Kasten (Berlin, 1982), IX:36.
2 William V. Harris, *Ancient Literacy* (Cambridge, MA, and London, 1989).
3 Alphonse Dain, 'L'écriture grecque du VIIIe siècle avant notre ère à la fin de la civilisation byzantine', in *L'écriture et la psychologie des peuples* (Paris, 1963), pp. 167–80.
4 Robert K. Logan, *The Alphabet Effect: The Impact of the Phonetic Alphabet on the Development of Western Civilization* (New York, 1986).
5 M. B. Parkes, *Pause and Effect: An Introduction to the History of Punctuation in the West* (Berkeley and Los Angeles, 1993); E. Otha Wingo, *Latin Punctuation in the Classical Age*, Janua Linguarum Series Practica, vol. 133 (The Hague, 1972).
6 F. Messerschmidt, *Archiv für Religionswissenschaft* (Berlin, 1931).
7 Steven Roger Fischer, *A History of Writing* (London, 2001); Roger D. Woodard, *Greek Writing from Knossos to Homer: A Linguistic Interpretation of the Origin of the Greek Alphabet and the Continuity of Ancient Greek Literacy* (Oxford, 1997).
8 Harris, *Ancient Literacy*.
9 Michael Stubbs, *Language and Literacy: The Sociolinguistics of Reading and Writing* (London, 1980).
10 Rosalind Thomas, *Literacy and Orality in Ancient Greece* (Cambridge, 1992) and *Oral Tradition and Written Record in Classical Athens* (Cambridge, 1989).
11 Jacqueline de Romilly, *Histoire et raison chez Thucydide*, 2nd edn (Paris, 1967).
12 Eric Alfred Havelock, *The Muse Learns to Write: Reflections on Orality and Literacy from Antiquity to the Present* (New Haven, CT, 1986).
13 Plato, 'Phædrus', in *The Collected Dialogues*, ed. Edith Hamilton and Huntington Cairns (Princeton, 1961).
14 *Plato's Phaedrus*, trans. with introduction and commentary by R. Hackforth (Cambridge, 1952).
15 Henri-Jean Martin, *The History and Power of Writing*, trans. Lydia G. Cochrane (Chicago and London, 1994).
16 Galen, *De usu partium*, I:8, cited in Harris, *Ancient Literacy*.
17 Menander, *Sententiæ*, 657, in *Works*, ed. W. G. Arnott (Cambridge, MA, and London, 1969).
18 Harris, *Ancient Literacy*.
19 Martin, *The History and Power of Writing*.
20 Harris, *Ancient Literacy*.
21 Plato, *The Republic*, trans. B. Jowett (New York, 1960).
22 Harris, *Ancient Literacy*.

23　Henri-Irénée Marrou, *Histoire de l'éducation dans l'Antiquité*, 2 vols (Paris, 1981).

24　Plutarch, 'Life of Alexander', in *The Parallel Lives*, ed. B. Perrin (Cambridge, MA, and London, 1970).

25　Harris, *Ancient Literacy*.

26　*Ibid.*

27　Howard A. Parsons, *The Alexandrian Library: Glory of the Hellenic World* (New York, 1967).

28　Athenæus, *Deipnosophistai*, ed. Charles Burton Gulick, vol. 1 (Cambridge, MA, and London, 1969).

29　G. Anderson, *Ancient Fiction: The Novel in the Græco-Roman World* (London, 1984); T. Hägg, *The Novel in Antiquity* (Oxford, 1983).

30　Robert Pattison, *On Literacy: The Politics of the Word from Homer to the Age of Rock* (Oxford, 1982).

31　Henri-Jean Martin, 'Pour une histoire de la lecture', *Revue française d'histoire du livre*, XLVII (1977), pp. 583–608.

32　Israel Finkelstein and Neil Asher Silberman, *The Bible Unearthed: Archaeology's New Vision of Ancient Israel and the Origin of its Sacred Texts* (New York, 2001).

33　Gersom Scholem, *Kabbalah* (Jerusalem, 1974).

34　Alberto Manguel, *A History of Reading* (London, 1996).

35　Harris, *Ancient Literacy*.

36　Martin, *The History and Power of Writing*.

37　*Ibid.*

38　Cicero, *De oratore*, ed. E. W. Sutton and H. Rackham, vol. 1 (Cambridge, MA, and London, 1967).

39　Henri Levy-Bruhl, 'L'écriture et le droit', in Marcel Cohen, ed., *L'écriture et la psychologie des peuples* (Paris, 1963), p. 329.

40　Marrou, *Histoire de l'éducation dans l'Antiquité*.

41　Martin, *The History and Power of Writing*.

42　Alan K. Bowman, *Life and Letters on the Roman Frontier: Vindolanda and its People* (London, 1994). Also A. Bowman and J. Thomas, *The Vindolanda Writing-Tablets*, Tabulae Vindolandenses, II (London, 1994).

43　Fischer, *A History of Writing*.

44　Martin, *The History and Power of Writing*.

45　Harris, *Ancient Literacy*.

46　Pliny the Younger, *Plinius der Jüngere, Briefe*, IV:7.

47　Frederick George Kenyon, *Books and Readers in Ancient Greece and Rome*, 4 vols, 2nd edn (Oxford, 1951).

48　Quintilian, *The Institutio Oratoria of Quintilian*, trans. H. E. Butler (Oxford, 1920–22), I:1:12.

49　Suetonius, 'Augustus', in *Lives of the Twelve Caesars*, ed. J. C. Rolfe (Cambridge, MA, and London, 1948), LXXXIX:3.

50　Pliny the Younger, *Plinius der Jüngere, Briefe*, V:17.

51　*Ibid.*, IX:34.

52　Martial, *Epigrams*, trans. J. A. Pott and F. A. Wright (London, 1924), I:38.

53　Pliny the Younger, *Plinius der Jüngere, Briefe*, IV:27.

54　Martial, *Epigrammata*, in *Works*, ed. W. C. Ker (Cambridge, MA, and London, 1919–20), III:44.

55 Aline Rouselle, *Porneia* (Paris, 1983), quoted in Manguel, *A History of Reading*.

56 Seneca, 'De tranquillitate', in *Moral Essays*, ed. R. M. Gummere (Cambridge, MA, and London, 1955).

57 Gerontius, *Vita Melaniae Junioris*, ed. and trans. Elizabeth A. Clark (New York and Toronto, 1984).

58 Cicero, *De natura deorum*, ed. H. Rackham (Cambridge, MA, and London, 1933), II:2.

59 Harris, *Ancient Literacy*.

60 Jérôme Carcopino, *Daily Life in Ancient Rome: The People and the City at the Height of the Empire*, ed. Henry T. Rowell, trans. E. O. Lorimer (New Haven, CT, 1940).

61 Erich Auerbach, *Literatursprache und Publikum in der lateinischen Spätantike und im Mittelalter* (Berne, 1958), quoted in Manguel, *A History of Reading*.

62 Pliny the Elder, *Naturalis Historia*, ed. W.H.S. Jones (Cambridge, MA, and London, 1968), XIII:11.

63 Martial, *Epigrammata*, XIV:184.

64 Anthony J. Mills, 'A Penguin in the Sahara', *Archeological Newsletter of the Royal Ontario Museum*, II (March 1990), p. 37.

65 C. H. Roberts, 'The Codex', *Proceedings of the British Academy*, XL (1954), pp. 169–204.

66 R. Reed, *Ancient Skins, Parchments, and Leathers* (London and New York, 1972).

67 Edward Maunde Thompson, *Handbook of Greek and Latin Palæography* (London, 1906).

68 Ausonius, *Opuscules*, 113, quoted in Manguel, *A History of Reading*.

69 St Irenæus, *Contra hæreses*, in *Opera*, ed. U. Mannucci, 2 vols (Rome, 1907–8), III:1.

70 Robin Lane Fox, *Pagans and Christians* (New York, 1986).

71 Augustine of Hippo, 'Of the Origin and Nature of the Soul', in *Basic Writings of Saint Augustine*, ed. Whitney J. Oates (London, 1948), IV:7:9.

72 *Ibid.*, 'Concerning the Trinity', in *Basic Writings of Saint Augustine*, XV:10:19.

73 *St Augustine's Confessions, with an English Translation by William Watts, 1631*, 2 vols (Cambridge, MA, and London, 1989), VI:3.

74 Bernard M. W. Knox, 'Silent Reading in Antiquity', *Greek, Roman and Byzantine Studies*, IX/4 (1968), pp. 421–35.

75 Josef Balogh, '"Voces Paginarum": Beiträge zur Geschichte des lauten Lesens und Schreibens', *Philologus*, LXXXII (1927), pp. 84–109, 202–40.

76 Plutarch, 'On the Fortune of Alexander', in *Moralia*, ed. Frank Cole Babbitt, vol. 4 (Cambridge, MA, and London, 1972), fragment 340a.

77 *Ibid.*, 'Brutus', in *The Parallel Lives*.

78 Cicero, *Tusculan Disputations*, ed. J. E. King (Cambridge, MA, and London, 1952), V.

79 Ptolemy, 'On the Criterion', in *The Criterion of Truth*, ed. Pamela Huby and Gordon Neal (Oxford, 1952).

80 St Cyril of Jerusalem, *The Works of Saint Cyril of Jerusalem*, trans. L. P. McCauley and A. A. Stephenson (Washington, DC, 1968), I.

81 *Saint Augustine's Confessions*, VI:3.

82　*Ibid.*, VIII:12.

83　Sidonius Apollinaris, *Epistolæ*, in *Poems and Letters*, ed. W. B. Anderson, 2 vols (Cambridge, MA, and London, 1936), II:9:4.

84　Henry Bettenson, *Documents of the Christian Church* (Oxford, 1963).

85　Jean Leclercq, *The Love of Learning and the Desire for God: A Study of Monastic Culture*, trans. Catharine Misrahi, 3rd edn (New York, 1982).

86　Pierre Paul Courcelle, *Late Latin Writers and their Greek Sources*, trans. Harry E. Wedeck (Cambridge, MA, 1969).

87　André Grabar, *Christian Iconography: A Study of its Origins* (Princeton, NJ, 1968).

88　F. Piper, *Über den christlichen Bilderkreis* (Berlin, 1852), quoted in Manguel, *A History of Reading*.

89　Diodorus Siculus, XII:13, quoted in Harris, *Ancient Literacy*.

90　Fischer, *A History of Writing*.

THREE · A WORLD OF READING

1　Herrlee G. Creel, *Chinese Writing* (Washington, DC, 1943).

2　Andrew Robinson, *The Story of Writing* (London, 1995).

3　Burton Watson, *Early Chinese Literature* (Berkeley and Los Angeles, 1972).

4　André Levy, *Chinese Literature, Ancient and Classical* (Bloomington, IN, 2000).

5　Steven Roger Fischer, *A History of Writing* (London, 2001).

6　John DeFrancis, *The Chinese Language: Fact and Fantasy* (Honolulu, 1984).

7　J.A.G. Roberts, *A History of China* (London, 1999).

8　For example, Victor H. Mair, *The Columbia History of Chinese Literature* (Berkeley and Los Angeles, 2002), and Wilt L. Idema, *A Guide to Chinese Literature* (Ann Arbor, 1997).

9　Kathleen Gough, 'Implications of Literacy in Traditional China and India', in Jack Goody, ed., *Literacy in Traditional Societies* (Cambridge, 1968), pp. 70–84.

10　J. Needham, *Science and Civilization in China* (Cambridge, 1954).

11　Gough, 'Implications'.

12　David G. Chibbett, *The History of Japanese Printing and Book Illustration* (Tokyo, 1977).

13　Evelyn Sakakida Rawski, *Education and Popular Literacy in Ch'ing China* (Ann Arbor, 1979).

14　*Ibid.*

15　Alberto Manguel, *A History of Reading* (London, 1996).

16　Rawski, *Education and Popular Literacy in Ch'ing China*.

17　Creel, *Chinese Writing*.

18　*Chinese Repository*, IV (1835–36), p. 190, cited in Rawski, *Education and Popular Literacy in Ch'ing China*.

19　Rawski, *Education and Popular Literacy in Ch'ing China*.

20　*Ibid.*

21　Fischer, *A History of Writing*.

22　David R. McCann, *Early Korean Literature* (Berkeley and Los Angeles, 2000).

23　Peter H. Lee, *Korean Literature: Topics and Themes* (New York, 1968).

24　Kichung Kim, *An Introduction to Classical Korean Literature: From Hyangga to P'Ansori* (New York, 1996).

25 Geoffrey Sampson, *Writing Systems* (London, 1985).

26 Fischer, *A History of Writing*.

27 Kim, *An Introduction to Classical Korean Literature*.

28 Peter H. Lee, *Modern Korean Literature* (Honolulu, 1990).

29 Kaj Birket-Smith, 'The Circumpacific Distribution of Knot Records', *Folk*, VIII (1966), pp. 15–24.

30 Earl Miner, H. Odagiri and R. E. Morrell, *The Princeton Companion to Classical Japanese Literature* (Princeton, NJ, 1992).

31 Chibbett, *The History of Japanese Printing and Book Illustration*.

32 Suichi Kato, *A History of Japanese Literature*, 3 vols (London, 1983).

33 Ivan Morris, *The World of the Shining Prince: Court Life in Ancient Japan* (Oxford, 1964).

34 Rose Hempel, *Japan zur Heian-Zeit: Kunst und Kultur* (Freiburg, 1983).

35 Sei Shōnagon, *The Pillow Book of Sei Shonagon*, trans. Ivan Morris (Oxford and London, 1967).

36 Manguel, *A History of Reading*.

37 Morris, *The World of the Shining Prince*.

38 Miner, Odagiri and Morrell, *The Princeton Companion to Classical Japanese Literature*.

39 Kato, *A History of Japanese Literature*.

40 Fischer, *A History of Writing*.

41 Michael D. Coe, *Breaking the Maya Code* (London, 1992).

42 Joyce Marcus, 'The First Appearance of Zapotec Writing and Calendrics', in Kent V. Flannery and Joyce Marcus, eds, *The Cloud People: Divergent Evolution of the Zapotec and Mixtec Civilizations* (New York, 1983), pp. 91–6.

43 John S. Justeson and Terrence Kaufman, 'A Decipherment of Epi-Olmec Hieroglyphic Writing', *Science*, CCLIX (1993), pp. 1703–11.

44 Coe, *Breaking the Maya Code*.

45 Joyce Marcus, *Mesoamerican Writing Systems: Propaganda, Myth, and History in Four Ancient Civilizations* (Princeton, 1992).

46 Charles Dibble, 'The Aztec Writing System', in Jesse D. Jennings and E. Adamson Hoebel, eds, *Readings in Anthropology*, 2nd edn (New York, 1966), pp. 270–77.

47 Marcus, *Mesoamerican Writing Systems*.

48 *Ibid.*

49 *Ibid.*

50 Compare Marcus, *Mesoamerican Writing Systems*: '… writing was a skill used to maintain the gulf between ruler and ruled'.

51 Cecil H. Brown, 'Hieroglyphic Literacy in Ancient Mayaland: Inferences from Linguistic Data', *Current Anthropology*, XXXII (1991), pp. 489–96.

52 Coe, *Breaking the Maya Code*.

53 Marcus, *Mesoamerican Writing Systems*.

54 Michael D. Coe, *The Maya Scribe and his World* (New York, 1973).

55 Martha J. Macri, 'Maya and Other Mesoamerican Scripts', in Peter T. Daniels and William Bright, eds, *The World's Writing Systems* (Oxford and New York, 1996), pp. 172–82.

56 John B. Glass, 'A Survey of Native Middle American Pictorial Manuscripts', in Howard F. Cline, ed., *Guide to Ethnohistorical Sources*, part 3, Handbook of

Middle American Indians, 14 (Austin, TX, 1975), pp. 3–80.

57 Mary Elizabeth Smith, 'The Mixtec Writing System', in Flannery and Marcus, eds, *The Cloud People*, pp. 238–45.

58 Marcus, *Mesoamerican Writing Systems*.

59 Victoria de la Jara, 'Vers le déchiffrement des écritures anciennes du Pérou', *Science progrès – La Nature*, XCV (1967), pp. 241–7.

60 Fischer, *A History of Writing*.

61 *Ibid.*; also Albertine Gaur, *A History of Writing*, rev. edn (London, 1992).

62 Marcel Cohen, cited in de la Jara, 'Vers le déchiffrement des écritures anciennes du Pérou'.

63 Marcus, *Mesoamerican Writing Systems*.

64 Florian Coulmas, *The Writing Systems of the World* (Oxford and New York, 1989).

65 Gough, 'Implications'.

66 D. D. Kosambi, *Ancient India* (New York, 1966).

67 A. L. Basham, *The Wonder that was India* (London and New York, 1954).

68 Gough, 'Implications'.

69 *Ibid.*

70 Basham, *The Wonder that was India*.

71 R. W. Frazer, *Literary History of India*, 4th edn (London, 1920).

72 K. N. Das, *History of Bengali Literature* (Rangoon, 1926).

73 Gough, 'Implications'.

74 S. Sasanuma, 'Impairment of Written Language in Japanese Aphasics: Kana versus Kanji Processing', *Journal of Chinese Linguistics*, II (1974), pp. 141–57; and 'Kana and Kanji Processing in Japanese Aphasics', *Brain and Language*, II (1975), pp. 369–83. According to Paul Saenger, *Space Between Words* (Stanford, CA, 1997), 'recent research suggests that a simple model of right-hemisphere reading for logographic script and left-hemisphere reading for syllable and alphabetical scripts may be inadequate', referring to Reiko Hasuike, Ovid J. L. Tzeng and Daisy L. Hung, 'Script Effects and Cerebral Lateralization: The Case of Chinese Characters', in J. Vaid, ed., *Language Processing in Bilinguals: Psycholinguistic and Neuropsychological Perspectives* (Hillsdale, NJ, 1986), pp. 275–88.

FOUR · THE PARCHMENT EYE

1 Chrétien de Troyes, *Le chevalier au lion (Yvain)*, ed. Mario Roques, *Les romans de Chrétien de Troyes*, vol. 4 (Paris, 1967), vv. 5356–64.

2 Dennis H. Green, *Medieval Listening and Reading: The Primary Reception of German Literature 800–1300* (Cambridge, 1994).

3 Michael T. Clanchy, *From Memory to Written Record: England, 1066–1307* (London and Cambridge, MA, 1979), cited in Green, *Medieval Listening and Reading*, p. 232

4 Steven Roger Fischer, *A History of Writing* (London, 2001).

5 Green, *Medieval Listening and Reading*.

6 Alan G. Thomas, *Great Books and Book Collectors* (London, 1975).

7 Pierre Riché, *Daily Life in the World of Charlemagne*, trans. Jo Anne McNamara (Philadelphia, 1978).

8 Bernhard Bischoff, 'Panorama der Handschriften-Überlieferung aus der

Zeit Karls des Großen', in *Karl der Große: Lebenswerk und Nachleben*, 5 vols (Düsseldorf, 1966–8), vol. 2, pp. 233–54.

9 Claude Dagens, *Saint Grégoire le Grand: Culture et experience chrétienne* (Paris, 1977), quoted in Alberto Manguel, *A History of Reading* (London, 1996). See C. M. Chazelle, 'Pictures, Books and the Illiterate', *Word and Image*, VI (1990), p. 139.

10 F. Piper, *Über den christlichen Bilderkreis* (Berlin, 1852), quoted in Manguel, *A History of Reading*.

11 Rosamond McKitterick, *The Uses of Literacy in Early Mediæval Europe* (Cambridge, 1990).

12 Robert Claiborne, *The Birth of Writing* (New York, 1974).

13 Ilse Lichtenstadter, *Introduction to Classical Arabic Literature* (New York, 1974).

14 Henri-Jean Martin, *The History and Power of Writing*, trans. Lydia G. Cochrane (Chicago and London, 1994).

15 Johannes Pedersen, *The Arabic Book*, trans. Geoffrey French (Princeton, 1984).

16 *Ibid.*

17 Edward G. Browne, *A Literary History of Persia*, 4 vols (London, 1902–24).

18 David C. Lindberg, *Theories of Vision from al-Kindi to Kepler* (Oxford, 1976). See also Saleh Beshara Omar, *Ibn al-Haytham's Optics: A Study of the Origins of Experimental Science* (Minneapolis and Chicago, 1977).

19 Gerald L. Bruns, *Hermeneutics Ancient and Modern* (New Haven, CT, and London, 1992).

20 Israel Abrahams, *Jewish Life in the Middle Ages* (London, 1896), cited in Manguel, *A History of Reading*.

21 Carlo M. Cipolla, *Literacy and Development in the West* (London, 1969).

22 St Isaac of Syria, 'Directions of Spiritual Training', in *Early Fathers from the Philokalia*, ed. and trans. E. Kadloubovsky and G.E.H. Palmer (London and Boston, 1954).

23 Isidore of Seville, *Libri sententiæ III*, 13:9.

24 Isidore of Seville, *Etymologiæ I*, 3:1.

25 Wilhelm Wattenbach, *Das Schriftwesen im Mittelalter* (Leipzig, 1896), quoted in Manguel, *A History of Reading*.

26 Paul Saenger, *Space Between Words* (Stanford, CA, 1997).

27 M. B. Parkes, *Pause and Effect: An Introduction to the History of Punctuation in the West* (Berkeley and Los Angeles, 1993).

28 Saenger, *Space Between Words*.

29 *Ibid.*

30 David Christie-Murray, *A History of Heresy* (Oxford and New York, 1976).

31 Robert I. Moore, *The Birth of Popular Heresy* (London, 1975).

32 Thomas, *Great Books and Book Collectors*.

33 Richalm von Schöntal, *Liber revelationem de insidiis et versutiis dæmonum adversus homines*, in Bernard Pez, ed., *Thesaurus anecdotorum novissimus*, 4 vols (Augsburg, 1721–9), I:2:390, cited in Saenger, *Space Between Words*, p. 248.

34 Saenger, *Space Between Words*. pp. 246–9.

35 Jean Leclercq, 'Aspect spirituel de la symbolique du livre au XIIe siècle', in *L'homme devant Dieu: Mélanges offerts au Père Henri de Lubac*, 3 vols (Paris, 1963–4), vol. 2, pp. 63–72.

36 Urban Tigner Holmes, Jr, *Daily Living in the Twelfth Century* (Madison, WI, 1952), p. 113.

37 Martin, *The History and Power of Writing.*

38 Synod of Arras, 14, in J. D. Mansi, ed., *Sacrorum nova et amplissima collectio* (Paris and Leipzig, 1901–27).

39 *Byzantine Books and Bookmen*, exhibition catalogue (Washington, DC, 1975).

40 Janet Backhouse, *Books of Hours* (London, 1985).

41 Daniel Williman, 'The Fourteenth-century Common Reader', unpublished paper delivered at the Kalamazoo Conference 1992, cited in Manguel, *A History of Reading*, pp. 344–5, n. 34.

42 F. Guessard and C. Grandmaison, eds, *Huon de Bordeaux* (Paris, 1860), vv. 2668ff.

43 Serge A. Zenkovsky, ed., *Medieval Russia's Epics, Chronicles, and Tales* (New York, 1963).

44 Margaret Wade Labarge, *A Small Sound of the Trumpet: Women in Mediæval Life* (London, 1986); and S. Harksen, *Women in the Middle Ages* (New York, 1976).

45 Carol Ochs, *Behind the Sex of God: Toward a New Consciousness – Transcending Matriarchy and Patriarchy* (Boston, 1977).

46 Michael T. Clanchy, *Abelard – A Medieval Life* (Oxford, 1997), p. 6.

47 Geoffrei Gaimar, *L'Estoire des Engleis*, ed. A. Bell (Oxford, 1960), vv. 6495–6.

48 Marie de France, 'Yonec', in *Marie de France: Lais*, ed. Alfred Ewert (Oxford, 1969), vv. 59–60.

49 Solomon Grayzel, *The Church and the Jews in the XIIIth Century* (Philadelphia, 1933).

50 Michael Olmert, *The Smithsonian Book of Books* (Washington, DC, 1992).

51 Ælred of Rievaulx, 'The Mirror of Charity', in Pauline Matarasso, ed., *The Cistercian World: Monastic Writings of the Twelfth Century* (London, 1993).

52 Quoted in Christina Nielsen, *Artful Reading in Medieval and Renaissance Europe*, J. Paul Getty Museum exhibition booklet (Los Angeles, 2001).

53 Zenkovsky, ed., *Medieval Russia's Epics, Chronicles, and Tales.*

54 Marie de France, 'Del prestre e del lu', in *Fables*, ed. K. Warnke (Halle, 1898), trans. Holmes, Jr, *Daily Living in the Twelfth Century*, p. 230.

55 Anthony Grafton, *Defenders of the Text: The Traditions of Scholarship in an Age of Science, 1450–1800* (Cambridge, MA, 1991).

56 Jakob Wimpfeling, *Isidoneus*, XXI, in J. Freudgen, ed., *Jakob Wimphelings pädagogische Schriften* (Paderborn, 1892), quoted in Manguel, *A History of Reading.*

57 Mary J. Carruthers, *The Book of Memory* (Cambridge, 1990).

58 Holmes, Jr, *Daily Living in the Twelfth Century.*

59 Pierre Riché and Danièle Alexandre-Bidon, eds, *L'enfance au moyen age* (Paris, 1995).

60 Fischer, *A History of Writing.*

61 Armando Sapori, *The Italian Merchant in the Middle Ages*, trans. Patricia Anne Kennen (New York, 1970); Hélène Servant, 'Culture et société à Valenciennes dans la deuxième moitié du xve siècle (vers 1440–1507)', thesis, *Ecole nationale des chartes. Positions des thèses soutenues par les élèves de la promotion de 1989* (Paris, 1989), pp. 183–94.

62　Martin, *The History and Power of Writing*.

63　*Ibid*.

64　D. E. Luscombe, *The School of Peter Abelard: The Influence of Abelard's Thought in the Early Scholastic Period* (Cambridge, 1969).

65　Alfonso el Sabio, *Las Siete Partidas*, ed. Ramón Menéndez Pidal (Madrid, 1955), 2:31:4, quoted in Manguel, *A History of Reading*.

66　Saenger, *Space Between Words*.

67　Carruthers, *The Book of Memory*.

68　*Books of the Middle Ages* (Toronto, 1950), quoted in Manguel, *A History of Reading*.

69　Roger Bacon, *Opus maius*, 2 vols, ed. J. H. Bridges (Oxford, 1897).

70　Edward Rosen, 'The Invention of Eyeglasses', *Journal of the History of Medicine and Allied Sciences*, XI (1956), pp. 13–46, 183–218, quoted in Manguel, *A History of Reading*.

71　W. Poulet, *Atlas on the History of Spectacles*, vol. 2 (Bad Godesberg, 1980).

72　Hugh Orr, *An Illustrated History of Early Antique Spectacles* (Kent, OH, 1985).

73　James Morwood, *The Oxford Grammar of Classical Greek* (Oxford, 2001).

74　Petrarch, *Secretum meum*, quoted in Manguel, *A History of Reading*.

75　Petrarch, *Familiares*, 2:8:822, in Victoria Kahn, 'The Figure of the Reader in Petrarch's *Secretum*', *Publications of the Modern Language Association*, C/2 (1985).

76　Kahn, 'The Figure of the Reader in Petrarch's *Secretum*'.

77　Manguel, *A History of Reading*.

78　Dante, *Le Opere di Dante. Testo critico della Società Dantesca Italiana*, ed. M. Barbi and others (Milan, 1921–22), quoted in Manguel, *A History of Reading*.

79　Jean Destrex, *La pecia dans les manuscrits universitaires du XIIIe et XIVe siècle* (Paris, 1935).

80　Saenger, *Space Between Words*.

81　Leon Battista Alberti, *I libri della famiglia*, ed. R. Romano and A. Tenenti (Turin, 1969).

82　Emmanuel Le Roy Ladurie, *Montaillou: Village occitan de 1294 à 1324* (Paris, 1978).

83　Iris Cutting Origo, *The Merchant of Prato: Francesco di Marco Datini* (New York, 1957).

84　Caspar Peucer, *De præcipuis divinationum generibus* (1591), quoted in Manguel, *A History of Reading*.

85　Parkes, *Pause and Effect*.

86　*Life of Saint Gregory*, quoted in Holmes, Jr, *Daily Living in the Twelfth Century*.

87　Geoffrey Chaucer, *Book of the Duchess*, in *The Works of Geoffrey Chaucer*, ed. F. N. Robinson, 2nd edn (London and Oxford, 1974), vv. 44–51.

88　Eileen Harris, *Going to Bed* (London, 1981).

89　Manguel, *A History of Reading*.

90　Maurice Keen, *English Society in the Later Middle Ages, 1348–1500* (London, 1990).

91　Labarge, *A Small Sound of the Trumpet*.

92　Brian Woledge, ed., *The Penguin Book of French Verse, I: To the Fifteenth Century* (Harmondsworth, 1961).

93　Gerhard Schmidt, *Die Armenbibeln des XIV. Jahrhunderts* (Frankfurt, 1959).

94　Gotthold Ephraim Lessing, 'Ehemalige Fenstergemälde im Kloster

Hirschau', in *Gotthold Ephraim Lessing: Werke*, vol. 6 (Darmstadt, 1974).

95 Maurus Berve, *Die Armenbibel* (Beuron, 1989); Elizabeth L. Eisenstein, *The Printing Revolution in Early Modern Europe* (Cambridge, 1983).

96 William Henry Schofield, *English Literature from the Norman Conquest to Chaucer* (London, 1906).

97 Richard de Bury, *The Philobiblon*, ed. and trans. Ernest C. Thomas (London, 1888).

98 Anthony Hobson, *Great Libraries* (London, 1970).

99 Alain Besson, *Mediæval Classification and Cataloguing: Classification Practices and Cataloguing Methods in France from the 12th to 15th Centuries* (Biggleswade, 1980).

100 E. P. Goldschmidt, *Mediæval Texts and their First Appearance in Print* (Oxford, 1943).

101 Martin, *The History and Power of Writing*.

102 Quoted in John Willis Clark, *Libraries in the Mediæval and Renaissance Periods* (Cambridge, 1894).

103 Thomas à Kempis, *The Imitation of Christ* (New York, 1954).

FIVE · THE PRINTED PAGE

1 Victor Hugo, *Notre-Dame de Paris* (Paris, 1831), quoted in Henri-Jean Martin, *The History and Power of Writing*, trans. Lydia G. Cochrane (Chicago and London, 1994).

2 Martin, *The History and Power of Writing*.

3 John Man, *The Gutenberg Revolution* (London, 2002); Albert Kapr, *Johann Gutenberg: The Man and His Invention*, trans. Douglas Martin (London, 1996); S.H. Steinberg, *Five Hundred Years of Printing*, 2nd edn (Harmondsworth, 1961), with bibliography.

4 Michael T. Clanchy, 'Looking Back from the Invention of Printing', in Daniel P. Resnick, ed., *Literacy in Historical Perspective* (Washington, DC, 1983), pp. 7–22.

5 Steinberg, *Five Hundred Years of Printing*.

6 *Ibid.*

7 Martin Lowry, *The World of Aldus Manutius* (Oxford, 1979), quoted in Alberto Manguel, *A History of Reading* (London, 1996).

8 Berthold L. Ullman, *The Origin and Development of Humanistic Script*, 2nd edn (Rome, 1974).

9 Stanley Morison, *A Tally of Types* (Cambridge, 1973).

10 Steinberg, *Five Hundred Years of Printing*.

11 Steven Roger Fischer, *A History of Writing* (London, 2001).

12 Jakob Wimpfeling, *Diatriba IV*, in G. Knod, *Aus der Bibliothek des Beatus Rhenanus: Ein Beitrag zur Geschichte des Humanismus* (Schlettstadt, 1889), quoted in Manguel, *A History of Reading*.

13 Martin, *The History and Power of Writing*.

14 Sebastian Brant, *Das Narrenschiff*, ed. Richard Alewyn (Tübingen, 1968).

15 Johann Geiler von Kaisersberg, *Geilers von Kaisersberg ausgewählte Schriften*, ed. Philipp de Lorenzi, 5 vols (Leipzig, 1881–3).

16 Martin, *The History and Power of Writing*.

17 George Haven Putnam, *The Censorship of the Church of Rome and its Influence*

upon the Production and Distribution of Literature, 2 vols (New York and London, 1906–7).

18 Benjamin Franklin, *The Autobiography of Benjamin Franklin* (New York, 1818), quoted in Manguel, *A History of Reading*.

19 Christian Bec, *Les livres des Florentins (1413–1608)* (Florence, 1984).

20 Heimo Reinitzer, *Biblia deutsch. Luthers Bibelübersetzung und ihre Tradition* (Hamburg, 1983).

21 Quoted in Olga S. Opfell, *The King James Bible Translators* (Jefferson, NC, 1982).

22 Martin Luther, 'Sendbrief vom Dolmetschen', in *An den christlichen Adel deutscher Nation und andere Schriften*, ed. Ernst Kähler (Stuttgart, 1968).

23 Quoted in John Henderson, *The Growth and Influence of the English Bible* (Wellington, 1951).

24 Carlo Ginzburg, *The Cheese and the Worms: The Cosmos of a Sixteenth-Century Miller*, trans. John and Anne Tedeschi (Baltimore, 1980).

25 Albert Labarre, *Le livre dans la vie amiénoise du seizième siècle. L'enseignement des inventaires après décès, 1503 1576* (Paris, 1971).

26 Autograph of Wolfgang Sedel (1491–1562) inside his personal copy of Johann Tauler, *Sermonen und Historia* (Leipzig, 1498), described and illustrated in *Martin Breslauer Catalogue 109* (New York, 1988).

27 Lucien Febvre and Henri-Jean Martin, *L'Apparition du livre* (Paris, 1958).

28 Peter Clark, 'The Ownership of Books in England, 1560–1640: The Example of some Kentish Townfolk', in Lawrence Stone, ed., *Schooling and Society: Studies in the History of Education* (Baltimore, 1976), pp. 95–111.

29 Quoted in Manguel, *A History of Reading*.

30 Elizabeth I, *A Book of Devotions: Composed by Her Majesty Elizabeth R.*, ed. Adam Fox (London, 1970).

31 Louise Labé, *Œuvres*, ed. C. Boy, 2 vols (Paris, 1887), quoted in Manguel, *A History of Reading*.

32 Martin, *The History and Power of Writing*.

33 Martin Buber, *Tales of the Hasidim*, 2 vols, trans. Olga Marx (New York, 1947), quoted in Manguel, *A History of Reading*.

34 Martin, *The History and Power of Writing*.

35 Henri-Jean Martin, *Livre, pouvoirs et société à Paris au XVIIe siècle (1598–1701)*, 2 vols (Paris and Geneva, 1969).

36 Miguel de Cervantes Saavedra, *Don Quixote of La Mancha*, trans. Walter Starkie (London, 1957), I:20.

37 W. K. Jordan, *The Charities of Rural England, 1480–1660: The Aspirations and the Achievements of the Rural Society* (London, 1961).

38 Martin, *The History and Power of Writing*.

39 Martin, *Livre, pouvoirs et société à Paris au XVIIe siècle (1598–1701)*.

40 Robert Mandrou, *De la culture populaire aux XVIIe et XVIIIe siècles: La Bibliothèque bleue de Troyes*, 2nd rev. edn (Paris, 1985).

41 Martin, *The History and Power of Writing*.

42 Francis Bacon, 'Of Studies', in *The Essayes or Counsels* (London, 1625), quoted in Manguel, *A History of Reading*.

43 William Congreve, *The Complete Works*, ed. Montague Summers, 4 vols (Oxford, 1923).

44 Bacon, 'Of Studies'.

IX · THE 'UNIVERSAL CONSCIENCE'

1　Ralph Waldo Emerson, *Society and Solitude* (Cambridge, MA, 1870), quoted in Alberto Manguel, *A History of Reading* (London, 1996).

2　Henri-Jean Martin, *The History and Power of Writing*, trans. Lydia G. Cochrane (Chicago and London, 1994).

3　T. Parsons, *Societies: Evolutionary and Comparative Perspectives* (New York, 1966).

4　Alexander Pope, *An Essay on Criticism* (London, 1711).

5　Rab Houston, 'The Literacy Myth: Illiteracy in Scotland, 1630–1750', *Past and Present*, XCVI (1982), pp. 81–102; Kenneth C. Lockridge, *Literacy in Colonial New England: An Enquiry into the Social Context of Literacy in the Early Modern West* (New York, 1974).

6　D. F. McKenzie and J. C. Roos, *A Ledger of Charles Ackers, Printer of The London Magazine* (London, 1968).

7　Richard Gawsthrop and Gerald Strauss, 'Protestantism and Literacy in Early Modern Germany', *Past and Present*, CIV (1984), pp. 31–55.

8　Laurence Hanson, *Government and the Press, 1695–1763* (London, 1936).

9　Jeremy Black, *The English Press in the Eighteenth Century* (London, 1992).

10　John Feather, ed., *A Dictionary of Book History* (New York, 1986).

11　John Ashton, *Chap-Books of the Eighteenth Century* (London, 1882).

12　Martin, *The History and Power of Writing*.

13　Michel de Certeau, Dominique Julia and Jacques Revel, *Une politique de la langue: La Révolution française et les patois: L'enquête de Grégoire* (Paris, 1975).

14　Paul-Marie Grinevald, 'Recherches sur les bibliothèques de Besançon à la veille de la Révolution française', thesis, Université de Paris-I, 1980.

15　Ifor Evans, *A Short History of English Literature*, 3rd edn (Harmondsworth, 1970).

16　*Ibid.*

17　Martin, *The History and Power of Writing*.

18　James Boswell, *Life of Johnson*, ed. R. W. Chapman, rev. J. D. Fleeman (Oxford, 1980).

19　Denis Diderot, *Essais sur la peinture*, ed. Gita May (Paris, 1984), quoted in Manguel, *A History of Reading*.

20　Denis Diderot, 'Lettre à sa fille Angélique', 28 July 1781, in *Correspondance littéraire, philosophique et critique*, ed. Maurice Tourneau (Paris, 1877–82), XV:253–4, quoted in Manguel, *A History of Reading*.

21　Van Wyck Brooks, *The Flowering of New England, 1815–1865* (New York, 1936).

22　Daniel Roche, *The People of Paris: An Essay in Popular Culture in the Eighteenth Century*, trans. Marie Evans and Gwynne Lewis (Berkeley, 1987).

23　Roger Chartier, *The Cultural Uses of Print in Early Modern France*, trans. Lydia G. Cochrane (Princeton, 1987).

24　Nicolas Adam, 'Vraie manière d'apprendre une langue quelconque', in the *Dictionnaire pédagogique* (Paris, 1787), quoted in Manguel, *A History of Reading*.

25　P. Riberette, *Les bibliothèques françaises pendant la Révolution* (Paris, 1970).

26　Simone Balayé, *La Bibliothèque Nationale des origines à 1800* (Geneva, 1988).

27　Rolf Engelsing, *Der Bürger als Leser: Lesergeschichte in Deutschland,*

1500–1800 (Stuttgart, 1974); Albert Ward, *Book Production: Fiction and the German Reading Public, 1740–1910* (Oxford, 1970).

28 Johann Wolfgang von Goethe, *Dichtung und Wahrheit*, I:4, in *Goethes Werke*, vol. 9 (Hamburg, 1967).

29 Michael Olmert, *The Smithsonian Book of Books* (Washington, DC, 1992).

30 Quoted in Amy Cruse, *The Englishman and his Books in the Early Nineteenth Century* (London, 1930).

31 Charles Lamb, 'Detached Thoughts on Books and Reading', in *Essays of Elia*, 2nd series (London, 1833).

32 Edmund William Gosse, *Father and Son* (London, 1907), quoted in Manguel, *A History of Reading*.

33 Jane Austen, *Letters*, ed. R.W. Chapman (London, 1952).

34 Samuel Butler, *The Notebooks of Samuel Butler*, ed. Henry Festing Jones (London, 1921).

35 Charles Tennyson, *Alfred Tennyson* (London, 1950), quoted in Manguel, *A History of Reading*.

36 Peter Ackroyd, *Dickens* (London, 1991).

37 Kathryn Hall Proby, *Mario Sánchez: Painter of Key West Memories* (Key West, FL, 1981), cited in Manguel, *A History of Reading*.

38 Bibliothèque Nationale, *Le livre dans la vie quotidienne* (Paris, 1975).

39 Martin, *The History and Power of Writing*.

40 Richard D. Altick, *The English Common Reader: A Social History of the Mass Reading Public, 1800–1900* (Chicago and London, 1957).

41 *Ibid.*

42 Claude Witkowski, *Monographie des éditions populaires: Les romans à quatre sous, les publications illustrées à 20 centimes* (Paris, 1982).

43 Johann Adolphe Goldfriedrich and Friederich Kapp, eds, *Geschichte des deutschen Buchhandels*, 4 vols (Leipzig, 1886–1913).

44 J. Prölss, *Zur Geschichte der Gartenlaube, 1853–1903* (Berlin, 1903).

45 Hans Schmoller, 'The Paperback Revolution', in Asa Briggs, ed., *Essays in the History of Publishing in Celebration of the 250th Anniversary of the House of Longman 1724–1974* (London, 1974), pp. 285–318.

46 William L. Joyce, David D. Hall, R. D. Brown, eds, *Printing and Society in Early America* (Worcester, MA, 1983).

47 Janet Duitsman Cornelius, *When I Can Read My Title Clear: Literacy, Slavery, and Religion in the Antebellum South* (Columbia, SC, 1991).

48 *Ibid.*

49 Frederick Douglass, *The Life and Times of Frederick Douglass* (Hartford, CT, 1881), quoted in Manguel, *A History of Reading*.

50 Cornelius, *When I Can Read My Title Clear*.

51 Georges Weill, *Le journal: Origines, évolution et rôle de la presse périodique* (Paris, 1934).

52 William Thackeray, *Vanity Fair* (London, 1847–8).

53 George Eliot, 'Silly Novels by Lady Novelists', in Rosemary Ashton, ed., *Selected Critical Writings* (Oxford, 1992).

54 Kate Flint, *The Woman Reader, 1837–1914* (Oxford, 1993).

55 Charles Dickens, *David Copperfield* (London, 1849–50).

56 Graham Balfour, *The Life of Robert Louis Stevenson*, 2 vols (London, 1901).

57 John Wells, *Rude Words: A Discursive History of the London Library* (London,

1991), quoted in Manguel, *A History of Reading*.

58 Marc Dax, 'Lésions de la moitié gauche de l'encéphale coïncidant avec l'ou-
bli des signes de la pensée', *Gazette hebdomadaire médicale*, deuxième série, II
(1865), pp. 259–62; Paul Broca, 'Du siège de la faculté du langage articulé
dans l'hémisphère gauche du cerveau', *Bulletin de la Société d'Anthropologie*, VI
(1865), pp. 377–93.

59 Oscar Wilde, *The Importance of Being Earnest*, in *Plays, Oscar Wilde* (London
and Glasgow, 1954).

60 Carlo M. Cipolla, *Literacy and Development in the West* (London, 1969).

61 Martin, *The History and Power of Writing*.

62 Ben Eklof, 'Schooling and Literacy in Late Imperial Russia', in Daniel P.
Resnick, ed., *Literacy in Historical Perspective* (Washington, DC, 1983),
pp. 105–28.

63 J. E. Morpurgo, *Allen Lane, King Penguin* (London, 1979).

64 H. L. Mencken, 'Puritanism as a Literary Force', in *A Book of Prefaces* (New
York, 1917), quoted in Manguel, *A History of Reading*.

65 Evans, *A Short History of English Literature*.

66 Graham Farmelo, 'On a Learning Curve', *New Scientist*, 5 January 2002, p. 33.

SEVEN · READING THE FUTURE

1 Henri-Jean Martin, *The History and Power of Writing*, trans. Lydia G.
Cochrane (Chicago and London, 1994).

2 Jimmy Carter, 'Challenges for Humanity: A Beginning', *National Geographic*,
February 2002, pp. 2–3.

3 Gustave Flaubert, 'Lettre à Mlle de Chantepie (Juin 1857)', in *Œuvres com-
plètes*, 22 vols (Paris, 1910–33).

4 Quoted in Olga S. Opfell, *The King James Bible Translators* (Jefferson, NC,
1982).

5 Robert Pattison, *On Literacy: The Politics of the Word from Homer to the Age of
Rock* (Oxford, 1982).

6 Kathleen Gough, 'Implications of Literacy in Traditional China and India', in
Jack Goody, ed., *Literacy in Traditional Societies* (Cambridge, 1968), pp. 70–84.

7 Joan Del Fattore, *What Johnny Shouldn't Read: Textbook Censorship in America*
(New Haven and London, 1992).

8 Quoted in Ernst Pawel, *The Nightmare of Reason: A Life of Franz Kafka* (New
York, 1984).

9 Alexander Stille, 'Revisionist Historians Argue Koran Has Been
Mistranslated', *San Francisco Chronicle*, 2 March 2002, A15.

10 Edmund White, 'Foreword', in *The Faber Book of Gay Short Stories* (London,
1991), quoted in Alberto Manguel, *A History of Reading* (London, 1996).

11 Jonathan Rose, 'Rereading the English Common Reader: A Preface to a
History of Audiences', *Journal of the History of Ideas*, LIII (1992),
pp. 47–70.

12 Robert Horn, *Visual Language* (Bainbridge Island, WA, 1998).

13 Steven Roger Fischer, *A History of Writing* (London, 2001).

14 *New Scientist*, 15 December 2001, p. 51.

15 Walter J. Ong, *Orality and Literacy: The Technologizing of the Word* (London,
1982).

16 Karlin Lillington, 'The Writing's on the Screen', *New Scientist*,
    27 October 2001, pp. 37–9.

17 Janet H. Murray, *Hamlet on the Holodeck: The Future of Narrative in Cyberspace*
    (New York, 1997).

18 James Hillman, 'A Note on Story', in Francelia Butler and Richard Rotert,
    eds, *Reflections on Literature for Children* (Hamden, CT, 1984), pp. 7–10,
    quoted in Manguel, *A History of Reading*.

19 D. Ayers, J. Downing and B. Schaefer, *Linguistic Awareness in Reading
    Readiness (LARR) Test* (Windsor, 1983).

20 Michael Stubbs, *Language and Literacy: The Sociolinguistics of Reading and
    Writing* (London, 1980).

21 Helen Keller, *The Story of My Life* (New York, 1903).

22 V. S. Ramachandran and Sandra Blakeslee, *Phantoms in the Brain* (London,
    1998).

23 P. Rozin and L. R. Gleitman, *Syllabary: An Introductory Reading Curriculum*
    (Washington, DC, 1974).

24 André Roch, personal communication of November 1992, quoted in
    Manguel, *A History of Reading*.

25 A. R. Lecours, J. Melher, M. A. Parente, A. Roch *et al.*, 'Illiteracy and Brain
    Damage (3): A Contribution to the Study of Speech and Language Disorders
    in Illiterates with Unilateral Brain Damage (Initial Testing)', *Neuropsychologia*,
    XXVI/4 (1988), pp. 575–89.

26 Ramachandran and Blakeslee, *Phantoms in the Brain*.

27 Ferdinand de Saussure, *Cours de linguistique générale* (Paris, 1978).

28 Merlin C. Wittrock, 'Reading Comprehension', in S.J. Pirozzolo and Merlin
    C. Wittrock, eds, *Neuropsychological and Cognitive Processes in Reading* (New
    York, 1981).

29 D. LaBerge and S. J. Samuels, 'Toward a Theory of Automatic Information
    Processing in Reading', *Cognitive Psychology*, VI (1974), pp. 293–323.

30 *New Scientist*, 12 January 2002, p. 22.

31 Andrew W. Ellis, *Reading, Writing and Dyslexia: A Cognitive Analysis*
    (Hillsdale, NJ, 1984).

32 P. E. Bryant and Lynette Bradley, 'Why Children Sometimes Write Words
    Which They Do Not Read', in Uta Frith, ed., *Cognitive Processes in Spelling*
    (London, 1980), pp. 355–70.

33 P. R. Huttenlocher and J. Huttenlocher, 'A Study of Children with
    Hyperlexia', *Neurology*, XXIII (1973), pp. 1107–16.

34 Noam Chomsky and Morris Halle, *The Sound Pattern of English*
    (New York, 1968).

35 Fischer, *A History of Writing*.

36 Frank Smith, *Reading* (Cambridge, 1978).

37 David Crystal, *The Cambridge Encyclopedia of Language*, 2nd edn (Cambridge,
    1997).

38 Martin, *The History and Power of Writing*.

39 Geoffrey Sampson, *Writing Systems* (London, 1985).

40 L. Henderson, *Orthography and Word Recognition in Reading* (London and
    New York, 1982).

41 Among the many informative studies on this fascinating topic: David R.
    Olson, *The World on Paper: The Conceptual and Cognitive Implications of Writing*

and Reading (Cambridge, 1994); Jack Goody, *The Interface between the Written and the Oral* (Cambridge, 1987); Alan Kennedy, *The Psychology of Reading* (London, 1984); and Sylvia Scribner and Michael Cole, *The Psychology of Literacy* (Cambridge, 1981).

42　Jean-Paul Sartre, *Les mots* (Paris, 1964), quoted in Manguel, *A History of Reading*.

43　Fischer, *A History of Writing*.

44　John Man, *Alpha Beta: How Our Alphabet Changed the Western World* (London, 2000).

45　*New Scientist*, 19 January 2002, p. 64.

46　Sigmund Freud, 'Writers and Day-Dreaming', in *Art and Literature*, vol. 14, Pelican Freud Library, trans. James Strachey (London, 1985).

47　Manguel, *A History of Reading*.

48　Virginia Woolf, 'Charlotte Brontë', in Andrew McNeillie, ed., *The Essays of Virginia Woolf, Vol. 2: 1912–1918* (London, 1987).

49　Rebecca West, *Rebecca West: A Celebration* (New York, 1978).

参 考 书 目

Ackroyd, Peter, *Dickens* (London, 1991)

Alberti, Leon Battista, *I libri della famiglia*, ed. R. Romano and A. Tenenti (Turin, 1969)

Altick, Richard D., *The English Common Reader: A Social History of the Mass Reading Public, 1800–1900* (Chicago and London, 1957)

Anderson, G., *Ancient Fiction: The Novel in the Græco-Roman World* (London, 1984)

Ashton, John, *Chap-Books of the Eighteenth Century* (London, 1882)

Augustine of Hippo, *Basic Writings of Saint Augustine*, ed. Whitney J. Oates (London, 1948)

—, *St Augustine's Confessions, with an English Translation by William Watts, 1631*, 2 vols (Cambridge, MA, and London, 1989)

Austen, Jane, *Letters*, ed. R. W. Chapman (London, 1952)

Ayers, D., J. Downing and B. Schaefer, *Linguistic Awareness in Reading Readiness (LARR) Test* (Windsor, 1983)

Backhouse, Janet, *Books of Hours* (London, 1985)

Bacon, Roger, *Opus maius*, ed. J. H. Bridges, 2 vols (Oxford, 1897)

Balayé, Simone, *La Bibliothèque Nationale des origines à 1800* (Geneva, 1988)

Balfour, Graham, *The Life of Robert Louis Stevenson*, 2 vols (London, 1901)

Basham, A. L., *The Wonder that was India* (London and New York, 1954)

Bec, Christian, *Les livres des Florentins (1413-1608)* (Florence, 1984)

Berve, Maurus, *Die Armenbibel* (Beuron, 1989)

Besson, Alain, *Mediæval Classification and Cataloguing: Classification Practices and Cataloguing Methods in France from the 12th to 15th Centuries* (Biggleswade, 1980)

Bettenson, Henry, *Documents of the Christian Church* (Oxford, 1963)

Bibliothèque Nationale, *Le livre dans la vie quotidienne* (Paris, 1975)

Black, Jeremy, *The English Press in the Eighteenth Century* (London, 1992)

Boswell, James, *Life of Johnson*, ed. R. W. Chapman, revised J. D. Fleeman (Oxford, 1980)

Bowman, Alan K., *Life and Letters on the Roman Frontier: Vindolanda and its People* (London, 1994)

Bowman, A., and J. Thomas, *The Vindolanda Writing-Tablets*, Tabulae Vindolandenses, II (London, 1994)

Brant, Sebastian, *Das Narrenschiff*, ed. Richard Alewyn (Tübingen, 1968)

Briggs, Asa, ed., *Essays in the History of Publishing in Celebration of the 250th Anniversary of the House of Longman, 1724-1974* (London, 1974)

Browne, Edward G., *A Literary History of Persia*, 4 vols (London, 1902–24)

Bruns, Gerald L., *Hermeneutics Ancient and Modern* (New Haven, CT, and

London, 1992)

Buber, Martin, *Tales of the Hasidim*, trans. Olga Marx, 2 vols (New York, 1947)

Bury, Richard de, *The Philobiblon*, ed. and trans. Ernest C. Thomas (London, 1888)

Butler, Francelia, and Richard Rotert, eds, *Reflections on Literature for Children* (Hamden, CT, 1984)

Butler, Samuel, *The Notebooks of Samuel Butler*, ed. Henry Festing Jones (London, 1921)

Byzantine Books and Bookmen, exhibition catalogue (Washington, DC, 1975)

Carcopino, Jérôme, *Daily Life in Ancient Rome: The People and the City at the Height of the Empire*, ed. Henry T. Rowell, trans. E. O. Lorimer (New Haven, CT, 1940)

Carruthers, Mary J., *The Book of Memory* (Cambridge, 1990)

Certeau, Michel de, Dominique Julia and Jacques Revel, *Une politique de la langue: La Révolution française et les patois: L'enquête de Grégoire* (Paris, 1975)

Chartier, Roger, *The Cultural Uses of Print in Early Modern France*, trans. Lydia G. Cochrane (Princeton, NJ, 1987)

Chaucer, Geoffrey, *The Works of Geoffrey Chaucer*, ed. F. N. Robinson, 2nd edn (London and Oxford, 1974)

Chibbett, David G., *The History of Japanese Printing and Book Illustration* (Tokyo, 1977)

Chomsky, Noam, and Morris Halle, *The Sound Pattern of English* (New York, 1968)

Chrétien de Troyes, *Le chevalier au lion (Yvain)*, ed. Mario Roques, *Les romans de Chrétien de Troyes*, vol. 4 (Paris, 1967)

Christie-Murray, David, *A History of Heresy* (Oxford and New York, 1976)

Cicero, *De natura deorum*, ed. H. Rackham (Cambridge, MA, and London, 1933)

—, *Tusculan Disputations*, ed. J. E. King (Cambridge, MA, and London, 1952)

—, *De oratore*, ed. E. W. Sutton and H. Rackham, vol. 1 (Cambridge, MA, and London, 1967)

Cipolla, Carlo M., *Literacy and Development in the West* (London, 1969)

Claiborne, Robert, *The Birth of Writing* (New York, 1974)

Clanchy, Michael T., *From Memory to Written Record: England, 1066-1307* (London and Cambridge, MA, 1979)

—, *Abelard – A Medieval Life* (Oxford, 1997)

Clark, John Willis, *Libraries in the Mediæval and Renaissance Periods* (Cambridge, 1894)

Coe, Michael D., *The Maya Scribe and his World* (New York, 1973)

—, *Breaking the Maya Code* (London, 1992)

Cornelius, Janet Duitsman, *When I Can Read My Title Clear: Literacy, Slavery, and Religion in the Antebellum South* (Columbia, SC, 1991)

Congreve, William, *The Complete Works*, ed. Montague Summers, 4 vols (Oxford, 1923)

Coulmas, Florian, *The Writing Systems of the World* (Oxford and New York, 1989)

Courcelle, Pierre Paul, *Late Latin Writers and their Greek Sources*, trans. Harry E. Wedeck (Cambridge, MA, 1969)

Creel, Herrlee G., *Chinese Writing* (Washington, DC, 1943)

Cruse, Amy, *The Englishman and his Books in the Early Nineteenth Century* (London, 1930)

Crystal, David, *The Cambridge Encyclopedia of Language*, 2nd edn (Cambridge, 1997)

Dagens, Claude, *Saint Grégoire le Grand: Culture et experience chrétienne* (Paris, 1977)

Daniels, Peter T., and William Bright, eds, *The World's Writing Systems* (Oxford and New York, 1996)

Das, K. N., *History of Bengali Literature* (Rangoon, 1926)

DeFrancis, John, *The Chinese Language: Fact and Fantasy* (Honolulu, 1984)

Del Fattore, Joan, *What Johnny Shouldn't Read: Textbook Censorship in America* (New Haven, CT, and London, 1992)

Destrex, Jean, *La pecia dans les manuscrits universitaires du XIIIe et XIVe siècle* (Paris, 1935)

Dickens, Charles, *David Copperfield* (London, 1849–50)

Diringer, David, *The Hand-Produced Book* (London, 1953)

Eisenstein, Elizabeth L., *The Printing Revolution in Early Modern Europe* (Cambridge, 1983)

Ellis, Andrew W., *Reading, Writing and Dyslexia: A Cognitive Analysis* (Hillsdale, NJ, 1984)

Emerson, Ralph Waldo, *Society and Solitude* (Cambridge, MA, 1870)

Engelsing, Rolf, *Der Bürger als Leser: Lesergeschichte in Deutschland, 1500–1800* (Stuttgart, 1974)

Evans, Ifor, *A Short History of English Literature*, 3rd edn (Harmondsworth, 1970)

Faulkner, R. O., *The Ancient Egyptian Pyramid Texts* (Oxford, 1969)

Feather, John, ed., *A Dictionary of Book History* (New York, 1986)

Febvre, Lucien, and Henri-Jean Martin, *L'Apparition du livre* (Paris, 1958)

Finkelstein, Israel, and Neil Asher Silberman, *The Bible Unearthed: Archaeology's New Vision of Ancient Israel and the Origin of Its Sacred Texts* (New York, 2001)

Fischer, Steven Roger, *Evidence for Hellenic Dialect in the Phaistos Disk* (Berne et al., 1988)

—, *Glyphbreaker* (New York, 1997)

—, *A History of Language* (London, 1999)

—, *A History of Writing* (London, 2001)

Flannery, Kent V., and Joyce Marcus, eds, *The Cloud People: Divergent Evolution of the Zapotec and Mixtec Civilizations* (New York, 1983)

Flint, Kate, *The Woman Reader, 1837-1914* (Oxford, 1993)

Fox, Robin Lane, *Pagans and Christians* (New York, 1986)

Frazer, R. W., *Literary History of India*, 4th edn (London, 1920)

Frith, Uta, ed., *Cognitive Processes in Spelling* (London, 1980)

Gadd, C.J., *Teachers and Students in the Oldest Schools* (London, 1956)

Gaur, Albertine, *A History of Writing*, rev. edn (London, 1992)

Geiler von Kaisersberg, Johann, *Geilers von Kaisersberg ausgewählte Schriften*, ed. Philipp de Lorenzi, 5 vols (Leipzig, 1881–3)

Gerontius, *Vita Melaniae Junioris*, ed. and trans. Elizabeth A. Clark (New York and Toronto, 1984)

Ginzburg, Carlo, *The Cheese and the Worms: The Cosmos of a Sixteenth-Century Miller*, trans. John and Anne Tedeschi (Baltimore, 1980)

Goldfriedrich, Johann Adolphe, and Friederich Kapp, eds, *Geschichte des deutschen Buchhandels*, 4 vols (Leipzig, 1886–1913)

Goldschmidt, E. P., *Mediæval Texts and their First Appearance in Print* (Oxford, 1943)

Goody, Jack, ed., *Literacy in Traditional Societies* (Cambridge, 1968)
—, *The Interface between the Written and the Oral* (Cambridge, 1987)
Grabar, André, *Christian Iconography: A Study of its Origins* (Princeton, NJ, 1968)
Grafton, Anthony, *Defenders of the Text: The Traditions of Scholarship in an Age of Science, 1450–1800* (Cambridge, MA, 1991)
Grayzel, Solomon, *The Church and the Jews in the XIIIth Century* (Philadelphia, 1933)
Green, Dennis H., *Medieval Listening and Reading: The Primary Reception of German Literature 800–1300* (Cambridge, 1994)
Hägg, T., *The Novel in Antiquity* (Oxford, 1983)
Hanson, Laurence, *Government and the Press, 1695–1763* (London, 1936)
Harksen, S., *Women in the Middle Ages* (New York, 1976)
Harris, Eileen, *Going to Bed* (London, 1981)
Harris, Roy, *The Origin of Writing* (London, 1986)
Harris, William V., *Ancient Literacy* (Cambridge, MA, and London, 1989)
Havelock, Eric Alfred, *The Muse Learns to Write: Reflections on Orality and Literacy from Antiquity to the Present* (New Haven, CT, 1986)
Hempel, Rose, *Japan zur Heian-Zeit: Kunst und Kultur* (Freiburg, 1983)
Henderson, John, *The Growth and Influence of the English Bible* (Wellington, 1951)
Henderson, L., *Orthography and Word Recognition in Reading* (London and New York, 1982)
Hobson, Anthony, *Great Libraries* (London, 1970)
Holmes, Urban Tigner, Jr, *Daily Living in the Twelfth Century* (Madison, WI, 1952)
Horn, Robert, *Visual Language* (Bainbridge Island, WA, 1998)
Idema, Wilt L., *A Guide to Chinese Literature* (Ann Arbor, 1997)
Irenæus, *Opera*, ed. U. Mannucci, 2 vols (Rome, 1907–8)
Jaynes, Julian, *The Origin of Consciousness in the Breakdown of the Bicameral Mind* (Princeton, NJ, 1976)
Jordan, W.K., *The Charities of Rural England, 1480–1660: The Aspirations and the Achievements of the Rural Society* (London, 1961)
Joyce, William L., David D. Hall and R. D. Brown, eds, *Printing and Society in Early America* (Worcester, MA, 1983)
Kapr, Albert, *Johann Gutenberg: The Man and his Invention*, trans. Douglas Martin (London, 1996)
Kato, Suichi, *A History of Japanese Literature*, 3 vols (London, 1983)
Keen, Maurice, *English Society in the Later Middle Ages, 1348–1500* (London, 1990)
Keller, Helen, *The Story of My Life* (New York, 1903)
Kennedy, Alan, *The Psychology of Reading* (London, 1984)
Kenyon, Frederick George, *Books and Readers in Ancient Greece and Rome*, 2nd edn, 4 vols (Oxford, 1951)
Kim, Kichung, *An Introduction to Classical Korean Literature: From Hyangga to P'Ansori* (New York, 1996)
Kosambi, D. D., *Ancient India* (New York, 1966)
Labarge, Margaret Wade, *A Small Sound of the Trumpet: Women in Mediæval Life* (London, 1986)
Labarre, Albert, *Le livre dans la vie amiénoise du seizième siècle. L'enseignement des inventaires après décès, 1505–1576* (Paris, 1971)

Ladurie, Emmanuel Le Roy, *Montaillou: Village occitan de 1294 à 1324* (Paris, 1978)

Leclercq, Jean, *The Love of Learning and the Desire for God: A Study of Monastic Culture*, trans. Catharine Misrahi, 3rd edn (New York, 1982)

Lee, Peter H., *Korean Literature: Topics and Themes* (New York, 1968)

—, *Modern Korean Literature* (Honolulu, 1990)

Levy, André, *Chinese Literature, Ancient and Classical* (Bloomington, IN, 2000)

Lichtenstadter, Ilse, *Introduction to Classical Arabic Literature* (New York, 1974)

Lichtheim, Miriam, *Ancient Egyptian Literature* (Berkeley, 1973-76)

Lindberg, David C., *Theories of Vision from al-Kindi to Kepler* (Oxford, 1976)

Lockridge, Kenneth C., *Literacy in Colonial New England: An Enquiry into the Social Context of Literacy in the Early Modern West* (New York, 1974)

Logan, Robert K., *The Alphabet Effect: The Impact of the Phonetic Alphabet on the Development of Western Civilization* (New York, 1986)

Lowry, Martin, *The World of Aldus Manutius* (Oxford, 1979)

Luscombe, D. E., *The School of Peter Abelard: The Influence of Abelard's Thought in the Early Scholastic Period* (Cambridge, 1969)

Luther, Martin, *An den christlichen Adel deutscher Nation und andere Schriften*, ed. Ernst Kähler (Stuttgart, 1968)

McCann, David R., *Early Korean Literature* (Berkeley and Los Angeles, 2000)

McKenzie, D.F., and J.C. Roos, *A Ledger of Charles Ackers, Printer of The London Magazine* (London, 1968)

McKitterick, Rosamond, *The Uses of Literacy in Early Mediæval Europe* (Cambridge, 1990)

Mair, Victor H., *The Columbia History of Chinese Literature* (Berkeley and Los Angeles, 2002)

Man, John, *Alpha Beta: How Our Alphabet Changed the Western World* (London, 2000)

—, *The Gutenberg Revolution* (London, 2002)

Mandrou, Robert, *De la culture populaire aux XVIIe et XVIIIe siècles: La Bibliothèque bleue de Troyes*, 2nd rev. edn (Paris, 1985)

Manguel, Alberto, *A History of Reading* (London, 1996)

Marcus, Joyce, *Mesoamerican Writing Systems: Propaganda, Myth, and History in Four Ancient Civilizations* (Princeton, 1992)

Marie de France, *Fables*, ed. K. Warnke (Halle, 1898)

—, *Marie France: Lais*, ed. Alfred Ewert (Oxford, 1969)

Marrou, Henri-Irénée, *Histoire de l'éducation dans l'Antiquité*, 2 vols (Paris, 1981)

Martial, *Works*, ed. W.C.A. Ker (Cambridge, MA, and London, 1919–20)

—, *Epigrams*, trans. J. A. Pott and F. A. Wright (London, 1924)

Martin, Henri-Jean, *Livre, pouvoirs et société à Paris au XVIIe siècle (1598–1701)*, 2 vols (Paris and Geneva, 1969)

—, *The History and Power of Writing*, trans. Lydia G. Cochrane (Chicago and London, 1994)

Matarasso, Pauline, ed., *The Cistercian World: Monastic Writings of the Twelfth Century* (London, 1993)

Meissner, B., *Die babylonische-assyrische Literatur* (Leipzig, 1927)

Miner, Earl, H. Odagiri and R. E. Morrell, *The Princeton Companion to Classical Japanese Literature* (Princeton, NJ, 1992)

Mitchell, D.C., *The Process of Reading: A Cognitive Analysis of Fluent Reading and Learning to Read* (Chichester and New York, 1982)

Moore, Robert I., *The Birth of Popular Heresy* (London, 1975)

Moran, William L., trans. and ed., *The Amarna Letters* (Baltimore, 1992)

Morison, Stanley, *A Tally of Types* (Cambridge, 1973)

Morpurgo, J. E., *Allen Lane, King Penguin* (London, 1979)

Morris, Ivan, *The World of the Shining Prince: Court Life in Ancient Japan* (Oxford, 1964)

Morwood, James, *The Oxford Grammar of Classical Greek* (Oxford, 2001)

Murray, Janet H., *Hamlet on the Holodeck: The Future of Narrative in Cyberspace* (New York, 1997)

Needham, J., *Science and Civilization in China* (Cambridge, 1954)

Nielsen, Christina, *Artful Reading in Medieval and Renaissance Europe*, J. Paul Getty Museum exhibition booklet (Los Angeles, 2001)

Ochs, Carol, *Behind the Sex of God: Toward a New Consciousness – Transcending Matriarchy and Patriarchy* (Boston, 1977)

Olmert, Michael, *The Smithsonian Book of Books* (Washington, DC, 1992)

Olson, David R., *The World on Paper: The Conceptual and Cognitive Implications of Writing and Reading* (Cambridge, 1994)

Omar, Saleh Beshara, *Ibn al-Haytham's Optics: A Study of the Origins of Experimental Science* (Minneapolis and Chicago, 1977)

Ong, Walter J., *Orality and Literacy: The Technologizing of the Word* (London, 1982)

Opfell, Olga S., *The King James Bible Translators* (Jefferson, NC, 1982)

Origo, Iris Cutting, *The Merchant of Prato: Francesco di Marco Datini* (New York, 1957)

Orr, Hugh, *An Illustrated History of Early Antique Spectacles* (Kent, OH, 1985)

Parkes, M. B., *Pause and Effect: An Introduction to the History of Punctuation in the West* (Berkeley and Los Angeles, 1993)

Parpola, Asko, *Deciphering the Indus Script* (Cambridge, 1994)

Parsons, Howard A., *The Alexandrian Library: Glory of the Hellenic World* (New York, 1967)

Parsons, T., *Societies: Evolutionary and Comparative Perspectives* (New York, 1966)

Pattison, Robert, *On Literacy: The Politics of the Word from Homer to the Age of Rock* (Oxford, 1982)

Pedersen, Johannes, *The Arabic Book*, trans. Geoffrey French (Princeton, NJ, 1984)

Pirozzolo, S.J., and Merlin C. Wittrock, eds, *Neuropsychological and Cognitive Processes in Reading* (New York, 1981)

Plato, *Plato's Phaedrus*, trans. with introduction and commentary by R. Hackforth (Cambridge, 1952)

—, *The Republic*, trans. B. Jowett (New York, 1960)

—, *The Collected Dialogues*, ed. Edith Hamilton and Huntington Cairns (Princeton, NJ, 1961)

Pliny the Elder, *Naturalis Historia*, ed. W.H.S. Jones (Cambridge, MA, and London, 1968)

Pliny the Younger, *Plinius der Jüngere, Briefe*, ed. Helmut Kasten (Berlin, 1982)

Plutarch, *The Parallel Lives*, ed. B. Perrin (Cambridge, MA, and London, 1970)

—, *Moralia*, ed. Frank Cole Babbitt, vol. 4 (Cambridge, MA, and London, 1972)

Prölss, J., *Zur Geschichte der Gartenlaube, 1853–1903* (Berlin, 1903)

Putnam, George Haven, *The Censorship of the Church of Rome and its Influence upon the Production and Distribution of Literature*, 2 vols (New York and London, 1906–7)

Quintilian, *The Institutio Oratoria of Quintilian*, trans. H. E. Butler (Oxford, 1920–22)

Ramachandran, V. S., and Sandra Blakeslee, *Phantoms in the Brain* (London, 1998)

Rawski, Evelyn Sakakida, *Education and Popular Literacy in Ch'ing China* (Ann Arbor, 1979)

Reed, R., *Ancient Skins, Parchments, and Leathers* (London and New York, 1972)

Reinitzer, Heimo, *Biblia deutsch. Luthers Bibelübersetzung und ihre Tradition* (Hamburg, 1983)

Resnick, Daniel P., ed., *Literacy in Historical Perspective* (Washington, DC, 1983)

Riberette, P., *Les bibliothèques françaises pendant la Révolution* (Paris, 1970)

Riché, Pierre, *Daily Life in the World of Charlemagne*, trans. Jo Anne McNamara (Philadelphia, 1978)

Riché, Pierre, and Danièle Alexandre-Bidon, eds, *L'enfance au moyen age* (Paris, 1995)

Roberts, J.A.G., *A History of China* (London, 1999)

Robinson, Andrew, *The Story of Writing* (London, 1995)

Roche, Daniel, *The People of Paris: An Essay in Popular Culture in the Eighteenth Century*, trans. Marie Evans and Gwynne Lewis (Berkeley, 1987)

Romilly, Jacqueline de, *Histoire et raison chez Thucydide*, 2nd edn (Paris, 1967)

Rozin, P., and L. R. Gleitman, *Syllabary: An Introductory Reading Curriculum* (Washington, DC, 1974)

Saenger, Paul, *Space Between Words* (Stanford, CA, 1997)

Sampson, Geoffrey, *Writing Systems* (London, 1985)

Sapori, Armando, *The Italian Merchant in the Middle Ages*, trans. Patricia Anne Kennen (New York, 1970)

Schmidt, Gerhard, *Die Armenbibeln des XIV. Jahrhunderts* (Frankfurt, 1959)

Schofield, William Henry, *English Literature from the Norman Conquest to Chaucer* (London, 1906)

Schroeder, Otto, *Die Tontafeln von El-Amarna*, Vorderasiatische Schriftdenkmäler, 12 (Leipzig, 1915)

Scribner, Sylvia, and Michael Cole, *The Psychology of Literacy* (Cambridge, 1981)

Sei Shōnagon, *The Pillow Book of Sei Shonagon*, trans. Ivan Morris (Oxford and London, 1967)

Seneca, *Moral Essays*, ed. R. M. Gummere (Cambridge, MA, and London, 1955)

Sidonius Apollinaris, *Poems and Letters*, ed. W. B. Anderson, 2 vols (Cambridge, MA, and London, 1936)

Simpson, William Kelley, ed., *The Literature of Ancient Egypt* (New Haven, CT, 1973)

Smith, Frank, *Reading* (Cambridge, 1978)

Steinberg, S.H., *Five Hundred Years of Printing*, 2nd edn (Harmondsworth, 1961)

Stubbs, Michael, *Language and Literacy: The Sociolinguistics of Reading and Writing* (London, 1980)

Suetonius, *Lives of the Twelve Caesars*, ed. J. C. Rolfe (Cambridge, MA, and London, 1948)

Thomas, Alan G., *Great Books and Book Collectors* (London, 1975)

Thomas, Rosalind, *Oral Tradition and Written Record in Classical Athens*
    (Cambridge, 1989)
—, *Literacy and Orality in Ancient Greece* (Cambridge, 1992)
Thomas à Kempis, *The Imitation of Christ* (New York, 1954)
Thompson, Edward Maunde, *Handbook of Greek and Latin Palæography* (London,
    1906)
Thompson, James W., *Ancient Libraries* (Hamden, CT, 1940)
Ullman, Berthold L., *The Origin and Development of Humanistic Script*, 2nd edn
    (Rome, 1974)
Vaid, J., ed., *Language Processing in Bilinguals: Psycholinguistic and
    Neuropsychological Perspectives* (Hillsdale, NJ, 1986)
Walker, C.B.F., *Cuneiform*, Reading the Past, III (London, 1987)
Ward, Albert, *Book Production: Fiction and the German Reading Public, 1740–1910*
    (Oxford, 1970)
Watson, Burton, *Early Chinese Literature* (Berkeley and Los Angeles, 1972)
Weill, Georges, *Le journal: Origines, évolution et rôle de la presse périodique* (Paris,
    1934)
Wells, John, *Rude Words: A Discursive History of the London Library* (London,
    1991)
Wilson, Epiphanius, *Babylonian and Assyrian Literature* (Miami, 2002)
Wingo, E. Otha, *Latin Punctuation in the Classical Age*, Janua Linguarum Series
    Practica, vol. 133 (The Hague, 1972)
Witkowski, Claude, *Monographie des éditions populaires: Les romans à quatre sous, les
    publications illustrées à 20 centimes* (Paris, 1982)
Woledge, Brian, ed., *The Penguin Book of French Verse*, I: *To the Fifteenth Century*
    (Harmondsworth, 1961)
Woodard, Roger D., *Greek Writing from Knossos to Homer: A Linguistic
    Interpretation of the Origin of the Greek Alphabet and the Continuity of Ancient
    Greek Literacy* (Oxford, 1997)
Zenkovsky, Serge A., ed., *Medieval Russia's Epics, Chronicles, and Tales* (New York,
    1963)

索　引

本索引所标页码为英文版页码,参见中译本边码

译　后　记

　　史蒂文·罗杰·费希尔的《阅读的历史》是一部人类文明的发展史，更是一部人类阅读思想史。从美索不达米亚到小亚细亚，从欧洲到美洲，从结绳记事到电子文本，从尼安德特人头骨切痕到发向武仙星座的二进位信息，从泥板信函到羊皮纸古卷，从活字印刷到网络聊天，从苏格拉底到哈利·波特，作者徜徉于人类阅读的浩瀚长河，引经据典，旁征博引，笔力所及跨越历史时空，折射出人类阅读史的全貌。更为可贵的是，本书超越了编年史的范畴，透过经济学、哲学、文学、人类学、医学、生理学、神经心理学等多维视角，系统、客观地诠释与人类文化交织一处的阅读思想史。对书写文化与口述传统、文字审查与自由阅读、各国本族语与拉丁语的纷争，乃至宗教改革小说兴起等重大论题娓娓道来，却不乏犀利深刻。而几许珍闻逸事穿插其间，更给本书平添几分妙趣：古书占卜言中英王前途黯淡，王公贵族争购空壳书装点门庭，狄德罗以书为方治疗心疾，黑奴瞒天过海偷学阅读，诸如此类，不一而足。在作者眼中，阅读与意识形态、个人信仰一脉相承，是经济发展、社会进步的最佳佐证，是人类文明之声。也正是借助阅读之力，读者才得以超越自我、借鉴观念、谋求信息对称，最终实现社会进步和 共同发展。

　　全书以时间为线索，取阅读史中最具标志意义的特征为题，分七个章节讲述。第一章《不朽的见证》：真正意义的阅读始于五六千年前两河流域的楔形文字。由于刻写在泥板、石碑之上，被誉为"不朽的见证"。本章援引珍贵的考古资料和古代档案，生动记述楔形文字及其阅读在两河流域的发展与传播，并对书记员在这一时期的特殊地位和作用予以形象的阐释。

第二章《莎草纸之舌》：本章记述古希腊、罗马时代的阅读发展史。由于当时的阅读受到强势口述传统的影响，具有"口头诵读莎草纸书卷"的特征，故以"莎草纸之舌"的譬喻为章节标题。这一时期的犹太人最早给阅读赋予了神圣色彩。及至公元前后羊皮纸问世，阅读对基督教的兴起起到了不可磨灭的作用。

第三章《阅读的世界》：本章对中国、朝鲜、日本、美洲以及印度阅读史上的重大事件进行回顾和评价。作者对非西方国家的阅读文化给予高度肯定，赞誉其具有西方文化不可比拟的优势，并以"东亚的拉丁语"喻指汉语对亚洲语言的启蒙作用。

第四章《羊皮纸之眼》：在中世纪的欧洲，羊皮纸成为主要的阅读载体，口述传统开始向书写传统转变，"用眼默读"成为时代特征，阅读受到经院哲学的巨大影响。中世纪晚期，本族语开始挑战拉丁语的神圣地位。本章亦追溯同一时期阿拉伯人和犹太人阅读的发展历程。

第五章《印刷时代》：本章热情讴歌活字印刷对人类文明的重大推动作用，追溯在纸张印刷推动下 16、17 世纪阅读如火如荼的发展状况，同时再现口传传统与书写文化激烈交锋、宗教改革以及文字审查钳制自由思想的历史画面。

第六章《宇宙意识》：本章标题引自爱默生的名句"书籍是人类宇宙意识的庄严表达"。18 世纪至 20 世纪，阅读在欧洲及新大陆的地位得以确立。在此背景下，本章生动翔实地记述文化在欧洲普及、公共图书馆飞速发展、出版业自立门户、报刊杂志从无到有、小说异军突起、旅行读物问世以及全球文化单一化等与阅读相生相伴的点点滴滴。

第七章《阅读未来》：本章洞悉宗教文学回暖、书籍翻译加速、视觉语言方兴未艾等时代变革，透视微缩胶片、网络图书馆、手机短信、电子图书、超文本等种种新技术的影响，对阅读在未来社会的发展加以预测。作者断言：随着新一代读者的兴起，阅读的未来必将得以重塑，阅读的定义将发生划时代的转变。本章亦从神经生理学角度解析大脑对阅读信息的处理过程。

关于翻译,原著曾引用路德的评价,称"译者必正义、虔诚、忠实、勤勉、严谨、博学……且经验丰富、技巧娴熟"。本书译者深以为然。整部著作广征博引,对名家、名作、历史事件如数家珍,涉及英语、日语、德语、法语,甚至拉丁语。如何在翻译中求真务实、最大限度地忠实原著,对译者提出了巨大挑战。本书的几位译者投入大量精力,对名目繁多的概念、术语进行了广泛、认真的查证,并就超验主义哲学等多处专业问题求教了有关专家。其中人物、事件、典籍的译名则主要参照《大英百科全书》汉语版,并兼顾网络搜索引擎显示的词频,力争将最为准确、通行的当代译名呈献给读者。文中首次出现的重要专有名词和关键专业术语,其译文后均附英语原文,以备有兴趣的专业人士参考。对于原作中以括号形式插入的背景信息,译者进行了多处明示化处理,以明晰其与正文的逻辑关系,从而方便读者理解。

阅读引领我们见证书写之美。原作者优雅务实、细腻生动的叙事风格,引人入胜。译者在忠实原作的基础之上,字斟句酌,充分发挥汉语优势,以期重塑原作风姿。而文中大段引文,来自各家各派,如万花筒般异彩纷呈,令人徜徉期间,如痴如醉,成为全书又一大特色。译者在反复揣摩体味之后,多保留其各自风格译出,力求神似:或取文言之古雅,或用口语之俚俗;或温馨感人、真挚细腻;或犀利隽永、严谨周密;或朴实无华、流畅明快;或循循善诱、曲径通幽。可以说,本书的翻译的确是与无数"有形"的和"无形"的人进行多主题、多维度、跨时空、跨文化对话,努力探求真值的一个艰辛过程。正所谓"译境有路,勤为途;译海无涯,苦作舟"。此中滋味,唯有译者自知。由于译者的学识水平和认知视野有限,译文中自有不妥乃至谬误之处,祈请诸位读者宽宥并雅正,我们定将适时予以修正。

在《阅读的历史》中文版杀青付梓之际,我们谨向西安外国语大学户思社教授和党金学教授致以崇高的敬意,户教授每每奖掖后进,激励译者知难而进,破解译事难题;党教授悉心审校译稿,使之更加贴近原

作的实质和丰姿。商务印书馆在译著的构思设计和质量控制方面付出
了艰辛努力。

李瑞林

西安外国语大学

2008 年中秋

图书在版编目(CIP)数据

阅读的历史/(新西兰)费希尔著;李瑞林等译. —北京:商务印书馆,2009(2020.6重印)
ISBN 978 - 7 - 100 - 06619 - 8

Ⅰ.①阅…　Ⅱ.①费…②李…　Ⅲ.①阅读学—研究　Ⅳ.①G792

中国版本图书馆 CIP 数据核字(2009)第 038453 号

阅 读 的 历 史

〔新西兰〕史蒂文·罗杰·费希尔　著
李瑞林　贺　莺　杨晓华　译
党金学　校

商 务 印 书 馆 出 版
(北京王府井大街36号　邮政编码100710)
商 务 印 书 馆 发 行
北京艺辉伊航图文有限公司印刷
ISBN　978 - 7 - 100 - 06619 - 8

2009 年 9 月第 1 版　　　开本 710×1000　1/16
2020 年 6 月北京第 6 次印刷　　印张 23¼
定价:52.00 元